Kleine Mainzer Schriften
zur Theaterwissenschaft
Band 6

Dramaturgie der Drohung

Das Theater des israelischen Dramatikers
und Regisseurs Hanoch Levin

von

Matthias Naumann

Herausgegeben von Peter Marx,
Kati Röttger und Friedemann Kreuder

Tectum Verlag
Marburg 2006

Naumann, Matthias:
Dramaturgie der Drohung.
Das Theater des israelischen Dramatikers
und Regisseurs Hanoch Levin.
/ von Matthias Naumann
- Marburg : Tectum Verlag, 2006
Kleine Mainzer Schriften zur Theaterwissenschaft; Bd. 6
ISBN 978-3-8288-8973-6

© Tectum Verlag

Tectum Verlag
Marburg 2006

dem andenken
meines vaters

Inhalt

Einleitung 3
1. Kurze Geschichte des hebräischen und israelischen
   Theaters 12
   1.1 Das hebräische und israelische Theater bis 1967 12
   1.2 Das israelische Theater zwischen 1967 und 1999 22

2. Satiren als Ausgangspunkt von Levins Schreiben für das
   Theater 29

3. Die Entwicklung von Levins Schreiben für das Theater 45
   3.1 Einteilung der Stücke 45
   3.2 Stücke aus dem Stadtviertel 46
   3.3 Stücke der Gewalt 52
   3.4 Stücke des Abschieds und der Reise 56

4. Die ‚poetische Geste' 58
   4.1 Der Wert des Erzählens 58
   4.2 Schreiben für das Theater gegenüber der Gesellschaft 66

5. Aspekte der Form 71
   5.1 Aufbau der Stücke 71
   5.2 Das Sprechen der Figuren 73
   5.3 Die Namen der Figuren 84

6. Drohung, Tausch und Aufschub – dramaturgische
   Grundmuster 88
   6.1 Das Funktionieren der Drohung bei Levin 88
   6.2 Drohung und Tausch 91
   6.3. Sozialer Wert – Körper 95
   6.4 Die Drohung mit dem Tod und der Wert des Todes 104
   6.5 Rache – Die Aneignung des Körpers 112
   6.6 Aufschub und Tausch der Vorstellungen in der Sprache 115
   6.7 Unbegründbarkeit 130

Exkurs: Der Junge träumt - Text und Inszenierung 133
Vorbemerkung 133
1. Teil: Der Vater 134
2. Teil: Die Mutter 148
3. Teil: Der Junge 153
4. Teil: Der Messias 159
Nachbemerkung 165

7. Raum und Zeit 168
7.1 Raum – Orte, hier in der Diaspora 168
7.2 Zeit – Erinnerung daran, dass du für mich weinen wirst 177

8. Levins politisches Schreiben 185
8.1 Strategien des Unterlaufens 185
8.2 Geschlechterverhältnisse und Körperbilder 193
8.3 Macht über Leben und Tod – Hoffnung 211
8.4 Erinnerung der Shoah und die Figur des ‚Messias' 220

9. Zum Schluss: Theater 228
9.1 Theater im Theater 228
9.2 Epilog: Die zwei Wunder des Theaters 233

Anhang 240
Inhaltsangaben der verwendeten Stücke Levins 240

Umschrift und Abkürzungen 251

Verwendete Literatur 252
a. Texte Hanoch Levins 252
b. Weitere Literatur 255

Vorwort

Obwohl Internationalisierung und kulturelle Austauschprozesse heutzutage sicherlich eine höhere Bedeutung – und ein größeres Prestige – besitzen, als in früheren Zeiten, bleibt der Blick doch stets auf einige wenige (geographische und kulturelle) Kristallisationspunkte begrenzt. Bei aller Verfügbarkeit und Erreichbarkeit ist unser kulturelles Sichtfeld in eigentümlicher Weise begrenzt.

Insofern ist es ein besonderer Glücksfall, wenn eine wissenschaftliche Arbeit nicht bloß einen Beitrag zu bestehenden Debatten leistet, sondern tatsächlich das Sichtfeld signifikant erweitert. Matthias Naumann leistet mit seiner hier vorliegenden, 2004 an der Johann Wolfgang Goethe-Universität in Frankfurt am Main als Magisterarbeit angenommenen Studie eine solche Perspektiverweiterung. Er stellt in seiner Arbeit nicht nur den in Deutschland bislang kaum bekannten israelischen Dramatiker und Regisseur Hanoch Levin in seinen wichtigsten Werken vor, sondern es gelingt ihm auch zu beschreiben, welche kulturelle Position dieses Theater in Israel einnimmt.

Folgt man der Argumentationsführung der Arbeit, so wird bewusst, dass hier israelische Theatergeschichte nicht als eine Sondergeschichte eines Nationaltheaters zu verstehen ist, sondern vielmehr als ein Versuch, mit den Mitteln des Theaters eine Beschreibung und Diagnose unserer Gegenwart zu geben.

Peter W. Marx   Mainz, im November 2005

Einleitung

„Die ganze Handlung findet in einer Winternacht in unserer Stadt statt, im Schlafzimmer der Familie Popokh."[1] ("כל העלילה מתרחשת בליל "חורף אחד בעירנו, בחדר־השינה של משפחת פופוך."[2]) So lautet die einleitende Regieanweisung einer späten Komödie Hanoch Levins, *Das Lebenswerk* (מלאכת החיים, 1989).[3] Der Handlungsort, den die Bühne herstellt, wird als den Zuschauern beinahe bekannt vorgestellt, er liegt „in unserer Stadt", könnte nebenan sein, und ist es doch nicht, sondern befindet sich nur auf der Bühne, den Zuschauern gegenüber. Diese sitzen im Dunkeln, fast wie in einer Winternacht, und schauen auf das erleuchtete Privateste der Familie Popokh, das Schlafzimmer, welches öffentlich wird mitsamt den darin stattfindenden Auseinandersetzungen, und doch nicht nach außen zu dringen scheint, nicht heraus aus „unserer Stadt". Die Zuschauer sehen das Theater immer, wie es sich in ihrer Stadt ereignet, in der Stadt, in der sie sich befinden. Nicht nur in *Das Lebenswerk* erzeugt Levins Theater die Nähe eines zugleich vertraut und fremd erscheinenden Ortes, welche auch für die Figuren gilt. Was auf der Bühne erscheint, ist nicht ein Ausschnitt „unserer Stadt" oder der in ihr lebenden Gesellschaft, doch lässt sich das Bühnengeschehen vom Assoziationsraum dieser Stadt – im Falle von Levins Komödien liegt Tel Aviv am nächsten – und dieser Gesellschaft – der israelischen – auch nicht ablösen. Die Assoziationsräume, mit denen die ‚Theaterwelten' der Levinschen Stücke arbeiten, müssen so als Angelpunkt für eine Untersuchung dieser Theatertexte dienen.

Es handelt sich bei *Das Lebenswerk* um eines der wenigen Stücke Levins, bzw. überhaupt israelischer Theaterliteratur, die nach der Uraufführung erneut in anderer Inszenierung auf die Bühne kamen.[4]

---

1 Alle in dieser Studie erscheinenden Übersetzungen hebräischer Texte ins Deutsche sind, soweit nicht anders angegeben, selbst erstellt.

2 Hanoch Levin: מלאכת החיים [Das Lebenswerk], in: ders.: 4 מחזות [*Plays (IV)*], Tel Aviv: Ha-Kibbutz Ha-Me'uhad 1991 (4. Aufl. 1999), S. 151-199, hier S. 153.

3 Bei der ersten Nennung eines hebräischen Titels wird im folgenden neben der deutschen Übersetzung der hebräische Originaltitel in Klammern angegeben. Dazu angegebene Jahreszahlen bezeichnen das Jahr der Uraufführung, das nicht mit dem Jahr der Entstehung des Textes identisch sein muss.

4 Das israelische Theater lebt, zumindest was die einheimische Theaterliteratur betrifft, sehr stark von neuen Stücken. Dieser Umstand

Dass inzwischen auch einige andere seiner Stücke, vor allem Komödien, erneut zur Aufführung kamen, deutet bereits auf die bedeutende Stellung hin die das dramatische Werk Hanoch Levins in der modernen hebräischen Theaterliteratur einnimmt. Oded Kotlers Inszenierung von *Das Lebenswerk* am Theater Beit Lessin in Tel Aviv, 1998,[5] war als erste Begegnung mit dem Theater Hanoch Levins der Ausgangspunkt der folgenden, sich vor allem auf die gesellschaftspolitischen Aspekte des Theaters Hanoch Levins hin verzweigenden Überlegungen.

Die Komödie *Das Lebenswerk* spielt mit einigen in Levins Theatertexten wiederkehrenden Motiven: Ein alternder Mann, Yona Popokh,[6] ist unzufrieden mit dem ehelichen Zusammenleben mit seiner Frau Leviva, da er getrieben ist von der Angst, das eigentliche ‚Leben' zu verpassen. Das, was ist, genügt nicht, und anderswo – oder mit einem anderen Menschen – wird ein besseres Leben, mehr Abenteuer oder Glück imaginiert. Zugleich ist Yona aber eifersüchtig, da er vermutet, dass auch seine Frau solche Phantasien haben könnte.

Das Stück basiert dramaturgisch auf der Einsetzung einer Drohung; die Drohung, in all ihren Variationen, lässt sich als die grundle-

---

ist sicherlich auch der Größe des Landes und der damit sehr beschränkten Anzahl von Bühnen geschuldet.

5   Angaben zu Inszenierungen und Schauspielern sind den Besetzungslisten entnommen, die The Institute of Israeli Drama at the Cameri Theatre of Tel Aviv in seiner Veröffentlichung von Inhaltsangaben und Kritiken sämtlicher bisher aufgeführter Stücke Levins gibt; s. Institute of Israeli Drama, The (Ed.): *Hanoch Levin*, Tel Aviv: The Institute of Israeli Drama o.J.

6   Die Umschrift von Figurennamen aus Levins Theaterstücken richtet sich, sofern es sich um Eigennamen handelt, die nicht europäischen Ursprungs sind, weitestgehend nach der Umschrifttabelle der Frankfurter Judaistischen Beiträge. Nur ‚צ' wird hier abweichend mit ‚tz' und nicht mit ‚ṣ' wiedergegeben. Bei ‚bildlichen' Namen, z.B. Gelbe Flecken (כתמים צהובים), oder Funktionsbezeichnungen werden deutsche Übersetzungen gegeben, die im fortlaufenden Text immer mit Großbuchstaben beginnen, damit die in diesen Namen oft erscheinenden Adjektive nicht fälschlicherweise für sekundäre Zusätze gehalten werden, z.B. Begeisterter Reisender (נוסע משולהב). Die Namen von israelischen Autoren folgen entweder den von diesen selbst verwendeten Schreibweisen oder der in vorliegenden deutschen Übersetzungen ihrer Texte verwendeten Schreibweise.

gende Denk- und Interaktionsfigur für die Konstruktion dramatischer Handlungen in Levins Theatertexten aufweisen, seien es nun die Komödien aus dem Stadtviertel oder die späteren Stücke der Gewalt, des Abschieds und der Reise. Yona Popokhs erste Interaktion mit seiner Frau Leviva in *Das Lebenswerk* ist eine bedrohliche, er wirft sie aus dem Bett und so aus ihren süßen Träumen – von anderen Männern, wie er meint, von einem neuen Hut, wie sie sagt. An die physische Gewalt schließt sich die verbale Drohung an: Yona droht damit, Leviva zu verlassen, um doch noch das ersehnte ‚Leben' zu finden. Doch ist auch Yona bedroht, denn schon zu Beginn des Stücks hat er Schmerzen und fürchtet, dass seine Gesundheit es gar nicht mehr zulassen werde, dass er noch etwas besseres erlebt.

Kontrastiert wird das Paar im zweiten Teil des Stücks mit der Figur des einsamen Gunkel, der mitten in der Nacht zu Besuch kommt, um eine Aspirin bittet und nur mühsam wieder abgewimmelt werden kann. Für den Moment seiner Anwesenheit schließen sich Leviva und Yona zum scheinbar glücklichen Ehepaar gegen den Eindringling zusammen, dessen Unglück des einsamen Umherirrens in der Nacht so zur momentanen Errichtung eines, wenn auch vorgegaukelten, Eheglücks dient. Erst der auszuschließende Dritte führt zum Zusammenschluss derer, die sich gerade noch bekämpften, zu einer Gemeinschaft. Gunkel durchschaut diesen Mechanismus der Gemeinschaftsbildung durch Ausschluss, verspottet ihn und ist sich doch zugleich seiner eigenen traurigen Erscheinung als einsamer, durch die Nacht irrender Mann bewusst. Doch alles Bewusstsein, alles Durchschauen der eigenen Lage, sowie der der anderen, vermag das so erkannte eigene Handeln nicht zu verändern – ein Charakteristikum vieler Levinscher Figuren. Der Besuch Gunkels bringt Yona auf den Gedanken, dass er und Leviva momentan in einer gar nicht so schlechten Situation seien. Yona wird seine zu Anfang geäußerte Drohung, Leviva für ein anderes, besseres Leben zu verlassen, nicht umsetzen (können). Er zaudert, und am Ende des Stücks erliegt er einem Herzanfall. Das ersehnte Weglaufen aus einer unglücklichen Alltäglichkeit wird letztendlich vom Tod verhindert und zugleich ausgeführt. Leviva bleibt alleine zurück, um zu trauern und sich nach früheren, schöneren Zeiten zu sehnen.

All dies ist mit sehr viel sprachlichem Witz und Verfremdungseffekten gestaltet, die aus den vorgetragenen Wünschen und Sorgen der Figuren und ihren eingeflochtenen Reflexionen über ihr eigenes Verhalten und das der anderen Figuren entstehen.

Leviva: Ich hoffe, dass du erwachsen genug bist, um zu verstehen, dass nicht ich das Problem bin.
Yona: Nicht du?
Leviva: Nicht ich. Ich bin der Vorwand.
Yona: Wer ist dann das Problem?
Leviva: Du. Und du kannst nirgendshin fliehen, denn du schleppst an jeden Ort mit dir dich selbst.
Yona: Was redest du! Das ist ein eindringender Blick, was? Das ist eine wirkliche Entdeckung!
(zu sich selbst)
Jetzt wird sie mir vorschlagen, einen Psychologen aufzusuchen.
Leviva: Und ich denke, es lohnte sich für dich, einen Psychologen aufzusuchen.
Yona: Was wird mir ein Psychologe helfen? Auch er will von seiner Frau weglaufen. Alle wollen weglaufen, Leviva, und du – vielleicht weißt du es nicht – wurdest geboren, damit man vor dir wegläuft.
Leviva: Du willst gehen?
Yona: Ich will nicht – ich gehe! Schäle diesen grünlichen Pyjama ab und gehe weit fort.

Was, du wusstest nicht, dass ich dich verlasse jetzt endgültig wie ein abgetragenes Paar Schuhe?
Du wusstest nicht, dass diese Worte Abschiedsworte sind?
(Leviva beginnt zu weinen. Yona, zu sich selbst)
Und jetzt wird sie fragen: Warum?

לביבה: אני מקווה שאתה מבוגר מספיק כדי להבין בעצמך שהבעיה היא לא אני.
יונה: לא את?
לביבה: לא אני. אני האמתלָה.
יונה: אז מי הבעיה?
לביבה: אתה. ואין לך לאן לברוח מפני שלכל מקום אתה סוחב איתך את עצמך.
יונה: מה את סחה! זה מבט חודר, מה?
זו תגלית ממש!
(לעצמו)
עכשיו היא גם תציע לי לראות פסיכולוג.
לביבה: ואני חושבת שכדאי לך לראות פסיכולוג.
יונה: מה יעזור לי פסיכולוג? גם הוא רוצה לברוח מאשתו. כולם רוצים לברוח, לביבה, ואת – אולי את לא יודעת – נולדת שיברחו ממך.
לביבה: אתה רוצה ללכת?
יונה: אני לא רוצה – אני הולך! מקלף את הפיג'מה הירקרקה ויוצא לדרך רחוקה.

מה, לא ידעת שאני נוטש אותך כעת סופית כמו זוג נעליים בלות?
לא ידעת שהמלים האלה הן מילות פרידה?
(לביבה מתחילה לבכות. יונה, לעצמו)
ועכשיו היא תשאל: למה?[7]

---

7   Levin: מלאכת החיים [Das Lebenswerk], S. 161-162.

Solche traurig-komischen Figuren aus dem Stadtviertel, die es als junge Leute, als Eltern und als alte Leute gibt, bevölkern Hanoch Levins Komödien, denen sich der größte Teil seiner Theatertexte zurechnen lässt. In ihnen verarbeitet Hanoch Levin die alltäglichen Erfahrungen der Gesellschaft, wie sie vor allem in der Stadt Tel Aviv zum Ausdruck kommt, in der er aufgewachsen ist und in der er sein ganzes Leben verbrachte.

Hanoch Levin wurde 1943 als zweiter Sohn einer 1935 nach Israel eingewanderten Familie polnischer Juden in Tel Aviv geboren, wo er 1999 starb. Levins Familie kam aus Łódź und entstammte einer chassidischen Rabbinerfamilie. Hanoch Levin wuchs mit einer traditionellen, religiösen Lebensweise auf und besuchte eine religiöse Schule. Die Familie lebte im Süden Tel Avivs, im Viertel der ärmeren Neueinwanderer aus Osteuropa um die alte Busstation. Der Vater betrieb ein kleines Lebensmittelgeschäft, starb jedoch, als Levin erst 12 Jahre alt war. Schon während seiner Jugend geriet Levin mit dem Theater in Berührung, da sein älterer Bruder, David Levin, als Regieassistent und später Regisseur an der Habima arbeitete.

Nach dem Militärdienst, von 1964-1967, studierte Levin an der Tel Aviv University Literaturwissenschaft und Philosophie und schrieb satirische Kurzstücke und Glossen in einer Studentenzeitung. Mit der Satire *Du und ich und der nächste Krieg* (את ואני והמלחמה הבאה) begann 1968 seine Karriere im israelischen Theater. Das Stück wurde von Edna Shavit mit Schauspielstudenten im Tel Aviver Barbarim-Club zur Aufführung gebracht. Erst 1972, mit *Ya'akobi und Leidental* (יעקובי ולידנטל), begann Levin neben seiner Karriere als Theaterautor eine zweite als Regisseur und entwickelte in den Inszenierungen seiner Stücke einen ausgeprägten eigenen Stil. In den folgenden fast drei Jahrzehnten bis zu seinem Tod inszenierte Levin die meisten seiner Stücke selbst, jedoch keine Stücke anderer Autoren. Nach seinem Tod an Krebs wurde die bereits von ihm begonnene Inszenierung von *Die Weiner* (הבכיינים) von Ilan Ronen im Kameri-Theater zur Aufführung gebracht. Seitdem sind einige weitere Stücke Levins in Israel, meist vom Kameri-Theater, uraufgeführt worden.

Levins Rezeption im Ausland ist ungleich geringer als die vieler seiner israelischen Zeitgenossen. Während gerade Joshua Sobol in Deutschland ungeheuer erfolgreich war, wurde von Levins Stücken nur *Ya'akobi und Leidental* 2002 vom Theater im Bauturm in Köln aufgeführt; daneben gab es einige Gastspiele des Kameri-Theaters mit seinen Stücken in Deutschland. Insgesamt muss Levins Werk als in Deutschland weitgehend unbekannt gelten. Auch sonst ist es außerhalb Israels bisher nur zu vereinzelten Aufführungen seiner Stücke gekommen; kam es doch zu Aufführungen, so handelte es sich meist um Komödien wie *Ya'akobi und Leidental* oder *Die Hure aus Ohio* (הזונה מאוהיו). Veröffentlichte Übersetzungen von Stücken Levins liegen bisher nur auf Englisch[8] und Französisch[9] vor.[10]

Die vorliegende Studie steht vor der doppelten Aufgabe einer Vorstellung des Autors und Regisseurs Hanoch Levin, dessen Bedeutung für das israelische Theater nicht zu unterschätzen ist, und dem Versuch, einige Aspekte seiner Theaterarbeit genauer auszuleuchten und so Linien sowohl innerhalb seiner ‚Theaterwelt' als auch zu historischem und gesellschaftlichem Geschehen im Umfeld des Entstehens dieser ‚Theaterwelt' aufzuzeigen.[11] Die Untersuchung glie-

---

8   Hanoch Levin: *The Labor of Life. Selected Plays*, translated from the Hebrew by Barbara Harshav, with an Introduction by Freddie Rokem, Stanford, CA: Stanford University Press 2003.

9   Hanokh Levin: *Théâtre choisi I, comédies*, traduit de l'hébreu par Laurence Sendrowicz, textes d'accompagnement de Nurit Yaari, Paris: Éditions théâtrales 2001; sowie: Hanokh Levin: *Théâtre choisi II, pièces mythologiques*, traduit de l'hébreu par Laurence Sendrowicz et Jacqueline Carnaud, textes d'accompagnement de Nurit Yaari, Paris: Éditions théâtrales 2001; sowie: Hanokh Levin: *Théâtre choisi III, pièces politiques*, traduit de l'hébreu par Laurence Sendrowicz et Jacqueline Carnaud, textes d'accompagnement de Nurit Yaari, Paris: Éditions théâtrales 2004.

10 Entsprechend beschränkt sich eine theaterwissenschaftliche Beschäftigung mit Hanoch Levin bisher auf einige hebräische Publikationen, sowie auf einige hebräische und englischsprachige Aufsätze. Ein Verzeichnis sämtlicher Rezensionen von Aufführungen der Stücke Levins und seiner Bücher, sowie über seine Arbeiten erschienener Aufsätze und Monographien findet sich in: Nurit Yaari, Shimon Levy (Ed.): חנוך לוין. האיש עם המיתוס באמצע [*Hanoch Levin: The Man with the Myth in the Middle*], Tel Aviv: Ha-Kibbutz Ha-Me'uḥad 2004, S. 278-345.

11 Es handelt sich bei der vorliegenden Studie um die überarbeitete Fassung meiner bei Hans-Thies Lehmann und Margarete Schlüter entstandenen Magisterarbeit, eingereicht an der Johann Wolfgang Goethe-Universität Frankfurt am Main im Februar 2004. Leider ließ sich eine erst kurz vor der Veröffentlichung erschienene neue Monographie über Levins Theater nicht mehr einarbeiten, s. Zehava Caspi: היושבים בחושך: עולמו הדרמטי של חנוך לוין: סובייקט, מחבר, צופים [*Die im Dunkeln sitzen. Die dramatische Welt Hanoch Levins: Subjekt, Autor, Zuschauer*], Jerusalem: Keter 2005.

dert sich in neun Kapitel, welche sich hauptsächlich mit Levins veröffentlichten Stücken als zugänglicher Grundlage seines Theaters auseinandersetzen, und einen Exkurs, der in einem längeren Blick auf die Inszenierung Levins von *Der Junge träumt* (הילד חולם) ein Bild von Levins Inszenierungsstil zu geben versucht. Da Levin weit über 50 Stücke schrieb, von denen über 30 zu seinen Lebzeiten aufgeführt wurden, kann in dieser Studie nur auf eine Auswahl dieser Stücke eingegangen werden: drei der Satiren und 18 der Stücke, die zu seinen Lebzeiten aufgeführt wurden und einen Überblick über seine Theaterarbeit geben, und zusätzlich Levins letztes Stück, an dessen Inszenierung er bis zu seinem Tod arbeitete, *Die Weiner*.[12]

Am Beginn der folgenden Untersuchungen steht ein kurzer – und daher oft kursorischer und lückenhafter – Überblick über die Geschichte des hebräischen und israelischen Theaters, der einer Hervorhebung wichtiger Zusammenhänge, Thematiken, Autoren und Theatermacher dient und darüber eine Einordnung Levins in das israelische Theater ermöglichen soll. Anschließend wird ein Blick auf die nach dem Sechstagekrieg 1967 entstandenen Satiren geworfen, die den Ausgangspunkt von Levins Schreiben für das Theater bilden, sowie eine Einordnung der ‚nach-satirischen' Stücke in drei Gruppen unternommen, die sich auch als Phasen in Levins Schaffen lesen lassen: ‚Stücke aus dem Stadtviertel', ‚Stücke der Gewalt' und ‚Stücke des Abschieds und der Reise'. Nach dieser Einführung in Levins Theater wendet sich die Untersuchung dem Autor Hanoch Levin und seiner Strategie der ‚poetischen Geste' zu, die eine Distanzierung des Texts vom Ort seiner Entstehung erzeugt. Diese Ausführungen zur ‚poetischen Geste' Levins werden durch kurze Überlegungen zu Levins Aufführungspraxis und zur Thematisierung dichterischen Schreibens und seiner Bedeutung in den Texten, vor allem in *Der Junge träumt*, ergänzt. Um die Charakteristika des Theaters Hanoch Levins nachvollziehen zu können, bedarf es zudem einer Beschäftigung mit einigen Aspekten der Form, mit Aufbau und Gliederung der Stücke, sowie mit Strategien der Namensgebung der Figuren, und vor allem mit dem Sprechen der

---

12 Um in den Argumentationen der einzelnen Kapitel jeweils Aspekte verschiedener Stücke behandeln zu können, werden im fortlaufenden Text keine längeren Inhaltsangaben gemacht, die den Textfluss zerreißen würden. Inhaltssynopsen aller 19 Stücke, auf die sich diese Studie, neben drei der Satiren, bezieht, finden sich im Anhang.

Figuren, das Effekte der Verfremdung erzeugt, die Levins Theaterarbeit als beeinflusst vom Theater Bertolt Brechts erweisen.

Im Mittelpunkt der Studie, die zwangsläufig nur Annäherungen an einen begrenzten Teil der im Zusammenhang mit Levins Theatertexten anfallenden Fragestellungen unternehmen kann, stehen die gesellschaftspolitischen Bezüge in Levins Theater. Diesen wird auf zwei Ebenen nachgegangen: Zum einen wird im sechsten Kapitel die für diese Studie titelgebende Frage nach einer ‚Dramaturgie der Drohung' als grundlegender Strategie in Levins Theater gestellt. Es werden in der Lektüre einiger Stücke Formen der Drohung, des Tauschs und des Aufschubs untersucht, die sowohl dargestellten gesellschaftlichen Problemen eine Form geben als auch als Antrieb und Verzögerung der Handlungen funktionieren. Diese Einblicke in von Levin angewandte dramaturgische Strategien sollen ein Verständnis für sein Vorgehen, gesellschaftliche Machtkonstellationen in einer theatralen Form und in Figuren erscheinen zu lassen, erzeugen. Daraus leitet sich dann zum anderen der Versuch ab, Verbindungen zwischen gesellschaftspolitischen Aspekten der israelischen Gegenwart, in der Levin schrieb, und seinem Theater herzustellen. Anhand der in Levins Theater präsentierten Körperbilder und Fragen der Macht über Leben und Tod sollen Aspekte von Levins politischem Schreiben aufgezeigt werden, das als ein Schreiben der Unterbrechung und des Unterlaufens der herrschenden Diskurse funktioniert. Diese Untersuchung konzentriert sich dabei auf den Umgang mit dem Zionismus als der übergreifenden Erzählung des politischen Alltags, der Erinnerung an die Shoah, der von einerseits traditionellen und andererseits militärischen Bildern geprägten Geschlechterverhältnisse sowie der Bedeutung des Einzelnen und seines Lebens im Verhältnis zur Gemeinschaft. Diese vier Schwerpunkte lassen sich als Fragen verstehen, die die gesellschaftlichen Verhältnisse einem politischen Theater in Israel stellen.

Zwischen diese beiden zentralen Kapitel zur gesellschaftspolitischen Bedeutung des Theaters Hanoch Levins sind ein Exkurs und Überlegungen zu Raum und Zeit in Levins Theater geschaltet. Eine Beschreibung der Inszenierung Levins von *Der Junge träumt* 1993 an der Habima in Tel Aviv und eine Lektüre des Texts sollen mit einigen interpretatorischen Überlegungen verbunden werden, um so einen Einblick in Besonderheiten des Levinschen Theaters zu geben, die auch über die spezielle, hier untersuchte Inszenierung hinausreichen. In den Untersuchungen zu Raum und Zeit in Levins Theater werden Verbindungen zu Vorstellungen von ‚Ort', vor allem als Diaspora, und Zeit im jüdischen und israelischen kulturellen Gedächtnis gezogen. Auch dies dient dem Ansatz, Verbindungen Levins zu einem historischen und gesellschaftlichen Hintergrund aufzuzeigen, die in seinem Theater zu Elementen der Form oder der Figuren werden.

Zum Schluss kehrt die in dieser Studie unternommene Vorstellung Hanoch Levins ins Theater zurück und versucht dort, einige der herausgearbeiteten Aspekte zum Funktionieren von Levins Theater und zu seiner politischen Relevanz zu verknüpfen und aufzuweisen, warum dies gerade im Theater geschieht. Untersucht wird so zum einen das Theater als Ort der Darstellung und Reflexion seiner selbst, des Theaters im Theater, und zum anderen das Theater als gesellschaftlicher Ort. Abschließend wird in einer Lektüre des Prosatexts ‚Die zwei Wunder des Theaters' (שני פלאי התיאטרון) der Ort eines Theaters untersucht, das die Gewalt zeigt, bei Levin gerade in den ‚Stücken der Gewalt', und das zugleich die Möglichkeit einer Unterbrechung der gesellschaftlichen Gewalt im Betrachten und Innehalten aufzeigt.

1. Kurze Geschichte des hebräischen und israelischen Theaters

1.1 Das hebräische und israelische Theater bis 1967

Die Geschichte des hebräischen Theaters, aus dem mit der Gründung des Staates Israel 1948 das israelische Theater hervorgeht, ist kürzer als andere nationale Theatergeschichten. Erst mit der Wiederbelebung des Hebräischen als Alltagssprache für ein jüdisches Gemeinwesen im damaligen Palästina vor allem durch Eliezer Ben Yehuda am Ende des 19. Jahrhunderts beginnt auch Theater in hebräischer Sprache zu entstehen. Dies führt Matthias Morgenstern dazu, das hebräische Theater als „verspätetes Theater"[13] zu bezeichnen. Das Judentum kennt kein religiös begründetes Theater, vielmehr verbieten antike rabbinische Quellen, zum Teil begründet in der Auseinandersetzung mit der umgebenden hellenistischen und römischen Kultur, Theater zu spielen oder anzuschauen.[14] Vor allem die beiden religiösen Gebote, die es Männern untersagen, in Frauenkleidern zu erscheinen, und Frauen, gemeinsam mit Männern aufzutreten, wurden so ausgelegt, dass sie es Juden untersagten, Theater zu spielen.[15] Mit diesen religiösen Bestimmungen

---

13 Matthias Morgenstern: *Theater und zionistischer Mythos. Eine Studie zum zeitgenössischen hebräischen Drama unter besonderer Berücksichtigung des Werkes von Joshua Sobol*, Tübingen: Niemeyer 2002, S. 1.

14 „In der normbildenden jüdischen Tradition galt das Theater als Ort des Spottes und der Gottlosigkeit (מושב לצים), der dem gesetzestreuen Juden auch wegen der Gefahr des Müßiggangs und der Vernachlässigung des Torastudiums verboten war. Auch die bemerkenswerte Tatsache, dass ‚die lebendige Rede und Gegenrede' im Talmud geradezu zu einer ‚Hauptform der Literatur' werden konnte, ändert nichts an der grundsätzlichen Distanz der antiken jüdischen Kultur zum Theater. Diese Haltung der Rabbinen wurde schon früh in einen Zusammenhang mit den blutigen Zirkusspielen gebracht, deren unfreiwillige Teilnehmer häufig jüdische Sklaven waren." Morgenstern: *Theater*, S. 7-8.

15 S. Morgenstern: *Theater*, S. 12-13. sowie: Glenda Abramson: *Modern Hebrew Drama*, New York: St. Martin's Press 1979, S. 17. Das Verbot, dass Männer nicht in Frauenkleidern auftreten sollen, lässt sich aus Dt. 22,5 ableiten.

versuchten Rabbiner in Eretz Israel[16] noch an der Wende vom 19. zum 20. Jahrhundert die ersten Theateraktivitäten der neu eingewanderten Siedler zu unterbinden.[17] Doch hatten sie damit keinen Erfolg, da die säkularisierten und mit den bürgerlichen Gesellschaften Europas vertrauten zionistischen Pioniere den religiösen Geboten für ihr Leben keinen Wert mehr zumaßen, sondern gerade in der Erschaffung einer neuen jüdischen Kunst und hebräischen Literatur einen integralen Bestandteil des entstehenden jüdischen Gemeinwesens in Eretz Israel sahen.

Als einzige Theaterform, die mit den religiösen Bestimmungen in Einklang stand, erscheint das Purimspiel, das es erlaubt, an dem jüdischen Feiertag Purim zum Gedenken an die Errettung des jüdischen Volkes durch Esther, ihre Geschichte und damit auch die des Siegs über Haman und seine Vernichtungsabsichten nachzuspielen. Die Tradition des Purimspiels mag mittelalterlichen christlichen Passionsspielen vergleichbar sein, doch zeichnet sich das Purimspiel gerade durch seine Ausnahmestellung innerhalb einer das Theaterspiel ablehnenden religiösen Überlieferung aus.

> As for the well known theatrical game, the Purim Shpil (Purim play), usually brought up as an example of the existence of regular theatrical activity among the Jews, it should be seen in its proper cultural context. Purim is a very peculiar Jewish holiday in which people are allowed to indulge in otherwise strictly forbidden activities, such as dressing up, getting drunk and playing theatrical games. The Purim shpil, therefore, does not demonstrate the practice of theatre in Jewish life but exactly the opposite, its absolute exclusion from the established forms of expression in traditional Judaism.[18]

Dennoch entstanden die ersten überlieferten hebräischen Theaterstücke im Rahmen des Purimspiels; so schrieb Yehuda Leone di Somi im 16. Jahrhundert Stücke für Purim im Stil italienischer Ko-

---

16 Eretz Israel (ארץ ישראל, dt. ‚Land Israel') bezeichnet das geographische Gebiet, in das zurückzukehren die Hoffnung der jüdischen Einwanderer war, sowohl in der britischen Mandatszeit als auch seit der Gründung des auf diesem Gebiet errichteten Staates Israel.

17 S. Mendel Kohansky: *The Hebrew Theatre. Its First Fifty Years*, Jerusalem: Israel Universities Press 1969, S. 11-13.

18 Eli Rozik: The Languages of the Jews and the Jewish Theatre, in: *Theatre Research International* 13,2 (1988), S. 79-88, hier S. 79-80.

mödien der Zeit.[19] Während der folgenden drei Jahrhunderte, vor allem im Zuge der jüdischen Aufklärung (Haskala, השכלה), entstanden vereinzelt weitere hebräische Dramen. Die meisten dieser Dramen dienten entweder als Purimspiele oder als reine Lesedramen, die nicht zur Aufführung gedacht waren.[20] Aufklärung und Emanzipation ermöglichten eine Öffnung der jüdischen Gemeinschaften in Europa und führten dazu, dass sich um Assimilation bemühte Juden vom traditionellen religiösen Lebensstil abwandten und sich zunehmend für das Kunst- und Kulturleben der umgebenden bürgerlichen Gesellschaften interessierten und daran teilnahmen. Eine besondere Anziehungskraft übte dabei das Theater aus.[21]

1876 gründete Abraham Goldfaden im rumänischen Jassi das erste jiddische Theater. In der Folgezeit entstanden mehrere zum Teil sehr bekannte jiddische Theater, unter ihnen die Wilnaer Truppe, die – anders als das bald danach entstehende hebräische Theater – auf einen Fundus an jiddischer Literatur und auch an neu entstehender jiddischer Dramenliteratur zurückgreifen konnten. Sowohl die Ende des 19. Jahrhunderts neu entstehende hebräische Literatur als auch das hebräische Theater standen vor einer doppelten Aufgabe. Einerseits war die hebräische Sprache aus ihrem überlieferten religiösen Zusammenhang zu lösen und in ihr eine neue Literatur zu schaffen, die anderen europäischen Literaturen vergleichbar war. Andererseits musste aber erst ein Publikum geschaffen werden, das des Hebräischen als Alltagssprache mächtig war und damit in der Lage, neuhebräische Literatur und neuhebräisches Theater aufnehmen zu können.

So wie viele der ersten hebräischen Romane und Erzählungen Übersetzungen der vorangegangenen jiddischen Fassungen durch ihre Autoren waren,[22] die sich aus zionistischen Gründen entschie-

---

19 S. Abramson: *Modern Hebrew Drama*, S. 18.
20 Für Einzelheiten s. Abramson: *Modern Hebrew Drama*, S. 16-27.
21 „Es war dabei anscheinend nur die Kehrseite der traditionellen Theaterferne, dass sich diejenigen, die aus der Welt der strengen Torafrömmigkeit ausbrachen und ihrer Umwelt assimilierten, nun mit besonderem Eifer und Interesse gerade dem *Theater* zuwandten". Morgenstern: *Theater*, S. 18.
22 S. Gershon Shaked: *Geschichte der modernen hebräischen Literatur. Prosa 1880 bis 1980*, Frankfurt am Main: Jüdischer Verlag 1996.

den hatten, nun (auch) in Hebräisch zu schreiben, so basierten auch die ersten Produktionen des hebräischen Theaters auf übersetzten Stücken. Das hebräische Theater als Aufführungspraxis ging also einer originären hebräischen Dramatik voraus. Letztere fand erst in den 40er und 50er Jahren des 20. Jahrhunderts zu einer eigenständigen Produktion. So waren auch zur Zeit der Staatsgründung noch viele hebräische Dramen Umarbeitungen von nicht lange zurückliegenden, erfolgreichen Romanfassungen, die ihre Autoren für die Bühne adaptierten und bearbeiteten. Ein prominentes Beispiel hierfür ist *Er ging durch die Felder* (הוא הלך בשדות) von Moshe Shamir, 1947 als Roman erschienen und am 31. Mai 1948 vom Kameri-Theater in Tel Aviv uraufgeführt.[23]

Die Entstehung des modernen hebräischen Theaters hat zwei Wurzeln: eine in der Diaspora und eine in Eretz Israel. In Moskau wurde 1918 unter der Leitung Nahum Zemachs die Habima gegründet. Zemach war ein Kulturzionist, der sich ganz dem Aufbau eines hebräischen Theaters verschrieben hatte. Nachdem er bereits 1913 auf dem in Wien tagenden Zionistenkongress mit einer in Hebräisch spielenden Theatergruppe aufgetreten war, aber nicht die notwendige finanzielle Unterstützung für sein Projekt gefunden hatte, trat er 1918 an Stanislawski mit dem Anliegen heran, eine hebräische Bühne in Moskau zu gründen. Das Projekt erfuhr Stanislawskis volle Unterstützung und die Habima wurde zum dritten Studio des Moskauer Künstlertheaters, neben dem Čechov-Studio und dem armenischen Studio. Da die Mitglieder der neuen Theatergruppe Amateure waren, erhielten sie Unterricht von Stanislawski und seinem Schüler, dem armenischen Regisseur Evgeny Vakhtangov, der zum Regisseur der Habima wurde. Die expressionistischen Produktionen der Habima in Moskau waren ein großer Erfolg, obwohl der größte Teil des Publikums kein Hebräisch verstand, und trotz wiederholter Probleme mit den sowjetischen Behörden, die Hebräisch als bourgeoise und religiöse Sprache verdammten. Als wichtigste Produktion der Habima gilt *Der Dibbuk* (הדיבוק, 1922) in der Regie Vakhtangovs, dessen Text von Chaim Nachman Bialik, dem bedeutendsten hebräischen Dichter der Zeit, aus der jiddischen Fassung An-Skis für die Aufführung ins Hebräische übersetzt wurde. Diese Produktion des Stückes *Der Dibbuk*, die darin erzählte Geschichte und die chassidische Vorstellung des

---

23   Für einen Vergleich zwischen Roman und Dramenfassung s. Morgenstern: *Theater*, S. 46-58.

Dibbuk – die Seele eines Verstorbenen, die in den Körper einer lebenden Person eindringt, so dass zwei Seelen in einem Körper wohnen – und auch Hanna Rovina in der Rolle der Lea wurden zu einem Mythos des israelischen Theaters.

1926 entschied sich die Habima-Truppe, Moskau zu verlassen und auf Tournee quer durch Europa und die USA zu gehen. Nach einer erfolgreichen Tournee durch Europa zerbrach die Gruppe in den USA am Führungsstil Zemachs, der sich mit den Kollektivvorstellungen der sowjetisch geprägten Gruppenmitglieder nicht weiter vereinbaren ließ. Zemach und einige Mitglieder verblieben in New York, während der Rest der Habima nach Europa zurückkehrte und sich 1931 endgültig in Tel Aviv niederließ. Die jahrelange Arbeit in Moskau sowie die Welttournee hatten gezeigt, dass sich eine dauerhafte hebräische Theaterarbeit nur in einer hebräisch sprechenden Umgebung machen ließ. 1958 wurde die Habima zum Nationaltheater Israels erklärt.

Die zweite Wurzel des hebräischen Theaters sind Aufführungen von Schulen und Amateurgruppen in Palästina an der Wende vom 19. zum 20. Jahrhundert.[24] 1889 gab es die erste Schüleraufführung an der Lemel-Schule in Jerusalem, gefolgt von weiteren Schulaufführungen in den neu entstehenden Städten des Landes. 1904 entstand mit den ‚Liebhabern der dramatischen Kunst' (חובבי הבמה העברית) die erste Amateurgruppe des Landes, der weitere folgten. Das Anliegen all dieser Theateraufführungen war die Wiederbelebung der hebräischen Sprache.

> The pioneers of Hebrew theater in Eretz-Yisrael were primarily not striving to achieve artistic excellence. They regarded the theater first of all as an educational tool: to teach the Hebrew language, actually to speak it, and–with the help of the theater–to create a local Hebrew culture, to perform plays dealing with the creation of a Jewish, Zionistically motivated entity in the country, and to bring out and deal with the conflicts of the Jewish people in the Diaspora, in particular in Europe. In these respects the pioneers of the Hebrew theater provided a direct and affirmative response to the European realistic and naturalistic theatrical norms,

---

24   S. Kohansky: *Hebrew Theatre*, S. 9-18.

which claimed that the task of the playwrights and the theaters was to raise problems for debate on the stage.[25]

Dieses Grundanliegen des hebräischen Theaters, gesellschaftliche Probleme auf der Bühne zur Debatte zu stellen, prägt die israelische Theatergeschichte. Die damit einhergehende Forderung nach einer richtigen, angemessenen oder ‚wahrheitsgetreuen' Abbildung des gesellschaftlichen Alltags auf der Bühne, diente und dient Theaterkritikern als Maßstab, um nach der Relevanz eines Stückes für die Gesellschaft und damit nach seiner Berechtigung zu fragen. So entstand eine Theatertradition, die sich der Abbildung gesellschaftlicher Probleme verbunden weiß und eine besondere Nähe zu der Gesellschaft, in der sie entsteht, behauptet. Die daraus entstehende Dramatik ließe sich als ‚israelischer Realismus' klassifizieren.[26] Eine solche Einstellung zur Aufgabe des Theaters hat verständlicherweise immer wieder zu harten Auseinandersetzungen über künstlerische Arbeiten geführt.

Von Beginn an schwankten das Publikum und die Kritik zwischen der Begeisterung dafür, dass es nun hebräisches Theater gab, und der Enttäuschung über den niedrigen künstlerischen Standard. Vor allem in den 20er Jahren gingen einige dieser Amateurtheatermacher nach Europa, oft nach Berlin, um sich zu professionalisieren, unter ihnen Menachem Gnessin und andere Mitglieder der Gruppen ‚The Hebrew Theatre' und ‚The Dramatic Theatre', wie Mirjam Bernstein-Cohen.[27] Mit der Ankunft der Habima 1931 in Palästina kam es zu einer Belebung der Theaterszene. Bereits 1926 hatte das ehemalige Habima-Mitglied Moshe Halevy das Ohel-Theater als Theater des Gewerkschaftsbundes gegründet. 1944 gründete der aus der Tschechoslowakei neu eingewanderte Josef Milo das Kameri-Theater in Tel Aviv und sammelte dort eine Gruppe junger

---

25 Freddie Rokem: Hebrew Theater from 1889 to 1948, in: Linda Ben-Zvi (Ed.): *Theater in Israel*, Ann Arbor: The University of Michigan Press 1996, S. 51-84, hier S. 53.

26 Morgenstern übernimmt diesen Begriff für das hebräische Drama von Gershon Shaked, der sich damit ursprünglich auf israelische Erzählungen bezog. „G. Shaked hat die ‚Neigung zur Erzeugung eines fiktiven Rahmens mit einem deutlichen äußeren Bezug' als eine der charakteristischen Eigenheiten des israelischen Realismus bezeichnet." Morgenstern: *Theater*, S. 34.

27 S. Kohansky: *Hebrew Theatre*, S. 55-75.

Schauspieler um sich, die bereits mit Hebräisch als Muttersprache aufgewachsen waren.

Das Repertoire der neuen Theater setzte sich aus Übersetzungen europäischer Stücke und jiddischer Dramen, die sich mit der Welt des osteuropäischen Judentums beschäftigten, sowie einem steigenden Anteil hebräischer Dramen zusammen. Die neuen hebräischen Dramen beschäftigen sich meist mit der Welt der zionistischen Siedler, dem Aufbau des Landes und der Arbeit in den Kibbutzim. Ein Beispiel für diese Gruppe ist *Diese Erde* (האדמה הזאת, 1942) von Aharon Ashman. Im Mittelpunkt dieser Stücke stehen die vom Zionismus vorgestellten neuen Juden des Landes, die Sabres.[28]

Die Begegnung der Sabres, die als stark und in der Lage sich selbst zu verteidigen vorgestellt wurden, mit den den deutschen Lagern entkommenen Neueinwanderern nach dem Zweiten Weltkrieg führte oft zu einer Heroisierung der Gestalt des Sabre und einer Verdrängung dessen, was als vergangenes und schwaches Diaspora-Judentum an diesen überlebenden Neueinwanderern wahrgenommen wurde.[29] Dieser Grundkonflikt durchzieht viele israelische Stücke bis zum Sechstagekrieg und wurde auch danach wieder virulent durch die im Theater vorgenommene Dekonstruktion des zionistischen Mythos. Ebenso erfuhr auch der Konflikt mit der arabischen Bevölkerung Palästinas Eingang in die Form, wie gesellschaftliche Realität und zionistischer Mythos auf den Bühnen verhandelt wurde. Es lässt sich von einer wechselnden Beeinflussung zwischen der gesellschaftlichen Auseinandersetzung über die zionistische Erzählung und ihrer Verhandlung im Theater sprechen.

---

28 Als Sabre - von tzabar (צבר), Kaktusfeige - werden im Land geborene Israelis bezeichnet, die der zionistischen Vorstellung einer Verbundenheit zum Land entsprechen und sich ihrer eigenen Stärke und Verteidigungsfähigkeit bewusst sind. Wie die Kaktusfeige soll der Sabre nach außen stachelig, hart und rau sein, darunter aber ein weiches und gutes Inneres verbergen.

29 Zum Umgang der israelischen Gesellschaft mit den Überlebenden der Shoah s. allgemein: Tom Segev: *Die siebte Million. Der Holocaust und Israels Politik der Erinnerung*, Reinbek: Rowohlt 1995.

Die Bedrohung durch die umliegenden arabischen Staaten, wie sie besonders im Unabhängigkeitskrieg von 1948 erfahren wurde,[30] wurde auf der Bühne wiederholt in ‚Belagerungsdramen' umgesetzt. So erzählt in *In den Steppen des Negev* (בערבות הנגב, 1949) Yig'al Mossinzon von einem durch die ägyptische Armee während des Unabhängigkeitskrieges belagerten Kibbutz. Die das ganze Land betreffende Diskussion über Flucht – das Verhalten des Diasporajuden nach der Vorstellung des zionistischen Mythos – und Widerstand bis zur eventuellen Selbstaufopferung – das dem gegenüberzustellende Verhalten des Sabre –, um die feindliche Armee vom Einfall ins Land abzuhalten, wird auf die typisierend gezeichneten Mitglieder eines Kibbutz konzentriert. Ebenso bedingt ein Zustand der Belagerung und des Eingeschlossenseins in *Sie werden morgen ankommen* (הם יגיעו מחר, 1950)[31] von Natan Shaḥam die Dramatik der Handlung.

Die Frage nach dem Opfer des einzelnen für den Erhalt – oder im Falle des Unabhängigkeitskrieges die Begründung – der Gemeinschaft erweist sich als wiederkehrendes Motiv in israelischen Dramen der Zeit, nicht nur in *In den Steppen des Negev*, sondern auch in *Er ging durch die Felder*, in dem Dani sein Leben opfert, um im Partisanenkampf gegen die britische Mandatsmacht eine Brücke zu sprengen, so dass die Briten ein Schiff mit Neueinwanderern nicht mehr an der Landung hindern können. Thematisierungen der Frage des Opfers im israelischen Drama rufen dabei immer das Motiv der 'Aqeda (עקידה), der Fesselung und gerade noch vereitelten Opferung

---

30 Nach der Verkündung des UN-Teilungsplans am 29. November 1947, der von arabischer Seite nicht anerkannt wurde, begannen sich die militärischen Auseinandersetzungen im Mandatsgebiet zu verschärfen. Nachdem David Ben-Gurion am 14. Mai 1948 den Staat Israel ausgerufen hatte, griffen die vereinten Armeen der umliegenden arabischen Staaten den neuen Staat an und wurden zurückgeschlagen. Ergebnis des Krieges war, dass Israel größer wurde als durch den Teilungsplan vorgesehen, und etwa 700.000 Palästinenser den nun israelischen Teil des ehemaligen Mandatsgebiets verlassen hatten, etwa die Hälfte von ihnen war bereits vor Ausbruch der Kriegshandlungen geflohen, die andere Hälfte floh während des Unabhängigkeitskrieges bzw. wurde an einigen Orten von israelischen Truppen vertrieben. Da Jordanien die Verwaltung der Westbank und Ägypten die des Gazastreifens übernahm, kam es zu keiner Entstehung eines palästinensischen Staates neben Israel.

31 Das Stück ist die umgearbeitete Fassung einer Erzählung Shaḥams.

Isaaks durch Abraham, auf.[32] Die Frage der Legitimität einer
(Selbst)Opferung des Sohnes für den Vater oder die Gemeinschaft
und einer Heroisierung dieses Opfers wird in verschiedenen Theaterstücken immer wieder neu gestellt, so auch bei Hanoch Levin.

> The Old Testament, Jewish history, the pioneering spirit in
> which the Land of Israel was being rebuilt, as well as the
> trauma of the Holocaust and of incessant wars became,
> along with additional subject matter of the sort that preoccupies playwrights everywhere, the stock materials of Israeli drama.[33]

Für die Zeit zwischen 1948 und 1967 entstehen so vor allem zwei wichtige Gruppen von Stücken. Die erste schöpft aus biblischem Material, wie *Grausamer als jeder – der König* (אכזר מכל המלך, 1953) von Nissim Aloni oder *Die Reise nach Ninive* (מסע לנינוה, 1964) von Jehuda Amichai, um das aktuelle politische und gesellschaftliche Geschehen in Israel zu hinterfragen und der Enttäuschung Ausdruck zu geben, dass nach den hochgesteckten Erwartungen der Unabhängigkeit von 1948 alles zu einem kleinen Staat mit vielen Problemen führte, der mit Bürokratie und Korruption aufwartet, wie überall sonst auch.

Die zweite Gruppe beschäftigt sich mit der Shoah. Dabei suchen diese Theaterstücke eine indirekte Konfrontation mit dem Geschehen in den deutschen Vernichtungslagern, um der Unmöglichkeit jeglicher Darstellung zu entgehen. Zu diesen Stücken gehört *Die Schlossherrin* (בעלת הארמון, 1955) von Lea Goldberg, die von der Wiederauffindung eines jüdischen Mädchens auf einem osteuropäischen Schloss durch zwei zionistische Emissäre handelt, und dabei die Anziehungskräfte des neuen Yishuv[34] in Palästina gegenüber

---

32 Gen. 22,1-19. Zur 'Aqeda-Variation Levins s. Kap.2 „Satiren als Ausgangspunkt von Levins Schreiben für das Theater", sowie ausführlich: Matthias Naumann: Yiṣḥaqs rettende Stimme. Zu Hanoch Levins satirischer Fassung der 'Aqeda, in: *Frankfurter Judaistische Beiträge* 32 (2005), im Erscheinen.

33 Shimon Levy: Heroes of Their Consciousness: Self-Referential Elements in Contemporary Israeli Drama, in: Ben-Zvi (Ed.): *Theater in Israel*, S. 311-19, hier S. 312.

34 Yishuv (ישוב, dt. ‚Niederlassung') bezeichnet die vorstaatliche jüdische Ansiedlung in Palästina. Es lässt sich zwischen dem sog. Alten Yishuv unterscheiden, der die vor Beginn der ersten Aliya – der Einwanderungswelle russischer Juden nach den Pogromen von 1881 – bereits in

dem alten Europa nach der Shoah verhandelt. Andere Stücke, wie *Kinder des Schattens* (ילדי הצל, 1962) von Ben-Zion Tomer beschäftigen sich mit der Aufnahme der Überlebenden durch die Sabres im neu entstandenen Israel und mit der Frage nach der unentscheidbaren Schuld der Kollaboration derjenigen, die in den Judenräten in Europa mit den Deutschen zusammengearbeitet hatten. Tomers Stück zeichnet sich dadurch aus, dass es die Probleme der vor der Shoah aus Europa Entkommenen sowie die der Überlebenden vorstellt, ohne moralische Entscheidungen zu treffen und Urteile zu sprechen.

Während sich der größte Teil der zwischen 1948 und 1967 entstehenden israelischen Dramen dem ‚israelischen Realismus' zuordnen lässt, macht sich in den 60er Jahren zunehmend der Einfluss des Absurden Theaters aus Europa bemerkbar. Daneben tritt von Anfang der 50er bis Mitte der 70er Jahre Nissim Aloni als erster der drei großen israelischen Dramatiker des 20. Jahrhunderts – neben Hanoch Levin und Joshua Sobol – mit einem ausgeprägten eigenen Stil in Erscheinung. Ihm gelingt eine Auseinandersetzung mit den Fragen von Macht und Herrschaft in der israelischen Gesellschaft und zwischen den Generationen, in dem er seine Handlungen in Umgebungen verortet, die völlig losgelöst von jeglichem israelischen oder jüdischen Kontext erscheinen, so in *Die amerikanische Prinzessin* (הנסיכה האמריקאית, 1963).[35]

Palästina lebende jüdische Gemeinschaft bezeichnet, und dem ‚Yishuv' als Bezeichnung der jüdischen Gemeinschaft in Palästina und ihrer Organisationen vor der Gründung des Staates Israel 1948 während der britischen Mandatszeit, wie er im folgenden verwendet wird.

35 „Using Greek, Jewish and Christian myths, Nissim Aloni depicts his perception of the individual and of society towards the end of the 20th century. He reflects on the ‚state of the world' and defines it as that of poor immigrants fighting each other for a place to survive among the inhumanity (*Eddy King*) of political conspiracies (*Cruel is the King*) and exiled kings and fallen kingdoms (*The American Princess*). Having no place in the real world his characters dream of finding one in the fictional world of the Theatre, the Circus, the Cinema." Nurit Yaari: Contemporary Israeli Drama in Search of Identity: Nissim Aloni and Hanoch Levin between Hellenism and Judaism, in: Asher Ovadiah (Ed.): *Hellenic and Jewish Arts. Interaction, Tradition and Renewal*, Tel Aviv: Tel Aviv University 1998, S. 231-245, hier S. 237. Zu Nissim Aloni s. auch: Chaim Shoham: The Drama and Theater of Nissim Aloni, in: Ben-Zvi (Ed.): *Theater in Israel*, S. 119-131.

1.2 Das israelische Theater zwischen 1967 und 1999

Das Jahr 1967, oder genauer der Sechstagekrieg im Juni 1967, markiert eine Zäsur im israelischen und zionistischen Bewusstsein. Auf der einen Seite löste der gewonnene Krieg, der noch einmal die existentielle Bedrohung Israels durch seine arabischen Nachbarn vor Augen geführt hatte, eine euphorische Siegesstimmung aus, deren endgültige Ernüchterung erst durch den Angriff der arabischen Armeen im Yom-Kippur-Krieg 1973 erfolgte. Andererseits war es der zweite verlustreiche Krieg innerhalb von 20 Jahren – den dazwischen liegenden Sinaifeldzug von 1956 einmal beiseite gelassen –, so dass dieser Krieg erneut und eindringlich die Frage nach dem Wert des Lebens des einzelnen gegenüber der Gemeinschaft stellte. Die zionistische Vision des eigenen, gesicherten, verfolgungsfreien Staates wurde durch den Krieg von außen und in seiner Folge auch von innen erschüttert. Zudem setzte mit dem Sechstagekrieg eine Wende in der Rolle Israels gegenüber den umliegenden arabischen Staaten, besonders gegenüber den Palästinensern in den neu eroberten und nun besetzten Gebieten des Westjordanlandes und des Gazastreifens ein, die Wende vom Verteidiger zum Besatzer. Damit einher ging die Verlagerung des vorher rein äußerlichen Feindes, den umliegenden arabischen Staaten, ins eigene Innere, da die Palästinenser nun unter israelischer Besatzung auf einem Gebiet lebten, dessen unentschiedener Status der (Nicht-)Zugehörigkeit zum eigentlichen Staatsgebiet durch die beginnende Siedlungspolitik an Problematik noch gewann.

Noch in die Siegeseuphorie unmittelbar nach dem Sechstagekrieg hinein erfolgte der Auftritt Hanoch Levins auf der Bühne des israelischen Theaters. Mit seinen gegen die politisch-militärische Siegeseuphorie gerichteten Satiren *Du und ich und der nächste Krieg* (את ואני והמלחמה הבאה, 1968) und *Königin des Badezimmers* (מלכת אמבטיה, 1970) löste er einen Sturm aus, wie ihn das israelische Theater vorher nicht und auch nachher kaum in gleichem Maße gesehen hat. Dies war nur der Auftakt einer Abwendung des israelischen Theaters, ebenso wie der Literatur, vom zionistischen Mythos als Basis der israelischen Gesellschaft hin zu seiner De(kon)struktion.

Levin stellte mit seinen Satiren die im öffentlichen Diskurs gängige Darstellung des Krieges als integralem und unvermeidlichem Bestandteil des gesellschaftlichen Lebens in Frage, wie sie z.B. in A. B. Jehoschuas Theaterstück *Eine Nacht im Mai* (לילה במאי, 1968) Gestalt erhält. Jehoschua dient der bevorstehende Krieg als Hintergrund eines erneuten Zusammentreffens einiger familiär miteinander verbundener Menschen in Jerusalem, die so gezwungen sind, sich miteinander und mit ihren Problemen zu konfrontieren.³⁶ Der Krieg hat hier zwar nicht mehr den Anstrich von Heroismus und Notwendigkeit wie in den Dramen des Unabhängigkeitskrieges, zugleich erfährt er aber auch keine negative Bewertung. Er wird zum Bestandteil des Alltags, mit dem zu leben ein Weg gefunden werden muss. Shosh Avigal folgend, kann man die Geschichte des israelischen Theaters nach den Kriegen der israelischen Geschichte periodisieren.

> Israelis tend to organize their collective memory according to the wars. When trying to describe the main trends in Israeli theater since the war of 1948, it is almost impossible to avoid grouping them according to the six wars in Israel's history, as each war represents a new phase in the Israeli dynamic of shattering old myths, and another step in constructing the multifaceted Israeli reality.³⁷

Die dem Sechstagekrieg folgenden Auseinandersetzungen bis zum Yom-Kippur-Krieg von 1973 führten zu einem Aufbrechen und einer Vervielfältigung der Positionen innerhalb der israelischen Gesellschaft und so zu einer Zunahme der Kritik am militärischen und politischen Establishment.³⁸ Im Theater waren die 70er Jahre bis

---

36 „No realist writing in Israel at that time, prior to Octobre 1973, could rely on the customary and undoubtedly valid moral and humanitarian condition of war, for to do so would be glib and politically naive. Yehoshua has partially attempted this judgement, but he has avoided any strong comment in his play by taking refuge in cynicism which is in itself too mild to be convincing. His ‚family' would have had to face their private battles at any time; their states of mind were not engendered by the imminent war for it served only to bring them all together." Abramson: *Modern Hebrew Drama*, S. 187.

37 Shosh Avigal: Patterns and Trends in Israeli Drama and Theater, 1948 to Present, in: Ben-Zvi (Ed.): *Theater in Israel*, S. 9-50, hier S. 27.

38 In der Zeit vor dem erneuten Angriff der Armeen Ägyptens und Syriens an Yom Kippur 1973, dem höchsten jüdischen Feiertag, hatten sich die Spannungen zwischen Israel und seinen Nachbarstaaten zunehmend aufgeheizt. Zwar gelang es Israel trotz des Überraschungsangriffs an einem Feiertag, an dem alles öffentliche Leben in Israel ruht, die gegnerischen Armeen zurückzuschlagen, doch waren die israelischen Verluste so hoch, dass die politischen und militärischen Eliten in Israel in der Öffentlichkeit mit scharfer Kritik angegangen wurden, bis hin zum Rücktritt von Golda Meir 1974. Die Agranant-Untersuchungskommission

zum Libanonkrieg 1981 von einer Stimmung des Aufbruchs und des Experimentierens geprägt. Eine neue Generation von Theaterautoren trat an die Öffentlichkeit, unter ihnen Joshua Sobol, Yosef Mundi, Hillel Mittelpunkt und Yosef Bar-Yosef. Im jüngsten Theater des Landes, dem Städtischen Theater Haifa, wurde mit ‚record plays', dokumentarischem Theater, experimentiert, das versuchte, die Umwälzungen in der Gesellschaft auf der Bühne zu reflektieren, dies vor allem unter der künstlerischen Leitung von Nola Chilton.[39] Levin wandte sich während der 70er Jahre von den Satiren ab und begann, Komödien zu schreiben, die eine Kritik der grundlegenden Strukturen der israelischen Gesellschaft versuchten. Im Zentrum von Levins Komödien stehen immer ashkenazisch erscheinende Figuren,[40] während gleichzeitig der Bevölkerungsanteil orientalischer Juden zunehmend an politischer Einflussnahme zu gewinnen suchte. So brachte eine massive Unterstützung durch orientalische Juden 1977 erstmals den Likud an die Regierung und läutete den Niedergang der sozialdemokratischen Arbeitspartei ein, die in den ersten 30 Jahren als ‚zionistische Staatspartei' fungiert hatte.

Die Likudregierung brachte auf der einen Seite den Frieden mit Ägypten von 1978, andererseits aber erst den eigentlichen Auftakt des Siedlungsprogramms im Westjordanland und damit zunehmende Auseinandersetzungen mit der palästinensischen Bevölkerung und schließlich 1982 die israelische Intervention in den

---

    stellte fest, dass die israelische Armee und die Regierung in Einschätzung der und Umgang mit den arabischen Nachbarstaaten fehlerhaft gehandelt hätten.

39 S. Shosh Avigal: Patterns, S.35-36, sowie: Nola Chilton, interviewed by Linda Ben-Zvi, in: Ben-Zvi (Ed.): *Theater in Israel*, S. 367-372.

40 Ashkenaz (אשכנז) ist die mittelalterliche hebräische Bezeichnung für Deutschland. Als Ashkenazim werden die diesem Kulturkreis entstammenden Juden, also die meisten Mittel- und Osteuropäischen Juden bezeichnet. Heute wird der Begriff ‚Ashkenazim' oft allgemein auf die aus Europa nach Israel eingewanderten Juden angewandt, obwohl unter diesen auch Sefardim, also die Nachkommen der aus Spanien (Sfarad, ספרד) vertriebenen Juden, waren. Im Zusammenhang mit Levins Theater soll die Verwendung des Begriffs ‚ashkenazisch' auf eine Herkunft aus dem Kulturkreis mittel- und osteuropäischer Juden verweisen. Diesem Kulturkreis entstammte sowohl Levins Familie als auch der Großteil der den Staat Israel in seiner Entstehung prägenden kulturellen und politischen Elite. Als orientalische Juden werden die aus den arabischen Ländern nach Israel eingewanderten Juden verstanden.

libanesischen Bürgerkrieg.⁴¹ Der Libanonkrieg markiert den Höhepunkt der gesellschaftskritischen Auseinandersetzungen im israelischen Theater, die während der 80er Jahre zunehmend nachlassen, bis sie während der ersten Intifada (Dezember 1987 bis 1990/1991) ganz zum Erliegen kommen.

Noch vor dem Libanonkrieg schrieb Hanoch Levin mit *Hinrichtung* (הוצאה להורג, 1979), *Hiobs Leiden* (יסורי איוב, 1981) und *Die große Hure von Babylon* (הזונה הגדולה מבבל, 1982) die ersten seiner ‚grausamen Stücke'. Die Konsequenz und der Extremismus seines Schreibens sicherten ihm dabei weiterhin den Platz des umstrittensten Dramatikers im israelischen Theater, trotz der wachsenden Erfolge mancher seiner Produktionen. Levins direkte Reaktion auf den Libanonkrieg und die sich verändernde Lage in den besetzten Gebieten schlägt sich in zwei Stücken nieder: *Der Patriot* (הפטריוט, 1982) und *Die verlorenen Frauen von Troja* (הנשים האבודות מטרויה, Februar 1984), eine Bearbeitung der Tragödie *Die Troerinnen* des Euripides. Auf den Libanonkrieg reagierte das israelische Theater in Übereinstimmung mit den heftigen gesellschaftlichen Protesten, die diesen Krieg als ‚optional war' verstanden und deshalb ablehnten. In drei Bearbeitungen des Troja-Stoffes wurden die zerstörerischen Folgen eines Kriegsgeschehens, das sich nicht mehr rechtfertigen lässt, dargestellt.⁴²

---

41   Im Juni 1982 griffen israelische Truppen in den libanesischen Bürgerkrieg ein. Sie rückten bis Beirut vor, um die PLO-Führung auszuschalten und so Nordisrael vor Angriffen aus dem Libanon zu sichern. Die PLO-Führung wurde von den USA aus Beirut nach Tunis gerettet. 1985 zog sich Israel auf eine sog. ‚Sicherheitszone' im Südlibanon zurück. Im Juni 2000 wurde unter der Regierung Ehud Baraks auch diese aufgegeben. Der Libanonkrieg führte zu heftigen Protesten in der israelischen Öffentlichkeit gegen diesen als optional angesehenen Krieg. 1983 trat Menachem Begin als Premierminister zurück. Die Proteste gegen den Libanonkrieg und die fortdauernde Besetzung des Südlibanons, die zu andauernden Kämpfen dort und dem Tod von israelischen Soldaten führten, wurden zu einem der beiden Kernpunkte der israelischen Friedensbewegung; der andere sind die Proteste gegen die Besatzung von Westbank und Gaza.

42   Bereits vor Levin hatte im Februar 1983 Holk Freitag an der Habima Sartres *Les Troyennes* aufgeführt. Das Städtische Theater Haifa folgte im Oktober 1984 mit einer Adaption von Jean Giraudoux' *La guerre de Troie n'aura pas lieu* durch Joshua Sobol, inszeniert von Michael Gurevich. Für eine Untersuchung der drei Produktionen s. Shimon Levy and Nurit Yaari: Theatrical Responses to Political Events: The Trojan War on the Is-

Der politische Protest und die Befragung des zionistischen Projekts
auch im Verhältnis zur jüdischen Vergangenheit schufen ein reiches
Theaterleben während der 80er Jahre. Dazu trugen einige der wichtigsten Stücke Joshua Sobols bei, die während der gemeinsamen
Intendanz von Sobol und Gedalia Besser am Städtischen Theater
Haifa aufgeführt wurden: *Seele eines Juden - Die letzte Nacht des Otto
Weininger* (נפש יהודי – הלילה האחרון של אוטו ויינינגר, 1982), die Ghetto-Trilogie (*Ghetto*, גטו, 1984 / *Adam*, אדם, 1989 / *Im Keller*, במרתף, 1991)
und *Die Palästinenserin* (הפלשתינאית, 1985). All diese Stücke versuchen
anhand exemplarischer Ereignisse der jüdischen Geschichte das
Verhältnis von Judentum und Zionismus auszuleuchten und zu
problematisieren. Dabei werden durch manchmal komplizierte
dramaturgische Strukturen Bezüge zur israelischen Gesellschaft der
80er Jahre hergestellt.[43] Sobols Theaterarbeit unterscheidet sich
stark von der Levins, so dass die beiden Autoren als Antipoden des
israelischen Theaters mit vielen Berührungspunkten verstanden
werden können.[44] Ihren Höhepunkt und ihr Ende erreichte Sobols
Arbeit in Haifa mit *Jerusalemsyndrom* (סינדרום ירושלים, 1988), das zu
einer heftigen Debatte und schließlich zum Rücktritt Sobols und
Bessers von ihrer Intendanz in Haifa führte. *Jerusalemsyndrom* verschachtelt Ereignisse des jüdischen Aufstands von 70 n.u.Z. und der
Zerstörung des Zweiten Tempels mit der politischen Situation Israels am Ausbruch der ersten Intifada zu einer apokalyptischen Vision.

> The unfortunate events at the premiere of *The Jerusalem Syndrome* were the last nail in the coffin of experimentation,
> which started after 1973, reached its peak during the Lebanon War, and came to a close in the mid-1980s. Both the audience and the artists were tired of protesting in vain.
> Visionary Hanoch Levin aptly expressed his mood in the title of his 1985 play, *Everybody Wants to Live*.[45]

Auch die Bedeutung der Shoah für die israelische Gesellschaft
wurde ab den 80er Jahren im israelischen Theater erneut verhandelt. So nahm Motti Lerner die Frage nach der Kollaboration mit

---

raeli Stage during the Lebanon War, 1982-1984, in: *Journal of Theatre and Drama* 4 (1998), S. 99-123.
43 Zu Sobols Theater s. Morgenstern: *Theater*.
44 Diese Kontrastierung Sobols und Levins wird in Kap.8.1 „Strategien des Unterlaufens" weiter verfolgt.
45 Avigal: Patterns, S. 39.

den Deutschen anhand des Falles *Kasztner* (קסטנר, 1986) wieder auf. Die wichtigste Auseinandersetzung im Medium des Theaters mit der Shoah und ihrer Rezeption durch die israelische Gesellschaft lieferte das Akko-Theater unter der Leitung von Dudu Maʻayan mit *Arbeit macht frei vom Toitland Europa* (1991).[46] Auch Hanoch Levins bereits in den 80er Jahren entstandenes Stück *Der Junge träumt* (הילד חולם, 1993) arbeitet mit vielfältigen Verweisen auf das historische Geschehen der Verfolgung und Ermordung der europäischen Juden.

Während sich Levins Theater der 90er Jahre nur in *Mord* (רצח, 1997) explizit mit der politischen Lage auseinandersetzte, kehrten mit dem Ende der ersten Intifada Stücke, die den gesellschaftspolitischen Alltag direkt aufgreifen, verstärkt auf die israelische Bühne zurück. Auf dem Akko-Festival[47] im Oktober 1990 wurde Ilan Hatzors *Vermummte* (רעולים, 1990), das von drei palästinensischen Brüdern in der Westbank handelt, uraufgeführt und als großer Erfolg vom Kameri-Theater in Tel Aviv übernommen. „As always in Israel the theater sensed the changes before they were expressed in the polls."[48] Während die Labour-Regierung ab 1992 unter Yitzhak Rabin über den Osloprozess einen Frieden mit den Palästinensern anstrebte, öffnete sich das israelische Theater während der 90er Jahre für bisher ausgeschlossene Themen. So beschäftigten sich neu erscheinende Stücke mit der Rolle der Frau in der israelischen Gesellschaft, sowie mit arabischen Israelis und den Palästinensern in den besetzten Gebieten. Vermehrt traten nun auch arabische Theater-

---

46 Für eine Untersuchung dieser Theaterarbeit s. Freddie Rokem: *Performing History. Theatrical Representations of the Past in Contemporary Theatre*, Iowa City: University of Iowa Press 2000, S. 56-76.

47 Das ‚Akko-Festival' genannte „Festival des anderen Theaters" findet seit 1980 jährlich im Herbst – an Sukkot – in den Kreuzfahrerhallen der Altstadt von Akko statt. Das Festival umfasst einen Wettbewerb für das Festival produzierter Aufführungen und zeigt daneben weitere Stücke. In Akko erfolgreiche Produktionen werden in Folge oft an Theater in Tel Aviv übernommen. Das Akko-Festival hat sich im Laufe der Jahre zum bedeutendsten israelischen Theaterfestival entwickelt, auf dem zugleich immer wieder ein Raum für experimentelles Theater gegeben war, wie er an den etablierten Häusern nur selten zu finden ist. Zur Geschichte des Akko-Festivals s. Shimon Levy (Ed.): 25 שנה לפסטיבל עכו תיאטרון אחר [*25 Jahre Akko-Festival des anderen Theaters*], Tel Aviv: Vilenski 2004.

48 Avigal: Patterns, S. 41.

macher und Autorinnen in Erscheinung, z. B. Edna Mazy'a mit *Spiele im Hinterhof* (משחקים בחצר האחורית, 1993). Obwohl eine Abwendung vom dokumentarischen Stil der 80er Jahre, wie ihn Lerner und Sobol pflegten, zu beobachten ist, verbleiben doch viele neu entstehende israelische Stücke dramatischen Konventionen und dem ‚israelischen Realismus' verschrieben. Die Tradition des ‚israelischen Realismus' kann so als hinderlich für die Entwicklung des israelischen Theaters und eine Öffnung auf Performances – wie sie Tamar Raban unternimmt – oder postdramatisches Theater hin gesehen werden. Versuche eines anderen, experimentellen Theaters finden oft während des jährlichen Akko-Festivals statt. Als wichtigste experimentelle Gruppe kann das 1988 gegründete Itim-Ensemble unter Leitung von Rina Yerushalmi gelten, deren Produktionen nicht nur durch lang angelegte Probenprozesse aus den Produktionsbedingungen der institutionellen Theater ausbrechen, sondern dies auch für die Entwicklung einer postdramatischen Theatersprache nutzen, z.B. in *Woyzeck 91* (1991) oder in *Und er sagte und er ging* (ויאמר וילך, 1996).

Das Ende der 90er Jahre und der Ausbruch der zweiten Intifada im September 2000 brachten wiederum einen Einbruch des politischen Theaters hin zu einem gerade in den großen Häusern forcierten Rückgriff auf Klassiker und auf sichere Unterhaltung versprechende Stücke. Allerdings gibt es gerade in Tel Aviv neben den großen Häusern, Habima, Kameri und Beit Lessin, eine rege Szene kleinerer Theater, die dem israelischen Theater neue Impulse zu geben versucht, sowie eine Tanztheaterszene, die sich oft als aufgeschlossener und experimentierfreudiger erweist als das ‚Texttheater'.

2. Satiren als Ausgangspunkt von Levins Schreiben für das Theater

Bereits in der Zeit des Yishuv wurden im damaligen britischen Mandatsgebiet Palästina die ersten Satire- und Kabaretttheater gegründet: 1927 Qumqum (קומקום, dt. ‚Wasserkessel') durch Avigdor Hameiri, und als Abspaltung davon ein Jahr später Mat'at'e (מטאטא, dt. ‚Besen'). Beide Theater waren in Tel Aviv angesiedelt.[49] Zielscheibe ihrer satirischen Arbeiten waren die britischen Mandatsbehörden, aber auch die Mängel der jüdischen Institutionen und Organisationen des Yishuv. Bereits mit Ende der 30er Jahre, dann aber zunehmend durch den Zweiten Weltkrieg und die Nachrichten aus Deutschland nahm die Nachfrage nach sorglosem Gelächter durch Satiren ab. „The achievement of independence, the rapid growth and changes in the population, the rise of a new generation with its Israel-made tastes and senses of humour finally tolled the death knell for Mat'ateh."[50]

In der Zeit zwischen dem Unabhängigkeitskrieg und dem Sechstagekrieg war das satirische Theater harmlos und zahm. Es beschäftigte sich hauptsächlich mit alltäglichen innenpolitischen Problemen oder Missständen im Establishment. Dabei war die satirische Kritik immer auf Verbesserung ausgerichtet. David Alexander sieht als einen Grund für das Schwanken des satirischen Theaters zwischen Bewunderung und Frustration in den Jahrzehnten nach der Staatsgründung den kulturellen Hintergrund der wichtigsten Satiriker der Zeit. Diese waren aus einem Europa eingewandert, in dem satirische Provokation noch ein politisches Wagnis war, was es erleichterte, durch Satiren zu provozieren. Der Vorteil der leichten Provokation fiel mit der vollen demokratischen Redefreiheit in Israel weg.[51] Andererseits sahen diese Einwanderer in dem neuen Staat zumindest tendenziell die Erfüllung ihrer Träume von einem eigenen Land, dessen Aufbau sie sich verpflichtet fühlten.

---

49 S. Kohansky: *Hebrew Theatre*, S. 107-112.
50 Kohansky: *Hebrew Theatre*, S. 111.
51 S. David Alexander: Political Satire in the Israeli Theatre. Another Outlook on Zionism, in: Avner Ziv (Ed.): *Jewish Humor*, Tel Aviv: Papyrus 1986, S. 165-171.

> Following all this they [Ephraim Kishon, Yosef Lapid und Kri'el Gardosh] have in fact become spokesmen for the nationalistic line based on a widely-held concept of a national consensus. Their satire seeks at one and the same time to represent the newly-conceived political entity of the Jewish people in Israel, and to *improve* its reality–not necessarily to *change* it.[52]

Vor diesem Hintergrund sind Aufschrei und Empörung, die die scharfen Satiren Hanoch Levins nach dem Sechstagekrieg auslösten, besser verständlich. Als Ausgangspunkt des satirischen Schreibens von Levin lässt sich nicht mehr ‚Verbesserung' des zionistischen Projekts benennen, sondern Ablehnung des Weges, den dieses Projekt mit und infolge des Sechstagekriegs eingeschlagen hatte.[53] Das militärische Establishment und die Frage nach der Notwendigkeit, sich – oder die Söhne – für Aufbau und Erhalt der Gemeinschaft zu opfern, wurden zum Ausgangspunkt eines satirischen Totalangriffs auf die bestehenden gesellschaftlichen Verhältnisse. Dies soll im folgenden an einigen ausgesuchten Szenen deutlich gemacht werden.

Hanoch Levin erschien auf der Bühne des israelischen Theaters mit drei satirischen Stücken: *Du und ich und der nächste Krieg* (את ואני

---

52 Alexander: Political Satire, S. 169.
53 Nachdem die UN-Truppen im Mai 1967 den Sinai und Gaza für ägyptische Truppen geräumt hatten und die Bedrohungslage durch die benachbarten arabischen Staaten für Israel zunehmend stieg, brach am 4. Juni der Krieg aus, der bereits am 9. Juni endete, nachdem Israel durch Überraschungsangriffe die Luftwaffen der gegnerischen Armeen ausgeschaltet und die Westbank, Ostjerusalem, den Golan, Gaza und den Sinai bis zum Suezkanal erobert hatte. Ostjerusalem wurde annektiert, 1981 auch der Golan. Mit der militärischen Besatzung der Westbank und Gazas verschärften sich die Auseinandersetzungen mit den Palästinensern bis zum Ausbruch der ersten Intifada im Dezember 1987. Gleichzeitig zerbrach die Besatzung den israelischen gesellschaftlichen Konsens, auf der einen Seite entstand das Friedenslager, das sich für einen Abzug aus den besetzten Gebieten und einen Ausgleich mit den Palästinensern und den arabischen Nachbarstaaten aussprach, auf der anderen Seite entstand bereits im Oktober 1967 die Großisrael-Bewegung, die eine dauerhafte Besiedlung von Westbank (das biblische Judäa und Samaria) und Gaza forderte. Innerhalb dieser neu entstehenden politischen Spaltung infolge des Sechstagekrieges, die die politische und kulturelle Landschaft Israels grundlegend veränderte, muss Levins Theaterarbeit gesehen werden.

והמלחמה הבאה, 1968), *Ketchup* (קטשופ, 1969) und *Königin des Badezimmers* (מלכת אמבטיה, 1970). *Du und ich und der nächste Krieg* ist eine direkte Antwort auf die Siegeseuphorie nach dem Sechstagekrieg, die sowohl aus der Klarheit als auch der Schnelligkeit des israelischen Siegs resultierte. Dementsprechend beginnt *Du und ich und der nächste Krieg* mit der Szene ‚Siegesappell des 11 Minutenkriegs' (מסדר הניצחון של מלחמת 11 הדקות).

Alle drei Satiren besitzen Revuecharakter; sie bestehen also aus nicht durch eine Handlung miteinander verbundenen kurzen Szenen, Monologen oder Liedern. Alle Szenen aus *Du und ich und der nächste Krieg* beziehen sich auf den letzten Krieg und seine Folgen. Viele Szenen kreisen um die toten Soldaten, wie in der Eingangsszene bereits deutlich wird, und um die Hinterbliebenen und ihre Sprachlosigkeit, das Verdrängen der Toten und die Freude über die Überlebenden. Dass jemand im Krieg gefallen ist, kann der Verdrängung zum Opfer fallen wie in der Szene ‚Max Gutman trifft die dicke Sängerin Bolivia' (מקס גוטמן פוגש את הזמרת בוליביה השמנת), in der Bolivia wiederholt fragt, wie es Max Gutmans Bruder denn ginge, und wiederholt die Antwort bekommt, der sei im Krieg gefallen. Was sie zu der Bemerkung veranlasst:

בוליביה: מת. כן, גם הוא. זה איום,	**Bolivia**: Tot. Ja, auch er. Das ist
בכל מקום אתה שומע רק על אלה	furchtbar, überall hörst du nur über jene,
שנפלו, ומי שנשאר לא רוצה	die gefallen sind, und derjenige, der
לזכור,[54]	übrig bleibt, will nicht erinnern,

Dann plappert sie fröhlich weiter, um schließlich ein weiteres Mal nach dem Wohlergehen des Bruders zu fragen. An Schärfe gewinnt dieser Vorwurf, dass die Toten nicht erinnert würden, wenn man sich die Bedeutung des Erinnerns und damit Weiterlebens der Toten im Judentum vor Augen hält, dessen Identität und Gemeinschaft sich, gerade in der Diaspora, auf der gemeinsamen – rituell in den religiösen Festen vollzogenen – Erinnerung grundlegender Ereignisse der Errettung (wie dem Auszug aus Ägypten an Pessaḥ oder der Esther-Geschichte an Purim) gründeten.

Das Gegenbild des scheinbaren Erinnerns bildet hierzu die Szene ‚Die Witwe Robinson' (האלמנה רובינזון), in der Gerda ihren Mann Schleswig nach jedem Satz aus scheinbarer Feinfühligkeit ermahnt,

---

54 Hanoch Levin: את ואני והמלחמה הבאה [Du und ich und der nächste Krieg], in: ders.: מערכונים ופזמונים 1 [*Sketches and Songs (I)*], Tel Aviv: Ha-Kibbutz Ha-Me'uḥad 1987 (10. Aufl. 2000), S. 11-30, hier S. 17.

doch nicht schon wieder etwas zu sagen, was die arme Witwe Robinson an ihren verstorbenen Mann erinnern und sie so verletzen könnte. Als Witwe Robinson am Ende die beiden zu ihrer bevorstehenden Neuverheiratung einlädt, können sie dies gar nicht fassen und empfinden es als pietätlos. Gerda sagt zu, dass sie kommen werden, als „letzte Ehre".[55] Die Verlogenheit der israelischen Gesellschaft gegenüber den Opfern des für ihren Erhalt geführten Krieges wird so auf verschiedenen Ebenen bloßgelegt. Für seine Angriffe auf das Verhalten der einfachen Leute von der Straße erntet Levin einen Sturm der Empörung. Er würde sich über die Toten, die Witwen und die beraubten Eltern lustig machen, wurde ihm in Folge der Aufführungen von *Du und ich und der nächste Krieg* vorgeworfen.[56]

In dem Lied ‚Schachmatt' (שחמט) wendet sich Levin gegen den Nutzen, den das Establishment aus dem Krieg zieht, metaphorisch als König und Königin vorgestellt, die weiter in ihrem Garten spielen, während austauschbare Soldaten sterben und Kinder zurückbleiben. Im Kriegsgeschehen werden dabei die kriegführenden Seiten austauschbar.

לאן הלך ילדי, ילדי הטוב לאן?	Wohin ging mein Kind, mein gutes Kind
חייל שחור מכה חייל לבן.	wohin?
לא יחזור אבי, אבי לא יחזור.	Schwarzer Soldat schlägt weißen
חייל לבן מכה חייל שחור.	Soldaten.
בכי בחדרים ובגנים שתיקה:	Nicht zurückkehren wird mein Vater,
המלך משחק עם המלכה.[57]	mein Vater wird nicht zurückkehren.
	Weißer Soldat schlägt schwarzen
	Soldaten.
	Weinen in den Zimmern und in den
	Gärten Schweigen:
	Der König spielt mit der Königin.

Zudem greift Levin bereits in seinem ersten satirischen Stück die Frage nach der Haltung der Israelis gegenüber ihren arabischen Nachbarn und nach dem Umgang mit den nun unter der Besatzung lebenden Palästinensern auf. Letzteres wird in der Szene ‚Duett ‚Wofür haben wir gekämpft?" ('דואט 'על מה נלחמנו?) zum Gesprächsge-

---

55 Levin: את ואני והמלחמה הבאה [Du und ich und der nächste Krieg], S. 23.
56 S. Haim Nagid: צחוק וצמרמורת. על מחזות חנוך לוין [*Laughter and Trembling. Über die Theaterstücke Hanoch Levins*], Tel Aviv: Or-Am 1998, S. 43-46.
57 Levin: את ואני והמלחמה הבאה [Du und ich und der nächste Krieg], S. 21.

genstand zwischen Nachbarn, in denen zugespitzt bereits die Begründungen für oder gegen einen Abzug aus den besetzten Gebieten auftauchen, die die folgenden Jahre mit ihrem Siedlungsprogramm begleiten werden.

פוקס: אדון גורביץ', היקר, על מה נלחמנו?	**Fuchs**: Verehrter Herr Gurevitz, wofür haben wir gekämpft?
על מה שפכנו את דמנו הכחול־לבן?	Wofür vergossen wir unser blau-weißes Blut?
הארץ הכבושה הלוא שלנו,	Das eroberte Land ist doch unseres,
העם רוצה לשוב לאדמתו;	Das Volk will auf seine Erde zurückkehren;
על־כן בשמו חובה עלי לומר:	Deshalb ist es für mich eine Pflicht zu sagen:
אף צעד שכבשנו לא יוחזר!	Kein Fußbreit, den wir eroberten, wird zurückgegeben werden!
גורביץ': גברת פוקס היקרה, על מה נלחמנו?	**Gurevitz**: Verehrte Frau Fuchs, wofür haben wir gekämpft?
על מה שפכנו את דמנו האדום־עתיק?	Wofür vergossen wir unser rot-altes Blut?
ביקשנו להציל רק את חיינו,	Wir wollten nur unser Leben retten.
העם רוצה שלום מעל לכל;	Das Volk will Frieden über alles;
על־כן בשמו חובה עלי לומר:	Deshalb ist es für mich eine Pflicht zu sagen:
כל צעד שכבשנו כן יוחזר![58]	Jeder Fußbreit, den wir eroberten, wird zurückgegeben werden!

In den Farben des Blutes taucht ironisiert zum ersten Mal die mit jeder Diskussion um den Zionismus verbundene und von diesem als grundlegend eingeführte Gegenüberstellung zwischen Eretz Israel und der Diaspora in Levins Schreiben auf. Die Ideologisierung dieser Gegenüberstellung im Zionismus bildet einen Ausgangspunkt der scharfen Kritik Levins an den gesellschaftsbildenden israelischen Mythen. Das Blut der Israelis ist so blau-weiß wie ihre Nationalfarben, während in dem rot-alten Blut, das zur Lebensrettung vergossen wurde, auch das in der Diaspora vergossene Blut anklingt. Der Wille zu Eroberung und Besetzung als Ziel der israelischen Politik infolge des Sechstagekriegs wird damit delegitimiert, dass eine solche Besetzung über das ursprüngliche Ziel des Diasporazionismus, sich vor Pogromen zu schützen, hinausschieße. Besat-

---

58   Levin: את ואני והמלחמה הבאה [Du und ich und der nächste Krieg], S. 28.

zung und Erde als nationale Herrschaftstopoi stehen hier Rettung und Frieden als (durch 1948 erfüllte) Hoffnungen einer Diasporagemeinschaft gegenüber. Diese Opposition von ‚blau-weiß' und ‚rot-alt' wird im Abschluss der Szene von einer weiteren Nachbarin unterlaufen, indem sie von „unserem so teuren Blut" spricht und behauptet: „Nur wer gestorben ist – er wird niemals zurückkehren!".[59] Diese Technik des Unterlaufens der ideologisierten Gegenüberstellungen, die eine Parteinahme vermeidet, um auf eine grundlegendere verbindende Struktur hinzuweisen, lässt sich als Strategie eines politischen Schreibens in Levins nach den Satiren entstandenen Theaterstücken wiederfinden.[60]

Die Strategie, die Bedrohung durch die arabischen Nachbarn in der militärischen Rede noch zu erhöhen, um damit auch den Glanz des eigenen Sieges vergrößern zu können, nimmt Levin bereits in der Eingangsszene von *Du und ich und der nächste Krieg* auf.

אלוף: התמודדנו עם אויב גדול מאיתנו ויכולנו לו הודות לרוח המפעמת בקרבנו. ב-11 דקות הצלחנו להשמיד, לחסל, להפיץ, לרמוס, לרסק, לחתוך, לקצץ, לפצפץ ולמעוך את אויבינו. אמנם, לא קלה הייתה המערכה. מחיר דמים יקר שילמנו. אך בהיתקלנו במוות היישרנו מבטנו אל עיניו, צחקנו בפניו, ירקנו על חרמשו וטינפנו את חורי גולגולתו עד שהתבייישה בו אמו.[61]	**General**: Wir haben uns mit einem uns überlegenen Feind gemessen und wir besiegten ihn dank des in unserm Inneren erregenden Geistes. In 11 Minuten gelang es uns, unseren Feind zu vernichten, auszulöschen, zu zertrümmern, zu zertreten, zu zerstampfen, zu zerschneiden, zu zerhauen, zu zerfetzen und zu zerquetschen. Allerdings war der Feldzug nicht leicht. Einen teuren Blutspreis haben wir bezahlt. Aber wenn wir auf den Tod trafen, lenkten wir unseren Blick direkt in seine Augen, lachten wir in sein Gesicht, spuckten wir auf seine Sense und beschmutzten die Löcher seines Schädels, bis sich seine Mutter seiner schämte.

Die Begegnung mit dem Tod auf dem Schlachtfeld wird so körperlich vorgestellt, dass sie als Begegnung mit dem konkreten feindlichen Soldaten und der Zerstörung von dessen Körper gelesen

---

59 "רק מי שמת – אף פעם לא יחזור!", Levin: את ואני והמלחמה הבאה [Du und ich und der nächste Krieg], S. 29.
60 S. hierzu Kap.8 „Levins politisches Schreiben".
61 Levin: את ואני והמלחמה הבאה [Du und ich und der nächste Krieg], S. 13.

werden muss, der erniedrigt wird,[62] bis seine Mutter sich seiner schämt.[63]

Während sich *Ketchup* mit den Friedensverhandlungen zwischen Israel und Ägypten satirisch auseinandersetzt und dabei aktuelle tagespolitische Bezüge aufnimmt, spitzte Levin mit *Königin des Badezimmers* seine Kritik an den gesellschaftlichen Verhältnissen in Israel dermaßen zu, dass die Aufführung einen Sturm der Entrüstung, Protestaktionen, Aufführungsstörungen und schließlich die Absetzung durch das Kameri-Theater nach nur 19 Aufführungen erlebte. Angegriffen wurden wie bei *Du und ich und der nächste Krieg* die als Verhöhnung der Hinterbliebenen empfundenen Szenen, die sich mit den Opfern des Krieges beschäftigen.[64] Ins

---

62   Die Beschäftigung mit den Fragen von Erniedrigung und Ausgeliefertsein des eigenen Körpers an die Gewalt des anderen als Grundstrukturen des Politischen und Gesellschaftlichen bleibt für Levin auch in seinen nachsatirischen Arbeiten zentral, so in *Ḥefetz* und *Hinrichtung*; s. Kap. 8.3 „Macht über Leben und Tod – Hoffnung".

63   Komplementär zur Imagination der Erniedrigung des feindlichen Soldaten durch den General wäre die Szene ‚Shluqi und Patzlukhes' (שְׁלוּקִי וּפַצְלוּכָס) in Königin des Badezimmers zu lesen, in der zwei Mütter ihre Soldatensöhne loben, weil diese zuverlässig und gehorsam seien: „Shluqi: Du siehst, bei meinem, zum Beispiel, da gibt es so etwas nicht, wenn er sagt, dass er isst, dann isst er. / Patzlukhes: Auch bei meinem, und meiner, wenn er sagt, dass er schlafen geht, dann geht er schlafen. / Shluqi: Und meiner, wenn er sagt, dass er isst, dann isst er." (את שלוקי: ראה, אצל שלי, למשל, אין דבר כזה, כשהוא אומר שהוא אוכל אז הוא אוכל. \ פצלוכס: גם אצל שלי, ושלי, כשהוא אומר שהוא הולך לישון, אז הוא הולך לישון. \ שלוקי: ושלי, כשהוא אומר שהוא אוכל אז הוא אוכל."), Hanoch Levin: מלכת אמבטיה [Königin des Badezimmers], in: ders.: 1 מערכונים ופזמונים [Sketches and Songs (I)], S. 61-100, hier S. 69. Die vielfache Wiederholung immer desselben belanglosen Lobs stellt dieses aus und bricht es zugleich. Die Wiederholung erschafft das Vergnügen an dem Text und steigert seine satirische Qualität, sie verschärft den Spott über die vor Verehrung für ihre alltäglichen Söhne blinden Soldatenmütter.

64   „Am 7. Mai 1970 rufen die ihrer Kinder beraubten Väter dazu auf, die Aufführung zu boykottieren, und eine Gruppe von Tzahal-Invaliden [Invaliden der israelischen Armee] schickt an die Leitung [des Theaters] einen Brief, in dem sie forderte: ‚aus der Aufführung ‚Königin des Badezimmers' sofort alle beschämenden und herabsetzenden Abschnitte und Sätze zu entfernen, die die ihrer Kinder beraubten Familien und die Kriegswaisen, die Kämpfer, die Verteidiger des Buches, die Verletzten und die Invaliden und jeden jüdischen Menschen verletzen, den unser Schmerz und unsere Erniedrigung durch das Kameri schmerzt..."'

Zentrum seiner Angriffe auf den Umgang der israelischen Gesellschaft mit den Opfern des Krieges stellt Levin in *Königin des Badezimmers* eine aus zwei aufeinander folgenden Szenen bestehende Bearbeitung und Kommentierung des jüdischen Opfermythos, der 'Aqeda (עקידה).[65]

Der Mythos der 'Aqeda ist eine Variation des klassischen Mythos vom gemeinsam geopferten Mitglied der Gemeinschaft, auf dessen Tod die Gemeinschaft ihr Überleben oder ihre Handlungsmöglichkeiten aufbaut. In der biblischen Variante des Mythos genügt Gott der Beweis der Bereitschaft zum Opfer, um mit Avraham den Bund zu stiften, ihn aber dann nur mit dem Blut eines Lammes, nicht mit dem des durch den Engel in letzter Minute geretteten Sohnes zu besiegeln. Die Notwendigkeit eines Menschenopfers für den Erhalt der Gemeinschaft wird negiert.

In Literatur und Dramatik aus der Zeit des Unabhängigkeitskrieges wird die Frage nach der Notwendigkeit eines Opferns der Söhne durch die Väter für den Erhalt der Gemeinschaft im Krieg wieder virulent. Und in mehreren Stücken, so in *Er ging durch die Felder* oder in *In den Steppen des Negev*, kommt es auch zu einem solchen Opfer.

Levins zwei Szenen zur 'Aqeda lassen sich als Kommentare auf diese beiden Rezeptionen des Mythos in der religiösen und in der zionistischen Erzählung lesen. In ‚Die Bindung' (העקידה) steigen Avraham und Yitzḥaq[66] noch einmal auf den Berg Moria zur Opferstätte. Die in der religiösen Traditionsliteratur diskutierte Frage, ob Yitzḥaq wusste, warum er seinem Vater das Brennholz auf den Berg tragen sollte, wird von Levin sogleich beantwortet. Yitzḥaq ist völlig klar, dass er geopfert werden soll.

"ב-7.5.1970 קוראים אבות שכולים להחרים את ההצגה, וקבוצה של נכי צה״ל משוגרת להנהלה) מכתב ובו התביעה 'להוציא מיד מתוך הצגת 'מלכת אמבטיה' את כל הקטעים והמשפטים המביישים והמבזים, הפוגעים במשפחות השכולות ובתומי המלחמה, בלוחמים, במגיני הספר, בפצועים צחוק (ובנכים ובכל אדם יהודי, הכואב את כאבנו והשפלתנו על־ידי הקאמרי...'", Nagid: [*Laughter*], S. 56.

65 S. Gen. 22,1-19; für eine umfassendere Untersuchung und Kontextualisierung von Levins Fassung der 'Aqeda s. Naumann: Yiṣḥaqs rettende Stimme.

66 Im folgenden werden die den hebräischen Namen entsprechenden Umschriften Avraham und Yitzḥaq durchgängig verwendet, und nicht die in dt. Bibelübersetzungen eingedeutschten Formen Abraham und Isaak.

אברהם: בני יצחק, אתה יודע מה אני הולך לעשות לך עכשיו?	**Avraham**: Mein Sohn Yitzḥaq, du weißt, was ich jetzt mit dir tun werde?
יצחק: כן, אבא, אתה הולך לשחוט אותי.	**Yitzḥaq**: Ja, Vater, du wirst mich schlachten.
אברהם: אלוהים ציווה עלי.	**Avraham**: Gott hat es mir befohlen.
יצחק: אין לי טענות עליך, אבא, אם אתה צריך לשחוט אז תשחט.	**Yitzḥaq**: Ich habe keine Forderungen an dich, Vater, wenn du schlachten musst, dann schlachte.
אברהם: צריך לשחוט, אני חושש שאין ברירה.[67]	**Avraham**: Man muss schlachten, ich befürchte, es gibt keine Wahl.

Doch Avraham scheint sich seiner Sache nicht ganz so sicher. Zumindest versteht er die folgenden gelassenen Aufforderungen Yitzḥaqs, ihn also zu schlachten, als Anklage. Er sieht sich zu Unrecht beschuldigt für eine Tat, zu der ihn die Gott genannten Umstände zwingen.

אברהם: יופי, יופי, זה באמת מה שמגיע לי בגילי. תטיל עלי את כל האשמה אם זה נוח לך, עלי, על האבא הזקן והשבור שלך שמוכרח בגילו לטפס איתך על הר, לעקוד אותך למזבח, לשחוט אותך, ואחר־כך עוד לספר את הכל לאמא. אתה חושב שאין לי מה לעשות בגילי?[68]	**Avraham**: Schön, schön, das ist genau das, was mir zupass kommt in meinem Alter. Wirf auf mich die ganze Schuld, wenn dir das angenehm ist, auf mich, auf deinen alten und gebrochenen Vater, der in seinem Alter gezwungen ist, mit dir auf einen Berg zu klettern, dich auf den Altar zu binden, dich zu schlachten, und danach das ganze auch noch Mutter zu erzählen. Denkst du, dass ich nichts zu tun habe in meinem Alter?

Im folgenden Wortwechsel zerstört das lakonische Beharren Yitzḥaqs darauf, dass Avraham ihn ruhig schlachten solle - „deinen Sohn, deinen einzigen, den du liebst"[69] -, Avrahams vermeintliche Sicherheit durch Gottes Wort immer mehr. Die Fügsamkeit des Opfers in sein scheinbar unausweichliches Schicksal bis hin zur

---

67 Levin: מלכת אמבטיה [Königin des Badezimmers], S. 89. Der von Avraham verwendete Ausdruck ‚Ein Breira' (‚Es gibt keine Wahl' ,אין ברירה) gilt als Schlagwort der politischen Rechten.
68 Levin: מלכת אמבטיה [Königin des Badezimmers], S. 89.
69 "בנך יחידך אשר אהבת", Levin: מלכת אמבטיה [Königin des Badezimmers], S. 89. Levin zitiert hier beinahe wörtlich aus Gen. 22,2 (dort: "את־בנך את־יחידך" אשר אהבת) und verbindet so in dieser Szene Fragmente des biblischen Hebräisch mit umgangssprachlichem Neuhebräisch.

Betonung der Unwichtigkeit des Lebens eines Kindes[70] klingt für Avrahams Ohren nach fortdauernden Beschuldigungen, um ihm die Tat nur noch schwerer zu machen. Gerade die aufreizend gelassene Fügsamkeit des Opfers Yitzḥaq, der keine Sekunde um sein Leben bettelt oder Widerstand leistet, sondern sich ironisch – oder gottergeben, wie es die religiöse Überlieferung liest – in sein Verhalten fügt, ermöglicht es Avraham, in seiner Wut und Anklage, die seine Schuldgefühle auf Yitzḥaq projiziert, diesen wirklich auf den Altar zu binden, um ihn zu opfern. Es scheint so, als wäre Avraham das Opfer Yitzḥaqs – vielleicht Opfer der Tatsache, dass Yitzḥaq ausspricht, was geschieht – und als müsste er sich seiner erwehren, indem er ihn opfert.

יצחק: תשחט אתה, אבא'לה רחום וחנון, תשחט אותי, אבא'לה צדיק. אברהם: הרוג את אביך, שודד! הרוג אותו! יצחק: תשחט, אבא'לה למופת, אבא'לה עם לב יהודי חם, תשחט! אברהם: תקבור את אביך היחיד, מנוול! יצחק: תחתוך, טאטע'ניו, תחתוך ותביא את הבשר לאמא'ע'ניו! אברהם: רוצח! (תופס את יצחק בגרונו) לשכב! יצחק: קול! קול! אני שומע קול! אברהם: מה פתאום קול? לשכב! יצחק: קול מן השמים! אברהם: מה פתאום קול מן השמים?! לשכב! יצחק: אני לא יודע. הוא אמר "אל תשלח ידך אל הנער".[71]	**Yitzḥaq**: Schlachte du, barmherziges und mitleidiges Väterchen,[72] schlachte mich, gerechtes Väterchen. **Avraham**: Töte deinen Vater, Räuber! Töte ihn! **Yitzḥaq**: Schlachte, vorbildliches Väterchen, Väterchen mit einem warmen, jüdischen Herzen, schlachte! **Avraham**: Begrabe deinen einzigen Vater, Schurke! **Yitzḥaq**: Schneide, Väterlein,[73] schneide und bring das Fleisch zu Mütterlein.[74] **Avraham**: Mörder! (Er packt Yitzḥaq an seiner Kehle.) Hinlegen! **Yitzḥaq**: Eine Stimme! Eine Stimme! Ich höre eine Stimme! **Avraham**: Wieso plötzlich eine Stimme? Hinlegen! **Yitzḥaq**: Eine Stimme aus dem Himmel!

---

70 „Yitzḥaq: Denn was geschieht hier schon im ganzen? Man schlachtet ein Kind. Ist es ein großes Geschäft, ein kleines und schwaches Kind zu schlachten? Was ist das überhaupt, ein Kind zu schlachten, was ist das schon, ein Kind?" ( ) עסק גדול לשחוט ילד קטן? שוחטים ילד. "כי מה בסך־הכל קורה פה? (וחלש?) ומה זה בכלל לשחוט ילד, מה זה כבר ילד?", Levin: מלכת אמבטיה [Königin des Badezimmers], S. 89.
71 Levin: מלכת אמבטיה [Königin des Badezimmers], S. 90. Mit den Worten der Stimme aus dem Himmel zitiert Levin Gen. 22,12.

Avraham: Wieso plötzlich eine Stimme aus dem Himmel?! Hinlegen!
Yitzḥaq: Ich weiß nicht. Sie sagte ‚Strecke deine Hand nicht aus nach dem Jungen.'

Avrahams Zweifel an der Stimme Gottes mögen nicht nur an seiner Schwerhörigkeit liegen, die Yitzḥaq einige Zeilen später als Grund nennt, sondern von Zweifeln an möglichen göttlichen Offenbarungen überhaupt herrühren, die die Situation des Dialogs nahe legt. In Zweifel gezogen wird damit die transzendente Grundlage für den von Avraham zu Anfang erwähnten Opferbefehl. Ein Zweifel, der durch das abwehrende und auf Schuldgefühle hindeutende Verhalten Avrahams nur genährt wird. Da aber keine andere Legitimation für das ganze Unternehmen als der nur Avraham bekannte Befehl Gottes gegeben wird, wird das Opfer von Menschenleben schlechthin zu einem sinnlosen. So schließt die Szene in einer überraschenden Wende mit einer Frage Avrahams:

אברהם: אני חושב מה יהיה אם אבות אחרים יצטרכו לשחוט את הבנים שלהם, מה יציל אותם?	**Avraham:** Ich bedenke, was wäre, wenn andere Väter ihre Söhne schlachten müssten, was wird sie retten?
יצחק: תמיד יכול לבוא הקול מן השמים.	**Yitzḥaq:** Es kann immer die Stimme aus dem Himmel kommen.
אברהם: (בהשלמה) נו, אם אתה אומר.[75]	**Avraham:** (hinzufügend) Nun, wenn du es sagst.

Yitzḥaqs (ironische) Zuversicht konnte man in der Situation andauernder kriegerischer Auseinandersetzungen, in der das israelische Publikum lebt, sicher nicht teilen, so dass Avrahams Frage unbeantwortet und schmerzhaft im öffentlichen Raum hängen bleibt. Unklar bleibt in Avrahams Frage dabei auch, wer gerettet werden soll, die zu opfernden Söhne, die opfernden Väter oder beide.

In Frage gestellt wird durch Levins ‚'Aqeda' aber auch die nationalreligiöse Legitimierung der Besetzung der Westbank, eben des antiken Judäa und Samaria, das als eigentliches Kernland des bibli-

---

72 Levin verwendet hier den aus dem Jiddischen übernommenen Diminutiv ‚-leh'.
73 An dieser Stelle ist das ganze Wort für ‚Väterlein' dem Jiddischen entnommen.
74 Ebenfalls das jiddische Wort.
75 Levin: מלכת אמבטיה [Königin des Badezimmers], S. 91.

schen Israel und damit als das Avraham versprochene Land beansprucht wird. Indem der Auftrag an Avraham, seinen Sohn zu opfern, hier mehr als nur angezweifelt wird, fallen damit auch die anderen göttlichen Aufträge an Avraham, die sich für aktuelle Machtpolitik ideologisieren ließen, in sich zusammen. Im Refrain eines Levinschen Liedes heißt es: „Und ich erfülle nicht Versprechen, die Gott Avraham gab." ("ואני לא מקיים הבטחות שנתן אלוהים לאברהם")[76]

Direkt auf die Neuerzählung der 'Aqeda folgt in *Königin des Badezimmers* das Lied eines begrabenen Soldaten: ‚Mein teurer Vater, wenn du an meinem Grab stehen wirst' (אבי היקר, כשתעמוד על קברי).

ואל תאמר שהקרבת קורבן,	Und sag nicht, du habest ein Opfer
כי מי שהקריב הייתי אני,	dargebracht,
ואל תדבר עוד מלים גבוהות,	denn derjenige, der darbrachte, das war
כי אני כבר מאוד נמוך, אבי.[77]	ich,
	und sprich nicht mehr hohe Worte,
	denn ich bin schon sehr tief, mein Vater.

Wieder stellt sich die Frage, wer nun das Opfer des Opferns im Kriege sei. Das Sich-selbst-als-Opfer-fühlen der verantwortlichen Väter (des Militärs) wird durch den toten Sohn delegitimiert, der nicht schweigt, sondern von seinem Vater Tränen und Reue statt Stolz auf den ‚Heldentod' fordert. Zum Vergleich sei hier Avraham aus *In den Steppen des Negev* von 1949 angeführt, dessen Sohn Dani bei der Verteidigung eines Kibbutz im Negev, Biq'at Yo'av, gegen die ägyptische Armee den Tod fand.

> Mossinzon's Avraham, father of the archetypal hero, is deemed no less heroic for having willingly sent his son to his death. Danny's death represents a form of fulfilment of Avraham's ego and that of the nation, embodied in the long tradition of martyrdom and salvation.[78]

In den Steppen des Negev endet mit folgenden Worten Avrahams:

| אברהם: כן. ידיעה חשובה. | **Avraham**: Ja. Eine wichtige Nachricht. |
| בקעת־יואב לא תיפול. אולם עלינו | Biq'at Yo'av wird nicht fallen. Doch wir |

---

76 Hanoch Levin: הנה הארץ השלמה [Sieh, das ganze Land], in: Dudi Levi: פרוייקט חנוך לוין [*Project Hanoch Levin*], NMC Music Ltd. 2000, Booklet.
77 Levin: מלכת אמבטיה [Königin des Badezimmers], S. 92.
78 Glenda Abramson: *Drama and Ideology in Modern Israel*, Cambridge: Cambridge University Press 1998, S. 19.

להביא לקבורה את דן	müssen Dan aus Biqʻat Yoʼav zur
מבקעת־יואב. שוש, הודיעי	Bestattung bringen. Shosh, informiere
לגבעוני: – 'בקעת־יואב שמחה	Givʻoni: - ‚Biqʻat Yoʼav ist heute
היום'. כן, שוש. תודיעי לו:	freudig.' Ja, Shosh. Informiere ihn:
'בקעת־יואב שמחה לידיעה!' – ואנו	‚Biqʻat Yoʼav freut sich über die
נלך לקבור את דני שנתן נפשו על	Nachricht [dass die Belagerung ein Ende
הבקעה הזו. כן, מחיר יקר שילמנו	hat]!' - Und wir werden Dani begraben,
כולנו. כולנו.⁷⁹	der sein Leben für dieses Tal [hebr.
	Biqʻa] gab. Ja, einen teuren Preis haben
	wir alle gezahlt. Wir alle.

Levin dekonstruiert hier also zwei Überlieferungen des 'Aqeda-Mythos, einmal die religiöse, und einmal diejenige, die in der Wechselwirkung von die Gesellschaft abbildendem Theater und sich im Theater der eigenen Ideologie spiegelnder Gesellschaft zum Topos des israelischen Theaters wurde. Nur eine starke Identifizierung mit der Selbsteinschätzung als Opfer durch das Publikum konnte zu den erwähnten heftigen Reaktionen führen.[80]

Heftige und empörte Reaktionen löste auch die längste und titelgebende Szene aus *Königin des Badezimmers* aus. Erzählt wird der plötzliche Entschluss einer Familie, ihren Vetter, der mit in der Wohnung wohnt, aus dem Badezimmer auszuschließen und so zu erniedrigen. Das ganze habe mit dem Vetter Yequtiʼeli begonnen, so der Vater, der zugleich als Erzähler fungiert, denn die Mutter, seine Frau, habe ihn nicht mehr ertragen. Diese Drehung, dass das Opfer dafür verantwortlich gemacht wird, dass es gequält wird, weil man es eben nicht anders ertragen könne, und es sich in gewisser Weise ja auch anbietet, taucht immer wieder in Levins Komö-

---

79 Yigal Mossinzon: בערבות הנגב [*In den Steppen des Negev*], Tel Aviv: Or-Am 1989, S. 102.

80 „It was the political Levin at his highlight, to raise the anger of audience and authorities alike, and not without a cause: what was continually advertised as an inevitable, heroic battle to save the distinction of Israel as a Zionist state (Zionism having by now lost its primal sense of desire and become a formative constituent of Jewish Israeli consciousness) was metonymically accounted for as fathers sending their sons to die for them on the battlefield (with the subversion of the Biblical narrative of the sacrifice of Isaac looming as a particularly outrageous metaphor);" Avraham Oz: Dried Dreams and Bloody Subjects. Body Politics in the Theatre of Hanoch Levin, in: *JTD - Haifa University Studies in Jewish Theatre and Drama* [später: Journal of Theatre and Drama] 1 (1995), S. 109-146, hier S. 128.

dien der folgenden Jahre auf, am stärksten in *Ḥefetz*. Die Szene ist erfüllt von der Rhetorik eines ‚Badezimmer-Nationalismus' und endet mit der Ausrufung der Mutter zur Königin des Badezimmers. Dies wurde natürlich als Satire auf Golda Meir mit ihrem Küchenkabinett und den Umgang mit den arabischen ‚Vettern' verstanden. Die Szene ist geprägt von Auseinandersetzungen über Fäkalien und einer entsprechenden Fäkalsprache, was zu unflätigen Reaktionen der Kritik führte,[81] auf die Levin mit dem kurzen Text *So lernte ich meinen Mann kennen* (כך הכרתי את בעלי)[82] reagierte - einem satirischen Text auf die Kritiker.

Erst 1982 schrieb Levin als Reaktion auf den Libanonkrieg und die forcierte Besiedlung der besetzten Gebiete eine weitere Satire: *Der Patriot* (הפטריוט, 1982). Erneut sind Szenen und Lieder in loser Folge zusammengestellt, doch werden diesmal die meisten Szenen durch die wiederkehrende Figur Lahav 'Eshet zu einem Handlungsstrang verbunden. Lahav 'Eshet ist ein Kriegsgewinnler, der sowohl ver-

---

81   „Für zwei Stunden spielen die Schauspieler auf der Bühne mit körperlichem (und seelischem) Abfall, und sie tun dies mit offenkundigem Vergnügen, wie eine Gruppe Kinder in ihrer analen Phase". ("במשך שעתיים משחקים השחקנים שעל הבמה בפסולת גופנית (ונפשית), והם עושים זאת בהנאה גלויה, כחבורת ילדים בתקופה האנאלית שלהם."), Uri Porat: ‚Badezimmer' der Geisteskrankheiten. in: Yediot Aḥronot vom 19.5.1970, zitiert nach: Noam Yuran: המילה הארוטית. שלוש קריאות ביצירתו של חנוך לוין [*The Erotic Word. Three Readings in Hanoch Levin's Works*], Haifa: Haifa University Press 2002, S. 23. Yuran geht auch auf die Wechselwirkungen in der Sprache zwischen Levin und seinen Kritikern ein. Als weitere Kritiker wären zu nennen: Nachman Ben-Ami: Requiem to a Toilet, in Ma'ariv vom 24.5.1970 („It is not by chance that Hanoch Levin's play is set in a ‚bathroom' where the toilet is also located. That is its place and there it should stay. […] Is the desire of the theatre management, who are all over 40, to display dubious youth, infantile freshness and false revolutionariness, so great that they could find no way to display non-conformity other than this infantile and disgusting outburst."), bzw. Haim Gamzu: The Queen of the Bathtub – Full Stop, in: Ha-'Aretz vom 22.5.1970 („It is a pity about those who castigated this ‚Queen', who despite her bath does not know what artistic cleanliness and public hygiene are."). Beide zitiert nach: Institute of Israeli Drama (Ed.): *Hanoch Levin*, S. 33 bzw. S. 32.

82   S. Hanoch Levin: כך הכרתי את בעלי [So lernte ich meinen Mann kennen], in: ders.: מערכונים ופזמונים 1 [*Sketches and Songs (I)*], S. 101. In diesem Text legt Levin die Lust der Kritiker an der Verwendung einer solchen Fäkalsprache bloß, die in der Abwehr seines Stückes für den Gebrauch der Kritiker nun legitim erscheint und diese einander näher bringt.

sucht, nach Amerika auszuwandern, um dort sein Glück zu machen, als auch in den besetzten Gebieten Land kauft, um in den Genuss der damit verbundenen Steuervorteile zu kommen. Diese Verbindung der exemplarischen Erzählung eines einzelnen mit Szenen, die den allgemeinen gesellschaftlichen und politischen Alltag beleuchten, schafft den Eindruck eines vielfältigen, wenn auch fragmentierten Bildes negativer Aspekte der israelischen Gesellschaft auf dem Höhepunkt der Begin-Regierung. In einigen Szenen werden Motive aus den älteren Satiren wieder aufgenommen, so in ‚Der Grundstein' (אבן הפינה).[83] Dort hält ein Minister eine Rede über, wie er glaubt, die Grundsteinlegung für eine öffentliche Bibliothek. Er beschwört die Kraft des Dichters Chaim Nachman Bialik als Waffe, sich für vergangenes Leid zu rächen, benutzt also das kulturelle Erbe für die nationale Propaganda, um dann zu erfahren, dass es sich um ein Begräbnis handle. Erneut wird die Beerdigung eines toten Soldaten mit der Grundsteinlegung für die Kultur des neuen Staates zusammengeführt. Doch die Ratgeber des Ministers verwirren ihn mit dauernd neuen Hinweisen, wer in dem Kasten liege: ein toter Soldat, ein toter Araber, ein toter arabischer Soldat der eigenen Armee? Zuletzt heißt es, es handle sich um einen leeren Kasten, so dass die ganze Zeremonie in ihrem Pathos entleert und lächerlich erscheint.

Der Patriot handelte Levin Schwierigkeiten mit der Zensur ein,[84] aber nicht mit dem Publikum, das sich seinem Standpunkt angenähert hatte, so dass es Levin unmöglich war, noch einmal mit einer Satire so zu provozieren wie Ende der 60er Jahre. Zwar bilden die Satiren den Ausgangspunkt von Levins Schreiben – und es lassen sich in ihnen bereits Themen und Techniken auffinden, die seine späteren Arbeiten durchziehen –, doch zeigt sich an *Der Patriot*, dass sie nicht mehr als ein Ausgangspunkt sein konnten, von dem aus Levin auf die Suche nach anderen Formen, für das Theater zu

---

83   S. Hanoch Levin: הפטריוט [Der Patriot], in: ders.: מערכונים ופזמונים 1 [*Sketches and Songs (I)*], S. 103-136, hier S. 114-116.
84   Das noch aus der britischen Mandatszeit stammende Zensurgesetz wurde nach den Auseinandersetzungen um Levins *Der Patriot* und um *Efraim kehrt zur Armee zurück* (אפרים חוזר לצבא) von Yitzhak Laor erst 1991 endgültig abgeschafft; s. Michael Handelsalts: Das Theater in Israel: Zwischen Vision und Wirklichkeit, in: Anat Feinberg (Hg.): *Kultur in Israel. Eine Einführung*, Gerlingen: Bleicher 1993, S. 88-126, hierzu S. 111.

schreiben, aufbrach, die sich von der direkten Kritik an den gesellschaftlichen und politischen Zuständen lösen.

3. Die Entwicklung von Levins Schreiben für das Theater

3.1 Einteilung der Stücke

Hanoch Levins Schreiben für das Theater zeichnet sich durch seine Reichhaltigkeit aus, die eine kategorisierende Einordnung der Stücke erschwert. Im folgenden soll dennoch eine Kategorisierung versucht werden, um Gemeinsamkeiten der Stücke und Schwerpunkte seines Schreibens vorstellen zu können. Levins Stücke lassen sich in vier Kategorien ordnen, von denen einzig die der Satire klar abgrenzbar ist.[85] Diese Kategorisierung in vier Gruppen folgt Glenda Abramson[86] und Haim Nagid[87], die zwischen Satiren, Komödien und ‚mythologischen' bzw. ‚metaphysischen' Stücken unterscheiden und dann Levins Arbeiten der 90er Jahre als Rückkehr zu und Vermischung der bisherigen Gruppen ansehen.

Noch am deutlichsten zu fassen, ist die Gruppe der Komödien, die sich genauer als ‚Komödien aus dem Stadtviertel' bezeichnen lassen. Auch *Mord*, das keine Komödie ist, wird hier diesen Stücken zugerechnet, so dass sich auch von ‚Stücken aus dem Stadtviertel' sprechen lässt.[88] Da es schwer fällt, die Stücke der dritten Gruppe angesichts der Abwendung Levins von jeglicher Metaphysik als ‚metaphysisch' zu bezeichnen,[89] und ihm mythologische Hinter-

---

85   Da Levins Satiren in Kap.2 „Satiren als Ausgangspunkt von Levins Schreiben für das Theater" behandelt wurden, wird hier auf sie nicht weiter eingegangen werden.

86   „Levin's work falls into four categories: first, a group of satirical categories [...] comedy-dramas in the form either of farce or the Absurd in which the family, or a grotesque version of it, was central. The third category contained the ‚metaphysical' plays [...] In his fourth wave Levin returned to the style of the localised plays of the 1970s, and in 1993 he received universal accolades for *Hayeled Holem* (The Child Dreams) which was a departure in both style and language." Abramson: *Drama and Ideology*, S. 204.

87   „Drei Genres – vier Phasen" ("שלושה ז'אנרים – ארבעה שלבים"), Nagid: צחוק [*Laughter*], S. 9-13.

88   Auf diese Einordnung wird am Ende von Kap.3.2 „Stücke aus dem Stadtviertel" näher eingegangen.

89   „[...] metaphysische Stücke, die als Parodien auf kirchliche Theaterstücke des Mittelalters und die griechische und römische Tragödie ge-

gründe auch nicht zum Schreiben von Mythologien dienen, werden sie im folgenden als ‚Stücke der Gewalt' oder ‚grausame Stücke' – in Anlehnung an Artauds Theater der Grausamkeit – bezeichnet.[90] Demgegenüber sollen einige der späten Stücke zu einer eigenen Gruppe, den ‚Stücken des Abschieds und der Reise' zusammengefasst werden, da Levin in ihnen die sein Schreiben begleitenden Fragen nach Machtstrukturen, dem Tod und den Möglichkeiten zu erzählen noch einmal anders zu verhandeln sucht.

Grundsätzlich sind diese Gruppierungen als Modelle zu verstehen, die nach ihrer jeweiligen Etablierung Veränderungen und Vermischungen erfahren, die aus Levins fortschreitender Suche nach Möglichkeiten, für das Theater zu schreiben, erwachsen. Die Differenzen zwischen den Stücken und ihr Funktionieren innerhalb oder auf den Grenzen der jeweiligen Gruppen werden im folgenden untersucht.

3.2 Stücke aus dem Stadtviertel

Schon Ende der 60er Jahre kommt Levins erste Komödie zur Aufführung, *Solomon Grip* (סולומון גריפ, 1969). In den folgenden Jahren entstehen die wichtigsten ‚Komödien aus dem Stadtviertel' und werden uraufgeführt.[91] Auf folgende Stücke aus dieser Gruppe wird in dieser Studie Bezug genommen: *Ḥefetz* (חפץ, 1972), *Ya'akobi und Leidental* (יעקובי ולידנטל, 1972), *Warda'lehs Jugend* (נעורי ורדה'לה, 1974), *Shitz* (שיץ, 1975), *Die Gummihändler* (סוחרי גומי, 1978), *Die*

"מחזות מטאפיסיים, הכתובים כפארודיות על מחזות הכנסייה של) "schrieben sind.
ימי־הביניים ועל הטרגדיה היוונית והרומית," Nagid: צחוק [*Laughter*], S. 12. Bemühungen, Levins Stücke metaphysischen Modellen, und sei es als Parodien, zu unterwerfen, wirken jedoch oft eher einer Anwendung bekannter Theatermodelle als einer Lektüre seines sich in keine Gewissheiten flüchtenden Theaters geschuldet.

90 Zum Einfluss Artauds auf Levins Theater s. Erella Brown: Cruelty and Affirmation in the Postmodern Theater: Antonin Artaud and Hanoch Levin, in: *Modern Drama* 35,4 (1992), S. 585-606, zur Frage der Gewalt in Levins Theater auch: dies.: התיאטרון וכפילו: האכזריות במחזות של חנוך לוין [Das Theater und sein Double: Die Grausamkeit in den Theaterstücken Hanoch Levins], in: Yaari, Levy (Ed.): חנוך לוין [*Hanoch Levin*], S. 98-125.

91 Viele von Levins Ende der 80er und Anfang der 90er Jahre geschriebenen Komödien und revueartigen Stücke werden in dieser Studie keine Erwähnung finden, da dies den Rahmen sprengen würde.

Kofferpacker (אורזי מזוודות, 1983), *Das Lebenswerk* (מלאכת החיים, 1989) und *Mord* (רצח, 1997).

Gemeinsam ist den meisten der Komödien, dass sie in einem ärmeren Viertel einer großen israelischen Stadt zu spielen scheinen. Es liegt nahe, in diesem Viertel die Gegend um die alte Busstation im Süden Tel Avivs, wo Levin aufwuchs, zu sehen. Doch vermeidet Levin jegliche spezifizierende örtliche Festlegung. Die Orte der Handlungen sind so allgemein, dass sie austauschbar sind – ein Zimmer in einem Haus, die Terrasse eines Straßencafés, eine Bushaltestelle, ein Kino, eine Synagoge –, sie erhalten ihre Spezifizierung immer erst in der Nutzung durch die Figuren, die dort wohnen, einander begegnen, beten. Im Umgang der Figuren mit ‚ihren' Orten wird durch Assoziationen und oft unsicher verbleibende Verweise ein Bezugsrahmen eröffnet, der wiederum die gesellschaftlichen Bedingungen Israels zur Entstehungszeit der Komödien im Hintergrund erscheinen lässt.

> Any Levin-watcher feels at home with the characters, the neighbourhood and the family, as their development parallels Israel's since 1968. The characters are identified with a long line of actors – Zaharira Harifa'i, Albert Cohen, Joseph Carmon, Hana Roth, Ilan Dar, Ruth Segal, Miriam Gavrieli. The balcony is familiar, as is the bus stop, the café and the pharmacy, as well as the local movie-house; you sniff the distant sea and realize that a trip from here to the beach is almost equivalent to going abroad. To Texas, for instance. How could anyone contend, as they have, that Levin's dramatic world–so utterly Tel Aviv–is cut off from local roots, that the plot might just as well take place in Honolulu? Even when the whole tribe is exiled to Babylon, Troy or ancient Canaan they still exude the aroma (some would say stench) of onions from Polish cooking, and there roots are deeply embedded in the same soil from which many of Levin's own generation sprang in the 1950s. All the same, this is no transliterated autobiography.[92]

Die Alltäglichkeit und Banalität der Figuren und ihrer Probleme verwandelt sie in eine Art ‚individueller Repräsentanten'. Viele von ihnen können als variierte Wiedergänger bestimmter Typen gesehen werden. So nimmt *Ḥefetz* den Grundkonflikt der Titelszene aus

---

92 Shosh Avigal: Hanoch Levin – Enfant Terrible of the Israeli Theatre, in: *Ariel* 63 (1986), S. 38-57, hier S. 46.

Königin des Badezimmers wieder auf und baut ihn aus. Ḥefetz ist nun der Vetter, der mit bei der Familie von Ṭeygalekh, Klamense'a und Fogra wohnt und von diesen gequält wird, bis er sich schließlich entscheidet, vom Dach zu springen. Der Sprung vom Dach wurde als Möglichkeit zur Lösung der Probleme des störenden Dritten bereits in der Szene ‚Tshembalulu' (צ'מבלולו) in Königin des Badezimmers vorgeschlagen, in der das Paar Ḥulda und Ze'ev Tshembalulu begegnen. Ihr Gespräch endet folgendermaßen:

חולדה: ואם אתה מדגיש פעם ממש רע, אז תקפוץ, באמת, למה שלא תקפוץ פעם? צ'מבלולו: איפו אתם גרים? חולדה: התכוונתי מהגג.⁹³	Ḥulda: Und wenn du dich einmal wirklich schlecht fühlst, dann komm vorbei/spring,⁹⁴ wirklich, warum kommst du/springst du nicht einmal vorbei? Tshembalulu: Wo wohnt ihr? Ḥulda: Ich meinte vom Dach.

Die Komödien, für die *Ḥefetz* sich paradigmatisch lesen ließe,⁹⁵ nehmen die Kritik an der israelischen Gesellschaft nach dem Sechstagekrieg, die die Satiren aussprachen, auf und setzen sie affirmativ in die Handlungsmuster der Figuren um. Die Handlungen der Komödien setzen so Aspekte des israelischen Alltags zu einer eigenen Bühnenwelt zusammen, die die wirkliche Gesellschaft nicht abzubilden sucht, aber durch strukturelle Gemeinsamkeiten sich von dieser auch nicht ablösen lässt. Die Figuren tauchen nur als vereinzelte auf, die oftmals ihr Glück aus dem Überlegenheitsgefühl zie-

---

93 Levin: מלכת אמבטיה [Königin des Badezimmers], S. 78.
94 Der Ausdruck ‚tiqfotz', wörtl. ‚Spring!', wird in der Umgangssprache für ‚Komm mal vorbei/Besuch uns mal' benutzt. Levins Sprachspiel mit dieser der Umgangssprache geschuldeten Doppeldeutigkeit des Wortes lässt sich in der deutschen Übersetzung nicht in einem entsprechenden Ausdruck wiedergeben.
95 „Its [*Ḥefetz*'] themes were to become Levinic staples: the absolute lack of communication between individuals, mockery of the idealised Israeli youth, the sacrifice of the weak and helpless by the domineering (usually women), and the alienation of people from their fellows, all of which was repeated in almost every subsequent play. Levin's heroes exist within an hierarchical social framework, not the customary ranking of status, wealth or honour, but some imaginary law of human existence which fixes people in the hierarchy of oppressed and oppressor, with even the lowly exerting their power to oppress. They do not function mimetically or psychologically but as stereotypical creatures within his world." Abramson: *Drama and Ideology*, S. 205.

hen, andere noch unglücklicher zu sehen, sie zu erniedrigen. Dies führt auch zur Zerstörung immer wieder illusionär affirmierter Familienbande, die nur noch zur Ausschließung derer dienen, die nicht zur Gemeinschaft gehören, aber mit keinerlei Verbundenheit mehr gefüllt sind. Der Status einer Figur ist durch Äußerlichkeiten bestimmt, die Herkunft, ihren Job und dass sie vorweisen können, sich zu vergnügen und sexuell aktiv zu sein.

פוגרה: מי אני. מי זו בעצם פוגרה הזו, שמדברים עליה כאן כל כך הרבה. תסכימו אתי שזו בחורה צעירה ויפה, שימו לב, צעירה ויפה, בת 24 בסך הכל, עובדת בהצטיינות על הדוקטורט בפיסיקה, כן פיסיקה, מאורסת לבחור עשיר ומצליח, שופעת חיים, אוהבת לבלות היטב, מוצצת הנאה מכל רגע ורגע בחייה. זוהי פוגרה, רבותי. ועכשיו הייתי רוצה לראות את האדם, שיגיד לה לא להיכנס למועדון־לילה בבגדי־טניס או בכל צורה שיתחשק לה.[96]	**Fogra**: Wer bin ich? Wer ist eigentlich diese Fogra, über die man hier soviel redet. Stimmt mir zu, dass sie ein junges und schönes Mädchen ist, passt auf, jung und schön, gerade mal 24 Jahre alt, sie arbeitet mit Hingabe an der Dissertation in Physik, ja Physik, verlobt ist sie mit einem reichen und erfolgreichen jungen Mann, sie strömt über vor Leben, sie liebt es, sich gut zu vergnügen, sie zieht Vergnügen aus jedem einzelnen Moment in ihrem Leben. Das ist Fogra, meine Herren. Und jetzt möchte ich den Menschen sehen, der es ihr untersagt, einen Nachtclub in Tenniskleidung zu betreten oder in jeder anderen Form, auf die sie Lust hat.

Es gilt, das eigene Glück zu beweisen, zu ‚leben'. Diese Illusion des ‚Lebens', das immer besser erscheint als das Bestehende, treibt alle Generationen an, sogar noch den alten Yona Popokh in *Das Lebenswerk*, der kurz vor seinem Tod versucht, seine Frau Leviva zu verlassen, da er fürchtet das ‚Leben' verpasst zu haben und dies nun nachholen will. Dabei sieht das Leben der Figuren in den Komödien immer gleich aus, ob es in Stücken mit nur drei Personen oder einer Familie oder auch im Stück einer ganzen Nachbarschaft vorgestellt wird, wie in *Kofferpacker*.

> The short scenes in plays like Krum or Suitcase Packers enable rapid shifts of locale, thus making it possible to highlight a quick succession of encounters between the characters. In this way, although each character or family stays within its own domain, the orbit can be widened to

---

96 Hanoch Levin: חפץ [Ḥefetz], in: ders.: 1 מחזות [*Plays (I)*], Tel Aviv: Ha-Kibbutz Ha-Me'uḥad 1988 (9. Aufl. 2000), S. 87-171, hier S. 101.

show the life of the neighborhood. In these plays the only indication of chronological change or development is the transition between the successive life phases: birth, marriage, parenthood, sickness, and death.[97]

Diese Gleichheit wird beherrscht von gesellschaftlichen Normen, nach denen eine Heirat Glück verspricht oder die Kinder verehrt werden, und denen die Figuren in ihrem Handeln zu genügen suchen.[98] Die Erfüllung des Glücks verspricht der Körper, der eigene oder der des anderen, so dass dieser nur über den Körper Interesse erweckt. Die Komödien sind angefüllt mit manchmal grotesk anmutenden Reduzierungen der Figuren auf einzelne Teile ihrer Körper oder deren Funktionen, sowohl in dem, was sie tun, als auch darin, wie sie über sich selbst oder über andere sprechen. Am stärksten wird dieses Moment, den Körper zum Fleisch auf dem Markt zu machen, in *Shitz*, wenn das Körperfleisch der Tochter Ausdruck dafür wird, sowohl gut ernährt zu sein als auch gut ernähren zu können.

Der Wert des weiblichen Körpers, der als losgelöst von der Frau in den Augen des Mannes erscheint, wird am deutlichsten in *Ya'akobi und Leidental*. Die erste Begegnung zwischen Itamar Ya'akobi und Rut Shaḥash ist eigentlich eine Begegnung zwischen Ya'akobi und Rut Shaḥashs Hintern.[99] Nur vermittelt über diesen lernt er die Frau kennen.

יעקובי: סליחה, את הגברת של הישבן הזה?	**Ya'akobi**: Entschuldigung, bist du die Dame dieses Hinterns?
שחש: ככה זה יצא.	**Shaḥash**: So geschah's.
יעקובי: מקסים, מה שמו?	**Ya'akobi**: Wunderbar, wie heißt er?

---

97 Nurit Yaari: Life as a Lost Battle: The Theater of Hanoch Levin, in: Ben-Zvi (Ed.): *Theater in Israel*, S. 151-171, hier S. 159.

98 „The socio-political outlook of Levin's characters could be summarized as blind admiration for consensus, and constant trepidation over what the neighbours think. Any minority or exception is perceived as deviant or treacherous." Avigal: Hanoch Levin, S. 48.

99 Zur Funktion des ‚Hintern' als begehrenswertes Objekt, das den Platz der Frau einnimmt, in Levins Komödien s. Yitzhak Laor: התוחם פילה של שְׁפְּרַכְצִי והבִּיג תּוּחֶס של שֲחָשׁ. יוצא מן הכלל מטאפורי והכלל המטונימי בקומדיה של חנוך לוין [Der Filet-Hintern von Shprakhtzi und der Big Tuches von Shaḥash. Metaphorische Ausnahme der Regel und die metonymische Regel in der Komödie Hanoch Levins], in: Yaari, Levy (Ed.): חנוך לוין [*Hanoch Levin*], S. 126-142.

שחש: ידידים קוראים לו ביג Shaḥash: Freunde nennen ihn Big
תוחס. Tuches.¹⁰¹
יעקובי: (לישבן) הלו, ביג. Yaʻakobi: (zum Hintern) Hallo, Big
תוחס.¹⁰⁰ Tuches.

Die von allen begehrte Frau erscheint in vielen Stücken Levins. Doch steht die leibhaftige Frau, der der Mann im Stadtviertel begegnet, immer in Konfrontation mit der ‚Frau aus den Träumen' – oder nach dem Titel eines hier nicht besprochenen Stücks Levins: *Die wunderbare Frau, die in uns ist* (האשה המופלאה שבתוכנו, 1994).

All diesen Komödien und noch einigen mehr ist die Alltäglichkeit ihrer Handlungen gemeinsam, die ihre Komik aus ironischen Brechungen und Verfremdungen sowie aus dem Kontrast zwischen einem Sprechen der Figuren, das verheißungsvoll scheinbar Wichtiges verkündet, und der Körperlichkeit und Banalität des Verhandelten ziehen.¹⁰² Die Komödien sind bevölkert von einfachen Figuren, die komisch und traurig zugleich erscheinen und so an Figuren der jiddischen Literatur erinnern, als hätten sie einen Teil von deren Lebenswelt in das Stadtviertel, das nicht und doch im Süden Tel Avivs liegt, mitgebracht.

Dieser Gruppe der ‚Komödien/Stücke aus dem Stadtviertel' muss noch ein weiteres Stück zugeordnet werden, das zunächst nicht als zugehörig erscheint. Es handelt sich um *Mord*. Schon der Titel lässt nicht an eine Komödie denken, und es soll auch keine sein. Dennoch sind die Orte seiner Handlung der Lebensraum der einfachen

---

100 Hanoch Levin: יעקובי ולידנטל [Yaʻakobi und Leidental], in: ders.: מחזות 1 [*Plays (I)*], S. 173-228, hier S. 182.

101 Tuches ist die jiddische Aussprache des hebräischen Wortes taḥat (תחת) für Hintern.

102 „Die Lächerlichkeit der Figuren nimmt zu, wenn sie versuchen heroisch zu erscheinen. Ebenso wie in seinem vorangegangenen Stück [Ḥefetz] erzeugt Hanoch Levin auch in ‚Yaʻakobi und Leidental' eine ironische Spannung zwischen hohen Worten und einer sehr niedrigen Realität. Die geringfügigen Figuren sprechen über ‚Freundschaft', über ‚Leben', über ‚Begeisterung' usw., während ihre Persönlichkeit und ihre Realität Jämmerlichkeit, Langeweile und Kleinheit sagen." ("נלעגותן של הדמויות מתעצמת כאשר הן מנסות להיראות הירואיות. כדרכו במחזהו הקודם [חפץ] יוצר חנוך לוין [!] גם ב'יעקובי ולידנטל' מתח אירוני בין מילים גבוהות לבין מציאות נמוכה ביותר. הדמויות האפסיות מדברות על 'ידידות', על 'חיים', על 'התלהבות' וכו', בשעה שאישיותן ומציאותן אומרות עליבות, שיעמום וקטנות.", Gideon Ofrat: הדראמה הישראלית [*Das israelische Drama*], Herzliya: Ḥavatzelet 1975, S. 239.

Leute in Israel und Palästina, ohne dass diese Orte genauer spezifiziert würden. Ebenso sind die auftretenden Figuren jeder und keiner der Bewohner. Im ersten Teil treten drei israelische Soldaten einen jungen Araber in dessen Haus zu Tode. Dessen Vater tötet im zweiten Teil einen israelischen Bräutigam, den er für einen der Soldaten hält, vergewaltigt dessen Braut und tötet auch sie. Im dritten Akt versuchen zwei arabische Bauarbeiter durch die Fenster der Villen eines reichen Vororts, die erträumten Frauen zu sehen; ihre Sprache erinnert an die der frühen Komödien. Sie treffen auf Huren, die, enttäuscht darüber, dass sie ihnen nichts bezahlen wollen oder können, ihnen einen gerade im Viertel ausgebrochenen Brand anhängen und sie unter den Augen der Bewohner lynchen. In der Alltäglichkeit der Personen und ihrer Handlungen sowie der Abwesenheit eines gesellschaftlichen Begründungszusammenhanges für ebenjene Handlungen, erinnert *Mord* an die Komödien aus den 70er Jahren. Nur ist Levins Kritik jetzt um einiges schärfer geworden: An die Stelle der alltäglichen gegenseitigen Erniedrigungen der Bewohner der großen Stadt sind jetzt die gegenseitigen Morde an den arabischen und jüdischen Bewohnern getreten. Auch die Struktur der variierten Wiederholungen taucht hier wieder auf, variiert werden Täter und Opfer, während die Tat, Mord, gleich bleibt. In *Ḥefetz* dagegen wurden die Spiele Ṭeygalekhs zur Erniedrigung von Ḥefetz variiert, während die Rollenverteilung konstant blieb. Zwar nimmt *Mord* auch Elemente aus den in den 80er und 90er Jahren entstandenen Stücken auf, wie die Figur des überirdischen Boten oder die (zu) späte Wendung im Epilog; aber die für Levins Verhältnisse klare Zuordnung auf gegenwärtiges gesellschaftliches Geschehen, ordnet *Mord* der Gruppe von Stadtviertelstücken zu.

3.3 Stücke der Gewalt

Nachdem Levins wichtigste Komödien in den 70er Jahren geschrieben wurden, begann er, andere dramatische Formen zu erproben, um die ihm wichtigen Probleme auf der Bühne zu verhandeln. Es entstanden die sog. ‚mythologischen' Stücke, die hier als ‚grausame Stücke' oder ‚Stücke der Gewalt' bezeichnet werden sollen auf Grund der Gewalttätigkeit und Grausamkeit der in ihnen dargebotenen Handlungen. Über das ‚Mythologische' dieser Stücke urteilt Erella Brown vor allem in Bezug auf das erste dieser Stücke, *Hinrichtung*:

If ‚myth' is involved at all, its fragmented suggestivity comes to us, as Artaud envisioned it, on the side of life: the gestures that put the series of cruel executions in touch with our political experiences destroy any possibility of mythical representation, while pointing in the direction that would allow them to emerge as ideological reifications.[103]

Auf die meisten aus der für Levins Theater zentralen Gruppe der ‚grausamen Stücke' wird in dieser Studie Bezug genommen: *Hinrichtung* (הוצאה להורג, 1979), *Hiobs Leiden*[104] (יסורי איוב, 1981), *Die große Hure von Babylon* (הזונה הגדולה מבבל, 1982), *Alle wollen leben* (כולם רוצים לחיות, 1985), *Mit offenem Mund* (פעורי פה, 1995) und *Enthauptung* (כריתת ראש, 1996).

Zutreffend ist, dass einige der Stücke auf mythologischen Vorlagen beruhen, so *Hiobs Leiden* auf dem biblischen Buch Hiob. *Die große Hure von Babylon* nimmt sowohl das religiöse Motiv der bedrohlichen Hure Babylon auf, als auch aus der griechischen Mythologie das Motiv, das Fleisch des geschlachteten Kindes dem Vater als Mahlzeit vorzusetzen. *Alle wollen leben* verweist auf Euripides *Alkestis* und schließlich nimmt *Enthauptung* Elemente aus der Geschichte von Salome und Johannes dem Täufer auf. Und natürlich basieren *Die verlorenen Frauen von Troja* auf Euripides *Die Troerinnen*, doch lässt sich dieses Stück auf Grund seiner Struktur der Erinnerung des Geschehenen besser der vierten Gruppe zuordnen.

1979 gelang es Levin mit *Hinrichtung* erneut, sein Publikum mit einer Art Theater zu schockieren, die dieses bis dato nicht zu sehen bekommen hatte. *Hinrichtung* war nicht sehr erfolgreich und lief nur 20 Vorstellungen,[105] als habe sich das Publikum erst an Levins neuen Stil gewöhnen müssen. Doch war Levin zu dieser Zeit der Hausautor des Kameri-Theaters in Tel Aviv, so dass er sein neues Theater der Grausamkeit auch weiter dort erproben konnte. Von den ‚grausamen Stücken' war vor allem *Hiobs Leiden* ein Erfolg und kann als das wichtigste dieser Stücke gelten.

---

103   Brown: Cruelty and Affirmation, S. 597.
104   Für eine leichtere Lesbarkeit wird im folgenden die im Deutschen gängige Namensform 'Hiob' anstatt einer Umschrift des Namens (Iyov) verwendet.
105   S. Michael Handelzalts: חנוך לוין על-פי דרכו [*The Theatre of Hanoch Levin*], Tel Aviv: Yedioth Ahronoth Books and Chemed Books 2001, S. 20.

The Torments of Job does not, therefore, deviate from the central topic of Levin's other plays: mankind's hypocrisy, small-mindedness, self-interest, lack of nobility and above all, its imprisonment within reality without any means of escape, reality which art can attempt but will always fail to alter. Through his anti-tragedy Levin mocks humanity's desperate belief derived from religion and literature that suffering precedes redemption and therefore possesses significance, or that it engenders nobility. With one dramatic swoop he denies the validity of redemption with its implications for Jewish history and the foundation of Israel. He places ideology squarely within the boundaries of human choice. His irony in this play is fundamentally political.[106]

Hinrichtung führt eine Modellsituation vor, die sich als Lehrstück der Grausamkeit und der körperlichen Effekte der Macht lesen ließe. In der Hinrichtungszeremonie tauchen viele Charakteristika der Erniedrigung auf, mit denen die anderen ‚grausamen Stücke' ebenso arbeiten, auch wenn sie keine Zeremonie, sondern Geschichten zu erzählen scheinen. Die Erniedrigung wird über Folter bis zum Tod am Körper des Opfers vollzogen, dabei geben die Stücke weder für die Auswahl derer, die erniedrigt werden, noch für das, was ihnen geschieht, Begründungen. Während der Körper der Frau als unerreichbar erscheint wie in den Komödien, wird der des Mannes zum Austragungsort der Gewalt – in *Hinrichtung* wird Gelbe Flecken kastriert, verliert Arme und Beine und wird getötet; in *Hiobs Leiden* wird Hiob auf einem Pfahl zu Tode gefoltert; in *Alle wollen leben* wird Pozna ebenfalls kastriert, bevor er knapp dem drohenden Tod entrinnt.

In vielen dieser Stücke werden die Theatersituation und die Position des Zuschauers thematisiert. Die Zeremonie der *Hinrichtung* findet in einer Arena statt, ebenso wie Hiobs Leben in einem Zirkus endet, in dem eine Stripteasetänzerin an seinem Pfahl tanzt. In *Mit offenem Mund* bleibt das Verhältnis zwischen der Mutter, die mit ihrem Sohn ins Theater geht, und der Königin unklar,[107] und ein anderer ‚Zuschauer' durchbricht am Ende des Stücks die Trennung

---

106 Abramson: *Drama and Ideology*, S. 213.
107 In der Uraufführung 1995, in der Regie von Robert Sturua am Kameri-Theater, spielte Irina Seleznyova sowohl die Rolle der Mutter als auch die Königin.

zum ‚Bühnengeschehen' des Theaters im Theater.[108] Diese Techniken stellen dem Theaterpublikum seine Situation als Zuschauende aus, die durch ihr Schauen schon an dem gewaltsamen Geschehen auf der Bühne beteiligt sind. Die Folter und Erniedrigung der Figuren scheint einzig einer Verlängerung des Spektakels zu dienen, das in seiner Körperlichkeit dem Publikum dargeboten wird. Diesem wird so eine Identifizierung einerseits unmöglich gemacht, andererseits ihm aber keine Möglichkeit gegeben, sich seiner beteiligten Bezogenheit auf das Bühnengeschehen zu entziehen.

> What we experience is not based on identification, nor on its opposite, but on the pseudo-cathartic experience of physical relief which we undergo as an audience. Once the machinery of identification is turned inside out, rather than pity the character, or even identify ourself among the audience-victims, we discover that we remain indifferent to whatever does not physically touch our own body. Physical relief at not being chosen as a victim is transformed into the discomfort of Brechtian alienation.[109]

Die große Hure von Babylon setzt sich formal von den in einer gewissen Zwangsläufigkeit ablaufenden Handlungen in *Hinrichtung* und *Hiobs Leiden* ab, deren unabänderlicher und gerader Verlauf sich selbst als nicht anders möglich zu legitimieren scheint. In *Die große Hure von Babylon* wird das Geschehen in eine Folge vieler, oft kurzer Szenen mit Orts- und Zeitsprüngen aufgelöst, so dass Möglichkeiten, eines anderen Verlaufs aufscheinen, die sich aber nicht einlösen. Die Möglichkeit eines anderen Verlaufs bleibt in Levins Theater immer nur der vergeblichen Hoffnung der Figuren eingeschrieben, ohne letztendlich in das Bühnengeschehen übersetzbar zu sein. In *Enthauptung* kontrastiert Levin das grausame Geschehen der Haupthandlung mit einer Nebenhandlung, die an die Komödien erinnert – Eltern suchen einen Bräutigam für die bucklige Tochter. Doch wird an diesem Stück deutlich, dass die ersten ‚grausamen Stücke' ihre Wirkung gerade aus ihrer Stringenz und scheinbaren Zwangsläufigkeit ziehen, die nichts anderes auf der Bühne anbietet als ein Geschehen, das die Zuschauer konfrontiert und nicht in sich selbst mehrere alternative Handlungen gegeneinander setzt.

---

108   S. zu dieser Szene auch Kap.9.1 „Theater im Theater".
109   Brown: Cruelty and Affirmation, S. 599.

3.4 Stücke des Abschieds und der Reise

In die letzte Gruppe fallen vier sehr verschiedene Stücke, denen vor allem eine Abkehr von den gewaltsamen Bühnenhandlungen der ‚grausamen Stücke' gemeinsam ist: *Die verlorenen Frauen von Troja* (הנשים האבודות מטרויה, 1984), *Der Junge träumt* (הילד חולם, 1993), *Die im Dunkeln gehen* (ההולכים בחושך, 1998) und *Trauerfeier* (אשכבה, 1999).

Zwar spielt auch in diesen Stücken die Handlung unter einer dauernd anwesenden Drohung des Todes, welche sich nicht ausspricht und nicht erklärt, doch erschaffen Flucht und Klage eine andere Atmosphäre in diesen Stücken, als sie die vergeblichen Verhandlungen und die Gewaltausbrüche in den ‚grausamen Stücken' schaffen. ‚Grausame Stücke' wie *Hinrichtung* oder *Hiobs Leiden* bieten trotz der in scheinbarer Zwangsläufigkeit sich vollziehenden Handlungen ihren Figuren Möglichkeiten, das Urteil noch zu verhandeln und durch diese Verhandlungen Versuche des Aufschubs zu unternehmen. Die Stücke der letzten Gruppe könnte man mit ‚nach dem Urteil' charakterisieren. Ihnen geht eine Entscheidung oder ein Ereignis voraus, die das Leben der Figuren bestimmen oder bedrohen, ohne dass diesen die Illusion einer Verhandelbarkeit über das Urteil bliebe, das ihre Welt durchherrscht. Die Gewalt äußert sich so in der Klage über sie oder der Flucht vor ihr.

Das erste dieser Stücke, *Die verlorenen Frauen von Troja*, ist geprägt von Klagen und Erinnerungen der Frauen an Gewalt und Krieg, doch der Trojanische Krieg selbst, der die Handlung bestimmt, ist längst entschieden, die gefangenen Frauen sind verlorene. *Der Junge träumt* ist ein Stück der Flucht vor einer Gewalt, die mit dem Tod droht, doch als Instanz dem Bühnengeschehen äußerlich bleibt. Der Ausschluss der Flüchtlinge aus der Gesellschaft ist gegeben wie die Niederlage im Krieg und lässt ihnen nur die vergebliche Hoffnung, durch Flucht der Gewalt zu entkommen. Auch in *Trauerfeier* erscheint der Tod immer wieder als Element des Lebens, der die alte Frau, den alten Mann und den Säugling bedroht, und vor dem die kurze Flucht zu dem Sanitäter in Ḥlupqa auch nicht schützen kann.

Alle Stücke dieser letzten Gruppe sind Stücke, die eine Folge von Abschieden, oft verbunden mit Ortswechseln, strukturiert. Die Kapitel in *Die verlorenen Frauen von Troja* sind nach den einzelnen Frauen benannt, deren Schicksal Hekuba und die anderen nacheinander beklagen, bis am Ende nur noch die Klage des namenlosen Chors der Frauen steht. Die Flucht des Jungen in *Der Junge träumt* passiert vier Stationen, die mit Abschieden enden. Viele Szenen in *Trauerfeier* spielen in der Kutsche, die die kranken Alten zum Sanitäter bringt und dann zurück nach Hause fährt, wo sie sterben werden.

Die Szenerie, in der sich der Gehende, der Wartende und der Entschlüpfende in *Die im Dunkeln gehen* begegnen und an späteren Stationen wieder trennen, erinnert in ihrem komischen Unglücklichsein und der Alltäglichkeit an die Komödien aus dem Stadtviertel. Auch die Gedanken, die sich ebenfalls begegnen und wieder verabschieden, scheinen dem Stadtviertel zu entstammen, so der des gesalzenen Fischs. Doch wird keine Geschichte erzählt, sondern immer nur die Möglichkeit von Geschichten, die der Erzähler – gegenüber den Toten vergeblich – zu ordnen sucht. Es entsteht ein Theater, das sich in keine Bedeutung auflösen lässt, sondern nur noch Gehen und Sprechen in einer scheinbaren Beliebigkeit ist, die in der Begegnung der Figuren jedoch auch immer etwas nicht mehr Austauschbares erzeugt. „Hence, the walking action turns out to be a series of metonymic displacements whose constant shifting mark the trace of desire (i.e., our very interest in the play) as such."[110]

Die in *Die im Dunkeln gehen* begonnene Fokussierung auf eine Erkundung dessen, wie Erzählmöglichkeiten darzustellen seien, setzte Levin in seinem letzten Stück fort, mit dessen Proben er noch im Krankenhaus in den Wochen vor seinem Tod begann. Auch *Die Weiner* (הבכיינים, 2000), auf das in dieser Studie nicht weiter eingegangen wird, kreist um den Tod auf der Bühne. In einem Krankenhaus in Kalkutta liegen drei todkranke Männer in einem Bett, denen die Ärzte die Tragödie von Agamemnons Rückkehr nach Mykene zur Aufheiterung vorzuspielen versuchen. Das Stück wurde im Herbst 2000, ein Jahr nach Levins Tod, in der Inszenierung von Ilan Ronen am Kameri-Theater uraufgeführt.

---

[110] Erella Brown: Between Literature and Theatre: Hanoch Levin and the Author's Function, in: *Journal of Theatre and Drama* 5/6 (1999/2000), S. 23-57, hier S. 43.

4. Die ‚poetische Geste'

4.1 Der Wert des Erzählens

Levin zeichnet sich unter den israelischen Theaterleuten und sonstigen Angehörigen des Kulturbetriebs durch seine Schweigsamkeit aus. Während er zu Beginn seiner Karriere noch vereinzelt Interviews gab, zog er sich mit der Zeit immer weiter aus dem Leben der öffentlichen Stellungnahmen zurück. In einem wenige Zeilen langen Telefoninterview, das Yigal Tumarkin 1980 nach *Hinrichtung* mit Levin führte, heißt es:

שאלה [יגאל תומרקין]: מה דעתך על אליגוריות?	Frage [Yigal Tumarkin]: Was ist Deine Meinung über Allegorien?
תשובה [חנוך לוין]: הן מאוסות עלי.	Antwort [Hanoch Levin]: Ich verabscheue sie.
שאלה: ופאבולות?	Frage: Und Fabeln?
תשובה: אני בעד פאבולות.[111]	Antwort: Ich bin für Fabeln.

Levin erweist sich als nicht sonderlich gesprächig. Doch sollte der klaren Abgrenzung, die er zwischen Fabeln und Allegorien zieht, nachgegangen werden. Da sich das Interview auf das sehr zeremoniell eingerichtete und so als anfällig für allegorische Lesarten erscheinende Stück *Hinrichtung* bezieht, richten sich die folgenden Überlegungen zum Verständnis des Levinschen Begriffs der ‚Fabel' zunächst auf die ‚grausamen Stücke', ließen sich jedoch auch auf seine anderen Arbeiten übertragen. Die Verwendung des Begriffs der ‚Fabel' verweist, wie auch diverse andere Elemente des Levinschen Theaters, auf eine Beeinflussung durch Brechtsche Theaterkonzeptionen. Für Brechts Verständnis der Fabel formuliert Hans-Thies Lehmann: „Unzertrennbar ist die Idee der Fabel von allegorischem Sinn, und in der Tat sieht Brecht seine Fabel als eine Art indirekter Mitteilung des Stückschreibers an das Publikum."[112] Es scheint, als wäre eine Fabel, die es nicht zumindest nahe legte oder gar forderte, allegorisch gelesen zu werden, unmöglich. Vielmehr ist der Hinweis der Fabel auf ihre Verbundenheit zur Allegorie notwendig, um sie zu einem Instrument der Mitteilung und so zum

---

111 Yigal Tumarkin: הפסיון לפי חנוך לוין [Die Passion nach Hanoch Levin], in: מחברות לספרות חברה וביקורת 1 (1980), S. 48.

112 Hans-Thies Lehmann: Fabel-Haft, in: ders.: *Das Politische Schreiben. Essays zu Theatertexten*, Berlin: Theater der Zeit 2002, S. 219-237, hier S. 233.

Träger von Botschaften zwischen Autor und Publikum tauglich zu machen. Nun kann jedoch das Verhalten des Autors Levin als geleitet von einer Gewichtsverschiebung innerhalb des Dreiecks Autor-Text-Rezipient hin auf den Text gelesen werden, die der Figur des Autors einen Rückzug eröffnet. Fast alle von Levin veröffentlichten Texte lassen sich als fiktionale oder poetische Texte bezeichnen. Es gibt keine feuilletonistischen Beiträge oder ähnliche, die Meinung ihres Autors direkt präsentierende Interventionen in den kulturellen Diskurs. Levin fügt seinen Texten nichts hinzu, an dem sich eine Interpretation dieser Texte ausrichten könnte. Auch sprechen die Stücke selbst keine Lehren aus. In dem Maße, in dem der Ort des Textes als Mittler fraglich wird, verwischen sich die Hinweise darauf, wie die Fabel allegorisch zu lesen sei. Ihr Status einer ‚Art indirekter Mitteilung' bleibt zwar erhalten, doch verbirgt die Levinsche Fabel, in dem Moment, in dem sie ihre Mitteilbarkeit offen legt, mögliche Fixierungen dessen, was mitgeteilt wird. Wie bei Brecht die Handlung die Lehre umhüllt, dient sie Levin zu einer Umhüllung der Abwesenheit der Lehre, ohne dass die Möglichkeit von Lehre damit negiert wäre.[113] Levins Theater spielt mit dem Raum historischer Assoziationen, ohne sie zu fixieren, so immer offen lassend, was eigentlich auf der Bühne geschieht. Es offenbart sich ein Abgrund zwischen dem, was auf der Bühne geschieht, und dem historischen Geschehen, das ‚im Raum steht', der die allegorische Lesbarkeit des auf der Bühne Präsentierten unmöglich macht. Bezogen auf die Episode des Ausreißens der Goldzähne in *Hiobs Leiden*, die entsprechende Taten der Nationalsozialisten aufruft, formuliert Erella Brown:

> At stake, instead, is the theatrical clash between the now and the new, between ‚it happened' and ‚Is it happening?' What has happened already in history is contrasted with what is happening now through the actor's gesture of estrangement: [...] The confusing element is the simultaneous

---

[113] Diese Eigenschaft der Levinschen Fabeln, ein Instrument zum Transport der Möglichkeit einer Lehre zu sein, die nicht ausgesprochen wird, wirft die Frage auf, inwieweit in seinem Konzept der Fabel nicht auch die Vorstellung von Aggada, der Vermittlung der religiösen Lehre in Erzählungen parallel zum Ausdruck des religiösen Gesetzes in der Halakha, mitschwingt. Erzählungen, die gerade in der chassidischen Überlieferung, die Lehre eher verhüllen als aussprechen und dennoch auf die Fähigkeit des Hörenden, sie zu erkennen, setzen.

recalling and negation of theatrical events in one and the same stroke.[114]

„Das Prinzip der Fabel setzt überhaupt eine homogene Wirklichkeit voraus. Nur wo gewisse einsehbare Regeln die Welt durchherrschen, kann die Fabel sie als Exemplum auf die Pointe bringen als Beispiel für das Allgemeine im Besonderen."[115] Nun konfrontiert Levin seine Leser und Zuschauer mit einer Welt, die zwar von Regeln durchherrscht ist, deren Einsehbarkeit aber Probleme bereitet. Levin setzt eine homogene (Bühnen)Wirklichkeit, der kein homogenes Zeichensystem vorausgesetzt ist, das es ermöglichen würde, das Bühnengeschehen als Abbild von oder Beispiel für eine als homogen behauptete, ihm äußerliche (historische) Wirklichkeit zu entziffern. Greifen die Zuschauer auf den vertrauten kulturellen Code zurück, dass eine Fabel das Allgemeine im Besonderen ausdrücke, so führt dieser Rückgriff auf vermeintlich sichere Muster zu einem Unbehagen[116] angesichts dessen, was zu verallgemeinern wäre. So entsteht ein Theater, das besonders in den ‚grausamen Stücken' durch die Affirmation seines Bühnengeschehens den Zuschauern jegliche affirmative Haltung verbaut.[117] Die Entsetzung

---

114 Erella Brown: Politics of Desire: Brechtian ‚Epic Theater' in Hanoch Levin's Postmodern Satire, in: Ben-Zvi (Ed.): *Theater in Israel*, S. 173-199, hier S. 194.

115 Lehmann: Fabel-Haft, S. 234.

116 Noam Yuran sieht das Erzeugen eines kulturellen Unbehagens (אי-נחת תרבותי) als zentral für Levins Texte. s. Yuran: המילה הארוטית [*Erotic Word*], bes. S. 21-43.

117 Yoḥai Oppenheimer projiziert diese Unmöglichkeit einer affirmativen Haltung der Zuschauer gegenüber dem Bühnengeschehen zurück auf den Autor Levin, indem er dessen Schweigen als einer Ablehnung der Affirmation geschuldet zu erklären sucht. „In seinem Schweigen klagt Levin seine Figuren ohne Gnade an, er lässt sie leiden und sich eine von der Hand der anderen peinigen; seine Werte erscheinen unterdessen einzig als Zerstörung. Er ist nicht nur den Normen, die er offen legt, entfremdet, sondern auch einer Gesellschaft, die dieser Normen bedarf und sich ihrer bedient. In seiner Hingabe an die Gewalt der Negation verzichtet er auf jede Utopie. Vielleicht, weil die Bejahung für ihn einen verbotenen Luxus darstellt." ("בשתיקתו מאשים לוין את דמויותיו ללא רחם, מניח להן לסבול ולהתייסר זו מידה של זו; ערכיו שלו נראים בינתיים כהריסה בלבד. הוא מנוכר לא רק לנורמות אותן הוא חושף אלא גם לחברה הצורכת נורמות אלו ועושה בהן שימוש. בהתמסרותו לכוח השלילה הוא מוותר על כל אוטופיה. אולי משום שהחיוב הוא בבחינת מותרות האסורים עליו."), Yoḥai Oppenheimer: פואטיקה של כוח. על חנוך לוין [Poetik der Gewalt. Über Hanoch Levin], in: סימן קריאה 20 (1990), S. 204-216, hier S. 216.

des Bühnengeschehens als abbildhaftes Zeichen einer Wirklichkeit führt zu der von Levin so einsilbig benannten Lösung der Fabel aus dem sicheren Hafen der Allegorie. Die Hierarchie der Repräsentanz zwischen Bühne und Außenwelt wird in dieser Affirmation[118] des Bühnengeschehens aufgegeben, so dass sich Levins Theater als Versuch eines ‚energetischen Theaters' im Sinne Lyotards lesen ließe.[119] Levins Theater präsentiert eine Welt, deren Verbindungen zur ‚äußeren Wirklichkeit' aufscheinen und in diesem Aufscheinen fraglich werden. Als Modus der Präsentation dienen ihm des Repräsentativen (nicht völlig) entkleidete Fabeln. Für Levins Verwendung der Fabel ließe sich so, in Variation einer Definition des Brechtschen Fabelverständnisses durch Lehmann,[120] formulieren, dass mit Levins Begriff der Fabel vor allem der Charakter des zum Zweck einer Präsentation Erfundenen gegeben ist. An die Stelle der Argumentation tritt die Präsentation einer Welt, die in ihrer Präsentation ihre In-Frage-Stellung fordert, ohne dass der Autor ihr Antworten einschreiben würde.

---

118 „Was den Ort des Theaters betrifft, so impliziert jene Affirmativität nicht nur den Untergang der hierarchischen Beziehung von Bühne/Saal, sondern auch denjenigen der hierarchischen Beziehung von Innen/Außen." Jean-François Lyotard: Der Zahn, die Hand, in: ders.: *Essays zu einer affirmativen Ästhetik*, Berlin: Merve 1982, S. 11-23, hier S. 22.

119 Versuch, da fraglich bleibt, welches Theater Lyotards Forderungen, gerade die der Absichtslosigkeit, zu erfüllen vermag. Die Absichtslosigkeit verfehlt Levins Theater mit Sicherheit bewusst, gerade im Sinne seiner Politik des Unterlaufens (s. dazu Kap.8 „Levins politisches Schreiben"). „Doch ein energetisches Theater darf nicht, im Falle der zur Faust geballten Handfläche, den kranken Zahn andeuten; und auch nicht das Umgekehrte tun. Es darf nicht unterstellen, dass dieses jenes sagen will, es soll es auch nicht sagen, wie Brecht wünschte. Es soll (durch Exzess oder durch Tiefpunkte) die höchste Intensität dessen hervorrufen, was da ist ohne Absicht." Lyotard: Der Zahn, die Hand, S. 22-23. Die von Lyotard zuvor angesprochene Nähe von Libidoökonomie und politischer Ökonomie in der Gleichgültigkeit, die keine Repräsentation mehr gelten lässt, scheint auch in Levins dramaturgischen Strategien wieder auf (s. dazu Kap.6 „Drohung, Tausch und Aufschub – dramaturgische Modelle").

120 S. „[...] während Brecht sich klar darüber ist und es auch öfter formuliert, dass mit seinem Begriff der Fabel vor allem der Charakter des *zum Zweck einer Argumentation Erfundenen* gegeben ist." Lehmann: Fabel-Haft, S. 233.

Dieses Verhalten des Autors, sich in ein ‚Jenseits der Fabel' zurückzuziehen, soll im folgenden als ‚poetische Geste' bezeichnet werden. ‚Poetisch' sei dabei verstanden als die Qualität der Offenheit, Brüchigkeit und Vieldeutigkeit eines Textes, der dem Leser zum immer wieder neuen Durch-lesen überantwortet wird – eine Qualität, die besonders poetischen Texten eigen ist. ‚Poetische Geste' bezeichnet dann die Geste des Autors, sich nur in vieldeutigen Texten zu äußern und ihnen keine erklärenden Worte oder biographischen Erzählungen beizufügen, die Interpreten zu einer auf den Autor reduzierenden Untersuchung der Texte verführen könnten. Vielmehr wird das, was gesagt oder erzählt werden soll, im Zuge der Fiktionalisierung in einer Distanz von seinem Herkunftsort aufgestellt. Das fiktionale Schreiben wird so zu einer Geste der Distanzierung, die es dem Text ermöglicht, ein Eigenleben zu gewinnen. In dem Maße, wie sich der Autor durch die ‚poetische Geste' von den Texten entfernt, gewinnen diese eine größere Nähe zum Rezipienten.[121] Analog zu diesem Verhalten des Autors Levin haben viele seiner Texte – sowohl kurze erzählende Texte als auch Aussagen der Figuren in den Theaterstücken – eine stark gestische Form, die den jeweiligen Gestus des Aussagens als wichtiger erscheinen lassen als das darin Ausgesagte.[122] Levins ‚poetische Geste' verweist also auf die Bedeutsamkeit des ‚Wie' am Sprechen, Aussagen, Schreiben.

Dies zusammengenommen mit einer anderen Aussage Levins aus einem Radiointerview mit Michael Handelzalts aus dem Jahr 1972 lässt darauf schließen, dass Levin durch den distanzierenden Gestus seines fiktionalen Schreibens dem Publikum die Möglichkeit rauben wollte, von der Auseinandersetzung mit dem präsentierten Text auf Angriffe gegen die Person des Autors auszuweichen. Solche Angriffe kamen in den Debatten nach den ersten Satiren, vor

---

121 Dennoch zeigen Teile der Sekundärliteratur und gerade die Rezensionen der frühen Stücke Levins, dass ein Ausweichen aus der Konfrontation mit dem Text auf eine Konfrontierung des ‚Autors' immer noch möglich bleibt, wenn es auch durch die ‚poetische Geste' erschwert wird.

122 Als Beispiel mag hier die Selbstpräsentation von Klamense'a in Ḥefetz dienen: „Ich bin wirklich bestürzt, als Mensch, als Mutter und als Frau mit Fisch." ("‏כלמנסע: אני ממש נדהמת. כאדם, כאם וכאשה עם דג.‏"), Levin: חפץ [Ḥefetz], S. 138. Wer sie ist, erscheint zunehmend austauschbar, gleichgültig und verliert zu Gunsten der Geste der Selbstbehauptung gegenüber der Tochter an Gewicht.

allem nach *Königin des Badezimmers*, häufig vor. Gleichzeitig erhielt sich Levin auf diesem Weg das Potential gerade des Theaters, Auseinandersetzungen zu entfachen.

לוין: עושים סקנדל, ואתה מסתכל על זה, פתאום אתה אומר, אתה רואה אנשים עושים סקנדל, וזה מצחיק... באמת... (צוחק) יש משהו לא אחראי באנשי תיאטרון... מה זה לא אחראי, נו באמת, אני אומר לך, אני אוהב את התיאטרון, בין השאר, מפני שיש, נגיד, סקנדלים, זה חלק מן העניין.¹²³	**Levin**: Sie machen einen Skandal, und du schaust dir das an, plötzlich sagst du, du siehst Menschen einen Skandal machen, und das bringt zum Lachen... wirklich... (lacht) es gibt etwas Unverantwortliches an Theaterleuten... so was von unverantwortlich, nun wirklich, ich sage dir, ich liebe das Theater, unter anderem, weil es da, sagen wir, Skandale gibt, das ist ein Teil der Sache.

Nach *Königin des Badezimmers* hatte es viele Angriffe auf Levin gegeben, nicht nur, weil er die Waisen und Witwen verspotte, sondern auch wegen seiner Fäkalsprache. Beim Lesen der Kritiken wird deutlich, wie die Kritiker diese Fäkalsprache übernehmen, um Levin in den Schmutz zu ziehen, ihn so aber wiederum bestätigen, da er seinen Gesellschaftsgenossen in seiner Satire gerade diese Sprache, die die ganze Staatlichkeit (ממלכתיות) auf ‚Kaka' und ‚Pipi' reduziert, in den Mund gelegt hatte. Levin reagierte nicht mit einer direkten zustimmenden oder widerlegenden Antwort auf seine Kritiker, sondern unterlief ihre Angriffe, indem er ihr Schreiben in einem neuen fiktiven Text offen legte, in dem eine Frau im gemeinsamen Protest gegen *Königin des Badezimmers* ihren zukünftigen Mann kennen lernt, als sie gemeinsam die Vorstellung mit Zwischenrufen von ‚Kaka' und ‚Pipi' unterbrechen.¹²⁴

In einem weiteren Text, der auf die Proteste gegen *Königin des Badezimmers* reagiert, greift Levin auf die kommunistische Parteitradition des Widerrufs zurück. Diese historische Form einer Beichte, einer Verkündigung, die als ‚ehrliche Meinung' verkauft wird, um so zu entschulden, wird von Levin in ihrer Doppeldeutigkeit als Abbitte und als Fiktion angeboten und zugleich offen gelegt. Dabei gelingt es Levin, die Fiktionalität der ‚ehrlichen oder wahren Meinung' in jeder direkten Meinungsäußerung – so auch der Titel dieses kurzen Textes – innerhalb eines national beherrschten Diskurses

---

123 Handelzalts: חנוך לוין על־פי דרכו [*Theatre of Hanoch Levin*], S. 15.
124 Levin: כך הכרתי את בעלי [So lernte ich meinen Mann kennen], S. 101.

aufs Korn zu nehmen. Sein Widerruf bekräftigt so nicht nur die Positionen, die er durch Fiktionalisierung und Übertreibung in *Königin des Badezimmers* vermittelt hatte, sondern entlarvt zugleich die Kritiken dagegen und die Wahrheit und Ehrlichkeit dessen, was sie zu verteidigen vorgeben, als noch fiktiver als dasjenige, gegen das sie anschreiben.

כבוד שר הביטחון, ראשי מועצות עירוניות, אישי ציבור ומעלה, אירגוני הורים שכולים, כתבי עיתונות, רדיו וטלוויזיה, קהל אזרחים נכבד,
בוש ונכלם, ויחד עם זה אסיר תודה, עומד אני בפניכם היום. מאמציכם הכנים והבלתי נלאים להוריד את ההצגה 'מלכת אמבטיה' פקחו את עיני וגרמו לי שאהרהר שנית במה שכתבתי. עתה, עם הורדת ההצגה מעל בימת התיאטרון הקאמרי, יכול אני להודות בראש מורכן: שגיתי. ניצלתי את עקרונות הדמוקרטיה והחופש על מנת לערער את מוראל הציבור, לחרף ולגדף מערכות ישראל ולזרוע איבה ומבוכה בקרב אומה מלוכדת. אני חוזר בי מכל מלה ותג שכתבתי. הריני מבקש מכם, בשפל-קול, לייחס את משגי לגילי הצעיר ולחינוך הקלקול שקיבלתי בבית הורי.
ועם בקשת הסליחה, אני מוסיף לקוות שתינתן לי עוד הזדמנות נוספת להוכיח עצמי כאזרח מועיל מן השורה, לתפארת המדינה והלאום.
יוני 1970, חנוך לוין[125]

Geehrter Verteidigungsminister, Stadtversammlungsvorsteher, Personen der Öffentlichkeit und Prominenz, Organisationen der ihrer Kinder beraubten Eltern, Korrespondenten von Zeitungen, Radio und Fernsehen, verehrtes Publikum der Bürger, Schamhaft und beschämt, und dazu dankbar, stehe ich heute vor euch. Eure aufrichtigen und unermüdlichen Bemühungen, die Produktion ‚Königin des Badezimmers' abzusetzen, haben mir die Augen geöffnet und veranlassten mich, ein zweites Mal über das nachzudenken, was ich geschrieben habe. Jetzt, mit der Absetzung der Produktion von der Bühne des Kameri-Theaters, kann ich mit gesenktem Haupt eingestehen: Ich habe geirrt. Ich habe die Prinzipien der Demokratie und der Freiheit ausgenutzt, um die Moral der Öffentlichkeit zu erschüttern, um die Institutionen Israels zu verhöhnen und zu beschimpfen, und um Feindschaft und Verwirrung im Inneren der geeinten Nation zu säen.
Ich widerrufe jedes Wort und jeden Apostroph, welche ich geschrieben habe. Hier bitte ich euch, mit demütiger Stimme, meine Ideen auf mein junges Alter und meine minderwertige.

---

125 Hanoch Levin: גילוי דעת [Meinungsäußerung]. in: ders.: מערכונים ופזמונים 1 [*Sketches and Songs (I)*], S. 102. Die letzte Formel „für den Glanz des Staates und der Nation" benutzt Ḥulda in der Szene ‚Die Werbung [um eine Frau]' (החיזור) aus Königin des Badezimmers, um ihr Lebensziel und

> Erziehung, die ich im Haus meiner Eltern erhielt, zurückzuführen Und mit der Bitte um Vergebung fahre ich zu hoffen fort, dass mir noch eine weitere Gelegenheit gegeben wird, mich selbst als außergewöhnlich nützlicher Bürger zu beweisen, für den Glanz des Staates und der Nation.
> Juni 1970, Hanoch Levin

Mit diesem Rückgriff auf ein ironisiertes historisches Modell entgeht Levin zugleich der Institutionalisierung seiner subjektiven Ansichten zu einer öffentlichen Figur. In allem, was er schreibt, werden seine Stücke und seine Prosa als unabhängig von einer wie immer vorgestellten Autorenfigur präsentiert. Er zieht sich selbst aus den Texten, die nur ihre vielfältige Lesbarkeit präsentieren, zurück. Darin liegt der strategische Wert seiner ‚poetischen Geste'.

Eine andere Art ‚poetischer Geste' ist den Figuren in Levins Stücken eigen. Oft eröffnen diese einen Abgrund zwischen dem, was sie sagen, und sich selbst in dem wiederholenden Gestus ihres Aussagens. Sie sprechen von dem, was sie tun, oder wer sie sind, als würden sie sich selbst noch einmal in der Sprache erschaffen, in variablen Erscheinungen sich selbst in die Sprache transzendieren. So entsteht eine Verschiebung von der Figur auf ihr Sprechen, darauf, wie sie sich spricht. Die von den Figuren erzeugten Sprachgesten führen zur Handlung oder ihrem Aufschub. Dies führt Erella Brown dazu, vor allem bezogen auf eines von Levins letzten Stücken, *Die im Dunkeln gehen*, das Funktionieren seines Theatertextes mit „displacing the dramatic conflict from story to *Gestus.*"[126] zu bezeichnen.[127]

Der größte Teil von Levins Schriften sind für das Theater geschriebene Texte – Satiren, Kabaretts, Komödien, Dramen, Einakter. Daneben liegen ein Band Lyrik und zwei Bände Prosa vor, die zum größten Teil aus kurzen Erzählungen bestehen. Einige dieser Prosatexte scheinen wiederum eine Theaterszene vorzustellen, wie z.B.

---

den Sinn ihrer Studien zu benennen; s. Levin: מלכת אמבטיה [Königin des Badezimmers], S. 66.

126 Brown: Between Literature, S. 42.
127 Für die genauere Untersuchung einer solchen Sprachgeste bei Levin s. Kap.5.2 „Das Sprechen der Figuren".

Ein Mann steht hinter einer sitzenden Frau[128] (איש עומד מאחורי אשה יושבת), oder sie lassen sich als Bildbeschreibung lesen, in der eine nicht fassbare Erzählerstimme dasjenige nach Bedeutungs- und Geschehensmöglichkeiten befragt, was sie zugleich als Gesehenes, als Szene oder Bild, im Text präsentiert. Doch sind diese ‚anderen' Texte Levins in Israel wenig rezipiert worden, bedeutend wurde Levin als Theaterautor und Regisseur seiner eigenen Stücke.

4.2 Schreiben für das Theater gegenüber der Gesellschaft

Obwohl die ersten Satiren Levins heftige Kritiken und einen Sturm der Empörung auslösten, gelang es ihm mit seinen Komödien sehr schnell zu einem Teil der ‚Institution' zu werden, d.h. zu einem Theaterautor, dem es bald keinerlei Schwierigkeiten machte, ein Theater zu finden, an dem er seine Stücke aufführen konnte – was angesichts der begrenzten Möglichkeiten der israelischen Theaterszene nicht selbstverständlich war und ist. Seine Beliebtheit erlaubte es ihm sogar, in den 80er Jahren einige nicht sehr erfolgreiche Stücke zu produzieren und dennoch weiterhin alle Aufführungsmöglichkeiten offen zu haben. Das Publikum schien sich im Laufe der Jahre so an Levin gewöhnt und ihn schätzen gelernt zu haben, dass auch ein Schock wie *Hinrichtung* 1979 nicht zu einem Einbruch führte. Schon mit *Hiobs Leiden* zwei Jahre später lässt sich eine Akzeptanz für die neuen ‚grausamen Stücke' Levins feststellen. Die Auseinandersetzungen Levins in den 80er Jahren mit der Zensur wegen *Der Patriot* wurden in der Presse mit Wohlwollen für Levin und Angriffen auf die Zensur begleitet. Der Wandel der öffentlichen Meinung in Israel zwischen dem Ende der 60er Jahre, als Levins Ablehnung der Siegeseuphorie nach dem Sechstagekrieg heftige Reaktionen hervorgerufen hatte, hin zur Friedensbewegung zu Beginn der 80er Jahre gegen den Libanonkrieg, hatte seinen ähnlich gebliebenen satirischen Angriffen in *Der Patriot* die Schärfe genommen. In seiner Kritik von *Der Patriot* bezeichnet Michael Handelzalts das öffentliche Vorlesen der drei Teile des Textes,

---

128 S. Hanoch Levin: איש עומד מאחורי אשה יושבת [Ein Mann steht hinter einer sitzenden Frau], in: ders.: 2 פרוזה [*Prose (II)*], Tel Aviv: Ha-Kibbutz Ha-Me'uḥad 1999, S. 7-8. Eine deutsche Übersetzung findet sich in einem Band mit Übersetzungen einiger kurzer Erzählungen Levins: Hanoch Levin: *Der Zufriedene, der Lüsterne und die Gelöste*, München und Wien: Hanser 1998, S. 20-23.

die von der Zensur gestrichen worden waren, als die eigentlich satirische Szene des Abends.[129] An den Stellen, an denen die Zensur Textpassagen gestrichen hatte, wurde die Bühnenhandlung unterbrochen, das Saallicht ging an und dort las jemand die zensierte Textpassage vor.

Im Rückblick erkannten viele die Ende der 60er Jahre entstandenen Satiren Levins als prophetisch. Die einsetzende demokratische Pluralisierung der Gesellschaft und die öffentliche Hinterfragung nationalistischer Politikbegründungen, wie sie in den Protesten gegen die Begin-Regierung im Zuge des Libanonkriegs zu Tage trat, hätten Levin in die Gefahr gebracht, zum Schreiber für das linke politische Lager zu werden, hätte er im selben Stil weitere direkt auf die politischen Ereignisse bezogene Satiren geschrieben. Doch mit den Komödien begann Levin, seine Angriffe auf die Gesellschaft und ihre Machtverhältnisse auf einer weniger vereinnahmbaren und grundlegenderen Ebene fortzusetzen. Ihre entschiedensten Ausprägungen erfuhren diese Angriffe dann in den ‚grausamen Stücken'. So ist es auch nicht verwunderlich, dass Levin, als er mit *Mord* 1997 noch einmal ein relativ direkt auf den politischen Alltag des israelisch-palästinensischen Konflikts bezogenes Stück vorlegt, diesem nicht wieder die Struktur einer Satire gibt, die den politischen Alltag direkt aufgreift. Vielmehr greift *Mord* auf den israelischen Alltag verfremdende Mittel zurück, die Levin in den Stadtteilkomödien entwickelt hatte, und nimmt auch Elemente aus den ‚grausamen Stücken' auf. Beiden Stücken, *Der Patriot* und *Mord*, ist jedoch gemein, dass sie zu den wenigen Stücken gehören, die Levin – nachdem er 1972 mit *Ya'akobi und Leidental* angefangen hatte, als sein eigener Regisseur zu arbeiten – in fremde Regiehände gelegt hat. *Der Patriot* wurde von Oded Kotler, *Mord* von Omri Nitzan inszeniert. Von den 28 Stücken, die Levin ab *Ya'akobi und Leidental* zur Aufführung gab, inszenierte er 22 selbst. Levin schrieb noch über 20 weitere Stücke, von denen das Kameri-Theater einige nach seinem Tod uraufgeführt hat. Es scheint, als habe Levin die Stücke weggegeben, die trotz seiner fortwährenden Experimente mit den Formen eines Schreibens für das Theater in gewissem Sinn Rückgriffe auf bereits Erprobtes darstellten. So handelt es sich z.B. bei *Die Kofferpacker* (Regie: Michael Alfreds, 1983) und *Das*

---

129 S. Michael Handelzalts: בכי מתוך צחוק [Weinen inmitten von Lachen], in: ders.: חנוך לוין על-פי דרכו [*Theatre of Hanoch Levin*], S. 95-96. Zuerst erschienen in Ha-'Aretz vom 3. Dezember 1982.

Lebenswerk (Regie: Michael Gurevich, 1989) um neue Stadtteilkomödien und bei *Mit offenem Mund* (Regie: Robert Sturua, 1995) um ein neues ‚grausames Stück'. All diese Produktionen fallen in eine Zeit, als Levin schon eine feste Größe des israelischen Theaters war und seinen eigenen Regiestil in den Stadtteilkomödien der 70er Jahre bereits ausgebildet und dann in den ‚grausamen Stücken' der 80er Jahre weiter entwickelt hatte. Viele von Levins eigenen Inszenierungen, so *Hiobs Leiden* (1981), *Der Junge träumt* (1993) oder *Trauerfeier* (1999), wurden zu wichtigen Theaterereignissen, nicht nur der Texte sondern auch der Inszenierungen wegen.

Innerhalb der israelischen Kultur und Gesellschaft kam dem Theater seit seinen schwierigen Anfängen in der Zeit des Yishuv eine wichtige Rolle zu, die durch Organisationen wie ‚Kunst für das Volk' (אמנות לעם), die die Theateraufführungen aus den großen Städten in die Säle der Dörfer und Kibbutzim brachten, unterstrichen wird.[130] Wenn man Theater als einen Ort des politischen Diskurses innerhalb einer Gesellschaft begreift, muss man ihm innerhalb der israelischen Gesellschaft einen höheren Stellenwert zuschreiben als in vielen westlichen Ländern, wo das Theater zunehmend nur noch diskursive Funktionen innerhalb einer kulturellen Elite zu erfüllen in der Lage ist. Dieses Gewicht des Theaters innerhalb der israelischen Gesellschaft kann nicht nur als eine Erklärung dafür gelten, warum Levins frühe Satiren einen solchen Sturm der Entrüstung auslösten, sondern auch dafür, warum es einen Autor wie Levin zum Theater zog. Da das israelische Kulturverständnis dem Theater eine zentrale Spiegelposition gegenüber der Gesellschaft zuerkannte, waren die sich Spiegelnden gerade von der Bühne aus am besten zu verstören.

Angesichts der Gewalt und des Todes, die Levins Stücke durchherrschen, stellt sich die Frage nach der Kraft, über die poetisches Schreiben und damit die ‚poetische Geste' in der von ihm präsentierten Welt und darin vermittelt auch in der Welt, die diese Präsentation sieht, verfügen. In *Der Junge träumt* kommen die

---

130 „Omanut La'am has become a major factor on the Israeli theatre scene and has aided in creating a new audience composed of the children of the immigrants in the transit camps to which the theatre travelled in order to introduce them to the Hebrew language and ‚Israeli culture'." Shoshana Weitz: Theatre and Society in Israel, in: *Theatre Research International* 13,2 (1988), S. 105-121, hier S. 120.

Flüchtlinge im dritten Teil auf einer Insel an, deren Behörden die Flüchtlinge nicht an Land lassen, sondern sie in den Tod zurückschicken. Ein junger Dichter, aus dessen Worten hervorgeht, dass er täglich zum Hafen kommt und die abgewiesenen Schiffe sieht, hat sich vorgenommen, über diese abgewiesenen, dem Tod geweihten Flüchtlinge zu schreiben, damit wenigstens eine Spur der Erinnerung, ein Wissen über ihr Schicksal bewahrt bleibe. Als auch das Schiff mit dem Jungen abgewiesen wird, zerreißt er seine Gedichte und wirft sie ins Meer, verzweifelnd angesichts der Machtlosigkeit der Literatur oder der Kunst im allgemeinen gegenüber dem Lauf der politischen Gewalt. Diese Geste des hilflosen Widerspruchs, der zugleich Aufgabe ist, wird von einem Müßiggänger in ihrer Frage als richtig anerkannt, aber in ihrer Antwort zugleich als falsche Alternative denunziert.

בטלן: כתבת את שיריך כדי לעשות רושם ועכשיו אתה מנסה להרשים כשאתה קורע אותם. זה דרמאטי מדי, מיותר, לא נחוץ, אתה מייחס להם חשיבות יותר ממה שיש בהם.	**Müßiggänger**: Du hast deine Gedichte geschrieben, um Eindruck zu machen und jetzt versuchst du, zu beeindrucken, indem du sie zerreißt. Das ist zu dramatisch, überflüssig, nicht nötig, du sprichst ihnen Wichtigkeit zu mehr, als sie haben.
באותה מידה יכולת לפרסם אותם בספר, אפילו לזכות בקצת מוניטין; העולם היה נראה אותו דבר.	Gleichermaßen könntest du sie in einem Buch veröffentlichen, sogar ein bisschen Geld gewinnen; die Welt würde genauso aussehen.
עוד תלמד להתייאש יותר בשקט, יותר צנוע, בדממה. כהלכה.[131]	Du wirst noch lernen, zu verzweifeln, mehr in Ruhe, bescheidener, im Schweigen. Wie es sich gehört [wörtl.: der Halakha gemäß].

Dieses Zerreißen der Gedichte ruft Adornos später eingeschränktes Diktum[132] von der Unmöglichkeit, nach Auschwitz noch ein Ge-

---

131 Hanoch Levin: הילד חולם [Der Junge träumt], in: ders.: 4 מחזות [*Plays (IV)*], Tel Aviv: Ha-Kibbutz Ha-Me'uḥad 1991 (4. Aufl. 1999), S. 261-331, hier S. 314.

132 „Der Satz, nach Auschwitz lasse kein Gedicht mehr sich schreiben, gilt nicht blank, gewiß aber, dass danach, weil es möglich war und bis ins Unabsehbare möglich bleibt, keine heitere Kunst mehr vorgestellt werden kann. Objektiv artet sie in Zynismus aus, mag immer sie die Güte

dicht zu schreiben, in Erinnerung, doch scheint in ihm zugleich die Lesart auf, eben nicht nach, sondern im Bewusstsein von Auschwitz Gedichte zu schreiben, Kunst zu machen. Die letzten Worte des Müßiggängers enthalten die unübersetzbare Doppeldeutigkeit des umgangssprachlichen ‚wie es sich gehört' und darin zugleich den Verweis auf die traditionelle Formel, die etwas als dem Religionsgesetz, der Halakha, entsprechend bezeichnet. So klingt hier die Aufforderung mit, auch die Kunst in ihrer Intention und ihrer Verzweiflung, ihrer Heiterkeit und ihrem Ernst, müsse sich einem (neuen) universalen Gesetz entsprechend verhalten, ihr Verhältnis zur Welt im Bewusstsein des Zivilisationsbruches neu ordnen.[133] Es wäre also gerade die Geste der Hilflosigkeit zu einer Geste der Aussage zu machen, die versucht, die scheinbar unaufhaltsame Gewalt, wie sie Levins Stücke wiederholt ausstellen, in der Setzung eines anderen Diskurses zu unterlaufen. Die ‚poetische Geste' bestände dann darin, sich nicht der Macht einer Position im Diskurs zu versichern und keine neuen Zugehörigkeiten zu bilden. Vielmehr wäre gerade ein Nichtanspruch auf Macht und Autor-ität zu setzen, der in einer von der eigenen Person distanzierenden Geste eine fiktive, poetische Welt setzt, die in ihrer Loslösung von ihrem Autor in besonderer Nähe zu der Welt des Lesenden oder Schauenden erscheinen muss. Levins ‚poetische Geste' macht, indem sie der erfahrenen Welt eine fiktionale, ironisierende, teils ins Groteske gesteigerte und zugleich melancholische, hilflose Welt gegenübersetzt, die weder heiter noch ernst ist und sich so nicht auf einen Meinungsdiskurs einlässt, der nur Bestandteil der bestehenden Ordnung – sei es affirmativ, kritisch oder ablehnend – bleibt, den zwangsläufig tödlichen Ernst der gesellschaftlichen Ordnung in seiner ‚Natürlichkeit' fraglich.

---

menschlichen Verstehens sich erborgen." Theodor W. Adorno: Ist die Kunst heiter?, in: ders.: *Noten zur Literatur. Gesammelte Schriften Bd.11*, Frankfurt am Main: Suhrkamp 1997, S. 599-606, hier S. 603-4.

133 „Kunst jenseits von Heiterkeit und Ernst mag ebenso Chiffre von Versöhnung wie von Entsetzen sein kraft der vollendeten Entzauberung der Welt. Solche Kunst entspricht sowohl dem Ekel vor der Allgegenwart offener und verkappter Reklame fürs Dasein wie dem Widerstreben gegen den Kothurn, der durch die Überhöhung des Leidens abermals Partei für seine Unabänderlichkeit ergreift. So wenig Kunst mehr heiter ist, so wenig mehr ist sie, angesichts des Jüngstvergangenen, ganz ernst." ebda. S. 606.

5. Aspekte der Form

5.1 Aufbau der Stücke

Die Entwicklung von Levins Dramatik lässt sich als eine fortlaufende Suche nach Formen ansehen, in denen es möglich ist, für das Theater zu schreiben. Im formalen Aufbau scheiden sich dabei die Komödien, die meist in zwei Teile gegliedert sind, von den anderen Stücken, die in drei Teile gegliedert oder lose strukturiert sind. Viele der Komödien, so *Hefetz, Die Gummihändler, Shitz, Das Lebenswerk*, aber auch *Ya'akobi und Leidental* und *Warda'lehs Jugend* gliedern sich in zwei Akte, die durch einen Bruch miteinander verbunden sind, so dass sich die beiden Teile in einer gewissen parallelen Entgegensetzung zueinander verhalten. In *Warda'lehs Jugend* entfaltet der erste Teil die Abhängigkeitsbeziehungen aller von dem Mädchen Warda'leh. In der Pause zwischen den Akten, also der Handlung des Stückes äußerlich bleibend, fällt dann Warda'lehs Entscheidung, in die Schweiz zu gehen. Diese Entscheidung motiviert schließlich die gesamte Handlung des zweiten Teils. In *Die Gummihändler* liegt zwischen den beiden Akten ein Abstand von 20 Jahren, so dass der erste Teil zur Erinnerung des zweiten wird. Doch entsteht dabei der Eindruck, dass sich außerhalb der Bühne nichts getan habe, außer dass die Figuren älter wurden. Vielmehr wirkt der zweite Teil, auch in der Szenenfolge und ihren Orten, wie eine Wiederholung des ersten Teils.

In *Ya'akobi und Leidental* beginnt Levin seine Technik der vielen kurzen Szenen zu entwickeln, die ihre stärkste Ausarbeitung dann in späteren Stücken wie *Die Große Hure von Babylon* oder *Alle wollen leben* erfährt. In *Ya'akobi und Leidental* wird die scheinbare Kontinuität des Geschehens jedoch nicht nur durch das Zersplittern des Handlungsablaufs in viele, teils kurze Szenen, sondern auch durch den Einschub von Liedern brüchig gemacht. Levin erzeugt so Momente der Verfremdung, die Diskontinuitäten in die geradlinig verlaufenden Handlungen der Stücke einführen, und an Brecht erinnern. Dies sowohl, wenn Lieder in *Ya'akobi und Leidental* das Geschehen kommentierend selbiges unterbrechen, als auch, wenn in *Die Große Hure von Babylon* durchgängige Handlungen in kurze Szenen mit emblematischen Überschriften zerbrochen werden. So gliedert sich zum Beispiel die Vergewaltigung Bigways durch Bro'dakh in vier Szenen: ‚Die Verführung' (הפיתוי), ‚Der Angriff'

71

(התקיפה), ‚Das Eindringen in das Fleisch' (החדירה אל תוך הבשר), ‚Die Trennung' (הפרידה).[134] Die Unterteilung lässt die Unabwendbarkeit des Handlungsverlaufs als konstruiert und nicht mehr zwingend erscheinen.

Auch Dreierstrukturen dienen Levin zur Betonung der Konstruiertheit des Bühnengeschehens. Gerade in den ersten beiden mythologischen Stücken, *Hinrichtung* und *Hiobs Leiden*, aber auch in *Mord* treten Dreierstrukturen in solchem Ausmaß zutage, als ginge es darum, die mythischen Zahlen metaphysischer Gewissheit, aber auch märchenhaften Erzählens in der Struktur einzufangen und zugleich auszuspielen. Sie erscheinen wie eine naturhafte Ordnung – z.B. dass Gelbe Flecken drei Angebote offen hat an seine Todesfee, während drei Opfer sich drei Mördern und drei Beschmutzerinnen gegenübersehen – und werden so in ihrer Nichtreflexion als willkürlich fragwürdig. Gerade die Affirmation der ausgestellten Konstruiertheit des Geschehens als natürlich und selbstverständlich macht die Sinnhaftigkeit der Konstruktion fraglich.

Es fällt auf, dass sowohl *Hinrichtung* als auch *Hiobs Leiden* in Kapitel (פרקים) gegliedert sind, nicht in Bilder (תמונות) wie z.B. *Die Große Hure von Babylon*. Zwar tragen auch die Kapitel Überschriften, doch sind sie weiter unterteilt in nummerierte Unterkapitel, die sich als Argumente in der Diskursfolge eines Kapitels lesen lassen. *Hiobs Leiden*, eine Folge in acht Kapiteln, lässt sich nichtsdestotrotz in Dreierkonstruktionen zerlegen. Der Gesamtablauf zerlegt sich in: 1. den Verlust aller Güter, 2. das aufschiebende Gespräch mit den Freunden, 3. Folter und Tod durch die Soldaten im Zirkus. Doch auch der Verlust kleidet sich in die Dreierfolge: Verlust der Besitzungen, Tod der Kinder und Zerstörung des eigenen Körpers. Drei Freunde versuchen Hiob zu Gott zu bekehren, und drei Gruppen immer elenderer Bettler laben sich an den Resten des Festmahls, in denen der letzte dieser Bettler Gott erkennt. In der Struktur drückt sich eine als naturhaft vorgegebene Ordnung aus, die aber nur der Gewalt, die diese Struktur in einen Geschehensablauf verwandelt, zu dienen scheint.

Auch *Die im Dunkeln gehen* ist in Kapitel, nun sieben, gegliedert, die sich um die drei Hauptfiguren gruppieren. Drei Kapitel der Begeg-

---

134 S. Hanoch Levin: הזונה הגדולה מבבל [Die große Hure von Babylon], in: ders.: מחזות 3 [*Plays (III)*], Tel Aviv: Ha-Kibbutz Ha-Me'uḥad 1988 (5. Aufl. 1999), S. 105-187, hier S. 130-138.

nung, benannt nach dem Gehenden (ההולך), dem Wartenden (המחכה) und dem Entschlüpfenden (החומק), ein zentrales Kapitel des Gehens in der Dunkelheit und spiegelbildlich ein Verlassen in drei Kapiteln, das zur Ruhe Legen des Entschlüpfenden, des Wartenden und des Gehenden. Während also auch hier die Dreierstruktur eine Ordnung zu gewährleisten scheint, führen in den Beziehungen der Figuren diese Dreierbeziehungen regelmäßig zu Erniedrigung und Gewalt. Sei es zwischen Ya'akobi, Leidental und Rut Shaḥash, Gelbe Flecken, Herbstlächeln und Tausend Augen, Ṭeygalekh, Klamense'a und Ḥefetz, oder eben auch dem Gehenden, dem Wartenden und dem Entschlüpfenden. Auch *Mord* gliedert sich in drei Akte, von denen jeder seine Mordtat enthält. Nur *Der Junge träumt* durchbricht diese Strukturen der ‚weltlichen' Dreier-Ordnung, indem er den ersten drei Teilen, ‚Der Vater', ‚Die Mutter', ‚Der Junge' betitelt, einen vierten hinzufügt: ‚Der Messias' – als wolle er die apokalyptische Vision von den vier Reichen,[135] nach deren letztem der Messias allerdings erst kommen soll, aufnehmen.

5.2 Das Sprechen der Figuren

Levins Gebrauch der hebräischen Sprache zeichnet sich durch ein hohes Bewusstsein für die Vieldeutigkeiten von Sprache und Sprechen und damit auch für ihre Abgründe aus. In der Sprache versuchen die Figuren, sich ihrer selbst bewusst zu werden und sich mit der sie umgebenden Welt zu verständigen. In ihr äußern die Figuren ihr in seiner Vorgeblichkeit durchschautes Verhalten, ohne im Stande zu sein, es deshalb zu ändern. Durch die Doppelung in der Sprache bewusst gemacht, wird es nun scheinbar bewusst vollzogen und bleibt doch ihren Trieben, Begierden und Nöten unterworfen. Durch diese Technik der Selbstreferentialität der Figuren und durch ihr Sprechen über ihre Begierden entsteht die unvermeidliche Komik nicht nur von Levins Komödien, sondern auch seiner anderen Stücke. Doch bricht durch diese Brüchigkeit der Sprache auch das Tragische in die Welt der Figuren, in ihre Leben und ihre Handlungen, ein.

Zur Illustrierung dieser Technik sei hier Leidental zitiert, der es nicht verschmerzt, von Ya'akobi sitzengelassen worden zu sein. Er

---

135 Daniel 7.

beschließt, nicht mehr einsam in seinem Zimmer zu sitzen,[136] sondern auf die Straße zu gehen, dem Freund und dessen neuer Freundin zu folgen, sie zu verfolgen, um nicht allein zu sein, und doch möchte er beschäftigt aussehen, allein und damit glücklich. Er ergreift ein Requisit[137] und nimmt eine Rolle an, vor allem für sich selbst.

תמונה 6	Bild 6
חדרו של לידנטל. ערב. לידנטל.	Leidentals Zimmer. Abend. Leidental.

לידנטל: עד מתי אמשיך להעמיד פנים שאני ישן ושאני רק חולם שאני ער? נודה באמת: אני ער. והשעה רק שבע וחצי. מה קרה לזמן היום? אלך לטייל קצת, וכשאחזור אני מאוד מקווה שתהיה כבר השעה עשר, ולישון בעשר זו כבר לא בושה. כדי להיראות אדם עסוק שממהר לאיזשהו מקום אלך עם מזוודה.[138]

Leidental: Bis wann werde ich fortfahren, vorzugeben, ich würde schlafen und träumte nur, ich wäre wach? In Wahrheit werden wir eingestehen: Ich bin wach. Und es ist erst 7.30h. Was geschah heute mit der Zeit? Ich werde ein bisschen spazieren gehen, und wenn ich zurückkehre, wird es hoffentlich schon zehn Uhr sein, und um zehn zu schlafen, ist schon keine Schande mehr. Um als beschäftigter Mensch zu erscheinen, der an irgendeinen Ort eilt, werde ich mit einem Koffer losgehen.

Für Levins Figuren ist es nicht ungewöhnlich, dass sie über sich selbst oder ihr Tun derartige Erklärungen abgeben, deren Adressierung den als abbildhaft gesetzten Rahmen der Szene zerbricht. Das Sprechen der Figuren in Levins Stücken erscheint immer wieder als ein Akt der Wiederholung gegenüber ihrem Tun oder ihrer Erscheinung, der nicht nur diese zu installieren scheint, sondern ihr auch einen Überschuss hinzufügt. Den Handlungen wird eine Verwendung und Bedeutung eingeschrieben, die so zugleich als nur *eine* mögliche erscheint. Die Verkürzung des aufgerufenen Möglichen auf eine konkrete Aktualisierung in der Handlung lässt dieser den Wert des Spezifischen zukommen, für das sich entschieden wurde.

---

136 Ein Problem, vor dem auch Ḥefetz und Adash Bardash in *Ḥefetz* stehen.
137 Manche Gegenstände, die als Requisiten und Motive im Werk Levins immer wiederkehren, wären in den Funktionen ihres Auftauchens getrennt zu untersuchen, vor allem der Koffer und der Hut.
138 Levin: יעקובי ולידנטל [Yaʿakobi und Leidental], S.184.

Die Figur fungiert als Kommentator ihrer selbst. Sie stellt sich selbst in ihrem Sprechen noch einmal vor und produziert so einen Effekt der Verfremdung des Geschehens.

> In fact, the character as commentator does not stand apart from the rest of his action; rather, the interpretation of the two functions of the actor are simultaneous, and the split occurs within the speech act between the subject of the discourse and the subject of the statement.[139]

In seinem Nachdenken über das, was er tut und was zu tun sei, spricht Leidental die Möglichkeit eines anderen Verhaltens mit – allein zu Hause zu bleiben, früh schlafen zu gehen –, als nehme er eine Handlung als Rolle seiner selbst an. Dabei schließt die Geste des Nachdenkens die Möglichkeit nicht nachzudenken mit ein, sie wird ausgespielt als ein nicht Nicht-Nachdenken,[140] und macht darin zugleich fraglich, ob für Leidentals Handeln dieses Nachdenken einen Unterschied macht. Das Nachdenken, das bestimmt wird von der ‚Schande', die es mit sich bringt, alleine früh zu Bett zu gehen, erweist sich von einer Wertordnung bestimmt, die eben nicht bedacht wird. So fallen in Leidentals (Geste des) Nachdenken(s) darüber, was er tun soll, Nachdenken und Nicht-Nach(be)denken zusammen. Die vom Zuschauer aus der Geste zu erdenkende Alternative wird von der Figur in dem, was sie in ihrem Sprechen spricht, bereits angeboten, doch bleibt der Verfremdungseffekt, den die Figur durch die sie verdoppelnde Sprache schafft, erhalten. Die Alternative zur Geste des (scheinbaren) Nachdenkens wird als Emotionales erfahren. Da die Figur sich der Irrationalität ihrer Handlung voll bewusst zu sein scheint, wirkt sich das Verstörende der Verfremdung auf die emotionale Rezeptionsebene der Figur aus.[141]

---

139 Brown: Politics of Desire, S.182.
140 „Das was er [der Schauspieler] *nicht* macht, muß in dem enthalten und aufgehoben sein, was er macht." Bertolt Brecht: Kurze Beschreibung einer neuen Technik der Schauspielkunst, die einen Verfremdungseffekt hervorbringt, in: ders.: *Ausgewählte Werke in sechs Bänden, Bd.6*, Frankfurt am Main: Suhrkamp 1997, S. 467-486, hier S. 469.
141 „The alienation effect produced by Levin's use of the Brechtian technique of quoted or exaggerated gesture is different from Brechtian alienation itself, because here the gesture triggers an emotional involvement rather than the rational reflection Brecht intended. Brecht, too, was often misunderstood and his alienation effects effaced because of the audi-

Es wird gesehen, dass Leidental sich erniedrigt, und gehört, dass er dies (selbst)bewusst tut. Leidentals unverständliches Verhalten der Selbsterniedrigung ließe sich erst verstehen, wenn die ‚Schande', der er zu entgehen sucht, dem Zuschauer begreiflich würde. Levins Text stellt den Rezipienten vor das Problem der Rationalisierung eines Werturteils, dessen strukturierende Bedingungen sich verborgen halten. Die Entscheidung der Selbsterniedrigung muss auf einer unbewussten Ebene gefallen sein, die der sprachlichen Ebene des Bewusstseins und des Nachdenkens vorausgeht und diese überspielt, wie die Figur ihr Nachdenken überspielt. Das Ausreichen einer einfachen Bewusstmachung wird so als ‚Mythos der Aufklärung' bloßgelegt, um auf das tiefer liegende Problem einer gesellschaftlichen Verhaltensstrukturierung zu verweisen, gegen die die Figur als gesellschaftliches Fragment nicht anzukommen scheint. Die Verfremdung der Figur in ihrem Sprechen verweist auf ihre Konstruktion im Diskurs, die es ihr unmöglich macht, allein aus sich ihr Verhalten zu ändern. Während die Figur in ihrem Zeigen und Nachdenken über ihr Tun eine individuelle Gestalt gewinnt, bleibt sie doch als gesellschaftlich determiniertes Muster in ihren Handlungen bestehen. Das in der Sprache von sich weggestellte und in der Distanz als Doppelung und Neues erzeugte, das den Diskurs erweitert, müsste erst auf die Strukturen der Begierde, die der Figur eingeschrieben sind, zurückwirken, um eine Veränderung in ihren Handlungen zu ermöglichen.

Die Figuren verkörpern in ihrem Handeln ihnen eingeschriebene Bilder und Verhaltensmuster, die Versprechen von Lustgewinn mit sich führen und so die Hoffnungen der Figuren begründen. Für Leidental muss das Versprechen der Lust, nicht alleine zu Hause zu sitzen, die Unlust der Selbsterniedrigung, die zudem durch den Koffer verringert werden soll, überbieten. Die in Leidentals Geste des Nachdenkens mitzudenkende Alternative wäre so die Möglichkeit anderer Wertsetzungen, die die Ökonomie der Begierden und die Hoffnungen der Figuren auf Lustgewinn steuern. Levins Text wirft die Frage auf, was die von ihm präsentierte Ökonomie der Begierden installiert, und weckt, indem er die durch sie bedingte

---

ence's tendency to perceive his plays as a mimetic representation of reality. This experience was definitely taken into account by Levin. In fact, Levin's entire work can be seen as a set of strategies aimed at solving the audience's tendency to reabsorb easily Brechtian epic theater into the old theater." Brown: Politics of Desire, S.185.

Erniedrigung zeigt, das Verlangen der Zuschauer, dass es auch anders sein könnte. Vor der Bewusstmachung geschieht eine Wertsetzung, die diese zwar zulässt, aber überspielt. Die Geste enthüllt und verbirgt diese Wertsetzung zugleich und fordert, sie zu reflektieren, ihr nach-zu-denken. Eine starke gesellschaftliche Zurichtung muss Leidentals Körper, Denken und Begierden zu einer solchen Bereitschaft zur Selbsterniedrigung geformt haben. Die Absolutheit, mit der Levins Theater Begierden präsentiert, die das Bewusstsein der Figuren mühelos überspielen, erzeugt ein Unbehagen, das durch das Ausmaß von Gewalt und Selbsterniedrigung noch verstärkt wird. Das Verhältnis der Figuren zu ihren Gesten und ihrer Bewusstmachung wird zum Konfliktfeld. Dort gesteht sich Leidental seine Selbsterniedrigung ein und vollzieht sie dennoch. Der Konflikt wird nicht als rational konstruiert und durch Nachdenken lösbar angeboten, sondern er findet in den Körpern der Figuren statt, die zwischen ihren eingeschriebenen Begierden und ihrem Bewusstsein in sich selbst einen Konflikt austragen, der im Verfremdungseffekt der Levinschen Sprachgeste, der Distanzierung der Figur von sich selbst, seinen Ausdruck findet. Der Konflikt zwischen den Begierden, die die Körper antreiben, und der Sprache als Ausdruck des Nachdenkens und des Aufschubs erweist sich für die Figuren als unlösbar. Die Figuren stehen zu sehr in der Geschichte, der Gesellschaft, dem Diskurs, die ihre Begierden (und auch ihr Sprechen und Nachdenken) prägen, als dass sie ihren Begierden gegenüber eine verändernde Haltung einnehmen könnten. Levins Figuren sind Gefangene einer Bühnenwelt, die gerade so die Möglichkeit des Außenblicks der Zuschauer affirmiert.[142]

Nach Noam Yuran gründet sich auf die Wiederholung in der Geste des Sprechens das Vergnügen an Levins Texten und seinem Theater.

> Die Wiederholung, wenn sich wahrlich in ihr das Vergnügen findet, ist es auch, die die Beschreibung nebensächlich macht. Levin wiederholt immer ein weiteres Mal das, was beschrieben ist, mit minimalen möglichen Änderungen. Das Vergnügen liegt in dem, was jenseits der Beschreibung ist, es ist das Überzählige der Beschreibung. Und dieses Überzählige verwandelt sich bei Levin zu einem Gestaltungsprinzip: Der ganze Text wird mittels der Wiederholung

---

142 S. hierzu Kap. 9 „Zum Schluss: Theater".

dessen, was erscheint, und dessen, was verstanden und bekannt ist, geschrieben.[143]

Yuran bezieht sich bei diesen Ausführungen zur Wiederholung in der Sprache auf erzählende Texte Levins, an denen sich Vergnügen durch das einen Überschuss produzierende ‚erotische Wort'[144] erfahren lässt. Im Reden der Figuren in den Stücken erschafft eine andere Art der Wiederholung einen Überschuss an der Beschreibung gegenüber dem Beschriebenen und dabei zugleich eine Kluft zwischen den Figuren und ihrem Reden. Oft wird das Bühnengeschehen zusätzlich in Erklärungen und Beschreibungen, die über es hinausgehen, vermittelt. Teils entsteht der Dialog einer Szene erst im indirekten Gegeneinanderstellen dieser Erklärungen, der so eben mehr ein Dialog der Szene als der Figuren ist. In der Eingangsszene von *Hiobs Leiden* philosophiert Hiob über das Sattsein:

איוב: מה זה אדם שׂבֵעַ?	**Hiob**: Was ist ein satter Mensch?
אדם שבע זה אדם גמור, אבוד.	Ein satter Mensch ist ein vollständiger Mensch, ein verlorener.
למה עוד יש לו לקוות?	Auf was hat er noch zu hoffen?
הכל מלא, סתום, חתום,	Alles ist voll, verstopft, versiegelt,
רובץ ללא תנועה, נושם בקושי,	er liegt ohne Bewegung, atmet schwer,
חש שהחיים הם אבן על הלב,	er fühlt, dass das Leben ein Stein auf dem Herzen ist,
יאוש נורא מזה אין לתאר;	eine schrecklichere Verzweiflung als diese lässt sich nicht imaginieren;
מחשיכה כזאת יכול האופק רק להתבהר.	von solcher Düsternis kann sich der Horizont nur aufhellen.[145]

---

143 "החזרה, אם אכן בה נמצאת ההנאה, היא גם העושה את התיאור לשולי. לוין חוזר תמיד עוד פעם אל מה שתואר, בשינויים המזעריים האפשריים. ההנאה היא מה שמעבר לתיאור, היא העודף של התיאור. והעודף הזה הופך אצל לוין לעקרון ייצור: הטקסט כולו נכתב דרך החזרה על הנראה ועל המובן והידוע." Yuran: המילה הארוטית [*Erotic Word*], S. 117-18.

144 „Kurz, das Wort kann nur unter zwei entgegengesetzten, gleicherweise exzessiven Bedingungen erotisch sein: wenn es bis zum Äußersten wiederholt wird oder aber, im Gegenteil, wenn es unerwartet, durch seine Neuheit saftig ist". Roland Barthes: *Die Lust am Text*, Frankfurt am Main: Suhrkamp 1974, S.63.

145 Denselben Satz wird Hiob am Ende seiner Todesqual wiederholen, wenn er fragt: „Was ist ein Mensch auf dem Pfahl? / Ein Mensch auf dem Pfahl ist ein vollständiger Mensch, ein verlorener. / Eine schrecklichere Verzweiflung als diese lässt sich nicht imaginieren; / von solcher Düsternis kann sich der Horizont nur aufhellen." (?איוב: מה זה אדם על שיפוד)

[Hiob überlegt nun wie es ihm nach zwei, vier und sechs Stunden geht]
Und nach sechs Stunden?
Nach sechs Stunden wurde aus dem Stein ein Vogel;
denn das Leben ist leicht, bunt, mit ausgebreiteten Flügeln,
im Magen ein dünnes Zwitschern, und der Mensch hüpft wieder frisch und wach,
er schwebt mit feuchtem Mund zum Tisch.

Ein neuer Mensch wird alle sechs Stunden geboren.
Weiblicher Gast: Ich habe Gewinn erzielt. Ich werde in sechs Stunden mindestens zweimal geboren.

(2.)
Diener: Herr, die Bettler erbitten, sich dem Tisch zu nähern.
Hiob: Gelobt seist du, Gott, der alle ernährt. Sie mögen eintreten.
(Die Bettler treten ein, stürzen sich auf den Tisch, nagen die Knochen ab.)
Bettler: Knochen. Nur abgenagte Knochen.
Man denkt, dies sei das Ende der Mahlzeit? Irrtum!
[...]
Richtig, dass ein Teil der Feuchtigkeit euer Speichel ist.
Aber gerade einen Knochen auszusaugen,
der im Mund eines satten Mannes war –
das ist nicht nur der Knochen, sondern auch die Herkunft.[146]

\ אדם על שיפוד זה אדם גמור, אבוד. \ יאוש נורא מזה אין לתאר; \ מחשיכה כזאת יכול האופק רק להתבהר." Levin: יסורי איוב [Hiobs Leiden], S. 102.

146 Hanoch Levin: יסורי איוב [Hiobs Leiden], in: ders.: 3 מחזות [Plays (III)], S. 53-103, hier S. 57-58.

Der Diener vermittelt das Geschehen zu Hiob, so dass eine Art Fortgang der Handlung entsteht, und doch bleibt der eigentliche Fortgang der Handlung in dem, was die Figuren auf der Bühne tun, abgelöst von ihren Erklärungen und Überlegungen zu diesem Tun und seiner Bedeutung. Die Gliederung dieses ersten Kapitels von *Hiobs Leiden* in fünf Unterkapitel lässt diese Unterkomplexe zu den eigentlichen Argumenten des Dialogs werden. Zunächst Hiobs Überlegungen über das Sattsein, in den drei folgenden Stücken die immer elender werdenden Bettlergruppen mit ihren Erklärungen zu Fleischresten, Knochen und schließlich der Möglichkeit, Erbrochenes als Überrest der Nahrung zur Nahrung zu finden, und abschließend Hiobs Lobpreis Gottes, als durch den Widerspruch zwischen seiner Sattheit und dem Elend der Bettler gebrochene *conclusio*.

(ה)	(5.)
איוב: מה ראינו? נס? או דרך טבע?	Hiob: Was sahen wir? Ein Wunder? Oder den Gang der Natur?
עצם תרנגולת פירנסה תריסר, האחרון גם שר.	Ein Hühnerknochen ernährte ein Dutzend, der letzte hat sogar gesungen.
שני דברים ראינו, זה ברור: ראשית, יש אלוהים!	Zwei Dinge sahen wir, das ist klar: Erstens, Gott existiert!
אורחים: ברוך הוא וברוך שמו!	Gäste: Gesegnet sei er und gesegnet sei sein Name.
איוב: שנית, אלוהים נותן!	Hiob: Zweitens, Gott gibt!
אורחים: אמן! אמן![147]	Gäste: Amen! Amen!

Diese frühe Feststellung, dass es Gott gibt und er gibt, wird zudem als in Frage stehendes Argument das ganze Stück begleiten: über Hiobs Verluste, die Diskussion mit seinen Freunden, die Glaubensverfolgung der Römer bis hin zu Hiobs Widerruf der Existenz Gottes kurz vor seinem Tod. Jeder vermeintliche Abschluss einer Argumentation erweist sich so als vorläufig und kann durch das darauf folgende Ereignis wieder in Frage gestellt werden. Auch andere Kapitel und Szenen aus diesem und anderen Stücken ließen sich entsprechend solcher Unterteilungen in argumentative Muster zerlegen, die ein gemeinsames Sprechen weniger aus einem direktem Dialog als aus einer indirekten Verschränkung der Aussagen in die Welt hinein, zum Publikum erreichen.

---

147 Levin: יסורי איוב [Hiobs Leiden], S. 60.

Die Ansprache des Publikums kann auch der Etablierung der Szenerie dienen, die so als bereits vergangene, als im Moment ihres Erscheinens schon erinnerte vorgestellt wird, wie in *Trauerfeier*:

תמונה 1	Bild 1
[ביקתה. ערב. הזקן והזקנה]	(Eine Hütte. Abend. Der Alte und die Alte.)

הזקן: העיירה הקטנה שלנו, פופקה, היתה גרועה מכפר. גרו בה כמה זקנים, שהיו נפטרים לעיתים רחוקות מאד, בקמצנות, להרגיז. גם מלחמות לא היו פה, גם לא מגפות מי־יודע־מה. הכל כאילו דווקא, נאחזו פה בחיים כמו יבלית. בקיצור, עסק ביש עבור בונה ארונות מתים כמוני. אילו הייתי עושה ארונות מתים בעיר, היו קוראים לי גביר, ואילו כאן, בפופקה, חיי עוני, ביקתה ישנה של חדר אחד, אני, הזקנה, תנור, מיטה, ארונות מתים.
(הזקנה טורחת בעבודות הבית)
לעולם לא הייתם אומרים לעצמכם: הנה אישה שעומד לקרות לה משהו.
(הזקנה ממשיכה במלאכתה, מתקשה בנשימה)
זקנה, מה את מחרחרת שם. חמישים שנה הגשת בשקט, פתאום – חחח! חחח! – מחרישה לי את האוזן.
(פאוזה)
זקנה, מה יש לך.[148]

Der Alte: Unser kleines Städtchen,[149] Pupqa, war schlimmer als ein Dorf. Es wohnten dort einige alte Leute, die in sehr großen Abständen starben, geizig, um einen zu ärgern. Auch Kriege gab es hier nicht, auch nicht wer-weiß-was für Epidemien. Alles, als ob es eben drum so sei, sie klammerten sich ans Leben wie Hundszahngras. Kurz gesagt, ein schlechtes Geschäft für einen Sargbauer wie mich. Hätte ich Särge in der Stadt gemacht, hätten sie mich einen reichen Mann genannt, während hier, in Pupqa, das Leben eines Armen, eine alte Hütte mit einem Zimmer, ich, die Alte, ein Ofen, ein Bett, Särge.
(Die Alte müht sich mit Hausarbeiten ab.)
Niemals würdet ihr zu euch selber sagen: Sieh, eine Frau, der etwas geschehen wird.
(Die Alte fährt fort mit ihrer Arbeit, sie hat Beschwerden beim Atmen.)
Alte, was gurgelst du dort. Fünfzig Jahre hast du in Stille gedient, plötzlich – Chhhhh! Chhhhh! – Du machst mir das Ohr taub.
(Pause)
Alte, was hast du.

---

148 Hanoch Levin: אשכבה [Trauerfeier], in: ders.: 10 מחזות [*Plays* (X)], Tel Aviv: Ha-Kibbutz Ha-Me'uḥad 1999 (2. Aufl. 2000), S. 187-223, hier S. 191.

149 Das hebr. 'עיירה' kann auch mit ‚Shtetl' übersetzt werden, was hier vermieden wird, da dies den Assoziationsraum zu sehr eingrenzen und ausrichten würde.

Es erfolgt zwar über die Eröffnung des Erzählens der Schwenk in einen Dialog der Figuren, doch gerade dieser Schwenk verfremdet den Dialog zu einem Teil des Erinnerten und gibt damit dem, was auf der Bühne geschehen wird, etwas Unausweichliches als Erzählung von etwas, das bereits geschehen ist. Es ist, als würden die Figuren über sich selbst erzählen, sich selbst erzählen. Ein Abstand zwischen dem Sprecher und der Figur entsteht, zwischen der Figur und ihrem vorgestellten Selbst, oder eben auch zwischen der Figur und ihrer Objekt und Begrifflichkeit gewordenen Funktion im sozialen Geschäft des Tausches. Dieser Vorgang der Objektivierung von eigenen sozialen Funktionen (z.B. ‚Vater sein‘) zu einer anderen Figur in der Sprache, wie sie in Verhandlungen zum Ausdruck kommt, in denen es kein ‚Ich‘ mehr gibt, lässt sich z.B. in der weiter unten zitierten Verhandlung aus *Shitz* zwischen Vater und Bräutigam über die Hochzeit sehen.[150] Zudem erfolgt in manchen Texten eine (Selbst)Vorstellung einer Figur in wiederholten Variationen dessen, als was die Figur beschrieben werden kann. Eine so behauptete Vielfältigkeit als prestigeträchtig gedachter gesellschaftlicher Funktionen kann auch zur Begründung der Berechtigung des eigenen Sprechens und Urteilens dienen. So für Yofila in *Königin des Badezimmers*:

יופילה: כאם לשלושה ילדים שאחד מהם חייל קרבי וכבת לניצולי שואה אני מוסמכת להגיד: אל תפגעו בערבי, יש הרבה ספלים מלוכלכים במטבח. זאת אני אומרת לכם כאם לשלושה ילדים שאחד מהם חייל קרבי וכבת לניצולי שואה.[151]	**Yofila**: Als Mutter von drei Kindern, von denen einer Soldat in einer Kampfeinheit ist, und als Tochter von Holocaustüberlebenden bin ich befugt zu sagen: Verletzt nicht den Araber, es gibt viele schmutzige Tassen in der Küche. Dies sage ich euch als Mutter von drei Kindern, von denen einer Soldat in einer Kampfeinheit ist, und als Tochter von Holocaustüberlebenden.

Ein anderes Beispiel wäre die Verführung Yoḥanan Tzingerbays durch Bela Berlo in *Die Gummihändler*, die als das Anbieten einer (anderen) Frau funktioniert. Bela bietet Yoḥanan nicht sich selbst an, sondern die Möglichkeit, eine Frau zu treffen, die in seiner Phantasie Gestalt annehmen kann, aber sich so nicht mit der schließlich wirklich getroffenen Bela in Einklang bringen lassen

---

150 S. Kap.6.3 „Sozialer Wert – Körper".

151 Levin: מלכת אמבטיה [Königin des Badezimmers], S. 81.

wird. Die Vorstellung des Selbst und des anderen in der Sprache führt so immer nur zum Anschein einer gemeinsamen Verwendung, in der direkte Kommunikation immer als unmöglich erscheint, die Verständigung über Angebote sich vielmehr dann erfüllt, wenn sie indirekt, scheinbar in Distanz von den Sprechern, verhandelt wird.[152] Diese Indirektheit und Distanz zwischen Sprechern und Ausgesprochenem eröffnet zugleich den von den jeweiligen Vorstellungen zu füllenden Raum, welche letztlich eine Verständigung, und damit auch einen Tausch auf dem Markt der Wünsche, unmöglich machen werden.

ספרול: נאום ארוך שמעורר אצלי רק שאילתא קצרה אחת: מה קורה אם הוא קונה ממך? האם אז, כשהוא משלם, נא לזכור, שתי לירות יותר לחפיסה, האם אז יודע יוחנן לאן הוא מכניס את הגומי המתוח?	**Sprol:** Eine lange Rede, die bei mir nur eine kurze Anfrage aufwirft: Was geschieht, wenn er von dir kauft? Sollte er dann, wenn er bezahlt, es sei erinnert, zwei Lire mehr pro Päckchen, sollte Yoḥanan dann wissen, wo er den gespannten Gummi einbringt?
ברלו: בהחלט. רחוב ושינגטון 36, קומה ב', דירה 8.	**Berlo:** Absolut. Washingtonstr. 36, 2. Obergeschoss, Wohnung 8.
צינגרבאי: מותר לשאול מה כתוב באותה דירה 8 מתחת לפעמון?	**Tzingerbay:** Ist es erlaubt, zu fragen, was an dieser Wohnung 8 unterhalb der Klingel geschrieben steht?
ברלו: כמובן. כתוב שם: בלה ברלו.	**Berlo:** Natürlich. Geschrieben steht dort: Bela Berlo.
צינגרבאי: בלה ברלו או משפחת ברלו?	**Tzingerbay:** Bela Berlo oder Familie Berlo?
ברלו: שום משפחת. בלה.	**Berlo:** Keine Familie. Bela.
צינגרבאי: זה הרבה מעבר למה שציפיתי. אני לוקח את ההצעה המקורית.	**Tzingerbay:** Das ist viel mehr, als ich erwartet hatte. Ich nehme den ursprünglichen Vorschlag.
ספרול: שהיא?	**Sprol:** Der wäre?
צינגרבאי: ושינגטון 36, קומה ב', דירה 8.	**Tzingerbay:** Washington 36, 2. Obergeschoss, Wohnung 8.
ספרול: במקרה כזה אני מפנה את הדרך בקידה. שלום, ואני מזכיר לאדון צינגרבאי שאני גר בבית השני מכאן, מיספר 10, שמואל ספרול.[153]	**Sprol:** In diesem Fall mache ich mich auf den Weg mit einer Verbeugung. Shalom, und ich erinnere den Herrn Tzingerbay

---

152 Zur Bedeutung der Schaffung von Distanz für Levins ‚poetische Geste' s. auch Kap.4.1 „Der Wert des Erzählens".

153 Hanoch Levin: סוחרי גומי [Die Gummihändler], in: ders.: מחזות 2 [*Plays (II)*], Tel Aviv: Ha-Kibbutz Ha-Me'uḥad 1988 (5. Aufl. 1999), S. 169-231, hier S. 176.

daran, dass ich im zweiten Haus von hier wohne, Nummer 10, Shmu'el Sprol.

Die Vorstellung der Figuren geschieht als Präsentation von Orten, von Adressen, die jeweils bestimmte Versprechen bergen. In Belas Wohnung das auf Belas Körper, in Shmu'els Wohnung das auf die billigen Kondome. Doch eröffnen diese Vorstellungen zugleich einen Bruch zwischen diesen Adressen und den Imaginationen fördernden Versprechen, die sie begleiten, und den Sprechern der Adressen, die zugleich Träger und Projektionsflächen dieser Imaginationen sein sollen. So erweist sich Levins Sprache als eine poröse, immer durchschossen von Ironie. Diese Sprache wird nie den Anschein erwecken, sie gehöre den Figuren. Die Figuren sprechen nie aus sich heraus, sondern immer in ihr, in der Sprache, die ihnen vorgängig ist und äußerlich bleibt, und die ihnen so Beschreibungen auferlegt, die immer der Ironie einen Abgrund zwischen Sprecher, Sprechen und Anlass des Sprechens eröffnen.

5.3 Die Namen der Figuren

Auch auf die Namen, die Levin zur Benennung seiner sprechenden und handelnden Figuren verwendet, soll kurz eingegangen werden. Sie lassen sich in mehrere Gruppen einteilen. Zunächst gibt es natürlich jene Namen, die wirkliche Namen sein könnten, wie Itamar Ya'akobi, David Leidental und Rut Shaḥash. Immer, wenn solche Namen auftauchen, klingen sie nach ashkenazischen israelischen Namen, deren Vornamen, wie Ḥulda und Bo'az in *Königin des Badezimmers*, gängige Vornamen der neuen Israelis aufnehmen, während gerade Nachnamen wie Leidental auf eine Abstammung aus der ashkenazischen Diaspora verweisen. Dann gibt es die mythischen Namen, wie Hiob oder die Namen der verlorenen Frauen von Troja, die von ihren Ursprungstexten vorgegeben sind; doch sollte man sie weniger als Eigennamen, denn als Funktionsbezeichnungen innerhalb eines mythologischen Diskurses verstehen. Besonders deutlich wird dies in *Hiobs Leiden*. Dort verfügen nur Hiob und seine drei Freunde über die ihnen in der Bibel gegebenen Namen, während alle anderen Figuren nur entsprechend ihrer Funktionen und Einordnung in der gesellschaftlichen Hierarchie bezeichnet sind, also als Offizier, Zirkusleiter, Bettler oder Bettler der Bettler etc. In vielen Stücken, vor allem späteren, verwendet Levin ausschließlich Funktionsbezeichnungen zur Benennung seiner Figuren, wie in *Der Junge träumt* oder auch in *Die im Dunkeln gehen*. In *Warda'lehs Jugend* trägt nur Warda'leh ihren Eigennamen, alle anderen sind in Abhängigkeit von ihr definiert, als Figuren, die Funktionen in ihrem Leben erfüllen, sei es die der Mutter, des Geliebten oder des Chauffeurs.

Dazu kommen dann die klingenden Namen. Zum einen in *Shitz* die Namen, die nach Geräuschen der Verdauung klingen - Tzesha, Shprakhtzi, Fefekhtz und Tsharkhes -, passend dazu, dass das Handeln der Figuren sich hauptsächlich ums Essen und ums Fleisch dreht. Oder die Namen klingen osteuropäisch und verweisen somit wieder auf die ostjüdische Diaspora, wie in *Alle wollen leben*, wo z.B. der Todesengel Mawetzki heißt (von Mawet (מוות) für Tod), oder in der Namensgebung der Orte, Pupqa und Ḥlupqa, in *Trauerfeier*, während dort die Figuren wiederum nur nach ihren Funktionen innerhalb ihrer Welt benannt sind.

Schließlich gibt es die poetischen Namen wie Herbstlächeln, Gelbe Flecken und Tausend Augen, die in *Hinrichtung* die Funktion einer weiteren Verfremdung des Geschehens erfüllen und zugleich ein Assoziationsfeld um die handelnden Figuren und ihre Funktionen herum öffnen. So lässt sich der Name Tausend Augen sowohl auf den alles beobachtenden Henker als auch auf das anwesende Publikum und so dessen Teilhabe am Geschehen beziehen. Die Namen der Mörder - Tausend Augen (אלף עיניים), Süßer Herr Tod (מתוק מר המוות) und Dies Ist Eine Schweinerei (זוהי חזירות) - lassen sich als Bezeichnung dessen lesen, was Angst hervorruft, während die Namen der Opfer am Körper des Opfers erkennbare Folgen dieser Bedrohungen benennen - Gelbe Flecken (כתמים צהובים), Kalter Schweiß (זיעה קרה) und Angstzittern (צמרמורת פחד). Diesen Bildern menschlicher Handlungen und körperlichen Leidens stehen die Namen der Beschmutzerinnen gegenüber - Herbstlächeln (חיוכי סתיו), Sorglosigkeit der Natur (שלוות הטבע) und Und Der Himmel Lachte (והשמיים צחקו) -, die auf eine scheinbar unbeteiligte Natur als idyllisches Gegenbild der menschlichen Gesellschaft und Kultur verweisen und so traditionelle Dichotomien von Natur/Kultur aufrufen, die in künstlerischen Darstellungen mit geschlechtlich zugeordneten Personifikationen wiedergegeben wurden. Erella Brown versteht das Funktionieren dieser poetischen Namen in *Hinrichtung* folgendermaßen:

> Wie gesagt, die Verwendung solcher Ausdrücke anstelle privater Namen bewirkt jedes Mal, da die Figur adressiert

wird, die vermenschlichende Redefigur (Personifikation) als Geste, aber solche vermenschlichenden Gesten produzieren keinen Mythos in einem versteinerten archetypischen Verständnis. Im Einwirken dieser vermenschlichenden Gesten auf ihre synekdochischen Symmetrien (zum Beispiel, ‚Tausend Augen' auf den Henker und auf das Publikum) wird ein Abreißen des Zusammenhanges einzeln/gesamt produziert, das jede archetypische konzeptuelle Stabilität untergräbt. Geschaffen wird also eine lebendige und sich häufig erneuernde Verbindung, die durch die Dynamik der Beziehungen zwischen dem Adressierenden und dem Adressaten eingesetzt wird. Diese Verbindung spiegelt sich wieder in der Kluft der Identifizierung, die sich auftut zwischen dem Akt des Aussprechens des Namens einer bestimmten Figur und ihrem ontologischen Wesen, das sich entsprechend verändert. Mit anderen Worten, der Name bedingt den Zusammenhang und er drückt nicht auf eine archetypische Art den Charakter der Figur als wesensgleich mit ihrem bestimmten privaten Namen aus. Diese Verbindung hat eine Mythos erschaffende Qualität, von der Art, welche Artaud in der Formulierung seiner Forderung nach einer Vereinigung von theatraler Sprache und Geste suchte.[154]

Wer jemand ist, stellt sich erst in der Interaktion mit anderen Figuren her, doch drückt sich dies zugleich schon in dessen Bezeichnung, in seinem Namen aus, so dass das (Bühnen)Geschehen verändernde Potential solcher Interaktionen in Frage gestellt und so Interaktionsmuster auch in ihren verkörperlichten Ausdrucksformen – wie gegebenen Namen – einem kritischen Überdenken angeboten werden. Namen sind nicht gegeben, sondern werden erst innerhalb eines gesellschaftlichen Gefüges gegeben.

---

154 "כאמור, השימוש בביטויים כאלה במקום בשמות פרטיים, מפעיל בכל פעם שהדמות נמענת, את הפיגורה המאנישה (פרסוניפיקציה) כמחווה, אבל מחוות מאנישות כאלה אינן יוצרות מיתוס במובן הארכיטיפי המאובן. בהפעלת מחוות מאנישות אלה על תואמיהן הסינקדוכיים (למשל, 'אלף עיניים' על תליין ועל הקהל) נוצר קיטוע של הרצף פרט/שלם החותר תחת כל יציבות קונצפטואלית ארכיטיפית. נוצר אפוא קשר חי ומתחדש תדיר הנקבע על־ידי הדינמיקה של יחסים בין המוען לנמען. קשר זה משתקף בפער הזיהוי שחל בין אקט קריאת שמה של דמות מסוימת, לבין המהות האונטולוגית שלה המשתנה בהתאם. במילים אחרות, השם מותנה הֶקְשֵר ואיננו מבטא באופן ארכיטפי את אופייה של הדמות כזהה עם השם הפרטי המסוים שלה. קשר זה הוא בעל איכות יוצרת־מיתוס, מן הסוג שאותו חיפש ארטו במבע בבקשו את איחוד השפה והג'סטה התיאטרוניים." Brown: התיאטרון וכפילו [Das Theater und sein Double], 114-115.

Diese Ausführungen zur Benennung der Figuren in Levins Stücken verstärken den Eindruck, dass es sich bei den handelnden Figuren nicht um Repräsentationen bestimmter gesellschaftlicher Figuren oder Personen handelt, sondern um Funktionen innerhalb eines theatralen Diskurses. Doch zugleich lassen sich die funktionsbenannten Figuren nie auf ihre Funktion in dem Sinne reduzieren, dass sie austauschbar würden. Vielmehr präsentieren sie sich selbst gerade in der Erfüllung der Funktion, analog den Figuren, die Namen tragen, sich aber dennoch nur in gesellschaftlich objektivierten Funktionen vorstellen und einbringen können, sei es als vermeintliche Pianistin (Rut Shaḥash), als lebenslustige junge Frau (Fogra) oder als ewiger Kranker[155] (Adash Bardash).

---

155 Die Figur des ewigen Kranken taucht auch in Levins Prosa wieder auf: s. Hanoch Levin: 1 פרוזה. החולה הנצחי והאהובה [*The Eternal Patient and His Beloved. Prose (I)*], Tel Aviv: Ha-Kibbutz Ha-Me'uḥad 1999.

6. Drohung, Tausch und Aufschub – dramaturgische Grundmuster

6.1 Das Funktionieren der Drohung bei Levin

Freddie Rokem schlägt vor, das Modell der Drohung als dramaturgisches Grundmuster in Levins dramatischem Schreiben anzusehen:

> Levin frequently activates his dramatic narratives with an explicitly formulated threat. Usually one of the characters is planning to carry out some form of cruelty or violence toward another character. As a rule this threat seems to be completely arbitrary and, even more important, it is totally unexpected, coming without any preparations on the levels of plot or characterization.[156]

Eine Drohung lässt sich vereinfachen auf: ‚Wenn X, dann Y'. Dabei stellt X normalerweise eine Tat vor, die der Bedrohte tun oder gerade unterlassen soll, damit Y eintrete oder eben auch nicht eintrete. Dieses Eintreten oder Nicht-Eintreten von Y scheidet die Drohung vom Versprechen. Wäre die Erfüllung von Y positiv für den Abhängigen – denn derjenige, der sich auf Drohung oder Versprechen eines anderen einlässt bzw. einlassen muss, erweist sich immer als abhängig von diesem –, handelt es sich um ein Versprechen, wäre die Erfüllung von Y negativ für den Abhängigen, um eine Drohung. Aus dieser strukturellen Ähnlichkeit tritt eine Ambivalenz von Drohung und Versprechen zutage, die in Levins Theater folgende Form annehmen kann:

Als in Hiobs Leiden die Ausführenden (המוציאים־לפועל) kommen, um dem gerade verarmten Hiob den letzten Besitz und sogar die Kleider, die er trägt, wegzunehmen, erhöht dieser die Bedrohlichkeit der Szene durch die Geste, eine weitergehende Bedrohung und Erniedrigung des eigenen Körpers den Ausführenden vorzuschlagen. Einmal ausgesprochen steht die Drohung im Raum. Sie löst sich von der Möglichkeit, nur ein zynischer Aufschrei zu sein, und wird zur Möglichkeit einer weiteren grausamen Handlung.

---

156 Freddie Rokem: Introduction, in: Levin: *Labor of Life*, S. IX-XXXV, hier S. XXIV.

איוב: שכחתם את שיני הזהב!
יש לי גם שיני זהב בפה!
(פוער את פיו)
ראש המוציאים: אל תהיה מגוחך.
אל תנסה לעשות מאיתנו מפלצות.
כולנו רק בני־אדם,
כולנו חוזרים הביתה לאשה,
נעלי־בית וצלחת מרק חם.
(המוציאים־לפועל יוצאים)[157]

Hiob: Ihr habt die Goldzähne vergessen! Ich habe auch Goldzähne im Mund!
(Er öffnet seinen Mund.)
Chef der Ausführenden: Sei nicht lächerlich. Versuch nicht, aus uns Ungeheuer zu machen. Wir sind alle nur Menschen, wir kehren alle nach Hause zurück zur Frau, den Hausschuhen und einem Teller warmer Suppe.
(Die Ausführenden gehen ab.)

Zunächst begegnet der Anführer der durch Hiob in den Raum gesetzten Drohung mit dem Versprechen, dies werde nicht geschehen, da es lächerlich sei. Es fragt sich jedoch, ob Lächerlichkeit ein Kriterium ist, das die Realisierung einer Drohung und die damit verbundene Erniedrigung des Bedrohten verhindern könnte. Die Entgegnung des Anführers setzt gleichzeitig das mit dem Vorschlag, die Goldzähne auszubrechen, aufgerufene Bild einer assoziativen Verbindung des Bühnengeschehens mit dem historischen Geschehen in den deutschen Konzentrationslagern fort. Denn die Konzentrationslager stellen in den Personen der SS-Männer die Verträglichkeit von Menschenverwertung, so der Goldzähne der Opfer, und Heimeligkeit als historische Erfahrung in den Hintergrund dieser Szene in *Hiobs Leiden*. Mit diesem Bild im Hintergrund erhält der Abzug der Ausführenden zudem die Dimension eines Versprechens auf eine diesmal andere Menschlichkeit, die auf der Unverträglichkeit von Menschverwertung und Heimeligkeit basiere. Das Versprechen schafft in Levins Dramaturgie einen Aufschub der Drohung, die als Möglichkeit weiter im Raum steht. Hiob klagt sein Leid für wenige Zeilen und der Anführer kehrt zurück, um die aufgeschobene Drohung nun doch zu vollziehen.

ראש המוציאים: פתח את הפה
ואל תשמיע הגה,
אם לא – תמות!
(איוב פוער פיו לרווחה. ראש
המוציאים עוקר את שיני הזהב.
איוב עומד לצעוק מחמת הכאב)
שן אחת, שתיים, שלוש...

Chef der Ausführenden: Öffne den Mund und lass keinen Laut hören, wenn doch – stirbst du!
(Hiob öffnet seinen Mund weit. Der Chef der Ausführenden reißt die Goldzähne aus. Hiob ist kurz davor, infolge des Schmerzes zu schreien.)

---

157 Levin: יסורי איוב [Hiobs Leiden], S. 68-69.
158 Levin: יסורי איוב [Hiobs Leiden], S. 69.

| לא, אף הגה! בלע את הצעקה! | Ein Zahn, zwei, drei...
| כואב לך? הפה שותת דם? | Nein, keinen Laut! Verschluck den
| נשוך את השפתיים! בלע את | Schrei!
| הצעקה! | Es tut dir weh? Der Mund fließt vor
| עזור לי לסיים פה עבודה יפה | Blut?
| וחלקה. | Beiß auf die Lippen! Verschluck den
| (יוצא. איוב צועק בלי קול)[158] | Schrei!
| | Hilf mir, hier eine schöne und glatte
| | Arbeit zu beenden.
| | (Ab. Hiob schreit ohne Stimme.)

Das Versprechen auf eine andere Menschlichkeit kann sich nicht erfüllen.[159] Zugleich bedeutet die Erfüllung der einen Drohung auch nicht das Ende der Bedrohung, sondern geht einher mit der Verkündung der nächsten. Es scheint, als stünde die Drohung immer im (Bühnen)Raum von Levins Theater und warte darauf, in der Form spezifischer Drohungen konkretisiert zu werden, die die Drohung als Handlungsmöglichkeit in Erinnerung rufen. Ist die Drohung erst in einer ihrer konkreten und steigerbaren Formen ausgesprochen worden – Drohung mit dem Ausreißen der Goldzähne, Drohung mit dem Tod –, lässt sie sich nicht mehr zurücknehmen. Auch wenn sie vorübergehend als unmöglich – lächerlich – erscheint, lässt sich ihre Erfüllung nur aufschieben, um dann umso gewaltsamer einzutreten. Der Aufschub, den die Drohung durch das Versprechen erfuhr, lässt deren letztendliche Erfüllung umso zwingender erscheinen:

> This change usually comes as a great surprise to both the victim and the spectators. The temporary postponement has created the impression that since the perpetrator has realized how cruel and even illogical the initial threat was, the threat could perhaps have been avoided altogether. But when the cruel deed is finally carried out, it seems as if the

---

159 Als im 5. Kapitel die Freunde versuchen, Hiob von der Existenz Gottes zu überzeugen, fordert dieser zunächst eine Rechtfertigung der Menschheit angesichts dessen, was geschieht: „Hiob: Ihr sprecht mit mir über eine Rechtfertigung der Gottheit, / beweist mir zuerst eine Rechtfertigung der Menschheit, / antwortet mir nicht. Lasst mich mich in Ruhe kratzen. / Ich kenne die Gnade der Schöpfung nicht. Ich kenne Gott nicht." (איוב: אתם מדברים אתי על הצדקת האלוהות, \ הוכיחו לי תחילה את הצדקת האנושות, \ אל תענו אותי. תנו להתגרד בשקט. \ לא מכיר את חסד הבריאה. לא מכיר את אלוהים"), Levin: יסורי איוב [Hiobs Leiden], S. 77-78.

initial threat had somehow been inevitable; that it was an expression of a scheme of fate which even the perpetrator, who initiated the cruel chain of events (from the threat to the postponement and to its final realization), was somehow unable to control. This narrative scheme, which is the basis for most of Levin's plays and performances, frequently also serves as a transparent allegorical veil through which he examines fundamental issues of human agency in history, without having to assign a specific identity in the performance to the perpetrator or to the victim.[160]

6.2 Drohung und Tausch

Diese Dramaturgie der Drohung soll im folgenden an einigen Texten Levins in ihren Funktionen genauer untersucht werden. Zuvor muss jedoch das Wesen der Drohung und ihre Ähnlichkeit mit dem Tausch(versprechen) genauer ausgeführt werden. Nach Bernhard Külp sind sowohl Drohung als auch Tausch Vorgänge, die sich in drei Stufen aufbauen.[161] Am Anfang steht bei der Drohung die Mobilisierung der eigenen Machtmittel, die einzusetzen sind, wenn sich der Gegner der Drohung nicht unterwirft. Parallel dazu hat der Tausch die Produktion der Güter zum Ausgang, die anzubieten sind und abzugeben wären, um für sie das Gewünschte zu erhalten. Als zweite Stufe folgt die Verkündung der Drohung bzw. des Tauschversprechens, also die Benennung des Preises, den der andere bezahlen soll. Auf der dritten Stufe wird der Charakter der Drohung als negative Form des Tausches deutlich. Während der geglückte Tausch bedeutet, dass sowohl der geforderte Preis gezahlt, als auch das angebotene Gut abgegeben wird, geschieht in der Drohung entweder das eine oder das andere. Unterwirft sich der andere und zahlt den Preis, so kommt es nicht zum Vollzug der Drohung. Die Drohung realisiert sich erst als Maßnahme, wenn der andere nicht zahlt, sich nicht unterwirft.

Es zeigt sich, dass beim Tausch ein symmetrisches Verhältnis der Gleichheit unterstellt wird, im Aussprechen der Drohung aber eines der Asymmetrie, einer hierarchischen Ordnung zwischen Drohendem und Bedrohtem. Dabei berufen sich beide Ordnungen, Tausch

---

160   Rokem: Performing History, S. 79.
161   S. Bernhard Külp: *Theorie der Drohung*, Köln: Kohlhammer 1965, bes. S. 37-49.

und Drohung, auf ein nicht weiter begründbares, allgemein unterstelltes Gesetz. Der Tausch postuliert die allgemeine Austauschbarkeit jenseits der völligen Verschiedenheit der angebotenen Dinge, indem er versucht, sie über ein vorgestelltes Drittes, einen Preis, gleich und damit vergleichbar zu machen. Erst, wenn dieser von außen zugesprochene Preis als der Ware eigen wahrgenommen wird, wird der Tausch und damit ökonomische Stabilität möglich. Der gleiche Wert muss also von beiden Tauschpartnern anerkannt sein, um den Tausch überhaupt möglich zu machen.

Ebenso wie der Tausch postuliert die Drohung ein allgemein gültiges, jedoch nicht den Dingen, sondern den Menschen eigenes Bezugssystem. Die Drohung basiert nicht auf der behaupteten Gleichheit und damit Austauschbarkeit, sondern auf einer – ebenfalls behaupteten – hierarchischen Ordnung, die keine Veränderung des Status, sondern nur Unterwerfung unter die Ordnung, die ihre Form in Befehlen und Drohungen des Übergeordneten findet, ermöglicht. Jedes Mal – im Tausch wie in der Drohung – wird ein nicht weiter begründbarer Rahmen als von Natur aus gegeben gesetzt, der Setzungsakt selber übergangen, ausgeschlossen. Da jedoch jede Setzung, jedes Gesetz nach dem Wesen der Drohung funktioniert, also eine Unterwerfung fordert, bleibt auch der Tausch unlösbar in die Sphäre der Drohung und damit in eine hierarchische Ordnung eingebunden.

Die wechselvolle Handlung von *Ḥefetz*, die am Anfang von Levins Schreiben steht, zeichnet noch eine Welt der Instabilität, in der es keine gesicherte, verinnerlichte Ordnung von Drohung und Tausch gibt. Auf der einen Seite stehen Ṭeygalekh und seine Frau Klamense'a, die meinen, ihr Glück nur im Unglück des Untermieters Ḥefetz gespiegelt sehen zu können. Doch Ḥefetz behauptet standhaft, auch er könne glücklich sein und sogar so handeln, dass es die anderen betrifft. *Ḥefetz* wird so zu einem Stück der Rebellion, die zum Scheitern verurteilt ist, da es ihr nicht gelingt, sich aus dem Wertesystem, gegen das sie rebelliert, zu befreien. Wie der Name Ḥefetz (Objekt, Gegenstand, aber auch Begehrtes, Erwünschtes; חפץ) schon andeutet, werden die Figuren zu Waren und Werten im Beziehungsnetz eines unmöglichen sozialen Tausches. Ihr Wert bestimmt sich jedoch nicht über eingebrachte menschliche Arbeit, sondern über das Vermögen, Vergnügen zu empfinden, sich zu vergnügen. Das eigene Empfinden verdinglicht sich zum veräußerlichten Gegenstand, der die Figur auszeichnet wie ein Etikett. Erst indem das empfundene Vergnügen herumgereicht und durch (Aus)Sprache den anderen als Herausforderung angeboten wird, erfährt es seinen eigentlichen Wert. So entsteht eine Hierarchie des Vermögens, Vergnügen zu empfinden: von Fogra bis hinunter zu dem ewigen Kranken Adash Bardash.

פוגרה: (ברוח טובה) אוכל לגלות לכם שאני מתחתנת, בין שאר הסיבות, גם מפני שאני זקוקה לאדם שיעיד על השעשועים שלי בבוקר, בצהרים, בערב, ובשעות הנפלאות של הלילה. האושר של פוגרה לא יחלוף בלי עדים.[162]	Fogra: (In guter Laune) Ich kann euch bekannt geben, dass ich heirate, unter anderem auch aus dem Grund, dass ich eines Menschen bedarf, der mein Vergnügen bezeugen wird am Morgen, am Mittag, am Abend, und in den wunderbaren Stunden der Nacht. Fogras Glück wird nicht ohne Zeugen vorübergehen.

Alle Rivalitäten entspringen dem einen Problem, als jemand, der Vergnügen empfindet und damit glücklich ist, von den anderen anerkannt zu werden. Durch diese Anerkennung soll ein besonderer Wert im sozialen Austausch erfahren werden, der von vornherein die Unmöglichkeit des Tausches, die Unvergleichbarkeit und damit Ungleichheit der Figuren in einer hierarchischen Ordnung zu bannen sucht. Ḥefetz Rebellion gegen diese Ordnung besteht darin, glücklich sein zu wollen, auch wenn die anderen ihm das Vermögen, glücklich zu sein, nicht zuerkennen. In der ersten Szene des Stücks spricht Ṭeygalekh Ḥefetz das Vermögen ab, sich an einem Kuchen zu erfreuen; und Ḥefetz besteht darauf, er könne sich daran genauso erfreuen, wie alle anderen. Ḥefetz handelt, als meine er, den anderen diktieren zu können, wann er glücklich sei und sie dieses Glück anzuerkennen hätten. In der festgelegten Ordnung der Anerkennung befindet sich Ḥefetz allerdings ganz unten, dort, wo man kein Glück empfindet, sondern nur das der anderen neidisch betrachtet. Die Gesellschaft wird ihm den Austritt aus dieser Ordnung nicht gestatten, da sie seiner als einem, der das Glück der anderen durch sein Unglück bestätigt, bedarf.

Ṭeygalekh spielt mit Klamense'a Spiele für Ḥefetz, die zu dessen Erniedrigung führen und ihn auf seinen Platz in der Hierarchie verweisen sollen. Ḥefetz wird in die Position eines Zuschauers – und damit in die Nähe der Zuschauer im Theater – gerückt, dem Szenen vorgespielt werden, in denen Ṭeygalekh und Klamense'a

---

162 Levin: חפץ [Ḥefetz], S. 101.

behaupten, Ḥefetz Verhalten und sein Elend abzubilden. Um Ḥefetz solcherart zu erniedrigen, muss sich Ṭeygalekh jedoch auch selbst vor seiner Mitspielerin und Frau Klamenseʻa und dem Zuschauer Ḥefetz erniedrigen, indem er die Rolle ‚Ḥefetz' übernimmt und ihn als neidischen Spanner gegenüber dem vorausgesetzten Eheglück von Ṭeygalekh und Klamenseʻa darstellt. Ṭeygalekh erniedrigt sich im Spiel der Rolle ‚Ḥefetz', das ihn dadurch der eigenen Überlegenheit und des eigenen Glücks versichern soll, da er diese Rolle nur spiele, aber nicht dieser unglückliche Ḥefetz sei. Das Spiel führt Ḥefetz die von ihm erwartete Rolle ‚Ḥefetz' vor, die zugleich als seine Natur behauptet wird. Doch Ḥefetz weigert sich, sich in dieser Rolle wiederzuerkennen.

Ḥefetz wandelt sich vom Zuschauer, der die vorgespielte Szene als nicht der ‚Realität' entsprechende Abbildung vergeblich kritisiert, zu einem, der sich durch die Inszenierung eigener Spiele zu rächen sucht. Die Drohung, eine eigene Ordnung der Anerkennung mit einer von Ḥefetz bestimmten Rollenverteilung zu setzen, muss am mangelnden Drohpotenzial scheitern. Dem als Mitspieler angeworbenen Adash Bardash ist es mehr um die Anerkennung durch Ṭeygalekh und Klamenseʻa als ordentlicher ewiger Kranker zu tun, als um Ḥefetz, dessen Rebellion er auch als Bedrohung der Verhältnisse, in denen er sich an unterer Stelle eingerichtet hat, empfinden muss. Die Unwirksamkeit seiner Einsätze im Spiel muss Ḥefetz dazu führen, diese bis hin zu seinem Leben zu erhöhen. Da Ḥefetz Leben kein Nutzen zugeschrieben wird, bleibt es unbrauchbar sowohl zum Tausch als auch zur Drohung. Ḥefetz Tauschversprechen, sein Leben für Mitleid zu geben, bzw. die Drohung, es für kein Mitleid zu verwerfen, entleert sich zur Bitte um Mitleid als niedrigster Form, einen Wert an- und zuzuerkennen. Mitleid, das keiner zu geben bereit ist, da die Ordnung des Tausches gilt, in der sich Mitleid als Gabe gegen nichts austauschen würde. Ḥefetz verbleibt als Überschuss einer Ordnung, die jedem seinen hierarchischen Nutzen zuweist, und in der derjenige, der aus ihr heraus fällt, verschwendet werden kann – Fogra stößt den unentschlossenen Ḥefetz zuletzt vom Dach. So erweist sich das Opfer Ḥefetz als vereinigend für die Gemeinschaft der anderen. Das Spektakel des Todes verbindet sie zur unbeteiligt-beteiligten Gruppe der Zuschauer. Und verbindet sie damit auch den Zuschauern im Theater.

6.3. Sozialer Wert – Körper

Während *Ḥefetz* noch von dem Versuch des Objekts, Ḥefetz, als Mensch anerkannt zu werden, spricht, macht sich in *Ya'akobi und Leidental* letzterer selber zum Objekt, zum Hochzeitsgeschenk. Auch dieses Stück beginnt mit der Drohung gegen eine bisher geltende Ordnung, die Freundschaft zwischen Ya'akobi und Leidental. Die Drohung und damit die Setzung einer neuen Ordnung geschehen, wie so oft bei Levin, ohne Begründung. Das Stück beginnt mit dem Sich-Herausnehmen Ya'akobis aus einer vorausgesetzten Ordnung, um in eine neue eintreten zu können:

תמונה 1	Bild 1
רחוב. ערב. יעקובי.	Straße. Abend. Ya'akobi.

יעקובי: אני, איתמר יעקובי, בן 40, מצהיר בזה כי נוכחתי פתאום לדעת שנולדתי כדי לחיות. עוד הערב אלך להרוס את הידידות שלי עם חברי הטוב לַיְנֶטַל. לא אשתה עוד תה אצלו ולא אשחק אתו בדומינו. אני אכאיב לו ואדקור אותו, אני אבעט בידידות שלו ואשאיר אותו לבד כדי שילמד לדעת איפה הוא – ואיפה אני. אני אכאיב לו ואדקור אותו. אני אדקור אותו ואכאיב לו. ובאחולי הצלחה לבביים אני מנשק את עצמי בחום – אני, איתמר יעקובי.[163]

Ya'akobi: Ich, Itamar Ya'akobi, 40 Jahre, verkünde hiermit, dass ich plötzlich überzeugt war, zu wissen, dass ich geboren wurde, um zu leben. Noch heute Abend werde ich gehen, meine Freundschaft mit meinem guten Freund Leidental zu zerstören. Ich werde nicht mehr Tee bei ihm trinken und ich werde nicht mehr mit ihm Domino spielen. Ich werde ihm Schmerzen zufügen und werde ihn stechen, ich werde auf seine Freundschaft treten und werde ihn allein zurücklassen, damit er lernen wird, zu wissen, wo er ist – und wo ich bin. Ich werde ihm Schmerzen zufügen und werde ihn stechen. Ich werde ihn stechen und werde ihm Schmerzen zufügen. Und mit herzlichen Erfolgsglückwünschen küsse ich mich selbst innig – ich, Itamar Ya'akobi.

Der Grund der Drohung ist auch hier wieder die Forderung nach dem nicht weiter spezifizierten Glück, oft ausgedrückt in der Forderung, nun aber endlich ‚leben' zu wollen. Das besondere an Ya'akobis Drohung ist, dass sie ausgesprochen nur den Zuschauern bekannt ist; Leidental wird nur ihre Umsetzung erfahren, ohne ihr woher und wohin begreifen zu können. Das Unwissen über das

---

163 Levin: יעקובי ולידנטל [Ya'akobi und Leidental], S. 177.

Ausmaß und den Ursprung der Drohung macht es unmöglich, dieser zu begegnen oder ihren Forderungen zu genügen. Dieses Unwissen über die Drohung, die sich nur als latente Bedrohung offenbart, wird zu einem die Handlung antreibenden Grundmuster für viele der folgenden Stücke Levins.

Um eine Drohung wirksam zu machen, bedarf es eines Potenzials, einer Macht, die der Drohung Nachdruck verleiht. Dieses Potenzial meint Yaʻakobi in Rut Shaḥash zu finden, vor allem in ihrem Hintern, der zum mächtigen Ausdruck des körperlichen Glücks wird. Rut Shaḥashs Hintern dient als Versprechen der Körperlichkeit gegenüber der Unabhängigkeit des einzelnen. Diese Unabhängigkeit wird durch die Heirat aufgegeben, welche wiederum für Yaʻakobi zum Beweismittel für das eigene Glück und das Unglücks des anderen gegenüber diesem draußen bleibenden Dritten, dem ausgeschlossenen Leidental, wird. Das Körperliche wird so zur Drohmacht gegen den, der ausgeschlossen bleibt. Bei Levin sind diese Ausgeschlossenen meist einsame Männer oder Kinder.[164] Der Körper der Frau wird zum Werkzeug des Mannes, um eine hierarchische Ordnung festzuschreiben; er findet seine Verwendung als Drohmacht gegen den niedriger Stehenden. Diese Bedeutung des Körpers der Frau findet sich auch in *Hinrichtung*.[165]

Der Drohung des Ausgeschlossenseins versucht Leidental zu begegnen, indem er sich selbst zum Hochzeitsgeschenk macht.[166] Das

---

164 Zur Figur des Kindes und des Kindlichen oder Kindischen in Levins Theater s. Zehava Caspi: הילדותי והילדי בדרמה של לוין – מ"סלומון גריפ" ועד "אשכבה" [Das Kindische und das Kindliche im Drama Levins - Von *Salomon Grip* bis *Trauerfeier*], in: Yaari, Levy (Ed.): חנוך לוין [*Hanoch Levin*], S. 31-59.

165 Zur Bedeutung des Körpers der Frau Herbstlächeln in *Hinrichtung* im Machtspiel der Männer s. Kap.8.2 „Geschlechterverhältnisse und Körperbilder".

166 „Leidental: Alles Gute dem glücklichen Paar! Ich habe euch mich selbst als Hochzeitsgeschenk gebracht. / Yaʻakobi: Was?! / Leidental: Die Dame sagte – eine Art Freund und dass ich praktisch bin... und ich brauche mich selbst sowieso nicht, ich habe nichts mit mir selbst anzufangen, also nehmt ihr mich als Geschenk. / Shaḥash: Das Geschenk ist angenommen. / Yaʻakobi: Das kommt nicht in Frage! Er... / Shaḥash: Das Geschenk wurde bereits angenommen. / Yaʻakobi: Du hast mich beschämt und du beschämst mich die ganze Zeit. Ich gehöre dir!"
"לידנטל: מזל טוב לזוג המאושר! הבאתי לכם את עצמי כשי כלולות. \ יעקובי: מה?! \ לידנטל:)
הגברת אמרה – מן ידיד ושאני שימושי... ואני ממילא לא צריך את עצמי, אין לי מה לעשות עם

unmögliche Geschenk der eigenen Person, des eigenen Körpers entfaltet, entgegengenommen von Rut Shaḥash, seine zerstörerische Wirkung. Leidentals Anwesenheit als Geschenk gibt der Rivalität der beiden Männer gegenüber Rut Shaḥash – und in der Unterwerfung als Ehemann bzw. Diener unter sie auch der Hierarchie – eine neue Qualität. Ya'akobis Versuch, eine Stabilität des Glücks einzutauschen, indem er sein Vermögen an Rut Shaḥash in der Ehe gibt, ist gescheitert. Ebenfalls gescheitert ist sein Versuch, die Beziehung zu Leidental gegen die als höherwertig eingeschätzte zu Rut Shaḥash einzutauschen. Leidental als Geschenk offenbart die Unmöglichkeit des Tausches der Figuren und verpflichtet zugleich die beiden anderen auf ihn, indem er sich in ihre Gewalt begibt, sich zu ihrem Objekt macht. Die Frage der Annahme des Geschenks und damit der Verpflichtung, die diese Annahme mit sich bringt, und die nicht wieder auszugleichen sein wird, verdeutlicht Ya'akobis neue Abhängigkeit von Rut Shaḥash, die gegen seinen Willen für sie beide das Geschenk annehmen kann. Eine Abhängigkeit, die seinen Wunsch nach Unabhängigkeit und ‚Leben', der der Eingangsdrohung gegen Leidental zugrunde lag, für gescheitert erklärt.

Der Versuch, eine neue Ordnung durch eine Drohung einzurichten, die bereits ein hierarchisches Unterordnungsverhältnis zwischen Ya'akobi und Leidental voraussetzte, dass de facto durch den Vollzug der Drohung aber erst eingerichtet werden würde, führt Ya'akobi nun dazu, sich aus seiner eigenen Ordnung wieder befreien zu wollen. Er beschließt, Rut Shaḥash zu verlassen und zu Leidental zurückzukehren, als wäre dieser nicht die ganze Zeit dabei gewesen. Diese Geste der Gnade gegenüber Leidental und der Ungnade gegenüber Rut Shaḥash, die immer noch von dem gescheiterten Modell der Austauschbarkeit der beiden ausgeht, erweist sich für Leidental als Öffnung dahin, sich selber nun seinerseits gegen den Freund Ya'akobi an der Seite Rut Shaḥashs einzutauschen. Wieder gelingt es Ya'akobi nicht, das Handeln der anderen nach seinen Vorstellungen zu lenken, er bleibt ein Gefangener seiner selbst geschaffenen neuen Struktur, in der es weder eine glückliche Ehe mit Rut Shaḥash noch eine von ihr unbelastete Freundschaft mit Leidental geben kann. Der Austausch von Perso-

---

עצמי, אז קחו אותי אתם במתנה. \ שחש: המתנה מתקבלת. \ יעקובי: לא בא בחשבון! הוא... \ (שחש: המתנה כבר התקבלה. \ יעקובי: ביישת אותי ואת מביישת אותי כל הזמן. אני שלך!"), Levin: יעקובי ולידנטל [Ya'akobi und Leidental], S. 202-203.

nen verschiedenen Geschlechts, die als Träger der Erfüllung des Glücksversprechens für den einen fungieren sollen, ist zum Scheitern verurteilt. Die unterschiedlichen Begierden und damit die Verschiedenheit der Werte, die den einzelnen Figuren zugesprochen werden, bezeichnen die Unmöglichkeit eines solchen Tausches. Möglich erscheint nur der Austausch verschiedener Personen des jeweils anderen Geschlechts zur Erfüllung derselben Funktion, so der Ya'akobis und Leidentals als Partner Rut Shaḥashs. Dies offenbart sich auch in dem letzten Lied des Stücks, in dem Rut Shaḥash von ihrem Traum, ein Klavier zu kaufen, singt. Beide Männer antworten gemeinsam, werden ununterscheidbar in ihrer Äußerungsposition, dass sie mit Sicherheit kein Klavier kaufen werde.

Das Problem der Tauschbeziehungen zwischen den Geschlechtern und die Möglichkeit der Austauschbarkeit der Angehörigen des jeweils anderen Geschlechts wird am deutlichsten in *Die Gummihändler*. Hier scheitert die Begründung von Beziehungen zwischen den Geschlechtern an der Unmöglichkeit des Tauschs, an der Unmöglichkeit einer Äquivalenz der Wünsche und Begierden, einer Äquivalenz, die eine Ordnung oder eine Familie als kleinster Einheit einer vorgestellten gesellschaftlichen Ordnung etablieren könnte. Deutlich wird dies in den Verhandlungen zwischen der Apothekerin Bela Berlo und den beiden Männern um eine Verbindung. Von Yoḥanan Tzingerbay möchte sie dessen Vermögen, um ihn in eine Ehe mit ihr und ihrer Apotheke aufzunehmen. Während Yoḥanan bereit ist, seinen alternden Körper einzubringen, möchte sie seine ‚unvergänglichen' materiellen Güter, davon ausgehend, dass er es ebenfalls nur auf die ihrigen abgesehen habe. Der Körper ist für sie nur Beigabe, ein Geschenk. Die körperlichen Begierden, gebunden an den immer einzelnen Körper, und andererseits der materielle Status einer Figur zerfallen in zwei unvergleichbare Tauschwerte, die sich letztendlich beide nicht realisieren lassen. Als Metapher dieser Unmöglichkeit der Verwirklichung im Tausch/Austausch sowohl von körperlichem als auch von materiellem Vermögen dienen die 10.000 Päckchen Kondome, die Shmu'el Sprol von seinem Vater geerbt hat und die er weder körperlich zu nutzen, noch materiell zu verwerten in der Lage ist. Gerade in diesem Bild bleibt die Verbindung von Körper und materiellem Wert untrennbar und zugleich unvereinbar, ohne Äquivalent, das eine Übersetzung ermöglichte. Körper und materielles Gut sind dem Verfall preisgegeben durch die Unmöglichkeit eines gesicherten Bezugsrahmens, der ihnen Ewigkeit verspräche.

Ausgeführt und parodiert wird dies in Shmu'el Sprols zweitem Gebet in der Synagoge, als Totengebet gerichtet an seinen Vater, in dem er beklagt, dass die Erfindung der Pille auch die Ewigkeit der Kondome zerstört habe:

ספרול: [...] ובעולם לא השתנה בעשרים שנה כלום, הכל נשאר כפי שהיה, חוץ מדבר אחד, שהמציאו את הגלולה נגד הריון שדחקה את הקנדון כמעט לגמרי משימוש, וזה קרה דווקא בדור שלי, בדיוק כשלי יש קצת גומי למכור, מיקריות מוזרה מאד אבא, וככה דורסים גלגלי הקידמה והטכנולוגיה את האדם, את המשקיע הקטן, והמשקיע הקטן ששם את כל חייו בגומי אוסטרלי משובח מתוך ביטחון שהקנדון הוא נצחי, חש עכשיו על בשרו ששום דבר לא נצחי, שהגומי תוצרת־חוץ הכי טוב גם הוא זמני, הכל זמני, והאדם תמיד מרומה, אלא שעכשיו מאוחר מדי, סחורה נטולת ערך בידי, ועסקים שלא עשיתי כנראה כבר לעולם לא אעשה, עושה שלום במרומיו הוא יעשה שלום עלינו ועל כל ישראל ואמרו אמן.¹⁶⁷

Sprol: [...] und in der Welt änderte sich in 20 Jahren nichts, alles blieb, wie es war, außer einer Sache, dass man die Pille gegen die Schwangerschaft erfunden hat, die das Kondom fast vollständig außer Gebrauch gebracht hat, und dies geschah ausgerechnet in meiner Generation, genau dann, wenn ich ein bisschen Gummi zu verkaufen habe, ein sehr sonderbarer Zufall, Vater, und so überfahren die Räder des Fortschritts und der Technologie den Menschen, den kleinen Investor, und der kleine Investor, der sein ganzes Leben in erstklassigem australischen Gummi angelegt hat aus der Sicherheit, dass das Kondom ewig sei, er fühlt jetzt an seinem Fleisch, dass keine Sache ewig ist, dass das Gummi, das beste ausländische Produkt, ebenfalls zeitlich ist, alles ist zeitlich, und der Mensch ist immer betrogen, aber dass es jetzt zu spät ist, wertlose Ware in meinen Händen, und Geschäfte, die ich nicht gemacht habe, werde ich anscheinend auch niemals machen, er macht Frieden für seine Betrogenen, Er wird uns und ganz Israel Frieden geben, und sage amen.

Während der Austausch zwischen den Geschlechtern unmöglich bleibt, wird die Möglichkeit des Austauschs der Figuren des jeweils anderen Geschlechts zumindest als vorstellbar (voraus)gesetzt. Schon die Anzahl der Kondome impliziert dies. Verhandlungen über eine Ehe führt Bella Berlo gleichermaßen mit Sprol wie mit Tzingerbay. In Sprols Phantasien sind die texanischen Mädchen austauschbar, wie die Villen und die Maisfelder. An ihnen versucht

---

167   Levin: סוחרי גומי [Die Gummihändler], S. 206.

er Tzingerbay in einer gemeinsamen Phantasie zu beteiligen, doch Tzingerbay ist nicht einmal in der Phantasie bereit, sich ein Motelzimmer in Texas zu leisten.

Die Beteiligung am Geschäft, Teilhabe am Gewinn des Materiellen, erscheint wieder als zentrales Motiv in *Shitz*. Auch dieses Stück unterläuft die mögliche Opposition zwischen einer abbildenden und anklagenden Zeichnung der kleinbürgerlichen materialistischen israelischen Gesellschaft nach dem Sechstagekrieg auf der einen Seite und einem wie auch immer historisch oder utopisch begründeten Gegenentwurf dazu durch eine Überzeichnung der funktionellen Grundstrukturen der Gesellschaft ins Satirische und Groteske. Diese Levinsche Technik des Unterlaufens vermeidet eine alltagspolitische Stellungnahme zugunsten einer Bühnenwirklichkeit, die die äußere Realität aufnimmt und doch nicht abbildet, von der die Zuschauer im Saal zu einem Teil gemacht werden und es doch nicht sind. Die Figuren in den Komödien bleiben so immer die Nachbarn, die da sind und doch nicht da sind, sichtbar gemachte unsichtbare Nachbarn.

In *Shitz* wird dies zugunsten einer grotesken, das körperliche und materielle überzeichnenden Parodie weiter verzerrt. Das Geschehen lässt sich nicht mehr so leicht als Stück aus dem Stadtviertel einordnen, aber ihm ist in der Verbindung von materiellem und militärischem Gewinn ein deutlicher Verweis auf die israelische Gesellschaft nach dem Yom-Kippur-Krieg eingeschrieben. Dieser Bezug fällt deutlicher als in den vorhergehenden und folgenden Stücken aus, so dass *Shitz* den Satiren wieder näher steht. Zur Frage nach Drohung und Tausch sei hier nur eine Szene aus den Machtkämpfen innerhalb der Familie und mit dem Schwiegersohn hervorgehoben. Der Schwiegersohn Tsharkhes will vom Vater Fefekhtz eine möglichst große Menge an Gütern dafür erwerben, dass er ihm sich selbst als Schwiegersohn verkauft und ihn so der Sorge um die Tochter Shprakhtzi enthebt. Im folgenden ein Ausschnitt aus der dritten Szene des Stückes, in der bereits die Hochzeit zwischen Vater und Bräutigam ausgehandelt wird:

| צ'רכס: ולפיכך יתן האבא דירה של שלושה חדרים בעיר, או, לחילופין, דירה של שלושה חדרים מחוץ לעיר פלוס מכונית פלוס מאתיים וחמישים אלף במזומן, בין בעיר בין מחוץ לעיר. | **Tsharkhes**: Und demnach wird der Vater eine 3-Zimmer-Wohnung in der Stadt geben, oder, stattdessen, eine 3-Zimmer-Wohnung außerhalb der Stadt plus ein Auto plus 250.000 in bar, entweder in der Stadt oder außerhalb |

פפכץ: לאבא לא נשאר אלא לחייך בצער.	der Stadt. **Fefekhtz**: Dem Vater bleibt nichts, als bedauernd zu lächeln.
צ'רכס: האבא יחייך כשיישאר עם הבת שלו על הברכיים.	**Tsharkhes**: Der Vater wird lächeln, wenn er mit seiner Tochter auf den Knien zurückbleibt.
פפכץ: האבא יכניס את החתן לעסק ויתן לו משכורת הוגנת.	**Fefekhtz**: Der Vater nimmt den Bräutigam[169] ins Geschäft auf und wird ihm ein angemessenes Gehalt geben.
צ'רכס: אם האבא רוצה שהבת תגדל נכד על לחם ובצל, זה גורם לחתן לחשוב פעמיים על כל העיסקה.	**Tsharkhes**: Wenn der Vater will, dass die Tochter einen Enkel mit Brot und Zwiebel groß ziehen wird, das bringt den Bräutigam dazu, zweimal über das ganze Geschäft nachzudenken.
פפכץ: האבא יתן משכורת הוגנת פלוס דירה של שני חדרים עד הילד הראשון.	**Fefekhtz**: Der Vater wird ein angemessenes Gehalt geben plus eine 2-Zimmer-Wohnung bis zum ersten Kind.
צ'רכס: הראשון כבר בדרך.	**Tsharkhes**: Das erste ist schon unterwegs.
פפכץ: האבא יתן שלושה חדרים בתנאי שיש כניסה לחופה לפני שרואים בטן.	**Fefekhtz**: Der Vater wird drei Zimmer unter der Bedingung geben, dass geheiratet wird, bevor man einen Bauch sieht.
צ'רכס: הדירה תהיה בעיר.[168]	**Tsharkhes**: Die Wohnung wird in der Stadt sein.

Die Verknüpfung von Drohung und Tausch bei diesem Feilschen geschieht auf verschiedenen Ebenen. Obwohl der Bräutigam nichts mitbringt außer sich selbst,[170] versetzt gerade dies ihn in die stärkere Position gegenüber dem Vater, dem er so immer mehr abhandeln kann. Die grundlegende Drohung des Bräutigams ist die Möglichkeit, dass Geschäft platzen zu lassen. Sein Drohpotenzial erwächst also aus der Notwendigkeit des Tausches in einer Gesell-

---

168 Hanoch Levin: שיץ [Shitz], in: ders.: מחזות 1 [*Plays (I)*], S. 291-368, hier S. 302-303.

169 Ḥatan (חתן) bedeutet sowohl Bräutigam als auch Schwiegersohn, verbindet also die Perspektive der Braut und des Schwiegervaters auf den ‚Auserwählten' auf sich. Der Einfachheit halber ist im folgenden durchgängig mit ‚Bräutigam' übersetzt.

170 „Fefekhtz: Und was von der Seite des Bräutigams? / Tsharkhes: Von der Seite des Bräutigams – der Bräutigam." (צ'רכס: מצד החתן – החתן." \ "פפכץ: ומה מצד החתן?), Levin: שיץ [Shitz], S. 302.

schaft, in der die Güter oder Personen ihren Wert nur im Tausch realisieren können. Kommt es zu keinem Tausch, bleiben die Güter wertlos; ohne die Etikettierung als Braut bleibt die Tochter im sozialen Gefüge wertlos. Diese Universalität des Tausches führt dazu, dass die ursprüngliche Drohung, das Gesetz, in diesem Stück, wie auch in einigen anderen Levins, den Figuren des Stücks und dem Geschehen insofern äußerlich bleibt, als dass es Handlung überhaupt erst ermöglicht. Die Drohung wird zur Bedingung der Möglichkeit von Handlung.

Der Tausch wird zum Gesetz der Interaktion zwischen den Figuren und bedroht sie bei Nichteinhaltung des Gesetzes mit Wertlosigkeit. Den Figuren werden ihre eigenen Körper zu ihren eigensten Gütern, die sie im Austausch zu realisieren gezwungen sind. Deutlich wird dies an der Figur der Tochter, Shprakhtzi, um deren Fleisch sich nicht nur sie selber, sondern auch die Eltern sorgen. Ihr Fleisch, in Gewicht gemessen wie der Hintern Rut Shaḥashs, erweist sich hier sowohl als Nahrungsmittel, Fleisch als Material und damit Ressource für die Reproduktion, als auch als Produkt, das so zum Objekt der Begierde, Fleisch als Körper, werden kann. Diese beiden Funktionen des Fleisches lassen sich nicht voneinander ablösen. Die Tochter selbst erhält nur einen Wert, wenn sie ihren Körper, ihr Fleisch im Tausch realisiert. Auf dieser Notwendigkeit gründet die Drohmacht des Schwiegersohns, dass er den Vater mit der Tochter auch sitzen lassen könne. Diese Drohmacht wird durch die Andeutung, dass ein Kind bereits auf dem Weg sei, weiter gesteigert. Die Drohung mit dem Kind erweckt im hier nicht zitierten weiteren Verlauf der Szene immer mehr den Eindruck einer zwar nicht verifizierbaren, aber durch Fefekhtz im Moment auch nicht falsifizierbaren und so gerade durch seine Angst wirkmächtig werdenden Drohung. Das mögliche Kind wird zur Drohung des ungewollten Geschenks, das nicht über das Tauschverhältnis, einen Vater mitgebracht zu haben, in die Ordnung eingebunden wäre.

Die Sorge der Realisierung des eigenen Wertes über den Austausch der Körper erreicht die Familie wieder mit dem Tod des Schwiegersohns im Krieg, der die Tochter zwingt, erneut auf den Markt zu gehen. Gesteigert werden diese Geschäfte mit den Körpern in der zweiten Hälfte des Stücks durch die kriegsgewinnlerischen Unternehmungen des Schwiegersohns, der sowohl mit dem Anlegen von

Schützengräben, als auch von Gräbern für die Soldaten verdient.[171] Es ist auffällig, dass in *Shitz* überhaupt nicht von Emotionen gesprochen wird, sondern nur von Begierden nach Besitz, sei es von Gütern, sei es von sozialem Prestige, wie es die Realisierung des eigenen Werts im Austauschgeschäft der Heirat verspricht. Letztlich lässt sich alles an dem einen Äquivalent des Geldes messen, so dass nichts einen anderen Sinn als den des finanziellen Ertrags erhält, sogar der Frieden.[172] Angesichts des Gelderwerbs werden alle Aktivitäten gleichwertig – sei es Schützengräben oder Gräber anlegen – ebenso wie die Umstände ihrer Durchführung – Krieg oder Frieden –, so dass keine Unternehmung mehr einem bestimmten Zweck zu dienen scheint.[173] Indem alle Aktivitäten gleichwertig werden, hat keine mehr einen besonderen Sinn, der sie gegenüber anderen legitimieren könnte. *Shitz* stellt so die Legitimität politischer Entscheidungen in einem System in Frage, dass sich auf keinen Wert als den Selbstwert des Geldes beruft. Dies wurde verständlicherweise als scharfe Kritik an der israelischen Gesellschaft verstanden, lässt sich jedoch von der dramaturgischen

---

171 S. Bild 21, Levin: שיץ [Shitz], S. 350.

172 S. Tsharkhes' ‚Friedensvision': „Tsharkhes: Nach dem großen Sieg hatte ich mitten in der Nacht eine Vision. In meiner Vision herrschen Ruhe und Frieden. Bis ans Ende des Horizontes ein klarer Himmel über blühenden Feldern. Keine Grenzen, keine Stacheldrahtzäune. In meiner Vision arbeiten die Menschen auf dem Feld und in der Fabrik ohne Hass, ohne Angst, sie arbeiten zusammen, ohne Unterschiede der Nation, des Glaubens, der Rasse und des Geschlechts, denn alle arbeiten für ein Ziel, alle arbeiten für mich. Ich werde euch Fabriken errichten, ich werde euch Maschinen und Geräte geben, und ihr werdet für mich arbeiten. Ihr werdet mit Lust arbeiten, ihr werdet mit einem Lied auf den Lippen arbeiten, denn ihr habt für etwas zu arbeiten, ihr habt ein Ziel, es gibt eine Vision, meine Vision." ( ) "צ'רכס: לאחר הניצחון הגדול היה לי באמצע הלילה חזון. בחזון שלי שוררים השקט והשלום. עד קצה האופק שמיים בהירים מעל שדות פורחים. אין גבולות, אין גדרות תיל. בחזון שלי עובדים האנשים בשדה ובמפעל ללא שנאה, ללא פחד, הם עובדים ביחד, ללא הבדלי לאום, דת, גזע ומין, כי כולם עובדים למען מטרה אחת, כולם עובדים בשבילי. אני אקים לכם בתי־חרושת, אני אתן לכם מכונות וכלים, ואתם תעבדו בשבילי. אתם תעבדו בחשק, אתם תעבדו עם שיר על השפתיים, מפני שיש לכם בשביל מה לעבוד, יש לכם מטרה, יש חזון, החזון שלי."), Levin: שיץ [Shitz], S. 334.

173 S. „Dieser Fetischismus des Geldes, vor dem alle Aktivitäten gleichwertig sind, bringt die Tatsache zum Ausdruck, dass keine dieser Aktivitäten mehr über eine klare, distinkte Zweckbestimmung verfügt. Das Geld wird nun zur universellen Retranskription einer sinnentleerten Welt." Jean Baudrillard: *Der unmögliche Tausch*, Berlin: Merve 2000, S. 173.

Grundstruktur her auch als auf alle kapitalistischen Gesellschaften gemünzt verstehen.[174]

Es gibt hier keine Begierden, die auf etwas in seiner Unaustauschbarkeit Singuläres gerichtet wären, alles findet sein Äquivalent. Die Begierden der Figuren und ihre Wahrnehmung der Dinge und Körper sind so strukturiert, dass sie allem das Gesetz des Tausches und damit die Austauschbarkeit zugrunde legen. Dies ist kein Gesetz, das eine Singularität duldet, die nicht auf ein gemeinsames Drittes, das den Tausch ermöglicht, reduzierbar wäre. Das Singuläre ist aus der so begründeten Ordnung ausgeschlossen. Die Reduktion des einzelnen auf den zugesprochenen oder zu realisierenden Wert wiederum ermöglicht die Ordnung. Oder er wird ausgeschlossen wie Ḥefetz. Innerhalb der Ordnung ist der Tausch immer möglich und damit auch die Drohung, ihn nicht zu vollziehen, wie sie Tsharkhes in den Verhandlungen über die Heirat anwendet.

6.4 Die Drohung mit dem Tod und der Wert des Todes

Ende der 70er Jahre beginnt Levin, seine ‚grausamen Stücke' zu schreiben. Damit einher geht eine Verschiebung des dramaturgischen Schwerpunkts von der Vorherrschaft des Tausches, die die Komödienhandlungen bestimmte, zu einer Vorherrschaft meist gewaltsamer Drohungen zum Antrieb der Handlung, deren Funktionen im folgenden untersucht werden sollen. Im ersten dieser ‚Stücke der Gewalt', *Hinrichtung*, taucht die Drohung, diesmal als Todesdrohung, ohne jegliche Begründung auf. Das Stück beginnt mit folgenden Sätzen:

מתוק מר המוות: זה אשר ייבחר	**Bittersüßer Tod**: Derjenige, der unter
מביניכם, יילקח	euch ausgewählt werden wird,
לאחר עינויים קשים	wird genommen werden
אל רחבת בתי-הכיסא,	nach schweren Foltern
שם, בטקס פומבי,	auf die Toilette,

---

174 Auf die Verbindung von Strukturen, die den westlich-kapitalistischen Gesellschaften gemein sind, mit Spezifika der israelischen Gesellschaft in Levins politischem Schreiben wird in Kap.8 „Levins politisches Schreiben" näher eingegangen.

175 Hanoch Levin: הוצאה להורג [Hinrichtung], in: ders.: 3 מחזות [*Plays (III)*], S. 7-52, hier S. 11.

יישחט גרונו בסכין קצבים.	dort, in einer öffentlichen Zeremonie, wird seine Kehle mit einem Fleischermesser geschächtet werden.
תוך טפטוף הדם מגרונו, וכשמיתרי קולו מנותקים, יוכנס ראשו אל תוך אסלת בית־כיסא כשפניו כלפי מעלה, ואשה צעירה ויפה תשב מעליו ותעשה את צרכיה המוצקים על פניו ברגעי גסיסתו.[175]	Während das Blut von seiner Kehle tropft, und wenn seine Stimmbänder durchtrennt sind, wird sein Kopf eingeführt inmitten des Toilettensitzes, so dass sein Gesicht nach oben zeigt, und eine junge und schöne Frau wird sich über ihn setzen und ihre festen Bedürfnisse auf sein Gesicht verrichten in den Momenten seiner Agonie.

Gelbe Flecken, das auserwählte Opfer für die Zeremonie des Theaterabends, versucht der Drohung zu begegnen. Die Drohung, von der nur das ‚Dann Y' bekannt ist und nicht das ‚Wenn X', ruft zwar vertraute Rationalisierungsmuster auf, nämlich etwas als kausal begründetes Geschehen aufzufassen, macht eine solche Rationalisierung aber zugleich unmöglich. Die Drohung scheint der Sprachfigur, die sie ermöglicht, nicht zu entsprechen. In der Unmöglichkeit der Rationalisierung dieser Drohung in *Hinrichtung* erscheint so die Fraglichkeit jeglicher Rationalisierung einer Drohung, die Tod und Erniedrigung verkündet. Die Bitte von Gelbe Flecken um Verschonung wird von seinem Mörder, Tausend Augen, damit beantwortet, dass er selbst das richtige ‚Wenn' finden müsse, gewendet in dessen positive Form. Es ginge also darum, die Drohung wieder in ein Tauschgeschäft zu verwandeln und an die Stelle der Strafe für eine Unterlassung, die sich in der Drohung formuliert, die Belohnung für eine Tat zu setzen, wie es der Tausch sagt. Es ginge also darum, anstelle des drohenden Gesetzes, das unerklärt bleibt, das Gesetz des Tausches zu setzen, das sich in seinem eigenen Vollzug erklärt, um so das Urteil der Hinrichtung aufzuheben. Doch unterliegt auch der Tausch der Drohung. Das Vorhaben, etwas in eine scheinbar rationale Ordnung zurückzuholen, das schon anders entschieden ist, ist zum Scheitern verurteilt. Doch Gelbe Flecken teilt mit den übrigen bedrohten Figuren Levins ein Reservoir scheinbar unerschöpflicher, beinahe schon verzweifelter Hoffnung. Eine Hoffnung, die immer noch auf Erlösung und Rationalisierung setzt, wo es nur noch unerklärte und unerklärbare Gewalt gibt.

Gelbe Flecken soll etwas anbieten, das der einen der drei Frauen, Herbstlächeln, Wert erscheint, es gegen die Drohung, das Urteil, die Hinrichtung von Gelbe Flecken einzutauschen. Er soll mit sich selber sein eigenes Leben eintauschen, denn außer ihm selbst, seinem Körper als Gut, steht ihm nichts als Tauschmasse zur Verfügung. Doch er steht sich schon selbst nicht mehr zur Verfügung, wie es in der Formulierung der Spielregeln deutlich wird. Die Regeln eines Spiels, das nur auf Wunsch[176] von Herbstlächeln die Routine der Hinrichtungen unterbricht und so von Anfang an von der Asymmetrie einer wiederentziehbaren Gnade geprägt ist.

| אלף עיניים: על־פי בקשת חיוכי סתיו, ובאופן יוצא מן הכלל, ינתנו לאיש הזה חייו במתנה אם יציע לחיוכי סתיו שלוש הצעות לפיהן כדאי לה שיחיה ולא ימות.[177] | **Tausend Augen**: Auf Grund der Bitte Herbstlächelns, und im Sinne einer Ausnahme von der Regel, wird diesem Menschen sein Leben als Geschenk gegeben, wenn er Herbstlächeln drei Vorschläge unterbreitet, nach denen es ihr wert ist, dass er leben und nicht sterben wird. |

Die neuen Regeln werden als Ausnahme erklärt, sie regeln die Ausnahme von der Regel der Hinrichtungsroutine, die dieser jedoch nur einen Aufschub gewährt. Das Leben von Gelbe Flecken steht nach dieser Erklärung eigentlich außerhalb jeder Tauschordnung, in die es Gelbe Flecken (zurück)holen will. Es kann nur als Geschenk zurückgegeben werden. Von vornherein wird ausgeschlossen, dass eines seiner Angebote eine Äquivalenzordnung herstellen könnte. Würde Herbstlächeln eines seiner Geschenke annehmen, so würde dieses sie dazu verpflichten, ihm im Gegenzug sein Leben zu schenken, das für sie unbedeutend, für ihn aber sehr bedeutend ist. Herbstlächeln steht so hoch über Gelbe Flecken, dass ein Angebot seinerseits sie nur verpflichtet, wenn sie gewillt

---

176 Warum auf diesen Wunsch seitens Tausend Augen eingegangen wird, und die damit verknüpften Fragen der Begierde des Mörders und der Machtbeziehungen zwischen den Geschlechtern wird in Kap.8.2 „Geschlechterverhältnisse und Körperbilder" erläutert.

177 Levin: הוצאה להורג [Hinrichtung], S. 20.

ist, sich auf eine solche Verpflichtung einzulassen, sie also eigentlich zu nichts verpflichtet.

Im Verlauf des Stücks, quasi als Stationen der (Ver)Handlung unterbreitet Gelbe Flecken seine drei Vorschläge – drei wie die Wünsche der Fee im Märchen.

כתמים צהובים: **Gelbe Flecken:**
אני מציע לגברת חיוכי סתיו Ich biete der Frau Herbstlächeln Liebe.
אהבה.[178]

כתמים צהובים: **Gelbe Flecken:**
אני מציע לגברת חיוכי סתיו לשרת Ich biete der Frau Herbstlächeln, ihr zu
אותה.[179] dienen.

כתמים צהובים: **Gelbe Flecken:**
אני מציע לגברת חיוכי סתיו לרחם Ich biete der Frau Herbstlächeln, sich
עלי.[180] meiner zu erbarmen.

Verbunden mit diesen gesprochenen Angeboten ist jeweils ein körperlicher Einsatz, den Gelbe Flecken ins Spiel bringt. So wird er kastriert und ihm schließlich auch Arme und Beine amputiert. Doch all diese Verwandlung von Fähigkeiten – zu lieben, zu dienen – oder auch der Körperteile, die als Geräte zum Vollzug dieser Fähigkeiten notwendig wären – Penis, Arme, Beine –, in zu äußerlichen Objekten gewandelte Vorschläge, bleibt eine erfolglose Veräußerlichung des eigenen Körpers. Am Ende kann Gelbe Flecken nur noch Erbarmen vorschlagen. Der letzte Vorschlag bietet, an die Stelle eines Objekts, das Herbstlächeln zur Befriedigung ihrer Begierde – durch die Erniedrigung des sterbenden Körpers – erhalten würde, den Aufschub der Erfüllung der Begierde zu setzen. Der Aufschub der Begierde ermöglicht sich jedoch nur durch die Schaffung einer anderen, unterbrechenden Struktur, wie es das Spiel der drei Vorschläge war, an dessen Beginn schon einmal die Bitte um Aufschub stand. Da es nun aber nichts mehr gibt, mit dem ein neuer Aufschub unterhalten, bezahlt werden könnte, Gelbe Flecken sich bereits verausgabt hat, bedeutet die Bitte um Gnade zugleich die Unmöglichkeit eines weiteren Aufschubs. Erbarmen würde ein Aussetzen der Drohung ohne Gegenleistung und damit

---

178 Levin: הוצאה להורג [Hinrichtung], S. 21.
179 Levin: הוצאה להורג [Hinrichtung], S. 24.
180 Levin: הוצאה להורג [Hinrichtung], S. 38.

über diesen Ausnahmezustand potentiell das Setzen einer neuen Ordnung bedeuten. Dieses Setzen einer neuen Ordnung durch die Unterbrechung der Gewalt bleibt jedoch in Levins Theater immer nur eine im Hintergrund stehende unmögliche Möglichkeit. Eben die Möglichkeit, die der Drohung immer auch mit eingeschrieben ist, sich nicht zu erfüllen, wenn man denn ihre – in Levins Theater nie erkennbaren – Forderungen erfüllte, zu erfüllen im Stande wäre.

Diese untrennbare Verbindung der Funktionen von Drohung und Tausch mit Formen der Erniedrigung ist am klarsten, beinahe modellhaft, in *Hinrichtung* ausgearbeitet. Nach *Hinrichtung* wendet sich Levin zunehmend Stoffen aus der Mythologie oder der Literaturgeschichte zu, um sie nach seinen Vorstellungen für das Theater neu zu bearbeiten. Am deutlichsten wird der Charakter der Bearbeitung in *Hiobs Leiden*, das mit der Abwesenheit wichtiger Teile der biblischen Hiob-Erzählung arbeitet.[181] Während das biblische Buch die Regeln des Spiels im Prolog offen legt und somit sowohl dem Geschehen als Folge der Wette zwischen Gott und Satan eine Erklärung als auch Hiob die Möglichkeit der Erlösung bietet, bleibt die Drohung der Versuchung im Fall von Levins Stück demselben äußerlich. Das kulturelle Gedächtnis des Zuschauers mag sie als literarisches Wissen hinzufügen; eine Bestätigung, dass er nicht irrt, wird er allerdings nicht erhalten. So charakterisiert sich die Drohung – die schon in der Bibel der Wette eingeschrieben ist, wenn auch als unmögliche, da durch das Vertrauen Gottes in Hiob aufgehobene – in *Hiobs Leiden* durch ihre Abwesenheit. Sie bleibt dem Geschehen äußerlich. In den ersten Szenen des Stücks, als Hiob vom Verlust seiner Güter und danach vom Tod seiner Kinder erfährt, äußert sich die Drohung auf der Bühne nur als bereits vollstreckte. Dargestellt wird ihr Vollzug, nicht mehr der Versuch, sie abzuwenden. Die Drohung verwandelt sich in eine Macht des Schicksals, die sich selber in ihrer Erfüllung ausspricht. So wird das ‚Wenn' noch gründlicher eliminiert, da nicht einmal mehr die sprachliche Äußerung des ‚Dann' erfolgt und so auch keine Hoffnung auf Rationalisierung und damit auf Abweisung als irrational

---

181 Für einen Vergleich der biblischen Vorlage mit Levins Stück und für Ausführungen, wie Levin Elemente der Passion Christi in Hiobs Geschichte einbaut, s. Shimon Levy: The Gospel According to Hanoch, in: *Theatre Research International* 13,2 (1988), S. 146-154; auch: Yael S. Feldman: Deconstructing the Biblical Sources in Israeli Theater: *Yisurei Iyov* by Hanoch Levin, in: *AJS Review* XII,2 (1987), S. 251-277.

zugelassen wird. In ihrem reinen Vollzug erweist sich die Drohung als jenseits einer Scheidung von rational und irrational, begründbar und unbegründbar.

Nachdem Hiob alles verloren hat, seinen Besitz, die Kinder als ihm äußerliches eigenes Fleisch, bleibt ihm nur noch der vom Aussatz befallene Körper, der durch diesen Aussatz deutlich als anderes hervortritt, als das, mit dem Vereinigung und Trennung unmöglich sind. Die in den bisherigen Stücken aufgezeigten Figuren des Tauschs, des Geschenks, der Gabe spitzen sich nun auf das zu, was aufgegeben werden kann, ohne sich zu verlieren. Hiob hofft noch seine Verluste gegen Gewinne, gegen Entschädigung beim römischen Kaiser eintauschen zu können, als er erfährt, dass durch die Inthronisierung eines neuen Kaisers der Verlust der Güter unwiederbringlich wurde. An die Stelle der Güter tritt die Austauschbarkeit der Meinungen, deren scheinbare Unaustauschbarkeit sich als letzte Bastion des Ichs zu behaupten versucht. Die Freunde, Elifaz, Beldad und Tzofar, versuchen, Hiob davon zu überzeugen, dass nur der Glaube an Gott ihm sein Glück zurückbringen könne: Gott schütze ihn und vielleicht sei sein Unglück auch nur eine Prüfung, wenn er sich wirklich nichts habe zu Schulden kommen lassen.[182] Dieser Glaube wird damit in Parodierung des biblischen Buches, in dem der Glaube gerade für sich selbst zu stehen meint, und doch gerade deswegen sicher sein kann, belohnt zu werden, zum möglichen Einsatz des Menschen gegenüber dem Schicksal, Gott, dem Unerklärlichen. Wenn es keine Rationalisierungsmöglichkeit, keine Erklärung gibt, bedeutet der Eintausch des Glaubens gegen diese Unmöglichkeit des Verstehens das Erzwingen einer Erklärung.[183]

---

182 S. „Elifaz: Das macht dich wirklich zu einem Gerechten, und wenn ein Gerechter, / vielleicht stellt dich Gott nur auf die Probe, so wie er erprobte / einen anderen Gerechten, Abraham, und wie Abraham wird er dich belohnen / danach, um das Siebenundsiebzigfache?" ("אליפז: זה באמת
עושה אותך צדיק, ואם צדיק, \ אולי האלוהים רק מעמיד אותך בניסיון, כפי שניסה \ צדיק אחר,
את אברהם, וכמו לאברהם יגמול לך \ אחר־כך פי שבעים ושבע?"), Levin: איוב יסורי [Hi-
obs Leiden], S. 77. Der andere Gerechte könnte natürlich auch der biblische Hiob sein, als kenne Elifaz die Vorlage der Geschichte, in der er gerade auftritt und versuche nun, die Bearbeitung entsprechend zu beeinflussen.

183 S. "Beldad: Wer gibt unserem Leben eine Erklärung? Wer lässt unseren Gesetzen eine Bedeutung zukommen? / In unserer Gesellschaft – ist Gott die Bedeutung. Wenn Gott nicht existiert – / hat das Leben keine Bedeutung, ist das Gesetz leer," ("בלדד: מי נותן לחיינו פשר? מי מעניק משמעות

Doch der Tausch geht nicht auf. Die Freunde können Hiob zwar zum Glauben bewegen, aber nun betreten römische Soldaten die Bühne, erklären den jüdischen Gott für abgesetzt und bieten den Anwesenden ein neues Geschäft an: ihr Leben gegen die Anerkennung des Kaisers als einzigen Gott. Also den Wechsel der Überzeugungen für das eigene Leben, die Unversehrtheit des Körpers. Der Körper bleibt den Figuren wieder als nächstes und somit als das, was zuletzt zum Tauschgut objektiviert wird.

Nur Hiob folgt den Freunden nicht. Auf die Nicht-Unterwerfung unter das Gesetz der Drohung folgt auch hier die Erniedrigung. Hiob wird ein Stab in den After gerammt, der ihn langsam innerlich durchbohren und so töten soll. Da er seine Überzeugung behalten will, eignen sich die Soldaten seinen Körper als Gut an, er wird zum Objekt der Erniedrigungen. Das Schauspiel der Folter wird, wie in *Hinrichtung*, zum öffentlichen Spektakel. Ein Zirkusdirektor[184] kauft dem römischen Offizier das Spektakel der Leiden, den Körper des Opfers ab. Der Körper verliert seine unaustauschbare Singularität in der Erniedrigung des Spektakels, in dem er nur noch eine Funktion erfüllt, die mit Eintrittsgeldern verrechenbar ist. Hiob kann nicht mehr mit seinem eigenen Körper handeln, nicht mehr über ihn verfügen, er ist, enteignet, zum Gut eines anderen im Spektakel des Zirkus geworden. Wie für Shmu'el Sprol geht auch hier die Vergänglichkeit des Körpers mit der Vergänglichkeit des Reichtums zusammen, da die Leiden unweigerlich innerhalb kurzer Zeit zum Tode und damit zum Ende des Spektakels führen müssen. Was dem Spektakel seine Wirkung und damit auch das gibt, was sich als Tauschwert realisieren lässt, sorgt zugleich für das Ende des Spektakels und zwingt es zur Suche nach dauernd neuen Gütern, Körpern, auf deren Vergehen es seine Begierden lenken kann. Da Hiob seines Körpers bereits enteignet wurde, verbleibt ihm nur noch seine Überzeugung als letztes Gut, das mit ihm vergehen könnte. Doch diese wirft er in einem letzten Akt von sich und vernichtet so ihren Wert.

לחוקינו? \ בחברתנו – אלוהים הינו המשמעות. אם אלוהים אינו קיים – \ לחיים אין משמעות, (החוק הוא ריק", Levin: יסורי איוב [Hiobs Leiden], S. 80. Erst Tzofar gelingt es als Drittem, Hiob mit Äußerungen zur Barmherzigkeit und Väterlichkeit Gottes zum Glauben zu führen.

184 Der sich damit vorstellt, ganz Europa gemanagt zu haben, s. Levin: יסורי איוב [Hiobs Leiden], S. 95.

איוב: אוויר... אין אלוהים...	**Hiob**: Luft... Es gibt keinen Gott...
אני נשבע לכם שאין אלוהים!!!	Ich schwöre euch, dass es keinen Gott gibt!!!
קצין: חבל. בעד אותו מחיר יכולת למות	**Offizier**: Schade. Für denselben Preis hättest du sterben können,
אדם עם עקרונות.[185]	ein Mensch mit Prinzipien.

Gerade diese letzte Tat der Verschwendung, die der Hauptmann bedauert, verweist auf die Unmöglichkeit jeder Wertordnung angesichts einer Welt, betrachtet vom Tod aus. So gelingt es Hiob am Ende noch durch die Tat der Verausgabung, sowohl die Drohung als auch den von ihr als scheinbar rational installierten Tausch in ihrer Setzung zu erschüttern. Der Tausch, den die Verfolgung der anderen Religion anbot, und der so die Verfolgung rationalisierbar, verstehbar, verständlich erscheinen ließ, wird durch diese Verausgabung, die Opferung der Religion, unterlaufen. Rückwirkend verliert er seinen zwingenden Sinn und lässt so den Abgrund des Nichts, aus dem sich Ordnung und Tausch erheben, aufscheinen, die Unmöglichkeit eines Äquivalents für das Leben vor dem Abgrund des Todes.

Im Hinblick auf Hiobs Leiden sei hier noch auf die zentrale Nebenfigur Des Bettlerischen Bettlers Der Bettler Aller Bettler eingegangen. In der ersten Szene erscheinen zum Ende eines Festmahls bei Hiob drei Gruppen von Bettlern, die sich nacheinander an den Resten bzw. den Resten der Reste laben. Der letzte dieser Bettler wartet nur noch auf das Erbrochene, also auf das überschüssige, zurückgegebene Essen, um diese Gabe als seine Nahrung aufzunehmen. Da dies die Gabe ist, für die nichts mehr gegeben werden muss, dient gerade sie in ihrer Niedrigkeit dem Bettler als Beweis der Existenz Gottes. Am Ende des Stücks findet dieser Bettler in Hiobs im Sterben Erbrochenen schließlich seine Nahrung:

קבצן: כמו שכבר אמרתי: עם קצת אורך־רוח	**Bettler**: Wie ich bereits sagte: mit ein wenig Geduld
מישהו הרי סוף־סוף מקיא. כן,	wird doch jemand schließlich kotzen. Ja,
איכשהו חיים. יש אלוהים.	irgendwie lebt man. Es gibt einen Gott.
פָּה־רָה־פִּים־פִּים־פִּים,	Pa-Ra-Pim-Pim-Pim,
פָּה־רָה־פִּים־פִּים־פִּים.[186]	Pa-Ra-Pim-Pim-Pim.

---

185 Levin: יסורי איוב [Hiobs Leiden], S. 99.
186 Levin: יסורי איוב [Hiobs Leiden], S. 103.

Wie eine bittere Ironie wirkt dies auf das Gottvertrauen und den Gottesbeweis des Buches Hiob. In *Hiobs Leiden* ist der Glaube nur zu haben, wenn nichts anderes dafür zu verlieren ist. Nur, dass man irgendwie lebt, also überhaupt lebt, versichert, dass es Gott gibt, keine anderen Gaben. Dies impliziert die Frage, ob es Gott auch noch gibt, wenn es kein Leben mehr gibt, ob seine Existenz also von der Vorstellungsmöglichkeit des einzelnen Menschen abhängig wäre. Die eigene armselige Existenz dient dem Bettler als Beweis der Existenz Gottes, wie die Existenz einer gewaltsamen Herrschaft, ausgedrückt durch den römischen Offizier und seine Soldaten, den Beweis der Existenz ihres Gottes, des Kaisers, erbringen soll. Die Absolutheit mit der das, was sichtbar und körperlich anwesend ist, als Beweis der Berechtigung und Gottgegebenheit seines eigenen Daseins dient, lässt dessen Begründung so zweifelhaft werden wie die Begründbarkeit der sich nur vollziehenden Drohung, die die Handlung eröffnete.

6.5 Rache – Die Aneignung des Körpers

Mit *Die große Hure von Babylon* setzt Levin seine Untersuchungen der Zusammenhänge von Begierde und Gewalt fort. Die Handlung ist diesmal in einen mythischen Nahen Osten verlegt. Dort erscheint die apokalyptische große Hure Babylon,[187] die in der christlichen Überlieferung eine Bedrohung der intellektuellen und religiösen Reinheit der Gläubigen (Männer) darstellt, als leibhaftige Frau, die große Hure aus Babylon. Aus der doppelten literarischen Frauenvorstellung von Heiliger und Hure verbleibt hier nur letztere. Gerade Bigway, die große Hure von Babylon, dient in der wissenschaftlichen Auseinandersetzung mit Levin verschiedentlich als Beispiel für seine ins Grausame verzerrten Frauenfiguren.[188] An-

---

187 S. Offenbarung des Johannes 17.
188 So Haim Nagid: „Passend für ein metaphysisches Werk verwirklicht sich in ‚Die große Hure von Babylon' der satanische Archetyp der Weiblichkeit, Version Hanoch Levin, in seiner wesentlichsten Form. Zwar gibt es von Bigway etwas in Bela Berlo, in Rut Shahash, in Warda'leh, in Fogra, in Shprakhtzi, in den beschmutzenden Frauen, in Mauritzia. Aber in ihr ist das Böse in einem Maße konzentriert, das in anderen Stücken nicht bekannt ist: verräterisch, gewissenlos, zerstörerisch, zertretend, egoistisch, rachsüchtig. Austeilend. Ihr gelingt es, Bro'dakh anzutun, was dem Satan nicht gelang, es Jesus in Miltons ‚Pa-

hand dieser Frauenfiguren wird dann versucht, Levin als Darsteller einer unmoralischen ‚satanischen Weiblichkeit' zu lesen, als ginge es in Levins Texten um eine ‚realistische' oder mit metaphysischen Kategorien des ‚Guten' und ‚Bösen' arbeitende Abbildung der Welt und nicht um eine poetische Übertragung, deren genauere Funktionen zu untersuchen sind. Um die Diskussion der Drohung und des Tauschs fortzusetzen, soll hier zunächst ein Aspekt in den Mittelpunkt gerückt werden, der bei der Analyse der grausamen Tat Bigways – den gemeinsamen Sohn zu schlachten und in Anlehnung an antike Mythen dem Vater zum Mahl vorzusetzen – in der Literatur meist unbeachtet bleibt: das Problem der Rache als Variante des Tauschs.

Bigway kommt in die Wüste, um ihre sterbende Schwester Ashima zu besuchen und zu beerdigen. In der zweiten Szene begegnet sie einem Bauern, dem sie ein Goldstück – für den Bauern eine ungeheure Summe – dafür bietet, dass sie ihre Notdurft in seinen Mund verrichtet. Er willigt in die erniedrigende Unterwerfung unter die körperliche Notdurft der Frau ein – wobei das Bild nicht zufällig an die Todesurteilsvollstreckung in *Hinrichtung* erinnert –, nachdem ihn Bigway mit dem Hinweis auf seine Kinder, denen er mit dem Geld essen kaufen könne, unter Druck gesetzt hat. Der Tausch kommt also nur zustande, indem das Leben der Kinder als durch Hunger bedroht imaginiert wird. So willkürlich wie Bigway den Preis festgesetzt hat, nimmt sie ihn auch wieder zurück. Ihre Diener holen das Gold zurück. Der Bauer geht leer aus und beklagt sich. Bigway erklärt ihm noch einmal seinen, nun anderen Gewinn aus dem Geschäft. Sie gibt der Erniedrigung nun den unmessbaren Wert, ihre Scham zu schauen, wofür die Reichen in Babylon viel zahlen. Die Erfüllung eines dem Bauern als Mann unterstellten, von ihm aber nicht geäußerten Begehrens wird von Bigway als Preis für seine Erniedrigung benannt. Sie zwingt ihn mit der Macht ihres Körpers und ihres Gefolges in die Ordnung Babylons.

---

radise Lost' anzutun. Auf Grund ihres Erfolgs wurde die Welt zu einem noch schrecklicheren Ort darin zu leben." (‏"כיאה ליצירה מטאפיסית, ב'הזונה‎ הגדולה מבבל' מתממש הארכיטיפ השטני של הנשיות, נוסח חנוך לוין, בצורתו התמציתית ביותר. אמנם, קצת מבגווי יש בבלה ברלו, ברות שחש, בורדה'לה, בפוגרה, בשפרקצי, בנשים המטנפות, במאוריציה. אבל בה מרוכז הרוע במידות שאינן מוכרות במחזות אחרים: בוגדנית, חסרת מצפון, הרסנית, דורסנית, אגואיסטית, נקמנית. נפקנית. היא מצליחה לעולל לברארך את מה שלא עלה בידו של השטן לעולל לישו ב'גן העדן המוחזר' של מילטון. עקב הצלחתה, העולם נעשה למקום ‏"עוד יותר נורא לחיות בו.‎), Nagid: ‏צחוק‎ [*Laughter*], S. 198-199.

Diese Szene wirkt wie ein Vorspiel für das folgende Kräftemessen zwischen Bigway und Bro'dakh, in dessen Mittelpunkt die gewaltsame Aneignung des Körpers des anderen als dessen eigenstes steht. Der Vorschlag des Austauschs der Körper bleibt, wenn er nicht angenommen wird, als Drohung im Raum, die nur zurückgenommen oder vollstreckt werden kann, da sowohl die Unterwerfung als auch die Vollstreckung zum selben Ergebnis der Vergewaltigung führen. Levin denunziert in der Figur Bro'dakhs eine männliche Begierde, die die Frau nur im Objekt ihres Körpers erblickt und meint, sie sich als Besitz durch die gewaltsame Inbesitznahme des anderen Körpers aneignen zu können. Das Phantasma des Besitzes, das sich in der gewaltsamen Aneignung des Objekts vollzieht, wird so zum Ursprung eines jeden Versuchs, eine neue Ordnung zu etablieren, die als vermeintliches Gesetz Bindungen erzwingt. Die Unfähigkeit der Begierde, hier des Mannes, die Freiheit des anderen, (anders) zu sein – also auch, sich als Objekt im Tausch zu verweigern –, anzuerkennen, schafft einen Kreislauf der Gewalt. Bro'dakh vergewaltigt Bigway, als diese die begonnene Verführung nicht fortsetzt, am Grab der Schwester und Frau Ashima und schwängert sie. Er gibt ihr das Kind für das Nehmen der Lust, des Körpers und meint, durch diesen aufgezwungenen Tausch eine Beziehung hergestellt zu haben. Gleich nach der Geburt gibt Bigway den Jungen, Iţis, dem Vater zurück, um ihn dann nach Ablauf der (mythischen) sieben Jahre erneut dem Vater wegzunehmen. Die gealterte große Hure von Babylon lädt Bro'dakh und Iţis zum Mahl ein. Der Junge wird geschlachtet und als Fleisch dem Vater vorgesetzt. Bigway eignet sich so im Töten des gemeinsamen Sohnes das an, was sie hasst und der Vater liebt. Die Aneignung bedeutet zugleich die Auslöschung der materiellen Spur der Vergewaltigung, nämlich des Körpers des Sohnes. Er wird zum Material, um auch Bro'dakhs Körper zu bezwingen, ihn zu enteignen, der Gewalt seines Inhabers zu entziehen. Dies äußert sich in dem vergeblichen Kampf Bro'dakhs, das einmal gegessene Fleisch des Sohnes, von dem er nun weiß, dass er es aß, nicht wieder abzugeben, sondern als Teil des Körpers zu behalten. Natürlich geht das Fleisch des Kindes den Weg jeder Nahrung und wird schließlich ausgeschieden. Bigway erzwingt so eine unüberbrückbare Entfremdung zwischen Bro'dakh und seinem Körper; sie enteignet ihn seines Körpers, indem sie dessen Vorgänge nutzt. Er hat keine Gewalt mehr über seinen Körper, wie sie keine über den ihren hatte, als er sie vergewaltigte.

Die Enteignung des anderen in der Gewalt der Begierden, sei es körperlicher Lust oder Rache, erinnert hier an die Selbstenteignung im Wettkampf des Schenkens, dem Potlatsch.[189] Beides dient der Erniedrigung des Gegners und beides knüpft zugleich die Beziehung enger. Die Verpflichtung zur Reaktion, zur Überbietung wird verstärkt. Und doch scheint sich in der Enteignung des Körpers auch ein Tausch zu vollziehen, dessen Aufschub die Zeit der Rache bildet. Am Ende des Stücks kehrt Bro'dakh mit einem Topf, der Iṭis' ausgeschiedenen Überrest enthält, in die Wüste zurück. Mit der Rückgabe des Aktes der Enteignung hat der Tausch seinen Vollzug in der Rache gefunden. Der Vollzug der Rache befreit von einander und hebt die gegenseitige Verpflichtung auf. Bro'dakh bleibt kein Raum mehr, weiter die Möglichkeiten eines Zusammenlebens mit Bigway als Tauschgut für seine Begierde zu imaginieren, nachdem er den Tod des Sohnes und die Enteignung des Körpers als Antwort auf die Vergewaltigung erhalten hat.

6.6 Aufschub und Tausch der Vorstellungen in der Sprache

Die Drohung des Todes und ihr Aufschub als dramaturgische Grundstruktur, wie sie schon in *Hinrichtung* die Handlung trug, taucht ebenso in *Alle wollen leben*, sowie in *Der Junge träumt*[190] auf. *Alle wollen leben* erinnert auch in den Erscheinungsformen des Aufschubs an die Dramaturgie von *Hinrichtung*. In beiden Stücken bietet sich der vom Tod bedrohte Mann (s)einer Frau erst als Liebhaber und dann als ‚Nicht-Mann', als kastrierter Diener, an, um sein Leben zu retten. Doch wird in *Alle wollen leben* der Modellcharakter von *Hinrichtung* durch eine Bearbeitung des antiken Alkestis-Stoffes ersetzt. Levin bezeichnet *Alle wollen leben* im Untertitel als Komödie. Das Stück scheint im Österreich-Ungarn der k.u.k.-Zeit zu spielen.[191] Von dort hat es zumindest die Namen und die Bürokratie,

---

189 S. Georges Bataille: Der verfemte Teil, in: ders.: *Die Aufhebung der Ökonomie*, München: Matthes & Seitz 2001, S. 35-298. Zur Theorie des Potlatsch vor allem S. 93-110.

190 Zum Funktionieren der Drohung dort s. Exkurs „*Der Junge träumt* – Text und Inszenierung".

191 Der Text gibt an: „Die ganze Handlung trägt sich in einem abgelegenen Dorf zu, irgendwo in den Aptshim-Bergen." (,"כל העלילה מתרחשת בכפר נידח "אי-שם בהרי האפצ'ים.), Hanoch Levin: כולם רוצים לחיות [Alle wollen leben], in:

die in ihrer Funktionalität um ihrer selbst willen an Kafka erinnert. Der Vize des Todesengels, Gulgelevitsh, erscheint zusammen mit seinem Sohn, Gulgaleh,[192] beim Grafen Pozna, um ihn entsprechend der abzuarbeitenden Totenliste im Notizbuch zu töten. Aber dem Sohn ist beim Abschreiben der Liste ein Schreibfehler unterlaufen, so dass aus Pozna Potzna wurde. Der Angeklagte bemängelt folgerichtig, dass sich dies Todesurteil nicht eindeutig auf ihn beziehe. Da die Bürokratie weder in der Lage ist, sich selbst zu verifizieren, also den Namen zu überprüfen, noch sich zu falsifizieren und damit auf den Tod Poznas zu verzichten, wird das erprobte Mittel des Aufschubs benutzt. Pozna soll Ersatz beschaffen, jemanden, der zum unmöglichen Tausch des eigenen Lebens für das Leben Poznas bereit ist. Wie auch in anderen Stücken Levins soll der menschliche Körper zur lebenden Münze, zu einem universellen Äquivalent werden.

Poznas Suche zeigt die Unmöglichkeit, ein Äquivalent für das eigene Leben zu finden. Er versucht, der Drohung durch einen Tausch zu begegnen, der so, wie er dessen Einsetzung zunächst betreibt, nicht funktionieren kann. Poznas Argumentation gegenüber seinen Eltern, aber auch gegenüber dem schwarzen Sklaven Bamba[193] versucht, die Notwendigkeit des Tauschs gerade nicht über das Phantasma der Gleichheit zu begründen, sondern über das des Mehrwerts. Er versucht, den anderen zu vermitteln, dass jemand von ihnen an seiner Stelle einspringen sollte, da deren Leben weniger Wert wäre, somit ‚gesamt-objektiv' das Geschäft Gewinn bedeuten würde. Zu seinem Unglück ist den anderen Figuren klar, dass es keinen neutralen Gewinn, sondern immer nur Gewinn für jemanden gibt, und dies sicher nicht für den, der sein Leben geopfert hat.

In Levins Stücken erhält die Drohung ihre Macht immer aus der scheinbar nie versiegenden Quelle der menschlichen Hoffnung,

---

       ders.: 3 מחזות [*Plays (III)*], S. 227-278, hier S. 229. Es kommt dabei wohl weniger auf eine geographisch genaue Verortbarkeit dieser unbekannten Berge, als auf die Abgelegenheit des Dorfes an.

192 Beide Namen, Gulgelevitsh und Gulgaleh, spielen mit dem hebräischen Gulgolet (גולגולת) für Totenschädel, und geben diesem eine osteuropäisch klingende Endung bzw. den jiddischen Diminutiv -leh.

193 Als Bamba bezeichnet man im Hebräischen Erdnussflips; der Körper des Dienenden ist also wieder einmal zugleich potentielle Nahrung und Vergnügen.

dass sich doch noch eine Lösung einstellen wird, die ein Entkommen aus der Ordnung des Todes ermöglicht. Hoffnung, einen weiteren Aufschub zu erhalten, gibt der einmal zugestandene Aufschub des Urteils, wie in *Hinrichtung*. Poznas Frau, Poznabukha, scheint sich bereit zu erklären, an seiner Stelle zu sterben. Sie lenkt seine Hoffnung auf sich und macht ihn damit von sich abhängig. Pozna lässt sich für das Phantasma der Hoffnung zu überleben, kastrieren, als seine Frau ihn mit einer fahrenden Schauspielerin, Tzitzi, erwischt und verhindern will, dass er sie nach ihrem Tod gegen weitere Frauen auszutauschen in der Lage ist. Die von der Bürokratie des Todes ausgesprochene Drohung wird in der Hand der Frau zur Drohung zwischen den Geschlechtern, mit deren Macht es ihr gelingt, ihn seiner Körperlichkeit zu enteignen und sich diese so vermeintlich in der Rivalität zu all den anderen, jüngeren Frauen ausschließlich anzueignen. Dasjenige, dessen Besitz man zu sichern nicht in der Lage ist, weil man selber vom Standpunkt der Begierde des anderen, seiner Körperlichkeit aus, austauschbar bleibt, muss zerstört werden. Entsprechend verfährt Pozna, als seine Frau am bereits ausgehobenen Grab nicht mehr willig ist, für ihn zu sterben. Er schüttet ihr Säure ins Gesicht, zerstört so ihre Schönheit, ihre Körperlichkeit, ihre Möglichkeit, begehrt zu werden. Es wird ein Ausgleich geschaffen. Statt seine Männlichkeit gegen ihren Tod zu tauschen, wird sie nun gegen ihre Weiblichkeit getauscht. Beide bleiben ihrer Körperlichkeit als Objekte der Begierde beraubt zurück, als am Ende der vorletzten Szene der Engel des Todes, Mawetzki,[194] zurückkehrt, um nach Ablauf des Aufschubs das Todesurteil an Pozna zu vollstrecken. Die Situation ist wie zu Beginn, der Stand zwischen den Eheleuten in der gegenseitigen Beraubung ausgeglichen.

Die Bürokratie verlangt weiter den Tod, wogegen sogar der Chef der Bürokratie, Gott selber in Wien, machtlos zu sein scheint. Die in Gang gesetzte Maschine lässt sich nicht mehr stoppen. Hier die letzte Szene von *Alle wollen leben*:

תמונה 25	Bild 25
שם. כל הנוכחים מקודם. נכנס	Dort. Alle zuvor Anwesenden.
בסערה המלאך סוֹפְטוֹף רַחְמָנִינוֹף,	Stürmisch tritt der Engel Softof
עוצר בידי מווצקי.	Rahmaninof[196] ein, er fällt Mawetzki in den Arm.

---

194   Von Mawet (מוות) = Tod.

רחמנינוף: אני המלאך הגואל סופטוף רחמנינוף! חדשות אחרונות מן השמים: אלוהים השתקע סוף־סוף בווינה והפך לחובב־אופרטות. על כן החליט לתת גם לטרגדיה המתחוללת לעינינו סיום הולם יותר: גיבורינו לא ימותו!
מווצקי: לי יש מִכְסָה!
רחמנינוף: גיבורינו לא ימותו! הם יחיו!
מווצקי: אם אלוהים רוצה לנהל את העולם על שְׁנִיצֶלוֹן בווינה – זה עיסקו; המוות, רבותי, לא ישחק בקאקא! או פוזנא או מחליף – לא אזוז מכאן בלי ריר על הכפפות! (מרחוק עובר ילד עני, על שכמו תיבת צחצוח נעלים)
ילד: (מכריז) מצחצח נעלים, נעלים מצחצח – מבריק נוצץ כמו עין של רוצח!
(רחמנינוף לוחש משהו על אזנו של פוזנא)
פוזנא: הי, ילד! בוא הנה! צחצח! (הילד מתקרב, כורע לרגליו, מצחצח את נעליו) אתה יודע מי אני?
ילד: כולם יודעים, אדוני. הרוזן.
פוזנא: יש לך הורים?
ילד: אני יתום.
פוזנא: היית רוצה להיות במקומי?
ילד: (מצטחק, נכלם) מי לא היה רוצה להיות בעל אחוזה!?

Raḥmaninof: Ich bin der erlösende Engel Softof Raḥmaninof! Letzte Neuigkeiten aus dem Himmel: Gott hat sich schließlich in Wien niedergelassen und wurde zum Operettenliebhaber. Deshalb hat er beschlossen, auch der Tragödie, die sich vor unseren Augen abspielt, ein passenderes Ende zu geben: Unsere Helden werden nicht sterben!
Mawetzki: Ich habe eine Quote!
Raḥmaninof: Unsere Helden werden nicht sterben! Sie werden leben!
Mawetzki: Wenn Gott die Welt mit einem Schnitzelchen[197] in Wien lenken will – das ist sein Geschäft; der Tod, meine Herren, wird nicht mit Kaka spielen! Entweder Pozna oder einen Ersatz – Ich werde mich nicht von hier wegbewegen ohne Speichel auf den Handschuhen.
(In der Ferne geht ein armer Junge vorbei, auf seiner Schulter eine Schuhputzkiste.)
Junge: (ruft) Ich putze Schuhe, Schuhe putze ich – Glänzend blitzt es wie das Auge eines Mörders!
(Raḥmaninof flüstert etwas in Poznas Ohr.)
Pozna: He, Junge! Komm hierher! Putze!
(Der Junge nähert sich, kniet zu seinen Füßen, putzt seine Schuhe.)
Weißt du, wer ich bin?
Junge: Alle wissen es, Herr. Der Graf.

---

195 Levin: כולם רוצים לחיות [Alle wollen leben], S. 277-78.
196 Softof (סוֹפְטוֹף) steht für gutes Ende, Raḥmaninof verweist auf Reḥamim (רחמים) = Erbarmen.
197 Auch diese Verspottung Gottes – der die Welt mit einem ‚Schnitzelchen' in Wien regiere – lässt sich als doppelte Anspielung Levins lesen: nicht nur auf das Wiener Schnitzel, sondern auch auf Arthur Schnitzler und damit auf das jüdische Bildungsbürgertum der Wiener Jahrhundertwende. Die schillernde Vieldeutigkeit des mit der Verortung Gottes in ‚Wien' ohnehin aufgerufenen Assoziationsraumes wird weiter erhöht.

פוזנא: ילד נכון. (זורק לו מטבע. מורה על מווצקי) אתה רואה את הדוד ההוא שם? זהו מלאך מן השמים. לך ותגיד לו: "אני רוצה להתחלף עם הרוזן. הוא עשוי לשמוע לך".
ילד: אבל אז אדוני לא יהיה רוזן.
פוזנא: נכון, אבל אני פשוט אוהב ילדים. (זורק לו עוד מטבע) לֵךְ לֵךְ, לא אכעס.
ילד: (מצטחק, קצת מבויש, ניגש אל מלאך־המוות) אדון מלאך, אני רוצה להתחלף עם האדון הרוזן.
פוזנא: כולם שמעו! (למווצקי) שמעת?! הוא מוכן להתחלף! לָמָה אתה מחכה?!
מווצקי: (נראה רגע כעומד להתפקע מכעס לנוכח התעלול, ואז, כמי שנמאס לו) זו הונאה, אבל נמאס לי, אִישְׁשׁש! (ובתנועה מהירה של כעס וחוסר סבלנות הוא תופס בגרון הילד וחונק אותו. תוך יציאה לעבר בעיות חדשות המצפות לו) נו, מי כבר לא רוצה למות?![195]

Pozna: Hast du Eltern?
Junge: Ich bin ein Waisenjunge.
Pozna: Möchtest du an meiner Stelle sein?
Junge: (lacht, beschämt) Wer möchte nicht Herr eines Landguts sein?!
Pozna: Vernünftiger Junge. (Er wirft ihm eine Münze hin. Zeigt auf Mawetzki.) Siehst du den Onkel dort? Das ist ein Engel aus dem Himmel. Geh und sag ihm: ‚Ich will mich mit dem Grafen austauschen. Er ist angetan, dich zu hören'.
Junge: Aber dann wird der Herr kein Graf mehr sein.
Pozna: Richtig, aber ich liebe einfach Kinder. (Er wirft ihm noch eine Münze zu.) Geh, geh, ich werde nicht böse sein.
Junge: (lacht, ein bisschen verlegen, nähert sich dem Todesengel) Herr Engel, ich will mich mit dem Herrn Grafen austauschen.
Pozna: Alle haben es gehört! (zu Mawetzki) Hast du es gehört?! Er ist bereit sich auszutauschen! Worauf wartest du?!
Mawetzki: (Es scheint einen Moment, als würde er platzen vor Zorn angesichts des Streichs, und dann, als ob er genug hat.) Das ist Betrug, aber mir reicht es, Menschschsch! (Und in einer schnellen Bewegung von Zorn und Ungeduld fasst er den Hals des Jungen und erwürgt ihn. Im Abgang zu neuen Problemen, die ihn erwarten) Nun, wer will denn schon nicht sterben?!

Als einziges, was den Tausch ermöglicht, erscheint hier nun gerade die Sprache auf Grund der ihr eigenen Unsicherheit des Verhältnisses von Bezeichnendem (Stelle/Name des Grafen) und Bezeichnetem (Tod oder Landgut). Gerade weil es keine Äquivalenz zwischen dem Zeichen und dem Bedeuteten gibt, sie sich nicht gegeneinander austauschen, ermöglichen sie den Austausch zwischen den Menschen und damit den Betrug. Nur die Unschuld des Kindes gegenüber dieser Unverbindlichkeit, die in der Sprache liegt,[198] ermöglicht es, dieses zum Tauschobjekt in der Rechnung dieser Drohung zu machen. Ebenso wie die Ungenauigkeit der Sprache, der Schreibfehler, zum Aufschub der Urteilsvollstreckung an Pozna einerseits und andererseits zum Tod des Sohnes des Todesengels als Strafe führte, führt nun der Betrug der Sprache, die Sicherheit und Reichtum, Gewinn und Geschenk dafür verspricht, dass sie, der magische Satz, ausgesprochen wird, zum Verlust des Lebens des Kindes. Ein zweites Mal überführt die Sprache die Bürokratie, die sich ihrer als sicheres Maß bedient und damit ihrer Unsicherheit ausgeliefert ist. Es gelingt hier in der Sprache, die Ordnung der Drohung für den Sprechenden auszusetzen, aber nur um des Opfers eines anderen, des Kindes willen. Man könnte sagen, die Gegenwart wird in diesem Sprechen durch das Opfern der Zukunft aufrechterhalten. Die Festlegung auf eine vermeintlich sichere Bedeutung, die das Kind vornimmt, schließt den Raum der Möglichkeiten und damit die Zukunft und so sein eigenes Leben aus. Das Kind tauscht sich selbst gegen eine Sicherheit in der Sprache, doch nur für einen Moment, so dass diese gerade dadurch ihre Unsicherheit, Unaustauschbarkeit, Unverbindlichkeit aufweist.[199]

Bevor die am Ende von *Alle wollen leben* angezeigte Verschiebung der Tauschgüter von den Körpern auf ihre Imagination, auf die Sprache, an Hand eines der letzten Stücke, *Die im Dunkeln gehen*, weiter untersucht wird, sei hier noch kurz auf drei andere Stücke hingewiesen, in denen der Körper oder das körperliche Vermögen zum Objekt des Tauschs und damit zum Ziel oder Instrument der Drohung werden. In *Warda'lehs Jugend* hängt alles von der Präsenz des Mädchens Warda'leh ab. Alle anderen Figuren, die auch keine Namen, sondern nur Funktionsbezeichnungen tragen, lassen sich von dem Versprechen ihrer Anwesenheit, ihrer immer entzogenen Aufmerksamkeit, ihres seltenen Sprechens leiten. Der Entzug von

---

198   Ähnliche Probleme mit der Unverbindlichkeit der Sprache hat der Junge mit seiner Mutter in *Der Junge träumt*, s. Exkurs „*Der Junge träumt* – Text und Inszenierung".

199   Zu überlegen wäre, warum gerade Raḥmaninof Pozna die Idee dazu einflüstert, nachdem er zuvor noch eine neue Ordnung, orientiert am Glück der Wiener Operetten und ihren ‚guten' Enden, versprochen hat, oder ob gerade das Opfern des Kindes dieser neuen Wiener Ordnung entspricht – unentscheidbar bleibt dabei, ob Wien hier der Ort des Antisemitismus, der Psychoanalyse oder des Zionismus ist.

Warda'lehs Präsenz, ihres Körpers treibt das Stück an. Dieser Zustand wird in der zweiten Hälfte durch die angekündigte Abreise in die Schweiz noch verstärkt. Warda'lehs Anwesenheit beinhaltet das Versprechen, etwas zu sein, ihre Abwesenheit die Drohung, nichts, nicht einmal mehr eine Erinnerung zu sein. Folgerichtig verkündet Warda'leh in der letzten Szene am Flughafen:

אהוב: שתפי אותי בסיפור שלך! ורדה'לה: אין מקום. ובזה אני לוקחת מהסיפור שלכם את העלילה, והדמיון וההרפתקה ואת העניין והיצר ואת כוח החיים והרצון ואת כל התמצית והעסיס, ומשאירה פה כמה דמויות חיוורות, נטולות חיים, עומדות באור החיוור של השחר ומנפנפות אלי בידיים לברכת שלום וגעגועים. (כולם מנפנפים בידיהם) בזה תם סיפורנו המשותף. שלי רק מתחיל בשוויץ.²⁰⁰	**Der Liebhaber**: Beteilige mich an deiner Geschichte! **Warda'leh**: Kein Platz. Und damit nehme ich aus eurer Geschichte die Handlung, und die Phantasie und das Abenteuer und das Interesse und den Trieb und die Lebenskraft und den Willen und die ganze Essenz und den Saft, und lasse hier einige bleiche Figuren zurück, des Lebens entbehrend, die im bleichen Licht der Dämmerung stehen und mir mit den Händen zum Gruß des Abschieds und der Sehnsucht winken. (Alle winken mit ihren Händen) Damit endet unsere gemeinsame Geschichte. Meine beginnt erst in der Schweiz.

Ebenso geht es um die mit den Begierden verbundenen Drohungen und den Tausch der Körper in den beiden ‚grausamen Stücken' der 90er Jahre: *Enthauptung* und *Mit offenem Mund*. In *Enthauptung* wird der Körper des Gehilfen des Kanalreinigers zum Spielball in den Spielen von Begierde und Erniedrigung zwischen dem alten König, dessen alternder Frau und ihrer jungen, vom König begehrten Tochter. Sein Körper ist der Einsatz, mit dem sich die anderen bedrohen, er wird stellvertretend verletzt und getötet – vielleicht auch auf Grund dieser Verschiebung der Grausamkeit auf eine Stellvertretung wirkt dieses Stück Levins harmloser und konventioneller als andere. In *Mit offenem Mund* ist das Begehren des Blicks auf den nackten Körper der Königin – die einzige Frau ist immer die Königin oder Prinzessin, man denke an Warda'leh – von Beginn an mit der Drohung des Verbots und der Blendung belegt. Wieder gibt es ein Moment des Aufschubs zwischen der Verkündung der Blen-

---

200 Hanoch Levin: נעורי ורדה'לה [Warda'lehs Jugend], in: ders.: מחזות 1 [*Plays (I)*], S. 229-290, hier S. 290.

dung und ihrem Vollzug. Es schien bereits so, als würden die freundlichen Wächter die Blendung ihres Kollegen, Mit Offenem Mund,[201] der einen Blick auf den Körper der Königin erhaschen

---

201 Der zu blendende Wächter heißt wie das Stück. Dabei wäre die Figur des Mannes mit offenem Mund als eigenes Motiv in Levins Stücken zu verfolgen. Mit offenem Mund liegen die Toten, wie es der Auf Die Lebenden Neidische (מקנא בחיים) in *Der Junge träumt* beschreibt (s. Levin: הילד חולם [Der Junge träumt], S. 282). Auch in anderen Stücken Levins liegen die Toten mit offenem Mund (s. hierzu Brown: Between Literature, S. 24), doch schauen auch die, die staunen, mit offenem Mund. Dieses Staunen kann angesichts der Gewalt und angesichts der Schönheit, meist einer Frau und ihres Körpers, geschehen, wobei sich Gewalt und Schönheit scheinbar nicht trennen lassen. Beide Aspekte des Daseins mit offenem Mund vereinen sich in der Titelfigur von *Mit offenem Mund*, der erst den Körper der Königin zu bestaunen sucht, dann immer noch voller Hoffnung auf das Leben ist – denn auch die Hoffenden schauen mit offenem Mund wie die Staunenden – und schließlich hingerichtet wird, also als Toter mit offenem Mund endet. Der Mensch mit offenem Mund dient Levin als Bild einer Grunderfahrung des Nichtverstehens angesichts der Welt und des eigenen Todes, den diese mit sich bringt. Zehava Caspi versteht dieses Bild des Menschen mit offenem Mund hingegen in seiner Zeitlichkeit als eines, welches das schreiende oder fragende Kind mit dem alten, sterbenden Mann in Zusammenhang bringt und so Anfang und Ende des Lebens in derselben Geste erscheinen lässt: „Auch in dem Stück *Mit offenem Mund* wird eine Opposition zwischen dem Anfang des Lebens und seinem Ende errichtet: zwischen dem lebendigen Jungen und dem toten alten Mann. Während er auf den toten alten Mann zeigt, fragt der dem Theaterstück zuschauende Junge ‚Wer ist das, Mutter?', und der Eunuch antwortet: ‚Du, aber was ist. Dachtest du, dass auch für dich der Vorhang sich immer wieder heben wird.' (S. 223). Der Junge und der alte Mann – sie sind eins, der ganze Unterschied zwischen ihnen erschöpft sich nur in einem kurzen Zeitabschnitt. Levin bündelt in diesem Stück den ganzen Spielraum des Lebens in einem einzigen fokussierten visuellen Bild: ein offener Mund (welcher eine Assoziation zu dem Gemälde ‚Der Schrei' von Munch hervorruft): Das Leben bewegt sich zwischen dem Mundöffnen des Kindes – an seinem Beginn, und eben demselben Ausdruck des Toten – an seinem Ende. Gar nichts wird dazwischen hinzugefügt, außer Qual und Leiden ohne Erklärung." "גם במחזה פעורי פה נבחנת האופוזיציה שבין ראשית החיים לבין סופם: בין הילד ( ) החי לזקן המת. בהצביעו על הזקן המת, שואל הילד הצופה במחזה 'מי זה, אמא?' והסריס עונה: 'אתה, אלא מה. חשבת שגם עלייך יעלה המסך שוב ושוב.' (עמ' 223). הילד והזקן – חד הם, כל ההבדל ביניהם מתמצה רק במישרע קצר של זמן. לוין מכווץ במחזה זה את כל טווח החיים לאימז' ויזואלי ממוקד אחד: פה פעור (היוצר אסוציאציה לציור הזעקה של מונק): החיים נעים בין פעירת הפה של הילד – בראשיתם, לבין אותה הבעה עצמה של המת – בכלותם. שום דבר לא מתווסף

wollte, nicht vornehmen. Doch schlägt die Drohung, als die Königin noch einmal nachdrücklich die Blendung befiehlt, nach dem bewährten dramaturgischen Muster Levins nur umso unabwendbarer zu. Vergleichbar wird im zweiten Teil die Berührung der Königin, diesmal nicht mit dem Blick, sondern mit den Lippen, gegen den Tod getauscht. Die Präsenz (des Körpers) der Frau, die bei dem Mädchen Warda'leh noch ein Versprechen war, nimmt hier die Form der Drohung an.

Die am Ende von *Alle wollen leben* aufgeworfene Frage nach der Kommunikation, also dem Austausch im Medium der Sprache, wird in *Die im Dunkeln gehen* zentral. Auch bei *Die im Dunkeln gehen* handelt es sich um ein Stück des Aufschubs. Es handelt nicht nur vom Aufschub des Todes, der immer wieder in die Nacht einbricht, sondern von der Zeit der Nacht selbst als Aufschub, als zu Durchwartendes. Das Gehen, nicht nur das Gehen in der Nacht, zeigt sich als Form des Aufschubs, des noch nicht da Seins, ein Warten. Warten und Gehen verschieben es, über eine Entscheidung Kenntnis zu erhalten, schieben das Wissen dessen auf, was die Drohung bereits entschieden hat. Dabei bleibt das Medium des Aufschubs Hoffnung, auch wenn in *Die im Dunkeln gehen* kein Ziel dieser Hoffnung formuliert wird. Hoffnung und Aufschub um ihrer selbst willen.

In *Trauerfeier* heißt es zum Gehen:

תמונה 7	Bild 7
(דרך בשדות. יום. האם הולכת עם התינוק בזרועותיה)	(Weg durch die Felder. Tag. Die Mutter geht mit dem Säugling in ihren Armen.)
האם: הלכתי והלכתי כל היום, המוח היה ריק, לא חשבתי על כלום, רק נתתי לרגליים ללכת. היה טוב ככה, ללכת. כשהולכים חושבים שיהיה טוב. לפנות ערב הגעתי לביקתת החובש בעיירה חלופקה.[202]	**Die Mutter**: Ich ging und ging den ganzen Tag, das Gehirn war leer, ich dachte über nichts nach, ich ließ nur die Füße laufen. Es war gut, so zu gehen. Wenn man geht, denkt man, dass es gut sein wird. Gegen Abend erreichte ich die Hütte des Sanitäters im Städtchen[203] Ḥlupqa.

"בינתיים, מלבד סבל וייסורים חסרי פשר."), Zehava Caspi: הילדותי והילדי [Das Kindische und das Kindliche], S. 49.
202 Levin: אשכבה [Trauerfeier], S. 205.
203 S. Anmerkung 149.

Die drei Hauptfiguren in *Die im Dunkeln gehen* tragen folgende ‚Namen': Der Gehende, Der Wartende und Der Entschlüpfende. Sie begegnen einander, gehen ein Stück des Weges gemeinsam und trennen sich gegen Morgen. Es scheint, als habe die Drohung nicht eingeschlagen, als hätten sie den Morgen erreicht und wären ihr entgangen. Den Antrieb des Gehens lässt Levin offen, es gibt keine Rationalisierung der Handlung, was sie als Ersatz für etwas anderes erscheinen lässt. Das Gehen wirkt wie eine lange Unterbrechung der eigentlichen Handlung, die nur dem Erzähler bekannt ist. Der Gehende wähnt seine Mutter gesund, wenn auch alt, ein paar Straßenecken weiter in ihrer Wohnung. Die ganze Nacht bedenkt er, zu ihr zu gehen, um in einer alten Enzyklopädie zu blättern, also Wissen zu erfahren. Das Wissen, das er erhalten würde, ginge er ins Haus der Mutter, ist, wie der Erzähler mitteilt, dass die alte Frau im Sterben liegt. Über den Zeitpunkt des Todes versucht sie noch mit dem Erzähler zu verhandeln, doch dieser erweist sich als unzugänglich. Sie versucht, die Erfüllung der Todesdrohung aufzuschieben, was scheitert. So erscheint das Gehen des Gehenden als ein Ausweichen davor, zu wissen, was den anderen, die Mutter bedroht. Und er wird es auch nicht erfahren, da der Erzähler die Offenbarung am Ende des Stücks abbricht mit der Begründung, das sei bereits eine andere Geschichte. Das Stück erhält eine traumwandlerische Atmosphäre durch diese Irrealisierung der Drohung, sobald sie sich nicht in Gewalt zu erkennen gibt. Levin bezeichnet das Stück im Untertitel als „nächtliche Vision" (חיזיון לילי).

Anstelle von zu Objekten gewordenen Körpern tauschen sich in *Die im Dunkeln gehen* Vorstellungen vom anderen und verkörperte Gedanken (aus). Eigentlich geschieht das ganze Stück über nichts, nur Aufschub; doch aus den Begegnungen in diesem Aufschub entstehen Möglichkeiten von Geschichten. Es gibt die drei Gehenden und diejenigen, die ihnen verbunden sind, sowie diejenigen, die ihnen begegnen. Es gibt die Toten. Und es gibt die Gedanken, die in ihrer Körperhaftigkeit vom Austausch der Körper träumen. Auch sie lassen sich wieder auf eine Hierarchie der Körperlichkeit zurückführen, die sich im Austausch mit den anderen zu realisieren sucht. Doch jeder Gedanke ist nur auf sich selbst festgelegt. Der Gedanke Des Gesalzenen Fischs kann nur gesalzenen Fisch denken, der Gedanke Der Pyramiden nur Pyramiden, auch wenn das als kulturell höher stehend gilt.[204] Ironisiert wird dieser unmögliche Austausch der Gedanken, wenn sie als einfach in körperliche Form festgelegt erscheinen und zur Befriedigung körperlicher Begierden werden sollen, im ‚Gedanken Lajan':

(נכנסת מחשבת לאז'אן בדמות סטודנטית צרפתייה יפהפייה) **המספר**: ברחובות עירנו מסתובבת לה לאחרונה עוד מחשבה אחת, מופשטת, מורכבת מאד, המלה האחרונה בתיאוריה הפוסט־מודרניסטית מבית מדרשו של הפרופסור הצרפתי הישיש לאז'אן. היא יפה, נועזת, שמימית, מעודנת, סטודנטיות צעירות בפאריס הוגות בה בלילות הסתיו, מתחת לשיער חלק, שופע...[205]	(Gedanke Lajan tritt ein in der Gestalt einer hübschen französischen Studentin) **Der Erzähler**: In den Straßen unserer Stadt geht in der letzten Zeit noch ein Gedanke um, abstrakt, sehr kompliziert, das letzte Wort in der postmodernistischen Theorie aus dem Lehrhaus[206] des alten französischen Professors Lajan. Schön, gewagt, himmlisch, verwöhnt, von französischen Studentinnen in Paris gedacht[207] in Herbstnächten, unter glattem Haar, überfließend...

Die Unmöglichkeit des Austauschs der Gedanken stellt die Kommunikation der Figuren in Frage, bedroht sie. Nur im Übergehen dieser Unmöglichkeit in der Körperlichwerdung der Gedanken, so dass sie sich also in scheinbar objektivierbare Vorstellungen verwandeln, scheint sich die Unaustauschbarkeit in der Sprache unterlaufen zu lassen. Doch finden sich auch die Körper gewordenen

---

204 „Gedanke Der Pyramiden: Ich denke einfach: Pyramiden. Das ist alles. [...] Mir geht's gut: Sowohl Kultur, als auch nicht anstrengend." ("מחשבת פירמידות: אני פשוט חושב: פירמידות. זה הכל. [...] לי טוב: גם תרבות, גם לא מתאמץ."), Hanoch Levin: ההולכים בחושך [Die im Dunkeln gehen], in: ders.: 7 מחזות [Plays (VII)], Tel Aviv: Ha-Kibbutz Ha-Me'uḥad 1999 (2. Aufl. 1999), S. 7-80, hier S. 44.

205 Levin: ההולכים בחושך [Die im Dunkeln gehen], S. 32-33.

206 Der hier verwendete Begriff ‚Beit Midrash' bezeichnet auch ein religiöses Lehrhaus für Mishna und Talmud.

207 Die Übersetzung wechselt hier gegenüber dem hebräischen Text ins Passiv, um einer direkten Bezugnahme mittels des Personalpronomens ‚er' auf den Gedanken auszuweichen, welcher im Hebräischen weiblich ist (מחשבה), so dass die von Levin benutzten Personalpronomina sprachlich ein Verwischen der Grenzen zwischen dem ‚Gedanken Lajan' und der französischen Studentin, die ihn denkt, herstellen, wie es auch in der auftretenden Figur geschieht.

Gedanken in der Sprache wieder, die sie nicht zueinander kommen lässt.[208]

Die drei Gehenden begegnen sich zunächst in der Vorstellung, von der sie meinen, dass der andere sie sich von ihnen macht. Jeder glaubt, von den anderen auf Grund seines rätselhaften Unterwegsseins in der Nacht für eine wichtige und geheimnisvolle Persönlichkeit gehalten zu werden. Die Vorstellung von der Vorstellung des anderen und die darin vorgestellte Anerkennung des Selbst durch den anderen begründen die eigene Anerkennung des eigenen Selbst. So kann sich der Gehende selbst als geheimnisvoll und damit mit sozialem Prestige versehen erfahren, indem er sich vorstellt, die anderen würden ihn so sehen.

(המחכה והחומק מתקרבים להולך. החומק מופתע, סוקר את ההולך)	(Der Wartende und der Entschlüpfende nähern sich dem Gehenden. Der Entschlüpfende ist überrascht, er mustert den Gehenden.)
החומק: (לעצמו) עכשיו ההוא יחשוב אותי לבעל קנוניה מסתורית אפלה עם זה, פלוס הוללות מאחורי הקיר, אולי אפילו מועדון לילה ביזארי.	**Der Entschlüpfende**: (zu sich selbst) Jetzt wird er mich für den Träger einer geheimnisvollen, dunklen Verschwörung mit diesem halten, plus Ausschweifungen hinter der Wand, vielleicht sogar ein bizarrer Nachtclub.
ההולך: (לעצמו) בטח חושב אותי למפקח על תוכנית לילית הכוללת את שניהם, ועל כל פנים אני מהווה לא פחות מנעלם גדול עבורו.	**Der Gehende**: (zu sich selbst) Sicher hält er mich für den Inspektor des Nachtprogramms, das die beiden einschließt, und auf jeden Fall stelle ich nicht weniger als den großen Unsichtbaren für ihn dar.
המחכה: (מציג אותם זה לזה) תכירו, כך וכך, וכך וכך.	
ההולך: (בוחן את החומק בעיון) (לעצמו) עכשיו הוא חושב שאני בוחן אותו בעיון,	**Der Wartende**: (stellt sie einander vor) Lernt euch kennen, so und so, so und so.

---

208 „Gedanke Des Hintern: Hah, Seelengeliebte, meine Sehnsucht… / Gedanke Des Gesalzenen Fischs: Und was ist mit mir? / Gedanke Lajan: Wir haben keinen gemeinsamen Themenbereich, versteht doch. / Und wenn doch, hätte ich ihn bereits vorgezogen." (,מחשבת תחת: הה, מחמל נפשי\ מחשבת דג מלוח: ומה איתי? \ מחשבת לאז'אן: אין לנו נושא משותף, תבינו. \ ואם כיסוף שלי... בכלל, הייתי כבר מעדיפה אותו."), Levin: ההולכים בחושך [Die im Dunkeln gehen], S. 43.

209 Levin: ההולכים בחושך [Die im Dunkeln gehen], S. 30-31.

ולא יודע שלמעשה אני מסתכל מקרוב רק כדי לראות איך נראים פנים שמקווים ממני למשהו. **החומק**: (אף הוא מסמיך פניו לפני ההולך, לעצמו) כנ"ל. **ההולך**: (פוער פיו לעומתו, לעצמו) עכשיו הוא מחכה למוצא פי. חושב מי יודע מה אני עומד לומר. טוב שיש בעולם עוד אנשים מלבדי, כי את עצמי נעשה לי יותר ויותר קשה לרמות.²⁰⁹	**Der Gehende**: (prüft den Entschlüpfenden eingehend, zu sich selbst) Jetzt denkt er, dass ich ihn eingehend prüfe, und er weiß nicht, dass ich ihn in Wirklichkeit aus der Nähe anblicke, nur um zu sehen, wie ein Gesicht aussieht, das von mir etwas erhofft. **Der Entschlüpfende**: (auch er nähert sein Gesicht dem Gesicht des Gehenden an, zu sich selbst) s.o. **Der Gehende**: (er öffnet seinen Mund ihm gegenüber, zu sich selbst) Jetzt wartet er, was aus meinem Mund kommt. Er denkt, ich werde wer weiß was sagen. Gut, dass es in der Welt noch Menschen außer mir gibt, denn es wird mich selbst schwerer und schwerer zu betrügen.

Noch deutlicher als in anderen Stücken Levins offenbaren sich die Figuren in ihrem Sprechen als in und durch Sprache seiend, die vor allem auf sich selbst zu beziehen ist, darauf, wie sie bereits gesagt wurde: „siehe oben". Die Begegnung der drei, die im Dunkeln gehen, begründet sich auf einen Austausch von Phantasien der Anerkennung. Und es wäre kein Stück Levins, wenn nicht sogleich eine Frau diese Phantasien bestimmen würde. Doch bleibt die Frau für die, die im Dunkeln gehen, die absolut Abwesende, aufgerufen nur im Sprechen, in den Vorstellungen der Gehenden. Sie wird zum Zeichen der Begierde, zur sprachlichen Münze, durch das der eigenen Phantasie im Tausch und in der Mit-teilung Bedeutung verliehen werden soll. Indem die dem anderen angebotene Phantasie eine geteilte und damit gemeinsame wird, soll sich durch sie ein eigener (Anerkennungs)Wert realisieren. Sobald der Wartende dem Entschlüpfenden begegnet, beschuldigt er diesen, mit seiner Frau fremdgegangen zu sein. Die eigene Begierde nach der verlorenen Frau - und es gibt immer nur diese eine - erhält ihren Wert erst in der Konfrontation mit dem (eingebildeten) Rivalen. Der Entschlüpfende deutet dem Wartenden immer größere sexuelle Abenteuer mit dessen Frau an. Auf diese Andeutungen geht der Wartende dankbar ein, da sie seine Ängste bestätigen, und veranlasst so den Entschlüpfenden zu immer neuen Andeutungen, auf Grund derer sich der Entschlüpfende als großer Liebhaber zu fühlen beginnt. Als die Phantasie zu groß wird, bedroht der Wartende sie und damit den Entschlüpfenden, indem er sagt, er glaube das alles nicht.[210] Nun feilschen die beiden darum, welche Phantasien jeder von ihnen haben darf und inwieweit sie sich mit diesen Phantasien noch als potente Männer fühlen dürfen. Die Vorstellungen der Figuren werden nicht mehr in äußere Objekte gesteckt und mittels dieser ausgetauscht, sondern, materialisiert in Worte, im Medium der Sprache zum Tausch angeboten. Die Annahme der Vorstellung des anderen begründet dabei dessen Wert, lässt seine Rede sich als Wert und damit auch den Redner sich realisieren. Dabei bedarf der eine des anderen, der als Gesprächspartner das Gesagte, die Vorstellung des Selbst anerkennt und nicht die Drohung eines Abbruchs des Gesprächs wahr macht.

Das Erstaunliche an diesem Tausch der Vorstellungen ist, dass er zu funktionieren scheint, gerade, weil er sich keiner äußeren Objekte, keiner fremden Körper mehr zu bemächtigen in der Lage ist. Wenn es nur noch die Vorstellungen gibt, lassen diese sich tauschen. Nur die Sprache scheint eine Unterbrechung, einen Aufschub der Gewalt zu ermöglichen, die immer dem Tausch als Drohung gegen die Körper der Figuren in den anderen Stücken mit eingeschrieben war. Der Erzähler versucht das Geschehen zu ordnen, was ihm gerade mit den Toten nicht immer gelingt. Um die Ordnung des (Theater)Abends aufrechtzuerhalten, werden auftauchende Erzählmöglichkeiten abgebrochen oder aufgeschoben.

---

210 „Der Entschlüpfende: Ich fickte die So und so mit einer Schwarzen und einer Norwegerin, [...] Auch ich will leben und tun! / Der Wartende: Wenn das so ist, Shalom. Ich glaube dir nicht, / nichts, nicht einmal erinnern werde ich dich. / Der Entschlüpfende: Wen kümmert es, ob du glauben wirst? (Er geht ab. Er kehrt zurück. Pause) / Lass mich zurück mit dem Glauben in die Geschichte. / Der Wartende: Nein."
"החומק: דפקתי את כך וכך עם כושית ונורבגית, \ [...] \ גם אני רוצה לחיות ולעשות! \ המחכה:) אם ככה, שלום. אני לא מאמין לך \ לכלום, אפילו לא אזכור אותך. \ החומק: למי איכפת אם (תאמין?) \ (יוצא. חוזר. פאוזה) \ השאר אותי עם האמונה בסיפור. \ המחכה: לא." Es beginnen die Verhandlungen über die ‚Geschichte'. Levin: ההולכים בחושך [Die im Dunkeln gehen], S. 29.

> In fact, the entire play is punctuated by such dismissing or cutting-off gestures, all of which are suspending caesuras that mark the borderlines of the story. Indeed, the play itself ends in that cutting gesture of indefinite suspension.[211]

Den Nebensächlichen verweist der Erzähler der Bühne, obwohl oder gerade weil dieser, genau wie der Gehende, durch die Nacht irrt, aber diese Geschichte nun einmal nicht über ihn sei.[212] Während deutlich gemacht wird, dass eine bestimmte Geschichte ausgewählt wurde, wird zugleich eine rationale Begründung dieser Auswahl unmöglich gemacht.[213] Das Erzählen vollzieht sich, als sei es losgelöst von einer äußeren Welt, die Auswahl- und Verstehenskriterien für die Welt liefern könnte, die auf der Bühne erzählt, präsentiert wird. Der Erzähler verspricht der Mutter Des Nebensächlichen, als sie gegen Ende des Stücks wieder auftauchen, morgen, in einer anderen Geschichte, an einem anderen Abend an die Reihe zu kommen.[214] Mit dieser Geste verweist er auf das Theater als Ort potentiell unbegrenzter Erzählmöglichkeiten, die nur den Begrenzungen des jeweiligen Abends zu unterwerfen sind. Das, was nicht erzählt wird, wird zum Versprechen einer weiteren Erzählung, die durch die Konstellation der Vertrösteten in ihrer Ähnlichkeit zum Gehenden und seiner Mutter als keine völlig andere

---

211 Brown: Between Literature, S. 45.
212 „Der Erzähler: (zum Publikum) Dieser Mann ist ein anderer Mann, ein Nebensächlicher, / unsere Geschichte ist nicht über ihn, / er ist hier nur eine vorübergehende Figur, nicht notwendig. // Zugleich fühlt er, dass auch er ein Mann ist, / und auch er einen Koffer hat, und auch er in der Nacht ist, / derselben in den Himmeln unseres Landes ausgebreiteten Nacht." (רק פה הוא \ עליו לא סיפורנו \ ,טפל ,אחר איש הוא זה איש \ (לקהל) :המספר
דמות חולפת, לא נחוצה. \\ יחד עם זה הוא חש שגם הוא איש, \ וגם לו יש מזוודה, וגם הוא
בלילה, \ אותו לילה הפרוש בשמי ארצנו."), Levin: בחושך ההולכים [Die im Dunkeln gehen], S. 14.
213 S. „Like all other narrative techniques, the principle of selection also becomes its own end, which means that Levin takes selection in a radical sense: selection as elimination entails showing and un-showing at once, giving and taking away in one stroke." Brown: Between Literature, S. 45.
214 „Der Erzähler: Morgen, morgen wirst du reden. Komm morgen. / Mutter des Nebensächlichen: Morgen." (אם \ .מחר תבואי .תדברי מחר ,מחר :המספר
מחר. :הטפל"), Levin: בחושך ההולכים [Die im Dunkeln gehen], S. 68. Der Aufschub schafft auch für die Mutter des Nebensächlichen, wie für andere Figuren Levins, Hoffnung.

Erzählung, sondern eher als eine variierte Wiederholung in Aussicht gestellt wird.

6.7 Unbegründbarkeit

Mit *Mord* lässt sich an den Ausgangspunkt dieser Überlegungen zu Drohung und Tausch in einigen Stücken Levins zurückkehren. *Mord* thematisiert die Drohung des sinnlosen Mordes, die, einmal ausgesprochen, sich auch vollstrecken wird. Wieder bleibt die Drohung selbst dem Stück äußerlich, die inneren Rationalisierungen sind deutlich nicht belegbar – wie bei der angeblichen Wiedererkennung des Bräutigams als einem der Soldaten durch den Vater im 2. Akt – oder vorgeschoben – wie beim Lynchmord an den beiden arabischen Bauarbeitern durch die Huren im 3. Akt. Auf der Bühne ereignet sich nur der Vollzug der Drohung, die Umsetzung des Urteils, die Tötung.

> Furthermore, because of their extreme cruelty the threats seem to be totally unmotivated by the situation itself. In most cases the spectators have to supply the reasons for the cruel threats, supposedly making them ‚logical' or understandable. The spectator thus has to justify the threat according to some norm that he or she basically does not agree with, because it seems to be absurd or even immoral.[215]

Diese Suggestion der Unbegründbarkeit des Geschehens der Drohung und damit der Ordnung der Gewalt erschüttert jede Begründung von Gewalt. Gerade im Modus der Unausweichlichkeit, der scheinbaren Schicksalhaftigkeit, in der sich die Gewalt, die Morde in *Mord* ereignen, präsentiert sich das Geschehen als falsches Abbild, das gerade durch diese Falschheit nach der Echtheit und den Begründungen des hier scheinbar Abgebildeten, der im Hintergrund aufscheinenden Alltagsrealität, fragen lässt. Hierin liegt das Politische von Levins Stücken, die in ihrer Präsentation des vermeintlichen Abbilds eines Geschehens dessen Brüchigkeit und Falschheit ausstellen. Durch das Bühnengeschehen wird nicht nur die Möglichkeit eines Abbildens dessen, was im Hintergrund zu stehen scheint, fraglich, sondern darüber hinaus wirft es die Frage nach der Möglichkeit auf, dasjenige zu bestimmen, was im Hintergrund steht und in der äußeren Welt geschieht. Es fragt sich, was

---

215 Rokem: Introduction, S. XXV.

eigentlich dieses historische Geschehen ist, das durch Assoziationen im Raum steht und durch das Bühnengeschehen aufgerufen und zur Verhandlung angeboten wird, und ob es nicht ebenso unbegründbar ist wie das Bühnengeschehen. Levins Theater behauptet seine Unaustauschbarkeit mit der es umgebenden ‚Realität', um gerade deren Austauschbarkeit mit sich selbst, als Zeichen ihrer Gründe, also deren rationale oder ideologische Begründbarkeit in Frage zu stellen.

Die Frage nach dem Warum wird in andere Zeiten verwiesen; nur der Auflösung der scheinbaren Zusammenhänge und Begründungen dient Levins Theater. Das Warum wird zum verschiebbaren Objekt, von den Begründungen wird jede einzelne wertlos in ihrer Austauschbarkeit. Wert erhielten sie nur, wären sie gegen etwas anderes tauschbar, nicht gegeneinander.

הכלה: למה?... למה?...	**Die Braut**: Warum?... Warum?...
האב: "למה". מכבר עברנו את השאלה "למה".	**Der Vater**: ‚Warum'. Lange überschritten wir schon die Frage ‚Warum'.
השאלה "למה" כבר לא צריכה להישאל.	Die Frage ‚Warum' braucht schon nicht mehr gefragt zu werden.
השאלה "למה" שייכת לזמנים אחרים.	Die Frage ‚Warum' gehört zu anderen Zeiten.
(יורה בפניה ויוצא. נכנסת הילדה, מתכוונת לחזור למקום החגיגה. היא נתקלת בשתי הגוויות, מביטה בהן בפה פעור, יוצאת במרוצה, חוזרת עם אב החתן וקרואים אחרים)	(Er schießt ihr ins Gesicht und geht ab. Das Mädchen kommt, sie ist auf dem Rückweg zum Ort der Feier. Sie stößt an die zwei Leichen, blickt auf sie mit offenem Mund, rennt raus, kehrt mit dem Vater des Bräutigams und anderen Gästen zurück.)
אב החתן: מה... מה... מה... איך!... איך!... אני לא מאמין למה שעיני רואות! אני לא מעכל את זה! מה... מה... מה... מה שעיני רואות לא נכון![216]	**Vater des Bräutigams**: Was... Was... Was... Wie!... Wie!... Ich glaube nicht, was meine Augen sehen! Ich verdaue das nicht! Was... Was... Was... Was meine Augen sehen, ist nicht richtig!

---

216 Hanoch Levin: רצח [Mord], in: ders.: 7 מחזות [Plays (VII)], S. 81-121, hier S. 106-107.

Das Warum nach der Tat, das sich nicht beantworten lässt, ruft so das Warum danach auf, warum man dieses nichtergänzbare Warum ergänzen sollte. Warum das begründen, was nicht zu begründen ist? Aber warum es dann tun?

Exkurs: Der Junge träumt - Text und Inszenierung

Vorbemerkung

Im folgenden Exkurs sollen sowohl der Text als auch die Inszenierung eines der wichtigsten Stücke Levins, *Der Junge träumt* (הילד חולם, 1993), untersucht werden. Der Junge träumt wurde 1993 in der Inszenierung Levins an der Habima in Tel Aviv uraufgeführt.[217] Nicht nur der Text des Stücks, der die Flucht eines Jungen und seiner Mutter vor Gewalt und Tod zeigt, sondern auch die eindrucksvolle Gestaltung durch die Bühnenbilder Roni Torens und die Musik von Poldi Schatzman trugen zum Erfolg der Aufführung bei. *Der Junge träumt* greift viele Motive aus vorangegangenen Stücken Levins auf: das Ausgeliefertsein des menschlichen Lebens an die Gewalt, die Allgegenwärtigkeit der Todesdrohung und die Frage nach dem Vertrauenswert der Sprache. Diese bekannten Motive siedelt der Text in einer eigenen Welt an, in der das Leben von Gewalt beherrscht wird. Doch verzichtet der Text sowohl auf die spektakuläre Grausamkeit der ‚grausamen Stücke' als auch auf die Alltäglichkeit der ‚Komödien aus dem Stadtviertel'. Levins Inszenierung von *Der Junge träumt* zeichnet sich durch wenige bewusst eingesetzte Mittel aus, die aber nicht karg sind, so dass sich von einem ‚aufwendigen Minimalismus' sprechen ließe.[218] Jedes der vier Bühnenbilder von Roni Toren ist eine Landschaft des leeren Raums um ein oder zwei zentrale Elemente. Levins Stil eines ‚aufwendigen Minimalismus' erschafft in *Der Junge träumt* eine Theaterwelt, die beeindruckt und sich zugleich ununterbrochen als Präsentation eines schönen Scheins ausstellt, der die Gewalt verhüllt und in sich trägt.

Die Differenz zwischen den von Levin veröffentlichten Theatertexten und ihrer Inszenierung auf der Bühne legt nahe, dass Levin Text und Aufführung als unterschiedliche künstlerische Produkte sah, die

---

[217] Die folgenden Ausführungen zu Levins Inszenierung stützen sich auf eine Videoaufzeichnung der Aufführung an der Habima, welche The Institute of Israeli Drama freundlicherweise zur Verfügung stellte.

[218] Dieser bewusste Einsatz einiger weniger, aber aufwendig gestalteter Mittel lässt sich u.a. am Bühnenbild und an den Kostümen sehen. Der Sinn dieser paradox anmutenden Bezeichnung des ‚aufwendigen Minimalismus' soll in der Beschreibung der Inszenierung klar werden.

jeweils für sich selbst stehen sollten. Deutlich wird dies, wenn Levin ‚gegen' seine eigenen Regieanweisungen inszeniert, den Text aber weiterhin in der ursprünglichen Form veröffentlicht. Ein Beispiel für dieses Phänomen findet sich im dritten Teil von *Der Junge träumt*: nach den Regieanweisungen des Textes sollte eines der bettelnden Kinder von der Insel dem Glaubenden Reisenden einen Stein ins Gesicht werfen,[219] in der Inszenierung spuckt ihm ‚nur' einer der Inselbewohner ins Gesicht. Ebenfalls auf der Insel treten der Gouverneur und seine Frau ohne ein Gefolge von Journalisten und Fotografen auf. Diese werden nur durch die Rede des Gouverneurs aufgerufen, erscheinen aber nicht auf der Bühne, was die Textfassung jedoch nahe legt.[220] Inszenatorische Überlegungen, was auf der Bühne besser und eindrucksvoller funktioniert, führten Levin also dazu, seine ursprünglichen Regieanweisungen zu missachten. Der Text von *Der Junge träumt* wurde zuerst 1991 veröffentlicht, doch auch in späteren Auflagen ließ Levin den einmal veröffentlichten Text in der ursprünglichen Form bestehen. Seine eigene Inszenierung stellt sich so nur als eine mögliche Inszenierung dieses Textes dar, der offen bleibt für die Auseinandersetzung anderer Theatermacher mit ihm. Da es im folgenden vor allem um Levin als Theatermacher gehen soll, werden meine Beschreibungen und Überlegungen von Levins Inszenierung und ihrer Präsentation seines Textes ausgehen und nicht den Text unmittelbar in all seiner Offenheit und Vielfältigkeit berücksichtigen können. Die Analyse folgt dabei dem Ablauf der Handlung in ihren vier Teilen.

1. Teil: Der Vater

Im ersten Teil steht im Mittelpunkt des Raums das Bett des Jungen, in der Rückwand befindet sich ein Spalt, durch den die Flüchtlinge erscheinen und durch den Mutter und Junge am Ende fliehen werden. Links im Hintergrund steht ein nach rechts schräg geneigter Strommast, von dem Stromkabel nach rechts geschwungen sind. Die Rückwand zeigt, wie auch im 2. und 3. Teil, aufgetürmte Wolken. Nach den Seiten verläuft sich der Raum in Vorhänge, durch die die verfolgenden Soldaten hereinbrechen, hinter denen aber auch die Leiche des Geigers verborgen werden kann. Die Handlung

---

[219] S. Levin: חולם הילד [Der Junge träumt], S. 305.
[220] S. Levin: חולם הילד [Der Junge träumt], S. 307.

des ersten Teils konzentriert sich um das Bett des Jungen als ihren Mittel- und Ruhepunkt.

Die Vorstellung beginnt mit dem im ersten Teil mehrmals wiederkehrenden Gesang einer Frauenstimme, der wie ein Schlaflied wirkt, das vergeblich zu beruhigen sucht und gerade damit gefangen nimmt. Bei diesem Gesang handelt es sich um das Lied des Jungen (s.u.). Zu Beginn liegt der Junge, gespielt von der Schauspielerin Dina Blay, im Bett, schlafend, vermutlich träumend. Seine Eltern sind wie die ‚heilige Familie' um das Bett gruppiert. Sie wachen über den Schlaf. Bereits in den ersten Worten betont der Vater die Ähnlichkeit von Schlaf und Tod im Anblick des Jungen. Ist dies einmal ausgesprochen, wird der Tod den Raum als Bedrohung der Lebenden nicht mehr verlassen. Er ist die gesamte Handlung hindurch als drohender Abwesender anwesend, der jeden Moment eintreten kann. Die Worte des Vaters weisen dem Jungen den Status eines Bedrohten zu und stellen so die Möglichkeit einer offenen Zukunft in Frage, die das Bild eines Kindes zunächst verspricht.

האב: עם הירדמו הופך הילד	**Der Vater**: Mit seinem Einschlummern verwandelt sich der Junge in den,
לאהוב עלינו לאין־קץ;	der uns lieb ist, grenzenlos;
שקט, פיו פעור בחוסר־ישע,	ruhig, mit offenem Mund, hilflos,
מזכיר לנו: כך ייראה	ruft er uns in Erinnerung: so wird er aussehen,
אם ימות.	wenn er sterben wird.
רגע קודם עוד כעסנו	Einen Moment davor waren wir noch wütend
על המולתו ופטפוטיו,	über sein Getobe und sein Gequatsche,
רגע אחר־כך כמעט בוכים	einen Moment danach weinen wir beinahe
מגעגועים לרעש המתוק	vor Sehnsucht nach dem süßen Lärm
מפי הילד הנושם קצובות,	aus dem Mund des Jungen, der gleichmäßig atmet,
שקוע בשלו.	versunken in sich.
האם: שייעצור הזמן עכשיו, בשיא האושר,	**Die Mutter**: Dass die Zeit jetzt anhalte, am Höhepunkt des Glücks,
כי טוב יותר כבר לא יהיה;	denn besser wird es schon nicht mehr werden;
שנהפוך שלושתנו לטבע דומם:	
"הורים מסתכלים על ילד	
חולם".[221]	

---

221 Levin: הילד חולם [Der Junge träumt], S. 265.

> dass wir drei uns verwandelten in ein
> Stillleben:
> „Eltern blicken auf einen träumenden
> Jungen".

Der Wunsch der Mutter nach einem Anhalten der Zeit am Höhepunkt des Glücks erinnert an *Faust*. Doch liegt hier der zu bewahrende schöne Augenblick nicht am Ende langer Bemühungen und Versuche, sondern ist der Ausgangspunkt in einer Welt, in der alles, was geschehen wird, die Harmonie nur zerstören kann. Die Mutter imaginiert die Familie mit dem schlafenden Jungen als Gemälde, was auffällig ist, da Levins ganze Inszenierung wie eine Kombination und Abfolge von Gemälden wirkt. Jeder Teil stellt ein großes Bild her. Ein Raum, der aus wenigen Elementen eine Landschaft baut, wird präsentiert. Während des ersten Teils gibt es mehrere harte Lichtveränderungen, die die Atmosphäre des Raums auf einen Schlag durch warmes oder kaltes Licht verändern; in den anderen Teilen gibt es keine Lichtveränderungen. In diesem Raum stellt sich jede Szene als eigenes Tableau dar, an dem einige Personen beteiligt sind, während die anderen eine oft ortsgebundene Zuschauermenge bilden. Die Rolle der Zuschauer kommt in den ersten drei Teilen meistens der Gruppe der Flüchtlinge zu. Oft entsteht ein neues Tableau durch eine Bewegung oder das Vortreten einer Figur. Es wird gesprochen und sich im so hergestellten Raum bewegt. Ist die Szene abgehandelt stellt die Bewegung einer oder mehrerer Figuren das nächste Bild her. Figuren treten zurück zu den Zuschauern oder aus ihrer Gruppe heraus.

Die Idylle der Familie dauert nicht lange. Unter dem Eindruck eines drohenden Geräuschs rücken Vater und Mutter vom Bett ab und lassen den Jungen allein in der Mitte zurück. Das Licht, welches zuvor nur einen Umkreis um das Bett beleuchtete, erfasst jetzt die gesamte Bühne. Nach scheinbar endlosen Momenten des Wartens stürzt eine Gruppe Flüchtlinge – erkennbar an ihren Mänteln und Koffern – in den Raum. Mit ihnen kommt der Blutüberströmte, ein Geiger, er bricht auf der Bühne zusammen, fassungslos, dass man ein Loch in ihn geschossen hat. Er stirbt in der ebenso fassungslosen Menge der Flüchtlinge, zu der durch ihre äußere Ähnlichkeit nun auch der Vater und die Mutter gehören. Es erscheinen ein Offizier und eine Zur Liebe Geborene Frau, vor ihnen drei Soldaten.

In Levins Inszenierung sind der Vater und die Mutter schlicht gekleidet; er trägt Hose und Hemd, sie ein blaues Kleid. Der Junge trägt eine weiße Hose und eine weißes Hemd, ähnlich einem Schlafanzug, die ihn in ihrem Stil als Kind ausweisen, und ihm im Land der Toten Kinder im vierten Teil noch als Totenhemd dienen. Auch die Kleidung der Flüchtlinge erinnert an die einfacher Leute aus der ersten Hälfte des 20. Jahrhunderts; manche von ihnen tragen zerschlissene Mänteln und Koffer als Zeichen der Flucht. Die Frauen tragen unter ihren Mänteln leichte Kleider, die sich als Sommerkleider aber auch als Nachthemden verstehen lassen, als seien sie aus dem Schlaf in die Flucht gejagt worden. Die Kleidung der Flüchtlinge lässt sich als der Versuch einer Abbildung der Kleidung gewöhnlicher Menschen verstehen. Demgegenüber sticht die Kleidung derer, die etwas vorstellen – des Offiziers und der Zur Liebe Geborenen Frau –, in ihrer Künstlichkeit hervor, als sollte sie nicht ein Abbild liefern, sondern sich selbst als Kostüm kenntlich machen, das die Rolle seines Trägers anzeigt. Die drei Soldaten tragen Waffen und lange schwarze Ledermäntel, die an die der SS erinnern. Der schwarze Mantel des Offiziers ist rot gefüttert und lässt sich farblich dem aufwendigen roten Kleid der Zur Liebe Geborenen Frau zuordnen. Er zeigt in seiner Kleidung die Rolle des Offiziers, der über Waffengewalt verfügt. Seine Pistole ist so gegürtet, dass sie sein Geschlechtsorgan ersetzt. In Kostüm und Spiel ist es unmöglich, diese beiden Figuren, den Offizier und die Zur Liebe Geborene Frau, mit Repräsentanten einer bestimmten außerhalb der Bühne liegenden Wirklichkeit zu verwechseln. Sie präsentieren sich selbst als Bühnenfiguren, die einen Assoziationsraum, gerade über die schwarzen Mäntel zu deutschen Soldaten, eröffnen, ohne dasjenige darzustellen, was assoziiert werden kann. Besonders die über die Gewalt verfügenden Figuren präsentieren ein Bühnengeschehen, dessen nicht abbildenden Charakter sie zugleich ausstellen, indem sie eine Rolle repräsentieren, wie die des Offiziers, und darin ihre eigene Rollenhaftigkeit betonen.[222]

Effekte der Verfremdung des Geschehens in seiner Präsentation werden im Auftreten der Figuren erzeugt. Besonders der Offizier und die Zur Liebe Geborene Frau spielen für sich. Sie nehmen die ihnen gemäßen Haltungen ein und sprechen ihre Texte in den Raum oder zum Publikum und nicht direkt zu den anderen Figuren. Die oft die Szene reflektierenden Elemente des Textes machen

---

222 Es wäre zu untersuchen, warum dieser Eindruck gerade bei den über Gewalt verfügenden Figuren entsteht, und ob das auch in anderen Inszenierungen Levins so ist.

den Eindruck eines ‚realistischen' Dialogs unmöglich. Die Künstlichkeit des ‚Dialogs' wird durch die Gesten des Sprechens weiter unterstrichen. Die Gesten erzeugen einen eigenen Dialog der Körpersprache zwischen den Figuren: Gesten der Herausforderung, der Erniedrigung, der Verwunderung, der Angst und der Ratlosigkeit, die als Reaktionen aufeinander lesbar werden. Die gesprochenen Texte legen eine zusätzliche Ebene über diese Körpersprache, die sich mit den körperlichen Gesten und dem Geschehen zwar durch Bezugspunkte verknüpfen, sich aber zugleich davon lösen. So wirft das Sprechen der Figuren immer wieder die Frage auf, zu wem sie eigentlich sprechen. Als der Junge in I,5 voller Freude über den vermeintlichen Zirkus aus dem Bett springt und diese Freude in Worte zu bannen sucht, scheint er nicht zu den anderen Figuren zu sprechen, denen er ja bereits die Freude seiner Sprünge zeigt. Spricht er für sich, spricht er für die Zuschauer? Verwandeln die Worte die Sprünge nicht in ein Spiel der Freude, das für sich nicht überzeugt und so vermeintlich der Worte bedarf, um sich als Freude zu beweisen? Doch wem gilt dann welches Spiel der Freude? Die Sprünge für die Figuren, die Worte für das Publikum, das doch beides und so den Abstand zwischen Sprung und Wort auch sieht? Die ausstellende Verdopplung der Freude in den Worten, die sie als Alltäglichkeit, normales Verhalten des Kindes hinzustellen scheinen, gibt der erklärten Freude eine Bedenklichkeit, die durch die bedrohliche Situation des Geschehens verstärkt wird.[223]

Doch zurück zum Verlauf des Geschehens. Mit dem Erscheinen der Soldaten in I,3 werden die Flüchtlinge in den Hintergrund gedrängt. Der Offizier und die Zur Liebe Geborene Frau nehmen die Familie zunächst nicht wahr, sondern eilen zu dem sterbenden Geiger. Die Zur Liebe Geborene Frau erfreut sich am Anblick ihrer

---

223 „Der Junge: Ich liebe es, von Zeit zu Zeit aufzustehen / in der Nacht aus tiefem Schlaf und zu entdecken, dass alles / an seinem Platz ist, dass mein Vater und meine Mutter und das Zimmer / und all die Bücher und Spielsachen – alles da ist, / [...] Aber besonders liebe ich Überraschungen. / Ah, Überraschungen – mein Lebensatem, erster Schnee / auf dem Baum am Fenster, oder ein neues Spielzeug / auf dem Stuhl, oder, zum Beispiel, wie jetzt / Gäste zu einem Fest, die alle Zimmer des Hauses füllen." (,על מקומו \ שהכל ולגלות עמוקה משינה בלילה \ פעם מדי לקום אוהב אני :הילד"
\ .הפתוח אוהב אני במיוחד אך \ [...] \ ,ישנו הכל – והצעצועים הספרים וכל \ ,והחדר ואמי שאבי
,למשל ,או ,הכיסא על \ חדש צעצוע או ,בחלון העץ על ראשון \ ,שלג ,אפי נשמת – ,הפתוות ,הה
".הבית חדרי כל את שממלאים לנשף אורחים , עכשיו כמו), חולם הילד:Levin [Der Junge träumt], S. 272-73.

ersten Leiche, fassungslos, dass dies wirklich geschieht.[224] Für sie ist der Ereigniswert des Todes von Bedeutung. Der Tod als Spektakel vor Zuschauern[225] wird von den einen gesucht und von den anderen geflohen. Es fliehen ihn vor allem diejenigen, die drohen, von Zuschauern zu Opfern des Spektakels zu werden. Als der Geiger noch einmal kurz zu Bewusstsein kommt, tritt ihm der Offizier in die Wunde, so dass er endgültig stirbt. Der Schauspieler, Haim Hova, gestaltet diese Bewegung des Offiziers so groß und gleichzeitig mit dem Minimum nötiger Bewegungen, eben nur des Fußes in einem großen, aufwendig kreisenden ‚Austreten', dass der Vorgang in seiner reduzierten Übertreibung verfremdet wird und sich so deutlich als Präsentation eines Tottretens und nicht als der Versuch einer Abbildung desselben zeigt.[226]

Nach dem Tod des Geigers befiehlt der Offizier den Flüchtlingen, ihre Sachen zu nehmen und mit den Soldaten zu kommen. Sie sollen also abtransportiert werden. Dem stellt sich die Mutter entgegen:

האם: איננו יכולים ללכת.	**Die Mutter:** Wir können nicht gehen.
מפקד: ככה!	**Offizier:** So!
האם: כן. הילד שלנו ישן.	**Die Mutter:** Ja. Unser Junge schläft.
(המפקד, האשה שנולדה לאהבה והחיילים רואים לראשונה את הילד הישן במיטתו. הם עומדים כמהופנטים למראה האידיליה הקטנה שבתוך תמונת הבלהה)	(Der Offizier, die Zur Liebe Geborene Frau und die Soldaten nehmen erstmals den in seinem Bett schlafenden Jungen wahr. Sie stehen wie hypnotisiert vor dem Anblick der kleinen Idylle inmitten des Schreckensbildes.)
אסור לכם להעיר אותו.	Es ist euch verboten, ihn zu wecken.
מפקד: ככה!	

---

224 „Zur Liebe Geborene Frau: Tot? Wahrhaftig? Großer Gott, / die erste Leiche in meinem Leben! / Also das, worüber man so viel / erzählt – es geschieht!" (\ ) "אשה שנולדה לאהבה: מת? אמיתי? אלוהים אדירים, \ הגוויה הראשונה בחיי! \ כל-כך הרבה – קורה!", Levin: הילד חולם [Der Junge träumt], (אז מה שמספרים עליו) S. 268.

225 Der Tod in Form einer Hinrichtung, die sich als Spektakel mit Ereigniswert gut an Zuschauer verkaufen lässt, prägt auch *Hinrichtung* und *Hiobs Leiden*. Hier mutet diese Hinrichtung nach einer Privatvorstellung für die Zur Liebe Geborene Frau an.

226 Zu Levins sehr bewusster und effektvoller Theaterarbeit mit oft denselben Schauspielern s. Gad Kaynar: "אז מה זה אדם?" – עיון בשפת המשחק הלווינית [„Was ist dann ein Mensch?" – Erörterung der Levinschen Schauspielsprache], in: Yaari, Levy (Ed.): חנוך לוין [*Hanoch Levin*], S. 254-277.

227 Levin: הילד חולם [Der Junge träumt], S. 270.

האם: כן. הוא ילד. הוא חייב לישון בלילות. הוא חולם. אומרים שבלילות הם גדלים. בלילות מתעצבת אצלם האישיות, הנשמה נפתחת. בני במיוחד זקוק לשינה, הוא היה חולה כל החורף, הוא רגיש, כל רוח קלה עלולה לפגום בהתפתחותו. כזהו בני.²²⁷	**Offizier**: So! **Die Mutter**: Ja. Er ist ein Kind. Er muss in den Nächten schlafen. Er träumt. Man sagt, dass sie in den Nächten wachsen. In den Nächten gestaltet sich bei ihnen die Persönlichkeit, die Seele wird entwickelt. Besonders mein Sohn braucht Schlaf, er war den ganzen Winter krank, er ist empfindlich, jeder leichte Wind kann seine Entwicklung beeinträchtigen. So ist mein Sohn.

Die im Titel bereits gegebene Problematik des Traumes wird nicht nur an dieser Stelle aufgeworfen. Es fragt sich, welche Bedeutung das Träumen hat, wer träumt und welche Teile des Bühnengeschehens eigentlich als der Traum des Jungen aufzufassen sind. Eine Antwort darauf, wäre, zumindest nach Einschätzung der Mutter, wichtig für die Entwicklung des Jungen. Der Offizier setzt gegen die Ansicht der Mutter eine der anderen Überlegungslinien des Stückes, die die Kinder als naiv angesichts der Grausamkeit der Welt bezeichnet, ihre Existenz beinahe als unmöglich benennt.

מפקד: ילד. תמצית חיינו. הגביש. ישן, מה? עולמות מתמוטטים סביבו והוא שקוע, מקופל בתוך בועת חלומותיו, נושם קצובות, כאילו מעניק בנשימתו איזה סדר ומובן לתוהו של חיינו. (מסמיך פניו על פני הילד) ראו, נושם לו בשלווה כזאת, כלל אינו יודע שאני קיים. פלא השינה. הי, ילדים, איך זה אתם ישנים לכם ככה, כאילו העולם הוא מקום לישון?	**Offizier**: Ein Kind. Essenz unseres Lebens. Der Kristall. Er schläft, was? Welten stürzen ein um ihn herum, und er versunken, eingehüllt inmitten der Blase seiner Träume, atmet gleichmäßig, als verliehe er mit seinem Atmen irgendeine Ordnung und einen Sinn dem Chaos unseres Lebens. (Er nähert sein Gesicht dem Gesicht des Jungen.) Seht, er atmet mit einer solchen Ruhe, er weiß überhaupt nicht, dass ich existiere.

---

228 Levin: הילד חולם [Der Junge träumt], S. 270-71.

הלא אם לחשוב עד הסוף,
עליכם לזחול מכווצים על ארבע,
לייַלל מפחד ולהכות באגרוף
על הקירות –
כך חייב אדם נבון לחיות!
[...]
מפקד: נהפוך את העולם
להמשכו של החלום.²²⁸

Wunder des Schlafes.

Hey, Kinder, wie kommt es, dass ihr
so schlaft, als ob
die Welt ein Ort zum Schlafen wäre?
Als ob ihr nicht, wenn man bis zum
    Ende denkt,
zusammengedrängt auf allen Vieren
    kriechen müsstet,
heulen vor Angst und mit der Faust
    schlagen
auf die Wände –
So muss ein vernünftiger Mensch leben!
[...]
Offizier: Verwandeln wir die Welt
in die Fortsetzung des Traums.

Scheinbar auch dem Zauber des schlafenden Jungen und seiner Unangebrachtheit erlegen, gibt der Offizier der Mutter einen Schritt nach, um den Jungen mit der Botschaft zu wecken, es sei ein Zirkus in der Stadt angekommen. In der Entscheidung des Offiziers bleibt offen, ob er sich selbst für einen Moment die Unverantwortlichkeit der Kinderwelt erlauben will, oder ob dies nicht wieder als Drohung zu lesen ist, an deren Ende der Traum als Alptraum steht, der dem Erwachenden die Unverantwortlichkeit eines Nicht-Achtgebens auf die Gewalt der Welt zeigt.²²⁹ Es sei daran erinnert, dass Le-

---

229 David Heyd vergleicht diese Verwandlung der Welt in den Traum des Zirkus durch den Offizier mit dem vergeblichen Bemühen der Künste, auf die Welt einzuwirken, das sich als Motiv durch das Stück zieht: „Ebenso ist der Versuch, die Welt in der Form eines Traumes zu gestalten, den Künstlern zugehörig, angefangen mit dem blutüberströmten Geiger (S. 266) und bis zu dem Dichter, dem lahmen jungen Mann, der das Leid der Flüchtlinge bezeugt (S. 300). Die Kunst, dem Traum ähnelnd, bietet eine mögliche Alternative zu einer in ihrem Elend und ihrem Bedeutungsmangel grotesken Wirklichkeit an. Aber im Gegensatz zum Traum ist die Kunst eine von Menschenhand initiierte und ausgerichtete Gestaltung. Sie ist ein Versuch ‚zweiter Ordnung', die Situation des Menschen in einer Art zu bewältigen, die dem Kampf verbunden ist, ‚mit einem ernsthaften Zugang' (S. 266), in einem ernüchterten Bewusstsein, welches das Gegenteil der Phantasie des Traumes ist, in einem außerhalb des Lebens Stehen." (שייך חלום דמוי באופן העולם את לעצב הניסיון ,כן כמו" לאמנים, החל מן הכנר שותת הדם ('עמ 266) וכלה במשורר, הנער הפיסח, המתעד את סבלם של הפליטים ('עמ 300). האמנות, בדומה לחלום, מציעה חלופה אפשרית למציאות הגרוטסקית

vins Dramaturgie durch Drohungen funktioniert, die mit einem Versprechen des Aufschubs arbeiten, um sich schließlich umso unvermittelter zu erfüllen. Dementsprechend lässt sich das Versprechen des Zirkus, der in die Stadt gekommen sei, als Aufschub der Drohung des Offiziers lesen, die Familie habe sich in den Strom der Flüchtlinge einzureihen. Aufgeschoben wird die Unterwerfung der Familie unter die Gewaltordnung des Offiziers, die dieser als Ordnung der Welt dem Schlaf des Jungen entgegensetzt – wie einen Traum gegen den anderen.

Nach dem Befehl, man solle den Jungen mit der Nachricht, ein Zirkus sei in die Stadt gekommen, wecken, gehen die Figuren – sowohl die Flüchtlinge, als auch die Eltern, der Offizier und die Zur Liebe Geborene Frau – in einen Tanz über, in dem alle in derselben harmonischen Welt ohne Gewalt und Hierarchien verbunden zu sein scheinen. Für die Zeit des Tanzes schlägt das bisher kalte Licht auf der Bühne in ein warmes rotes Licht um. Der Tanz dient in Levins Inszenierung als Ausdruck einer Situation, die von der ‚Welt' des Bühnengeschehens losgelöst ist: sei es als Theater im Theater wie hier; sei es in der Zwischenszene zwischen dem dritten und vierten Teil, in der der Junge mit verschiedenen Figuren wie in einem Traum tanzt; sei es beim Tanz der Toten Kinder, wenn keine anderen Figuren in ihrem Land anwesend sind. Tanz und Musik erscheinen in Levins Theater als die Versuche, der Gewalt der (Bühnen)Welt eine andere Welt (innerhalb der Bühnenwelt) entgegenzusetzen.

Nach dem Tanz bilden die Flüchtlinge eine Parade, an deren Spitze die Soldaten den toten Geiger als Spielpuppe benutzen. Das Licht wechselt ins Blaue und erzeugt so eine Atmosphäre der Unwirklichkeit. Die Parade führt um das Bett des erwachenden Jungen.

בעליבותה ובחוסר משמעותה. אך בניגוד לחלום, האמנות היא עיצוב יזום ומכוון בידי אדם. היא ניסיון 'מסדר שני' להתמודד עם המצב האנושי באופן הכרוך במאבק, ב'גישה הרצינית' (עמ' 266), David Heyd: (במודעות מפוכחת ההפוכה מהפנטסיה של החלום, בעמידה מחוץ לחיים:" [Traum, der zu Asche zerfällt. Über die Kunst, die enttäuschte in „Der Junge träumt"], in: Yaari, Levy: חנוך לוין [Hanoch Levin], S. 18-30, hier S. 24-25. Doch bleibt zuletzt auch dieses ‚außerhalb der Welt Stehen' hilflos gegenüber dem gewaltsamen Geschehen der Welt, das es nur zu bezeugen vermag, wie der Dichter, oder dessen Opfer es wird, wie der Geiger. Ein Scheitern, das in Levins Stück – ebenso wie das Stück als Ganzes – nur umso mehr zu einer Betonung der Notwendigkeit dieser Gegenentwürfe wird.

Seine Mutter sagt ihm, was er sieht/sehen soll: dass ein Zirkus in der Stadt angekommen sei. Der Junge steht auf und bringt seine Freude in Sprüngen und Worten zum Ausdruck (s.o.). Das Licht schlägt wieder in die kalte Bühnenbeleuchtung um, die vor dem Tanz herrschte, als die Zur Liebe Geborene Frau sich dem freudigen Jungen zuwendet und ihn zu verführen beginnt. Sie tagträumt sich den Jungen zehn Jahre älter als Mann zu ihren Diensten. Aus dieser scheinbaren Zärtlichkeit schreit sie ihn an, um zu erfahren, wer sein Vater sei. Der unvermittelte Umschlag zur Gewalt vollzieht sich gegenüber dem Kind in der Stimme. Sie wendet sich dem Vater zu als einem Mann, „um mit ihm zu führen / Gespräche über Kunst, bis zum Licht des Morgens, / und sogar ein wenig mehr".[230] Wie auch an anderen Stellen des Stückes werden Kunst und die Kultiviertheit des Gesprächs als schwaches Gegenbild zu Gewalt und Barbarei aufgerufen, die im Stande sind, mit ersterem nach Belieben umzuspringen. Die Zur Liebe Geborene Frau versucht, den Vater zu verführen. Er weist sie ab. Sie reißt die Pistole des Offiziers an sich, hält sich diese als nun ihr männliches Geschlechtsorgan vor. Als solcherart bewaffneter ‚Mann' zwingt sie den Vater auf die Knie, damit er an der Pistole lutsche. Der Aufschub, den der vorgetäuschte Zirkus versprach, ist vorüber, und das Gesetz der Drohung tritt wieder in Kraft. Der Offizier stellt sich hinter die Szene der beiden und betrachtet sie begutachtend. Der Junge ist hilflos und verzweifelt:

הילד: אבא! אבא! זה אבא שלי!	Der Junge: Vater! Vater! Das ist mein
סלחו לו! סלחי לו, גברת!	Vater!
זהו אבא שלי! אי־אפשר	Verzeiht ihm! Verzeihe ihm, Dame!
לעשות לו את זה![231]	Das ist mein Vater! Es ist nicht möglich,
	dies mit ihm zu tun!

Bevor der Vater physisch ausgelöscht wird, soll sein Bild in der Erinnerung des Jungen zerstört werden. Ähnlich wie in anderen Stücken Levins gehen hier die Demonstration der Schwäche des anderen und die hier nur symbolische Kastration der Tötung des Mannes voraus. Das Bild des Vaters als starkem Mann wird zerstört, bevor der nun nicht mehr gebrauchte Körper erschossen wird. Die Mutter schickt den Jungen in beider Hilflosigkeit vor, ein Lied zu

---

230 "אשה שנולדה לאהבה: אלוהים אדירים, זה גבר לנהל איתו \ שיחות על אמנות עד אור הבוקר, \ ואפילו קצת יותר!", Levin: הילד חולם [Der Junge träumt], S. 274.

231 Levin: הילד חולם [Der Junge träumt], S. 275.

singen, das bei Der Zur Liebe Geborenen Frau Mitleid erregen und so dem Vater helfen soll.[232] Das Lied bewirkt die Unterbrechung der Drohung, die einen Moment später umso unvermittelter sich erfüllt. Die Zur Liebe Geborene Frau hört das Lied und lässt den Vater frei. Er steht auf und sie erschießt ihn. Das Lied des Jungen zieht sich als Leitmotiv durch *Der Junge träumt*. In der Inszenierung wird seine Melodie an mehreren Stellen intoniert, manchmal das Lied auch gesungen.

הילד: הנה באים ימי הקיץ המתוק,	Der Junge: Siehe, es kommen des süßen
שטופי שמחה אנחנו מחכים,	Sommers Tage,
היום ארוך, הלילה עוד רחוק,	der Freude hingegeben warten wir,
אך כבר אנחנו מתחילים לדאוג:	der Tag ist lang, die Nacht noch fern,
היספיק לנו הקיץ? היספיקו	doch schon beginnen wir zu sorgen:
החיים?[233]	reicht uns der Sommer aus? Reicht aus das Leben?

Die Angst, dass das Leben nicht ausreichen wird, erweist sich in Levins Theater als begründet. Seinen Figuren wird der Sommer immer zu kurz sein, und doch werden sie immer hoffen, dass er noch andauern möge. Mit dem Lied wird die vergebliche Kraft der Musik gegen die Herrschaft der Gewalt beschworen. Ihr gelingt, wie dem Theater, nur, eine kurze Unterbrechung im alltäglichen Gang der Gewalt zu erreichen. Die kurze Unterbrechung, die das Lied gewährt, verstärkt zwar die Gewalt der im folgenden sich doch erfüllenden Drohung, doch in der Erinnerung überlagert den Schrecken die Möglichkeit, dass das Lied eine Wirkung haben könnte. Der Junge wird es im zweiten Teil noch einmal mit dem Lied versuchen, wieder vergeblich. Durch das Lied, als Ausdruck der Kunst, scheint die Möglichkeit von etwas anderem auf, die zugleich an der Abhängigkeit des Liedes von der Situation seiner Äußerung scheitern muss. Das Lied weist über die Situation der Ermordung des Vaters hinaus und bleibt doch unlösbar seiner Unwirksamkeit in dieser Situation verbunden.

Nachdem die Zur Liebe Geborene Frau den Vater erschossen hat, erhält sie das Lob des Offiziers. Der Offizier gliedert so ihre Tat in

---

232 „This kind of scene, where singing a song and entertaining is a way to postpone an inevitable death, has been used in many plays about the Shoah, including Sobol's *Ghetto*, where Chaya's song for Kittel saves her life." Rokem: *Performing History*, S. 91.

233 Levin: הילד חולם [Der Junge träumt], S. 276.

seine Ordnung ein, indem er nicht nur den Akt der Ermordung, sondern auch die Art der Ausführung gutheißt. Die Zur Liebe Geborene Frau zeigt sich als willige Erfüllungsgehilfin der Gewaltordnung des einen Mannes, vollzogen an dem anderen.[234]

מפקד: זה היה טוב. וזה היה נכון.
לאחר שמיצית את כל האימה
מן האיש הזה, היית מוכרחה
להשיב לו
את האמונה שיחיה, ואז,
כשהאמין –
בום! בפרצוף! כל החלאה! עוד לא
הספיק לעכל שיחיה, ושוב –
לא יחיה!
כמה נכון! כמה ערמומי! נקבה![235]

Offizier: Das war gut. Und das war richtig.
Nachdem du alles Grauen herausgepresst hattest
aus diesem Mann, warst du gezwungen,
ihm zurückzugeben
den Glauben, dass er leben wird, und
dann, als er glaubte –
Bumm! Ins Gesicht! All der Abschaum!
Noch gelang es ihm nicht, zu verdauen, dass
er leben wird, und wieder –
wird er nicht leben!
Wie richtig! Wie verschlagen! Weiblich!

Der Offizier heißt das Vorgehen der Frau gut und belehnt es mit seiner Autorität und versucht zugleich, es als ‚weiblich' zu denunzieren, so das eventuell daran Verwerfliche von sich wegzuhalten und seine höhere Position gegenüber dieser grausamen Frau zu betonen. In seinen Worten legt der Offizier das Funktionieren von Levins Dramaturgie der Drohung offen. Im Zynismus ihrer Rede sprechen die Inhaber der Gewalt das Funktionieren dieser ‚Bühnenwelt' zwar aus, doch scheinen die Opfer, die Flüchtlinge sie durch den Schleier der ewigen Hoffnung nicht zu hören.

Der Offizier sagt der Mutter und dem Jungen, sie seien frei zu gehen, also zu fliehen, denn sie hätten ihr Leben teuer genug bezahlt. Das Leben des Vaters erhält rückwirkend einen Tauschwert in einem Geschäft, das einzugehen oder nicht einzugehen der Familie nicht zur Entscheidung gegeben wurde. Sein Tod erhält so nachträglich einen Wert, als ließe er sich dahingehend rationalisieren, dass der Tod des Mannes, gängigen Opfer- und Kriegserzählungen entsprechend, das Weiterleben von Mutter und Kind ermöglicht

---

234 Zur Autorisierung weiblicher Figuren durch eine männliche Autorität, um Grausamkeiten zu begehen, und zu einer vergleichbaren Funktion von Herbstlächeln in *Hinrichtung* s. Kap.8.2 „Geschlechterverhältnisse und Körperbilder".

235 Levin: הילד חולם [Der Junge träumt], S. 277.

und gesichert habe. Die Mutter möchte Abschied nehmen, doch einer der Soldaten erklärt ihr, dass dies der Luxus einer anderen Zeit sei. Angesichts des toten Vaters kämpft die Mutter mit ihren Erinnerungen. Wie viele von Levins Figuren hat sie das Problem, sich selbst in einer anderen Zeit, also als andere zu imaginieren. Weder kann sie sich bereits sich selbst ohne ihren Mann vorstellen, noch weiterhin mit ihm.

האם: היתה תקופה שלא הכרתי את האיש הזה שהפך לבעלי. כשהייתי ילדה קטנה האם ידעתי מיהו? לו היו מורים לי עליו ברחוב "זה יהיה פעם חתנך", "אותו פעם תאהבי" – הלא הייתי צוחקת. אקרא לתקופה הזאת: חזרי! חזרי! חזרי, ילדות מאושרת בה לא ידעתי את אהבתי-לעתיד, חזרי, ילדות רוויית שמש וצהלה ואדישות מוחלטת כלפי האיש הזה, אהוב ליבי המת. בואי, ריקנות, מלאי את ליבי!²³⁶	**Die Mutter**: Es gab eine Zeit, da kannte ich nicht diesen Mann, der mein Ehemann wurde. Als ich ein kleines Mädchen war, wusste ich da, wer er ist? Hätten sie mir auf ihn gezeigt auf der Straße „Dieser wird einmal dein Bräutigam", „Ihn wirst du einmal lieben" – Ob ich nicht gelacht hätte. Ich werde diese Zeit rufen: Komm zurück! Komm zurück! Komm zurück, glückliche Kindheit, in der ich meine zukünftige Liebe nicht erkannt hatte, komm zurück, Kindheit gesättigt von Sonne und Jubel und absoluter Gleichgültigkeit gegenüber diesem Mann, Geliebter meines Herzens, der tot ist. Komm, Leere, füll mein Herz!

Die Mutter versucht, die Erinnerung an den toten Vater und damit den Verlustschmerz auszuschalten, indem sie sich selbst als Mädchen erinnert, also in einer Zeit, bevor sie ihn kannte. Hätte sie ihn nicht gekannt, so empfände sie jetzt nicht die mit Schmerz verbundenen Erinnerungen an den Verlorenen. Doch auch sich selbst als dieses Mädchen von einst zu erinnern, also sich in einer anderen Zeit für die Jetztzeit zu erinnern, will ihr nicht gelingen. Der momentane Zustand erscheint als ewig und verfügt über die Macht des Soseins. Der Mutter ist es unmöglich, eine Verbindung zwischen ihrem Dasein als Ehefrau einige Minuten früher und als Witwe jetzt herzustellen. Der Bruch in ihrem Leben lässt sich nicht

---

236   Levin: הילד חולם [Der Junge träumt], S. 279.

als Übergang ableitbar und damit verständlich machen. Diesen (Ein)Bruch des Todes versucht die Mutter zu umgehen, indem sie in einen Zustand zurückkehrt, der vermeintlich vor dem Schmerz und vor der für diesen verantwortlichen Folge der Ereignisse liegt, in die Kindheit. Diese Erklärung an oder über den Vater spricht sie neben der Leiche kniend, aber von ihr weg ins Publikum blickend. Dabei hat die Mutter die linke Hand auf ihre rechte Brust gelegt und die rechte Hand erhoben, als würde sie schwören – vielleicht ihre Liebe – und zugleich die ersehnte Vergangenheit beschwören.

Die Mutter und der Junge machen sich auf die Flucht. Jeweils die letzte Szene der einzelnen Teile von *Der Junge träumt* ist mit ‚Trauerfeier' (אשכבה) übertitelt. In der letzten Szene des ersten Teils überlegt die Zur Liebe Geborene Frau, dass die zweite Leiche schon einen Gewöhnungseffekt mit sich bringe und weniger aufregend sei als die erste. Eine ähnliche Gewöhnung an die Gewalt kann auch eine medial mit Bildern der Gewalt überschwemmte Gesellschaft für ihre Zuschauer mit sich bringen. Der zuvor bereits geäußerte Wunsch der Frau, immer nur Anfänge, die ersten Male, erleben zu wollen,[237] scheint auch gewaltsam nicht erfüllbar. Die Zur Liebe Geborene Frau erklärt den Sommer ihres Erlebens für beendet.[238] Währenddessen setzt sich der Offizier in das Bett des Jungen, so wie dieser vorher darin saß. Als habe der Offizier durch die Vertreibung des Jungen jetzt dessen Position, die Welt zu träumen, eingenommen.

In Levins Inszenierung folgt dem ersten Teil eine kurze Szene vor dem Vorhang, die der Überbrückung der Umbaupause dient. Der Junge steht in der Mitte, drei Frauen, die vorher unter den Flüchtlingen waren – nun aber ohne die Flüchtlingsmäntel, nur in Kleidern –, kommen von links und singen ihm sein Lied, während von rechts der Offizier, die Zur Liebe Geborene Frau und die Soldaten erscheinen. Die hierarchischen Unterschiede scheinen im Traum

---

237 S. „Zur Liebe Geborene Frau: Ach, könnte ich doch nur / die ersten Male leben." ("אשה שנולדה לאהבה: אח, לו יכולתי לחיות רק \ את הפעמים הראשונות!"), Levin: הילד חולם [Der Junge träumt], S. 275.

238 „Zur Liebe Geborene Frau: Und es kneift das Herz. Und es ist traurig. Wie zu Beginn / des Herbstes. Nicht mehr wiederkehren wird der erste / Geschmack der Traube. / Leb wohl, Jugend; der Sommer ist zu Ende." "אשה שנולדה לאהבה: ונצבט הלב. ועצוב. כמו בראשית \ הסתיו. לא ישוב עוד טעמו \ הראשון (של הענב. \ שלום, נעורים; הקיץ תם."), Levin: הילד חולם [Der Junge träumt], S. 280.

des Jungen und durch die Musik aufgehoben. Als erste gehen die drei Frauen wieder ab. Als der Offizier und sein Gefolge sich ebenfalls entfernen, winkt der Junge ihnen verträumt hinterher, als wären dies die Figuren, die seinem Traum eine Bedeutung geben und die er vermisst. Von den Flüchtlingsfrauen braucht er nicht Abschied zu nehmen, da sie ein gemeinsames Schicksal teilen. Traumwandlerisch gehend verlässt er die Bühne nach ihrer Seite.

2. Teil: Die Mutter

Im zweiten Teil versuchen die Mutter und der Junge, auf ein Flüchtlingsschiff zu gelangen, das sie aus dem Land bringen soll, welches sie mit dem Tod bedroht. Die Gestaltung des Geschehens lässt einen genauen historischen Bezugsrahmen weiterhin offen. Zwar rufen die Flüchtlinge in ihrer europäischen Kleidung und mit ihren Koffern weiterhin Assoziationen an jüdische Flüchtlinge während des Zweiten Weltkriegs auf, doch ließe sich die Flucht aufs Schiff auch als Bild von Asylflüchtlingen lesen, die sich gerade auf den Weg nach Europa machen.[239]

---

[239] Die Bezugnahme auf die Shoah wird allerdings dadurch verstärkt, dass der Ablauf der Handlung – die Flucht, die Schiffspassage zu einer Insel, die die Flüchtlinge trotz Visa abweist und zurückschickt, und so schließlich der Tod durch die Hand der Verfolger – in den Assoziationsrahmen des Stückes eine bestimmte Episode der nationalsozialistischen Judenverfolgung ruft. Es handelt sich hierbei um die Fahrt der St. Louis, ein deutsches Schiff, das am 13. Mai 1939 mit 930 jüdischen Passagieren aus Deutschland an Bord von Hamburg nach Kuba auslief. Obwohl die Passagiere von der kubanischen Einwanderungsbehörde Landeberechtigungen für Havanna erhalten hatten, setzte die kubanische Regierung diese Berechtigungen kurzfristig außer Kraft, so dass nur noch 22 jüdische Passagiere den neuen Visaanforderungen genügten. Die anderen mussten, da ihnen auch in Florida die Einreise verwehrt wurde, nach Europa zurückkehren. Frankreich, Belgien, die Niederlande und England erklärten sich zur Aufnahme der Passagiere bereit, doch wurden viele später von den Deutschen deportiert, so dass die meisten der jüdischen Passagiere der St. Louis die Shoah nicht überlebten. Vgl. hierzu den entsprechenden Eintrag in: *Enzyklopädie des Holocaust. Die Verfolgung und Ermordung der europäischen Juden*, Bd. III, dt. Ausgabe hrsg. v. Eberhard Jäckel, Peter Longerich, Julius H. Schoeps, München: Piper 1995, S. 1366-1367.

Die Bühne ist wie im ersten Teil schlicht gehalten. Nur das Licht ist düsterer geworden. In der Mitte der Bühne erhebt sich ein schräger Mast mit Mastkorb, in dem sich die bereits auf das Schiff gelangten Flüchtlinge drängeln. Vom Mastkorb ist eine Strickleiter als Rampe zur Bühne hinuntergelassen. Von links deuten einige Planken den Verlauf einer Mole zum Schiff hin an, doch bewegen sich die Figuren im gesamten Umfeld des Mastes. Um den Mast verstreut liegen einige Koffer, Kisten und Fässer. Es gibt keine Behauptung auf der Bühne, dass hier Wasser sei und dort Land. Ziel ist einzig, den Mastkorb als Ort zu erreichen, der die Fortsetzung der Flucht ermöglicht.

Die Mutter und der Sohn tragen nun Mäntel wie die anderen Flüchtlinge, die Mutter auch einen Koffer. Als sie auf das Schiff wollen, erfahren sie, dass ihre Tickets ungültig sind. Ein Matrose versperrt die Strickleiter. Ein Auf Die Lebenden Neidischer erregt sich darüber, dass der Junge noch so viel leben wird und Spaß haben zu einer Zeit, da er schon tot sein wird. Die Darstellung dieser Erregung entbehrt nicht der Komik. Der Auf Die Lebenden Neidische unterstreicht mit einfachen Körperhaltungen, wie er tot mit offenem Mund liegen wird, während der Junge mit Frauen tanzen und lachen wird. Die Figur scheint sich dabei ihrer Lächerlichkeit bewusst zu sein und kann doch nicht anders, als sie zum Ausdruck zu bringen: eine von Lebenshunger und -neid überwältigte Levinsche Figur. Wie ein Prolog geht diese Szene dem Geschehen des zweiten Teils voraus. Über ähnliche eröffnende Szenen verfügen aber auch der erste und der dritte Teil. In I,2 leitet der Tod des Geigers, den dieser nicht fassen kann, das Spiel um den Tod des Vaters ein. In III,2 setzt ein Begeisterter Reisender all seine Hoffnungen auf das Wohlergehen und die kleinsten Tätigkeiten des Einwanderungsbeamten, der über Leben und Tod entscheiden wird. Die Worte des Auf Die Lebenden Neidischen lassen sich auch als Inversion der ersten Worte des Vaters lesen, der im ruhigen Schlaf des Jungen den Tod sah. Nun sieht der Auf Die Lebenden Neidische in der angestrengten Flucht des Jungen vor dem Tod das Leben.

Der Kapitän hindert die Mutter und den Jungen am Betreten des Schiffes. Sie versucht, ihn damit zu erweichen, dass er sicher auch Kinder habe und sie daher verstehen müsse. Es stellt sich heraus, dass die jüngste Tochter des Kapitäns mit drei Jahren starb. Die Mutter glaubt, dann müsse er ihren Schmerz, wenn ihr Sohn sterben sollte, verstehen und ihr deswegen helfen. Der Kapitän aber sieht nicht ein, warum er jetzt Mitleid haben solle, da sie um seine

Tochter nicht geweint habe, als das Mädchen starb. Es scheint, als wäre ein Tausch des Schmerzes um die Kinder oder des Mitgefühls zwischen den Eltern möglich, doch wird die Möglichkeit des Tausches zugleich durch die Ungleichheit der Kinder – der lebende Junge und das tote Mädchen – unmöglich gemacht. Der Kapitän begründet sein Verhalten mit dem Verhalten der Mutter, dass diese unwissend ihr Leben genoss, während seine Tochter starb. Deshalb ist ihm ihr Sohn unsympathisch:

רב־החובל: אומר לך בכנות: אהבתי את ילדתי, אבל אני לא אוהב את הילד שלך. פשוט כך.	**Kapitän**: Ich sage dir aufrichtig: Ich liebte mein Mädchen, aber ich liebe nicht deinen Jungen. Es ist einfach so.
האם: לו היתה ילדתך בחיים – לא היית מבין את כאבי; וכיוון שמתה ילדתך – אתה רוצה בכאבי; כך או כך – אתה לא תעזור.	**Die Mutter**: Wäre dein Mädchen am Leben – würdest du nicht verstehen meinen Schmerz; und weil sie tot ist, dein Mädchen – willst du meinen Schmerz; so oder so – du wirst nicht helfen.
רב־החובל: לא אעזור. הזדווגת כשמתה ילדתי.	**Kapitän**: Ich werde nicht helfen. Du hast gefickt, als mein Mädchen starb.
האם: סלח לי.	**Die Mutter**: Verzeih mir.
רב־החובל: לא אסלח. בת שלוש – עולם ומלואו להוריה; לא כלום לכל השאר.	**Kapitän**: Ich werde nicht verzeihen. Drei Jahre alt – eine ganze Welt für ihre Eltern; rein gar nichts für den ganzen Rest.
ועוד משהו. אמרי, מאוד נחוץ לי לדעת: תוכלי בלי בנך? תוכלי לחיות בלעדיו?	Und noch etwas. Sag, es drängt mich sehr zu wissen: Wirst du ohne deinen Sohn können? Wirst du leben können ohne ihn?
האם: (בוכה) לא אוכל לחיות בלעדיו אף רגע!	**Die Mutter**: (weint) Auch nicht einen Augenblick werde ich ohne ihn leben können!
רב־החובל: לא, אמרי ברצינות, אני שואל, מציק לי מאוד: תוכלי בלעדיו? תוכלי לחיות בלי בנך?	**Kapitän**: Nein, sag ernsthaft, ich frage, es bedrückt mich sehr: Wirst du können ohne ihn? Wirst du leben können ohne deinen Sohn?
האם: (זועקת) לא! לא! לא אוכל לחיות בלי בני!	**Die Mutter**: (schreit)
רב־החובל: והרי תוכלי! והרי תחיי גם אם ימות! והרי תנשמי ותאכלי ותתרחצי	

---

240   Levin: הילד חולם [Der Junge träumt], S. 285-86.

ותפרישי הפרשות! תחיי בלי בנך, תחיי! וזה כל העניין, זה מה שמשפיל כל-כך: שאנו יכולים להמשיך לחיות בלי היקר לנו מכל.²⁴⁰	Nein! Nein! Ich werde nicht leben können ohne meinen Sohn! **Kapitän**: Und doch wirst du können! Und doch wirst du leben, auch wenn er sterben wird! Und doch wirst du atmen und essen und dich waschen und entleeren Ausscheidungen! Du wirst ohne deinen Sohn leben, du wirst leben! Und dies ist die ganze Sache, dies ist es, was so sehr erniedrigt: dass wir fortfahren können zu leben ohne das uns Kostbarste von allem.

Statt Hilfe bietet der Kapitän Erniedrigung, als könne dies die Erniedrigung, die er ob seines Weiterlebens nach dem Tod des Mädchens zu empfinden scheint, ausgleichen oder überspielen. Auf den weiteren Verlauf der Handlung gesehen entfalten seine Worte zudem einen prophetischen Charakter: Als die Mutter im letzten Teil den Jungen ins Land der Toten Kinder gebracht hat, geht sie von dort mit den Soldaten weg, um weiter (erniedrigt) zu leben. Von der Erniedrigung durch die Rede wendet sich der Kapitän dem praktischen Vorteil zu, der aus der Lage der Mutter für ihn zu ziehen ist, dem Geschäft: Sie soll ihm ihren Körper für die Schiffspassage verkaufen. Die Verbindung von Tauschangebot und Drohung ist eindeutig. Die Mutter entscheidet sich – zunächst –, auf das Geschäft nicht einzugehen. Sie nimmt ihren Sohn beiseite und erzählt ihm, dass sie sich nie trennen würden. Dies etabliert ein etwas abgesetztes eigenes Bild nur der beiden vor den Planken, während alle anderen anwesend bleiben, aber zum Hintergrund werden.

האם: לעולם, לעולם לא אעזוב אותך! לעולם לא ניפרד! אתה יודע את זה, נכון? (הילד מהנהן בראשו תוך כדי בכי) וגם אם יבוא היום ואיאלץ לומר לך ללכת, אתה תדע שאינני מתכוונת לזה באמת, ואתה לא תלך. זה יהיה סודנו הכמוס, רק ביני ובינך: שלעולם, ובכל תנאי	**Die Mutter**: Niemals, niemals werde ich dich verlassen! Niemals werden wir uns trennen! Du weißt dies, richtig? (Der Junge nickt mit dem Kopf, während er weint.) Und auch wenn der Tag kommen wird und ich gezwungen sein werde, dich wegzuschicken, so wirst du wissen, dass ich dies nicht wirklich meine, und du wirst nicht gehen. Dies wird

לא ניפרד. מסכים?²⁴¹ unser verborgenes Geheimnis sein,
nur zwischen mir und dir: dass niemals
und unter keinen Umständen
wir uns trennen werden. Einverstanden?

Während die Sprache immer schon den Bruch ihres Versprechens mit sich trägt und auch dieses Versprechen der Mutter wie eine Lüge wirkt, die den Jungen nur stärker an sie binden soll, nimmt das Kind die Sprache und ihr Versprechen wörtlich. Die daraus entstehende Unauflösbarkeit des einmal gegebenen Wortes wird im dritten Teil verhängnisvoll. Der Junge stellt sich auf eine der Kisten vor dem Mast und versucht, den Kapitän mit dem Lied umzustimmen; doch dieser unterbricht ihn schon nach der ersten Zeile: er solle sich nicht erniedrigen. Es geschieht selten in Levins Theater, dass einer sich die Erniedrigung eines anderen entgehen lässt. Dieses Verhalten verweist einmal mehr auf den besonderen Status des Kindes. Der Kapitän bezeichnet das Singen des Jungen als „Vorstellung" (הצגה), die zu sehr vom Willen zum Erfolg geleitet sei, und der man ansehe, dass das Lied Mittel für einen Zweck sei, eine wertlose Wiederholung, die die Kraft der Kunst, zu unterbrechen, verloren hat.²⁴²

Der Auf Die Lebenden Neidische nähert sich den beiden wieder, als der Junge seinen Lebenswillen betont hat, und bringt seine Freude zum Ausdruck, dass auch der Junge so tot daliegen werde, wie er selbst. Die erneute Vergegenwärtigung des Todes bringt die Mutter dazu, doch noch auf das Geschäft mit dem Kapitän eingehen zu wollen. Der zögert, hält sie hin und gibt ihr schließlich zu verstehen, dass dies nun kein Geschäft zwischen gleichen mehr sei, sondern sie seiner Gnade unterworfen sei. Im Gegensatz zum Jungen muss sich die Mutter auf Knien bittend vor der Strickleiter, die in den rettenden Mastkorb führt, erniedrigen.

In scheinbar letzter Minute erklettern die beiden das Schiff, dessen Ablegen der Kapitän schon verkündet hatte. Alles, was das Schiff betrifft, wird nur über das Sprechen der Figuren vermittelt, im Bühnenraum ändert sich nichts. Der abbildhaft gestaltete Mastbaum reicht aus, das ganze nicht vorhandene Schiff vorzustellen, seine Vorstellung zu erzeugen. Nur ein Fragment des Schiffes wird

---

241 Levin: הילד חולם [Der Junge träumt], S. 290.
242 S. Levin: הילד חולם [Der Junge träumt], S. 290.

gezeigt, dies aber so, dass dieses Fragment mehr ist als nur eine Andeutung des Schiffes. Das Schiffsfragment Mast wird für sich selbst der andere, zu erreichende Ort ‚Schiff'. Die Figuren bewegen sich in diesem Bild und verändern die Vorstellung davon durch ihre Worte. Weder der Befehl, die Rampe einzuholen noch der, das Licht wegen der Feinde abzublenden, zeigen auf der Bühne sichtbare Folgen. Doch erweist sich mit der Verkündung des Kapitäns, die Rampe einzuholen, die Strickleiter als unbetretbar. Obwohl kein Matrose sie mehr bewacht, wird sie erst wieder betretbar, als die Mutter und der Junge die Erlaubnis erhalten, an Bord zu kommen. Betretbar ist sie auch dann nur für diese beiden und nicht für die, die am Ufer zurückbleiben.

Im Mastkorb nimmt der Kapitän die Mutter mit sich nach hinten, sie verschwinden hinter den Flüchtlingen. Der Junge hockt sich an den Eingang, wo ihn eine fremde Frau über den Verlust der Mutter zu trösten versucht. Sie intoniert eine lebhafte Melodie und zieht ihn mit einem Tanz in ihre Arme. Mit dem Ende der Szene geht ihre Melodie in die Melodie des Jungen über. Diese Szene, in der der Junge die Mutter an einen anderen Mann, der nicht der Vater ist, verliert, ist wiederum mit 'Trauerfeier' überschrieben.

Zwischen zweitem und drittem Teil gab es in der Habima eine Pause, so dass hier keine Zwischenszene während des Umbaus notwendig wurde.

3. Teil: Der Junge

Im dritten Teil kommen die Flüchtlinge an einer Insel an, auf der sie um Asyl bitten, aber abgewiesen werden. Auf Roni Torens Bühne steht die Gruppe der Flüchtlinge zusammengedrängt auf der rechten Hälfte, die Füße im Nebel. Links erhebt sich ein Felsklotz, auf den von hinten die jeweils auftretenden Inselbewohner klettern, so dass sie für die Flüchtlinge wie auf einer Bühne sichtbar werden. Es fällt auf, dass sowohl im zweiten als auch im dritten Teil die Bittsteller immer auf dem Boden der Bühne stehen und einen höher gelegenen Ort, den Mastkorb oder den Felsen, erreichen wollen. Aus der Gruppe der Flüchtlinge treten die, die sprechen, vor auf den freien Platz vor dem Felsen, als würden sie ihre Bitte vortragen. Ein Begeisterter Reisender wendet sich als erster Bittsteller in Richtung Insel, wo der Einreisebeamte erscheinen soll. Dieser Begeisterte Reisende spricht über die Hoffnung auf die gute Laune und jede kleine Tätigkeit des Einreisebeamten.[243] Doch unklar ist, an wen sich die Worte, die seine Geste eines Bittstellers begleiten, richten: die Flüchtlinge, die Inselbewohner, die Zuschauer. In den Interaktionen zwischen denen, die vor dem Felsen stehen, und denen, die auf ihm erscheinen, entwickelt sich eine Körpersprache der bittenden und abweisenden Gesten. Darüber legt sich das Gesprochene, eine Offenlegung der Gedanken der Figuren, ein Subtext, für den kein ihn theatral verhüllender Haupttext mehr gesprochen wird. Der Schauspieler erscheint zugleich als Träger einer körperlichen Geste und eines von ihr geschiedenen Textes.

Noch bevor der Einreisebeamte erscheint, beobachtet ein Lahmer Jüngling wie jeden Morgen die an der Insel ankommenden Schiffe und erklärt den Flüchtlingen, dass er Gedichte über die aus dem Nebel kommenden und im Nebel wieder verschwindenden Flüchtlinge schreibe. Der Lahme Jüngling wird wie der Junge von einer androgyn wirkenden Schauspielerin, Ora Meirson, gespielt. Dies rückt die Figur dieses jungen Dichters in die Nähe des verfolgten Jungen, als gäbe es eine Ähnlichkeit zwischen dem Versuch, die gewaltsame Welt in Träumen oder in Gedichten zu bannen. Beides versucht ein Unterlaufen der Macht durch die Phantasie. Beides erscheint als scheiterndes Mittel des Aufschubs der Gewalt. In der letzten Szene des dritten Teils, nachdem er Zeuge der Abweisung

---

243 „Begeisterter Reisender: Die Erwartung, dass der Beamte kommen wird, die Erwartung, dass der Beamte / nicht krank sein wird, die Erwartung, dass die Verdauung des Beamten / sich heute morgen befriedigend verhielt, die Erwartung an den Ausdruck, / der sich auf dem Gesicht des Beamten zeigt, wenn er sich an den Tisch setzt, / die Erwartung, dass der Stempel in der Hand des Beamten nach oben gehoben wird, / dass der Stempel in der Hand des Beamten sich nicht in der Luft aufhält, / die Erwartung, dass der Stempel in der Hand des Beamten auf das Papier gedrückt wird, / dass das Papier nicht verloren geht, dass das Papier nicht wegweht im Wind, / dass es keinen Wind geben wird, die Erwartung, dass das Papier überreicht wird / aus der sicheren Hand des Beamten in deine zitternde Hand. // Würde ich gefragt heute morgen, wie sieht / die Hoffnung des Menschen aus, so sagte ich: / ein Beamter um viertel nach acht!" (,לא יחלה \ הציפייה שפקיד \ הציפייה שפקיד יבוא, :נוסע משולהב" הציפייה שעיכול של פקיד \ התנהל הבוקר כשורה, הציפייה להבעה \ המסתמנת על-פני פקיד בשבתו לשולחן, \ הציפייה שחותמת ביד פקיד תונף למעלה, \ שחותמת ביד פקיד לא תתמהמה באוויר, \ הציפייה שחותמת ביד פקיד תוטבע בנייר, \ שנייר לא יאבד, שנייר לא יעוף ברוח, \ שלא תהיה רוח, הציפייה שנייר יימסר \ מידו הבוטחת של פקיד לידך שלך הרועדת. \\ לו נשאלתי "!הבוקר איך נראית \ תקוות האדם, אומר: \ פקיד בשמונה ורבע), Levin: הילד חולם [Der Junge träumt], S. 299.

der Flüchtlinge wurde, zerreißt der Dichter seine Manuskripte und wirft sie ins Meer. Ein Wächter verhöhnt dies als übertrieben pathetisch und merkt an, dass der junge Dichter es noch lernen würde, im Stillen zu verzweifeln, wie es den Gesetzen entspricht.[244] Diese Szene, die letzte des dritten Teils, ist wiederum mit 'Trauerfeier' betitelt, als würde hier die Hoffnung auf eine Möglichkeit, dass es anders sein könne, begraben. Und doch bleibt auch darin die Hoffnung jeder hilflosen Geste, die sich nicht einordnet, bestehen.

Während des gesamten Geschehens des dritten Teils ist der Dichter als stummer Zeuge anwesend. Er spricht nur einmal zwischendurch, um die Flüchtlinge darauf hinzuweisen, dass sie den vorbeikommenden Gouverneur auf sich aufmerksam machen sollten. Auch die Manuskripte zerreißt er stumm, als habe er angesichts des Geschehens die Sprache verloren.

Der Einreisebeamte und der Gouverneur der Insel verhalten sich erwartungsgemäß. Sie folgen der Routine einer Welt, die angesichts der Gewalt nicht hilft, und schicken die Flüchtlinge zurück in den Tod. In III,4 erscheint ein europäisch gekleideter Beamter mit gezwirbeltem Bart, dem die Flüchtlinge ihre Pässe entgegenstrecken. Der Einreisebeamte erklärt die Papiere der Flüchtlinge für ungültig: sie wären betrogen worden. Oder sie werden in diesem Moment betrogen. Die plötzliche Ungültigkeit der Visa nimmt die willkürlich erklärte Ungültigkeit der Fahrkarten im zweiten Teil wieder auf. Diejenigen, die in Not sind, haben nichts in der Hand, auf das sie sich verlassen könnten. Nachdem der Beamte seinen Klappstuhl genommen hat und gegangen ist, kommt der Gouverneur mit seiner Frau, beide in pompöser Kleidung, die an österreich-ungarische Mode des 19. Jahrhunderts und an Operettenkostüme erinnert. Ihnen folgen zwei Soldaten, die in ihrer bunten Kleidung harmlos wirken, verglichen mit den Soldaten des ersten Teils. Die Journalisten und Fotografen der internationalen Presse, die laut Text das Gefolge des Gouverneurs bilden, werden nur durch die Rede der Figuren aufgerufen. Der Gouverneur fordert sie auf, seine Tränen angesichts des Elends der Welt zu fotografieren. Er wendet sich über sie an die Weltöffentlichkeit – und so an das Publikum im

---

[244] S. zu dieser Szene auch Kap.4.2 „Schreiben für das Theater gegenüber der Gesellschaft". Der Spötter wird im veröffentlichten Stücktext als Müßiggänger (בטלן) bezeichnet, in der Inszenierung spricht diesen Text aber einer der Wächter der Insel.

Theater. Der Gouverneur verkündet in hartem Ton, der Geste eines proklamierenden Herrschers, dass er gerne ein Ziegenhirt wäre, denn dann könne er unbekümmert alles tun und menschlich zu sein koste ihn dann nichts; aber er sei kein Ziegenhirt.[245] Zwischen den gesprochenen Worten und der Art, sie auszusprechen, öffnet sich ein Abgrund. Demgegenüber trennt sich auch das Sprechen einer Ängstlichen Reisenden in eine Geste und einen Tonfall der Bitte um Aufnahme und die Frage, die die Worte stellen, wie sie dem Gouverneur ihre Angst vor dem Tod zukommen lassen sollte.[246] Dass die Angst vor dem eigenen Tod den anderen nicht vermittelbar ist, ist ein Levinscher Topos, der durch den Gouverneur aufgegriffen wird, als sei er diesem einsichtig. Unentscheidbar bleibt, ob er sein Verhalten nicht ändert auf Grund der Unmöglichkeit, die Angst vor dem eigenen Tod zu vermitteln, oder trotz seiner Einsicht in diese Unmöglichkeit. Er verspricht, für die Passagiere zu beten. Im Feld der Assoziationen erscheint so eine traditionell christliche Form des Nicht-Helfens. Die Worte der Ängstlichen Reisenden und des Gouverneurs scheinen sich im Einverständnis, dass die Angst vor dem eigenen Tod nicht mitteilbar sei, zu treffen. Doch spricht der Gouverneur nicht zu ihr, sondern über sie hinweg zur internationalen Presse, die er sich als Publikum seiner Vorstellung vorstellt. Die Gesten der Bitte und der Ablehnung antworten aufeinander und bleiben unvereinbar, während die Worte darum einen Raum mit unsicheren Adressaten errichten.

Dann wird der Junge nach vorne geschoben. Der Gouverneur und seine Gattin sind bereit, ihn ohne seine Mutter aufzunehmen. Die Mutter versucht, den Jungen vergessen zu machen, dass sie ihm im zweiten Teil versprach, sie würden sich nie trennen. Sie erklärt ihm, das sei jetzt anders. Sie sagt ihm, er solle vergessen, gehen und nicht wiederkehren. Der Junge kann ihr nicht glauben, da er immer noch an die Unveränderlichkeit einer in der Sprache erschaffenen Beziehung und Welt glaubt. Der Junge erfährt das Ausgeliefertsein an die Unsicherheit, welche dieses in der Sprache Sein heißt, und empfindet diese Erfahrung als Verrat.

הילד: לשכוח? מה? הכל? או רק את זה?   **Der Junge**: Vergessen? Was? Alles? Oder nur dies?

---

245   S. Levin: הילד חולם [Der Junge träumt], S. 307.
246   S. Levin: הילד חולם [Der Junge träumt], S. 308.
247   Levin: הילד חולם [Der Junge träumt], S. 310-11.

ואיך אדע מה לשכוח ומה לא? ומתי את אמי באמת, אז או כעת? מי הוא מי? מי נותן חיים? מי הורג? מי צוחק איתי? מי עלי? כל הפרצופים נמסים-נוזלים כמו בחלום – איפה הפָּנים של אור היום?	Und wie werde ich wissen, was zu vergessen ist und was nicht? Und wann bist du in Wahrheit meine Mutter, damals oder jetzt? Wer ist wer? Wer gibt Leben? Wer tötet? Wer lacht mit mir? Wer über mich? All die schmelzend-fließenden Gesichter wie im Traum – Wo ist das Gesicht des Tageslichts?
לַמדו אותי את הפָּנים! אני ילד! לימדתם אותי קרוא-וכתוב, עכשיו תנו לי את האל"ף-בי"ת של הפנים!²⁴⁷	Lehrt mich die Gesichter! Ich bin ein Kind! Ihr lehrtet mich lesen und schreiben, jetzt gebt mir das Alphabet der Gesichter!

In den Gesichtern (panim, פנים), die zu lehren sind, klingt das hebräische ‚la'amod panim' (לעמוד פנים) für ‚jmd. etwas vormachen' mit. In Levins Inszenierung taucht die ganze Zeit neben der Sprache ein zweites Alphabet der Gesten und der Gesichter auf, dessen Code weniger unsicher erscheint als die Sprache. Das Alphabet der Gesichter will der Junge lernen, da er meint, sich in ihm verlesen zu haben. Doch hat er sich in der Sprache verhört.

Für Zehava Caspi resultieren die Probleme des Jungen, sich in der Gegenwart zu orientieren und zu verhalten, aus der Erinnerung an eine heile Kindheit, die zur Beurteilung einer unsicheren Welt herangezogen wird.

> Hanoch Levin beschuldigt die Generation der Eltern dessen, dass sie eine fiktive Erinnerung bei ihren Kindern errichteten, mittels der Verpflanzung von Phantasien in die Kultur, und auf diesem Weg zerstören sie ihren Sicherheitsfilter. Die Verteidigungsapparate des Menschen arbeiten nicht, weil die Generation der Erwachsenen ihn nicht vorbereitet für die bevorstehenden Ereignisse.[248]

---

248 "חנוך לוין מאשים את דור ההורים בכך שהם מַבנים זיכרון פיקטיווי אצל הילדים באמצעות השתלת דימוייו בתוך התרבות, ובדרך זו הורסים את מסנן הביטחון שלהם. מנגנוני ההגנה של האדם אינם פועלים משום שדור המבוגרים אינו מכין אותו לקראת האירועים הצפויים," Zehava Caspi: חנוך לוין מאת 'חולם ב'ילד וזיכרון יקיצה [Erwachen und Erinnerung in ‚Der

Die Verzauberung in eine traumhafte Kindheit – zuletzt durch den vermeintlichen Zirkus –, in der alles klar und schön zu sein schien, macht den Jungen unfähig, zwischen dieser allgemeinen fiktiven Repräsentation und seinen eigenen Erfahrungen, dem, was nur ihm sich präsentiert, zu unterscheiden. Fraglich bleibt bei Caspis Interpretation jedoch, ob in der Konstruktion von Levins ‚Bühnenwelt' den Eltern wirklich vorgeworfen wird, etwas nicht zu lehren, das sie selbst nicht vorhersehen konnten. Vielmehr erscheint es immer wieder als ein zentrales Problem auch der erwachsenen Figuren, sich in einer Welt zurechtzufinden, die mit ihrer Grausamkeit keinen menschlichen Erwartungen entspricht. Der Fehler läge also eher bei denen, die auf diese Welt so einwirken, dass die anderen sich in ihr nicht zurechtfinden, da Erzählungen und ‚Realität' nicht zusammengehen, als bei denjenigen, denen diese Verbindung auch nicht glückt.

Zwei Flüchtlinge heben den sich wehrenden Jungen auf den Felsen. Die Soldaten ziehen ihn nach oben. Die Gouverneursfrau empfängt ihn. Er wehrt sich. Der Gouverneur blickt ihn eingehend an und schickt ihn zurück, als verfüge er über die Fähigkeit, das Gesicht des Jungen richtig zu lesen. Die Frau des Gouverneurs küsst dem Jungen die Hand, der den Felsen wieder hinunterklettert. Die Mutter wendet sich an den Kapitän, der zuvor verkündet hatte, er werde sie nicht im Stich lassen, da er die Gesichter der Flüchtlinge und damit ihr Menschsein gesehen habe.[249] Seine Unfähigkeit, zu helfen, drückt er in einer Vergebung erbittenden Geste aus – er ergreift die Hände der Mutter, drückt seine Stirn auf sie in einer Verbeugung. Über die Sprache der Gesten verfügen Levins Figuren noch, auch wenn sie keine Worte mehr haben. Die Flüchtlinge verschwinden im Bühnenhintergrund. Der Junge blickt sich noch einmal um und winkt dem jungen Dichter. Dieser wirft seine Manuskripte ins Meer.

Zwischen dem dritten und vierten Teil gab es in der Habima wieder eine kurze Szene vor dem Vorhang. Der Junge vollführt einen Tanz zunächst mit der Frau, die ihn am Ende des 2. Teils zu trösten versuchte. Als wechselnde Tanzpartner erscheinen verschiedene Figuren des bisherigen Geschehens, unter ihnen der Kapitän, das

---

Junge träumt' von Hanoch Levin], in: *Jerusalem Studies in Hebrew Literature* 18 (2001), S. 309-19, hier S. 313.
249 S. Levin: הילד חולם [Der Junge träumt], S. 304.

Gouverneurspaar, der Dichter, die Mutter und auch der Vater. Sie alle tanzen gemeinsam im Traum des Jungen. Die Traumatmosphäre des Tanzes verstärkt die Unwirklichkeit des Geschehens und kontrastiert zugleich die Düsternis, die auf der Bühne in den beiden Mittelteilen herrschte.

4. Teil: Der Messias

Die Bühne ist schlicht wie in den anderen Teilen, doch ist sie diesmal nach hinten durch eine durchgängige weiße Wand abgeschlossen, so dass der Raum enger wirkt. Links in der Wand befindet sich eine Türöffnung, durch die ein Schienenstrang hereinführt, der auf der Bühne endet. Rechts der Schienen steht ein grüner Baum, vielleicht ein Zeichen der Hoffnung. Die Schienen setzen die Assoziationen an die Shoah fort, indem sie die in Auschwitz endenden Schienenstränge aufrufen. Am Ende der Schienen liegt das Land der Toten Kinder. Auch dort haben die Soldaten, die zu Anfang auftraten, die Kontrolle und die Macht, weiter zu töten.

Die Toten Kinder sind ganz in weiß gekleidet. Sie tragen weiße Perücken, ihre Gesichter, Arme und Hände sind weiß geschminkt. Manche tragen eine Blutspur im Gesicht. Alle haben Koffer und verschiedene Attribute: Schellen, einen Stab, einen Ball, ein Windrad, ein Fernrohr, den Arm einer Puppe. Sie warten darauf, erlöst zu werden. Zu Beginn des 4. Teils liegen die Toten Kinder neben- und übereinander am Ende der Gleise. Sie stehen auf und beginnen zu der Melodie des Liedes einen Tanz um den Baum. Ein Voraussehendes Totes Kind verkündet, ein Engel habe ihm gesagt, bald sei die für das Erscheinen des Messias notwendige Quote voll. Es fehle nur noch ein Kind. Die Toten Kinder hoffen auf den Tod des einen für die vermeintliche Erlösung des Kollektivs. Noch an dieser Stelle taucht Levins alte Kritik an jeglicher eschatologischer Erlösungshoffnung für ein Kollektiv auf, die dafür bereit ist, Leben zu opfern. Ein weiteres totes Kind wird kommen, der ‚Messias'[250] auch, die Erlösung nicht. Nach dem Ausbleiben der Erlösung erneuert das

---

250 In Levins Regieanweisungen wird der ‚Messias' (ה"משיח") immer so in Anführungsstrichen geschrieben, als solle schon die Bezeichnung darauf hinweisen, dass es sich nicht eigentlich um den Messias handelt, oder dass es eben nie der Messias ist, sobald dieser erscheint.

Voraussehende Tote Kind das himmlische Versprechen, dass nur noch ein weiteres totes Kind fehle. Und die Hoffnung ist wieder da.

Die Handlung des vierten Teils wird nicht durch eine Drohung, sondern durch ein (uneinlösbares) Versprechen in Gang gesetzt. Das versprochene letzte tote Kind ist natürlich der Junge. Er ist bereits weiß geschminkt und trägt eine weiße Perücke wie die Toten Kinder. Seine Mutter führt ihn die Gleise entlang, während er auf dem einen Schienenstrang balanciert und auf einer Flöte spielt. Am Ende der Schienen wollen die beiden von einander nicht Abschied nehmen. Erst kann die Mutter nicht loslassen, dann klammert sich der Junge an sie. Die Toten Kinder reden ihnen zu, sich zu beeilen. Solange er sich auf den Schienen befindet, hält der Junge die Augen geschlossen. Erst als die Mutter ihn auf ihren Armen von den Schienen hochhebt, öffnet er die Augen. Der Junge klammert sich voller Hoffnung an seine Mutter und meint, sie würde ihm ‚nur' drohen.

הילד: לא תעזי!	**Der Junge**: Du wagst es nicht.
(האם מתייישרת עם הילד בזרועותיה ומנשקת אותו בבולמוס מחודש)	(Die Mutter richtet sich auf mit dem Jungen in ihren Armen und küsst ihn in erneuter Raserei.)
אמרתי לכם. היא אמי. היא רק מאיימת: היא לא תעזוב אותי, היא אמי, היא לא תניח עד שאתעורר ואקום, זוהי אמא שלי, זוהי אמא...[251]	Ich hab es euch gesagt. Sie ist meine Mutter. Sie droht nur: sie wird mich nicht verlassen, sie ist meine Mutter, sie wird nicht ruhen, bis ich erwache und aufstehe, dies ist meine Mutter, dies ist Mutter...

Die Mutter wirft den Jungen von sich, von den Schienen, zwischen die Toten Kinder. Wieder hat sich die Drohung – der Trennung von Totem und Lebender diesmal – in einem plötzlichen Akt vollzogen. Dies geschieht in dem Moment, als der Bedrohte meint, der Drohung entkommen zu sein, und dies ausspricht. Die Mutter tritt ebenfalls von den Schienen herunter und beklagt den Verlust des Sohnes. Sie versucht eine ähnliche Technik, den Schmerz zu überwinden bzw. ihn auszuklammern, wie nach dem Tod des Vaters. Dazu nimmt sie auch wieder die Haltung einer Schwörenden ein, nur diesmal kniet sie nicht nieder. Die Mutter versucht, sich in eine Zeit zurück zu erinnern, als es ihren Sohn noch nicht gab. Sie

---

251 Levin: הילד חולם [Der Junge träumt], S. 320.

wünscht diese Zeit zurück, versucht, sich zu freuen, dass er endlich auf sein Leben verzichtete, und endet doch wieder bei den Erinnerungen an das alltägliche Verhalten ihres Jungen.[252]
Nun, da die Quote voll ist, steigt unter den Toten Kindern die Erwartung, was sich auf der Bühne durch Ruhe ausdrückt. Nebeneinander hockend starren sie nach vorne, als erwarteten sie das Erscheinen des Messias aus dem Zuschauerraum. Doch der ‚Messias' kommt von links hinten. Er ist gekleidet wie ein weiterer Flüchtling. Der Text beschreibt ihn als Hausierer. Er trägt zwei Koffer mit sich, die er hastig rechts vorne abstellt. Die Kinder scheinen ihn wahrzunehmen, obwohl sie weiter nach vorne starren. Er läuft kurz vor ihnen hin und her und öffnet dann den ersten Koffer. Die Hoffnung unter den Toten Kindern steigt, dass er jetzt die Salbe zur Wiederbelebung der Toten auspackt.[253] Auch die Toten Kinder nehmen die Sprache wörtlich: der Messias, der Gesalbte, ist der mit der Salbe, der also die anderen mit einer Salbe behandelt, die diese wiederbelebt. In beiden Koffern sind unzählige silberne und goldene Uhren, aber keine Salbe. Die Uhren in ihrer schieren Menge erinnern an die Berge von Gegenständen der Ermordeten in Auschwitz. Der ‚Messias' nimmt die Uhren und versteckt sie hinter der Gruppe der Toten Kinder, als müsse er sie beiseite schaffen.[254]

---

252 S. Levin: הילד חולם [Der Junge träumt], S. 321-22.
253 „Beobachtendes Totes Kind: Jetzt wird er die Wundersalbe herausholen, / um die Wunden unseres Fleisches zu flicken." (ילד מת צופה: עכשיו הוא" "יוציא את משחת הפלאים \ לאחות את פצעי בשרנו!), Levin: הילד חולם [Der Junge träumt], S. 323.
254 Zugleich lässt sich das Bild der unzähligen Uhren, die der ‚Messias' mit sich führt, auch auf die talmudische Überlieferung beziehen, dass sich die Zeit des Messias, also das Anbrechen des messianischen Zeitalters nicht berechnen lasse, vielmehr solle seiner geharrt werden, auch wenn die Ankunft des Messias sich verzögert, s. bSan 97b. Aus den im Babylonischen Talmud geführten Diskussionen über den Zeitpunkt der Ankunft des Messias, welche sich nicht beschleunigen lasse, zugleich aber doch jeder Zeit sich ereignen könne – auch da der Messias eigentlich schon da sei –, lässt sich eine Stelle aus bSan 98a sehr gut zu Levins Theater und seiner ‚Messias'-Figur in Bezug setzen, da sich hier ein auch auf Levins Theater anwendbares Verständnis eines dauernd möglichen Aussetzens des gegenwärtigen Leids durch das Hören auf eine Stimme, die ein verändertes Verhalten nahe legt, ausspricht – ein Verständnis, das bei Levin säkularisiert und in die Ausdrucksform der Kunst, des Theaters gewendet ist. In bSan 98a heißt es: „Hierauf fragte er [Rabbi Yehoshu'a ben Levi] ihn [Eliyahu] weiter: Wann wird der Messias

Dann hockt er sich zwischen sie, als warteten sie nun gemeinsam. Der Schauspieler des ‚Messias', Shmuel Wolf, spielt kein Verstecken. Die Geste des Versteckens – sich in die Reihe der Toten Kinder hocken – bedeutet das Verstecken und versteckt ihn so.

Es erscheinen die Soldaten, der Offizier und die Zur Liebe Geborene Frau. Der Offizier fordert die Mutter auf, mit ihnen zu kommen, nachdem sie den Jungen zu den Toten Kindern gebracht hat. Sie soll als Prostituierte für die Soldaten dienen. Da entdeckt einer der Soldaten den ‚Messias' zwischen den Toten Kindern. Der ‚Messias' wird hervorgezerrt und mit dem Tod bedroht. Die Toten Kinder hoffen, dass es nun geschehen werde und der ‚Messias' sich als Messias beweist, im letzten Moment, wie in den Filmen.[255] Die

---

kommen? Dieser erwiderte: Geh, frage ihn selbst. – Wo befindet er sich? – Am Tore von Rom. – Woran erkennt man ihn? – Er sitzt zwischen den mit Krankheiten behafteten Armen; alle übrigen binden (ihre Wunden) mit einem Male auf und verbinden sie wieder, er aber bindet sie einzeln auf und verbindet sie, denn er denkt: vielleicht werde ich verlangt, so soll keine Verzögerung entstehen. Hierauf ging er zu ihm hin und sprach zu ihm: Friede mit dir, Herr und Meister! Dieser erwiderte: Friede mit dir, Sohn Levis! Er fragte: Wann kommt der Meister? Dieser erwiderte: Heute. Darauf kehrte er zu Elijahu zurück, der ihn fragte: Was sagte er dir? Er erwiderte: Friede mit dir, Sohn Levis! Da sprach dieser: Er hat dir und deinem Vater die zukünftige Welt verheißen. Jener entgegnete: Er hat mich belogen, denn er sagte mir, er werde heute kommen, und er kam nicht. Dieser erwiderte: Er hat es wie folgt gemeint: *wenn ihr heute auf seine Stimme hören werdet.*" Dt. Übersetzung zitiert nach: *Der Babylonische Talmud*, ins Deutsche übersetzt von Lazarus Goldschmidt, Band IX, Darmstadt: Wissenschaftliche Buchgesellschaft 2002, S. 71. Das Ende des Zitats verweist auf Ps. 95,7. Emmanuel Lévinas kommentiert diese Stelle mit folgenden Worten, welche sich auch als Kommentar auf Levins ‚Messias'-Figur übertragen ließen: „Nous avons donc aussi un Messie qui souffre. Mais le salut ne peut pas se produire par la pure vertu de sa souffrance. Toute l'histoire est cependant parcourue. Tous les temps sont accomplis. Le Messie est prêt à venir aujourd'hui même. Mais tout dépend de l'homme. Et la souffrance du Messie et, par conséquent, la souffrance de l'humanité qui souffre dans le Messie et la souffrance de l'humanité dont le Messie souffre, ne suffisent pas pour sauver l'humanité." Emmanuel Lévinas: Textes messianiques, in: ders.: *Difficile Liberté. Essais sur le judaïsme*, Paris: Albin Michel 1983, 3 éd. revue et corrigée, S. 89-139, hier S. 106.

255 „Die Toten Kinder: Jetzt, jetzt! Die Saite steht davor zu reißen; / der Himmel – sich zu öffnen; es wird jetzt geschehen! Ja, ja, so geschieht es auch in Filmen, / der Held fällt auf die Bretter, es scheint, / als wäre al-

fiktionale Welt der Filme wird zum Maßstab dessen, wie etwas geschehen sollte. In ihrer Betrachtung der Welt können die Kinder das eine nicht vom anderen scheiden. Doch es gibt keinen letzten Moment und keinen Helden, es ist Theater und nicht Film. Der ‚Messias' holt die Uhren zwischen den Kindern hervor. Er hält eine dem Offizier entgegen, der die Pistole auf ihn gerichtet hat. Der Offizier nimmt die Uhr und hält sie sich ans Ohr, während er die Pistole sinken lässt. Der ‚Messias' gibt dem Offizier und den Soldaten weitere Uhren, um sich freizukaufen. Der Offizier lässt ihn gehen. Der ‚Messias' meint, sein Leben gerettet zu haben, und will verschwinden. Eines der Toten Kinder ruft:

| ילד מת קצר־רוח: משיח, למה אתה בורח מן האמת? (ה"משיח" נעצר במקומו כאילו הכו בגבו, מסתובב אחורה, מביט ממושכות אל חבורת החיילים הלהוטים על שעוניהם ואינם מבחינים בו כלל, ואל ערימת הילדים המתים הניבטים לעברו. לאיטו הוא חוזר ופוסע אל הערימה, כורע לפניה, פורש ידיו כמנסה לחבק את כל הילדים כאחד, ומשתטח עליהם. המפקד מבחין בו, וכמו בהיסח־דעת) מפקד: אה, שוב אתה. (יורה בראשו. ה"משיח" מת על ערימת הילדים)[256] | **Ungeduldiges Totes Kind**: Messias, warum fliehst du vor der Wahrheit? (Der ‚Messias' stoppt an seinem Platz, als habe man ihn auf den Rücken geschlagen, er dreht sich zurück, er blickt lange auf die Gruppe der Soldaten, die auf die Uhren versessen sind und ihn überhaupt nicht wahrnehmen, und auf den Haufen der Toten Kinder, die zu ihm blicken. Langsam kehrt er zurück und geht zu dem Haufen, kniet vor ihm nieder, breitet seine Hände aus, als versuche er, alle Kinder wie eines zu umarmen, und wirft sich über sie. Der Offizier bemerkt ihn, und wie geistesabwesend) **Offizier**: Ah, wieder du. (Er schießt in seinen Kopf. Der ‚Messias' stirbt auf dem Haufen der Kinder.) |

Der ‚Messias' kehrt zu den Kindern zurück, als könne er sie nicht allein lassen. Doch bleibt er so hilflos und stumm vor ihnen wie die ganze Zeit. In *Der Junge träumt* verfügt der ‚Messias' nicht über die Sprache. Er ist die einzige Figur, die sich nur in ihren Handlungen

---

les verloren, und erst im letzten Augenblick... / im allerletzten Augenblick...". ("ילדים מתים: עכשיו, עכשיו! המיתר עומד לפקוע! השמים – להיפתח; זה יקרה ( ) עכשיו! \ כן, כן, ככה זה קורה גם בסרטים, \ הגיבור נופל על הקרשים, נדמה \ שהכל אבוד, ורק ברגע האחרון... \ ברגע האחרון־אחרון...), Levin: הילד חולם [Der Junge träumt], S. 327.

[256] Levin: הילד חולם [Der Junge träumt], S. 328.

und deren Unerklärlichkeit auszudrücken vermag. Als der Offizier von den Uhren aufblickt und sieht, dass der ‚Messias' wieder da ist, erschießt er ihn beiläufig. Das Töten scheint für ihn nicht die Bedeutung zu haben wie für die Zur Liebe Geborene Frau im ersten Teil, als diese den Vater erschoss. Es ist Routine. Die Zur Liebe Geborene Frau bemängelt diese Beiläufigkeit und erinnert, dass sie sich einst an solchen Dingen erfreuten. Doch der Offizier antwortet ihr, dass auch Mörder und Huren zu Tee trinkenden Alltagsmenschen würden.[257] Die beiden gehen mit den Soldaten und der Mutter ab.

Die Toten Kinder sind wieder allein und wissen nicht, was nun geschehen soll. Das Voraussehende Tote Kind wiederholt seine Prophezeiung, dass nur noch ein weiteres totes Kind zur Erlösung fehle. Wieder erfasst sie die nie vergehende Hoffnung. Die Toten Kinder tanzen und singen das Lied, das der Junge zu Anfang sang, um den Tod aufzuhalten. Noch will sich der Junge nicht mit seinem Tod und seinem Vergehen abfinden, noch nicht den Kindertotentanz tanzen. Das Kind, Das Zu Asche Zerfiel, rät ihm, sich zu beruhigen und sich in sein Schicksal zu fügen. Als solle er in Ruhe verzweifeln lernen, wie es am Ende des dritten Teils dem jungen Dichter geraten wurde. Das Kind, Das Zu Asche Zerfiel, streut Staub/Asche aus seinem Koffer vor den Jungen, der bald auch wie diese aussehen werde. Der Schauspieler als Träger der Rolle dieses Kindes, trägt dessen eigentliche Gestalt in einem Koffer mit sich.[258] Die Toten Kinder tanzen erneut im Kreis um den Baum. Mit dem Ausklingen der Musik erstarren sie in ihren Bewegungen. Der Tanz der Toten Kinder und das Lied lassen das Stück in einer Hoffnung enden, die so wenig einer Begründung bedarf oder diese anbieten könnte wie die allgegenwärtige Drohung der Gewalt.

---

257 S. Levin: הילד חולם [Der Junge träumt], S. 329.
258 Dies rückbezogen auf den ‚Messias' ließe nach dessen eigentlicher Gestalt angesichts der vielen Uhren, die er in seinen Koffern trägt, fragen. Und wie sich dann die vielen Zeiten, die diese auszudrücken vermögen, und ihrer Auslieferung an die Soldaten zur Gestalt des Messias verhielten.

Nachbemerkung

Dichte und Vielfältigkeit des Stücks und der Inszenierung werfen selbstverständlich mehr Fragen und Überlegungen auf, als hier angesprochen werden konnten. Im folgenden soll abschließend auf zwei für ein übergreifendes Verständnis zentrale Punkte eingegangen werden.

Der eine ist die Frage nach dem Verhältnis des einzelnen zu dem, was um ihn herum geschieht. Die Unmöglichkeit, das Geschehen um einen herum zu überblicken und aus einem solchen Überblick heraus sinnvoll handeln zu können, ist eine Grunderfahrung der Levinschen Figuren. Ihren besonderen Ausdruck findet diese Grunderfahrung in den Flüchtlingen, der Mutter und dem Jungen in *Der Junge träumt*. Freddie Rokem verbindet dies mit der entsprechenden Grunderfahrung der verfolgten Juden in der Shoah, wie sie sich in das kollektive Gedächtnis Israels eingeschrieben habe:

> The claim I want to make here, however, is that in The Boy Dreams these fragmented images, enabling the spectators to associate with the more or less stereotypic Israeli Shoah-Gestalt, create an aesthetic effect which reproduces a certain aspect of the Shoah experience itself as it has been analyzed by the historian Dan Diner. From the point of view of the victims, Diner has argued, their day-to-day experiences of persecution and humiliation never enabled them to create a total image of the threat they faced, and thus they were unable to figure out a viable strategy for survival. Since from the point of view of the victims the methods of persecution were irrational, they were unable to identify by rational means the conditional structures of the threat they were exposed to. This experience of the irrational threat during the Shoah itself, making it impossible for the victims to create a coherent narrative about the situation, clearly coincides with and reflects the narrative structures and strategies employed by Levin.[259]

Im achten Kapitel wird weiter ausgeführt werden, inwiefern sich diese Grunderfahrung der Unüberschaubarkeit angesichts einer

---

259 Rokem: *Performing History*, S. 85. Rokem bezieht sich hier auf Dan Diner: Historical Understanding and Counterrationality: The *Judenrat* as Epistemological Vantage, in: *Probing the Limits of Representation: Nazism and the „Final Solution"*, ed. by Saul Friedlander, Cambridge, Mass.: Harvard University Press 1992, S. 128-142.

durch die umgebende Gesellschaft erzeugten Bedrohung als ein Ausgangspunkt des Levinschen Theaters lesen lässt.

Der zweite Punkt wäre die Frage nach dem heterotopischen Charakter von Levins Bühnenorten. Roni Torens Bühnenbilder betonen durch die herausgehobene Darstellung einzelner Elemente die Ortlosigkeit der so angedeuteten Orte: Bett/Traum, Mastkorb/Schiff, Fels/Insel und Gleise/Lager. Es werden keine konkreten Orte benannt, aber durch ihre Verortung im Theater öffnen sie einen Raum der Möglichkeiten, ihnen Verortungen außerhalb des Theaters und damit Benennungen zu assoziieren, die sie jedoch nie einfach sind. Michel Foucault beschreibt die maßgeblichen Heterotopien des 20. Jahrhundert als „heterotopias of deviation: those in which individuals whose behavior is deviant in relation to the required mean or norm are placed."[260] Dies scheint sich auch in den Bühnenorten Levins und ihrer Bevölkerung von Flüchtlingen zu zeigen. Für sie ist das Schiff ein Ort der Träume, um den Alpträumen ihrer Länder, die sie mit dem Tod bedrohen, zu entkommen. „In civilizations without boats, dreams dry up, espionage takes the place of adventure, and the police take the place of pirates."[261] Foucault beschäftigt sich zwar nicht mit dem anderen Ort des Lagers, wie dies Giorgio Agamben tut,[262] doch wirft seine Aussage zusammen mit Levins Bild des Flüchtlingsschiffs die Frage auf, wie diese Zivilisation funktioniert, in der das Schiff zur Heterotopie von Flüchtlingen wird, die ihre Träume meist nicht erfüllt. Das Flüchtlingsschiff erweist sich als Heterotopie der Barbarei in der Zivilisation. Da es in sich Wirklichkeit und Traum derer verbindet, die dieser Wirklichkeit zu entfliehen suchen, von ihrer Gewalt jedoch immer wieder eingeholt werden, befindet es sich auf der in Levins Stück nie eindeutig fixierbaren Grenze zwischen Traum und ‚wirklichem' Geschehen. Doch scheint das ‚wirkliche' Geschehen erkennbar an der Gewalt, die es prägt. Die nicht erklärbare Gewalt der präsentierten Welt, die sich auch nicht als Traum abtun lässt, schlägt den Zuschauer in ihren Bann, indem sie es ihm aufbürdet,

---

260 Michel Foucault: Of Other Spaces, in: *Diacritics* 16,1 (1986), S. 22.-27, hier S. 25.

261 Ebda. S. 27.

262 S. Giorgio Agamben: *Homo Sacer. Die souveräne Macht und das nackte Leben*, Frankfurt am Main: Suhrkamp 2002, bes. S. 127-189.

eine nicht mögliche Erklärung und ein letztlich nicht herbeiführbares Verstehen der Geschehnisse zu versuchen.

7. Raum und Zeit

7.1 Raum – Orte, hier in der Diaspora

שלום, אני נוסע	Shalom, ich reise
אני לא רוצה שתלוו אותי הלאה	Ich will nicht, dass ihr mich weiter
לא שיש לי אשליות בקשר ללונדון	begleitet
לונדון לא מחכה לי	Nicht dass ich Illusionen in Bezug auf
גם שם אהיה לבד.²⁶³	London hätte
	London erwartet mich nicht
	Auch dort werde ich alleine sein.

So beginnt das wahrscheinlich bekannteste Lied Hanoch Levins, vertont von Chava Alberstein. London markiert einen der vermeintlichen Fluchtpunkte des Alltags in Levins geographischer Ordnung, die sich als eine Ordnung der Illusionen erweist. Wie Leidental mit seinem Koffer loszieht, sich der Selbsterniedrigung bewusst und sich ihr dennoch aussetzend, so verliert auch London in diesem Lied nichts vom Versprechen der großen, fremden Stadt, auch wenn keine Illusionen darüber bestehen, dass sich das Alleinsein auch dort nicht ändern wird. Voll hoffnungsfroher Illusionslosigkeit wird London als Reiseziel oder Fluchtpunkt vorgestellt. Zumindest das Fernsehen soll dort besser sein, heißt es im Lied. Ausgehend von dem kleinen Stadtviertel, das im Süden Tel Avivs zu liegen scheint, bauen Levins Komödien ein Netz Diaspora über den Erdball, in dem die Figuren verfangen bleiben. Das Versprechen des Zionismus auf Erlösung und ein besseres Leben im altneuen Land ist verschwunden, geblieben ist nur die kleinbürgerliche Gesellschaft der Komödien, in der für Yoḥanan Tzingerbay in *Die Gummihändler* sogar die Kraft fehlt, sich das illusionäre Leben in Amerika, Texas, überhaupt vorzustellen.²⁶⁴

---

263   Hanoch Levin: לונדון [London], in: Dudi Levi: פרוייקט חנוך לוין [*Project Hanoch Levin*], NMC Music Ltd. 2000, Booklet.

264   Ein vergleichbares Einbrechen der Kraftlosigkeit im und der Normen des Alltagslebens in die Träume beschränkt auch die Traumfähigkeit von Leviva in *Das Lebenswerk* darauf, von einem neuen Hut zu träumen. Es ist ihr gar nicht möglich, von einem anderen Mann zu träumen, mit dem sie sich im Skiurlaub in der Schweiz vergnügen könnte, wie Yona dies vermutet und deshalb eifersüchtig ist. Doch als Leviva diese Wirksamkeit verinnerlichter sozialer Vorstellungen, die sie nicht nur im

Die ‚grausamen' Stücke sind meistens an keinem bestimmbaren Ort angesiedelt. Zwar gibt es in *Hiobs Leiden* Hinweise auf das römische Reich, die eine atmosphärische Verortung schaffen, doch endet das Stück in einem Zirkus, der überall sein könnte. Noch deutlicher wird die Theaterbühne als eigentlicher Ort des Geschehens, der keinen historischen Ort abzubilden sucht, in *Hinrichtung, Enthauptung* und *Die im Dunkeln gehen* präsentiert. Manche Stücke wie *Die große Hure von Babylon*, mit der Entgegensetzung der großen Stadt Babylon und der Wüste, oder auch *Die verlorenen Frauen von Troja*, die vor Troja auf ihre Verschleppung nach Griechenland warten, verweisen auf der literarischen Tradition eingeschriebene Orte. Jedoch werden die durch diese Verweise aufgerufenen Assoziationen auf der Bühne von ihrer historischen Erfahrung und ihrem Überlieferungszusammenhang abgelöst, so dass sie sich in Bilder von Ortsmöglichkeiten verwandeln. Das Geschehen erhält viele mögliche Orte, indem es den Orten – die große Stadt und die Wüste – kulturell zugeschriebene Bedeutungen aufruft – Zivilisation/Kultur und Barbarei/Natur, aber auch die ‚Verkommenheit' Babylons – und sie zugleich in ihrer Zuordnung in Frage stellt.

Levins Stücke weben ein geographisches Netz aus zweierlei Orten. Die einen bilden das Hier des jeweiligen Bühnengeschehens, das nicht mit einer Ortsangabe benannt wird, die es als Abbildung einer äußeren Wirklichkeit lesbar machte. Vielmehr ruft das Hier des Bühnengeschehens Möglichkeiten von Verknüpfungen zum gesellschaftlichen Alltag und den diesem verbundenen geographischen Orten auf, so dass diese im Hintergrund des Bühnengeschehens zu stehen scheinen. So rufen die Stadtteilkomödien und *Mord* über Assoziationen zum israelischen Alltag ihrer Entstehungszeit ‚Israel' als Hintergrund des Geschehens auf. Der israelische Alltag steht als historische Erfahrung im Hintergrund des Alltags der Figuren, ohne dass das eine das andere repräsentieren könnte und sollte.

Handeln, sondern sogar in ihren Träumen einschränken, eingesteht, verspottet er sie dafür. „Yona: Oh Gott, was für eine Kuh, was für eine Kuh! / Für denselben Preis hättest du doch von der Schweiz träumen können! / Leviva: Von der Schweiz hast du nicht erlaubt. / Yona: Gott, was für ein Vieh! Sogar im Traum / wird sie sich nicht vom Riemen losreißen."
"יונה: הו אלוהים, איזו פרה, איזו פרה! \ הרי בעד אותו מחיר יכולת לחלום על שווייץ! \ לביבה: (על שווייץ לא הרשית. \ יונה: אלוהים, איזו בהמה! אפילו בחלום \ היא לא תשתחרר מהרצועה," Levin: מלאכת החיים [Das Lebenswerk], S. 158.

Die anderen Orte bilden das Nicht-Hier des jeweiligen Bühnengeschehens, das meist mit den Wünschen der Figuren aufgeladen wird. Obwohl auch diese Orte auf wirkliche Orte verweisen, die so als Hintergrund aufgerufen werden, erhalten sie ihre Bedeutung und Gestalt allein aus den Vorstellungen, die sich die Figuren von diesen Orten machen, an denen sie nicht sind. Das Hier des Bühnengeschehens – so das ‚Israel' der Komödien – wird zu einem Ort innerhalb eines Netzes von Dort – einer Diaspora. Während in dem oben zitierten Lied London als Ziel der Auswanderung benannt wird, ist der vorgestellte Ort eines anderen, wenn auch nicht besseren Lebens in den Komödien meist Amerika, oder die Schweiz. Die Vorstellung der Auswanderung aus Israel ist von der zionistischen Ideologie nicht vorgesehen.[265] Ihr häufiges Auftreten in den Komödien, so in *Die Kofferpacker*, lässt nach der Gültigkeit der ‚zionistischen Geographie' für das Bühnengeschehen fragen.

Als der Zionismus am Ende des 19. Jahrhunderts in Mitteleuropa entstand, griff er auf die exiljüdische Vorstellung von Gola (גולה) bzw. Galut (גלות) zurück. Beide Begriffe bezeichnen gleichermaßen Diaspora oder Exil, so dass im Folgenden der besseren Lesbarkeit wegen nur Galut verwendet wird. Galut bezeichnet ein geschichtsteleologisches Konzept von Diaspora: die Verstreuten des jüdischen Volkes befänden sich im Exil in der Erwartung einer Rückkehr in das altneue Land ‚Eretz Israel'. Dabei erhält die Rückkehr den Stellenwert einer Erlösung aus der Diaspora. Umstritten war, ob es möglich und erlaubt sei, auf diese erlösende Rückkehr aus der Galut Einfluss zu nehmen. Viele religiöse Juden hielten an der Überlieferung fest, dass das Ende der Galut mit dem Erscheinen des Messias kommen werde und die Menschen keinen Einfluss auf den Zeitpunkt dieses Erscheinens hätten und auch nicht versuchen

---

265 Dennoch gab es natürlich immer auch Neueinwanderer und Israelis, die das Land wieder verließen. „Die Sehnsucht nach dem ‚alten Land' wurde umso größer, je mühseliger und fordernder das Leben in Israel sich gestaltete und je mehr die Kluft zwischen Realität und Erwartungen sich vertiefte. Viele vermittelten dieses Gefühl ihren Kindern, die es – ohne sich seiner Herkunft bewusst zu sein – verinnerlichten. Daher rührt die tiefere Bedeutung des Ausdrucks ‚Huz La´arez', wörtlich: außerhalb des Landes. Die Mehrheit der Weltbevölkerung lebt in Armut und unter autoritären Regimen, doch wenn Israelis von ‚Huz La´arez' sprechen, dann meinen sie einen gehobeneren Lebensstandard und eine höhere Kultur als im eigenen Land." Tom Segev: *Elvis in Jerusalem. Die moderne israelische Gesellschaft*, Berlin: Siedler 2003, S. 29-30.

sollten, darauf Einfluss zu nehmen. Die oft säkularen oder assimilierten Zionisten hingegen sahen es als ihr nationales Projekt, eben dieses Ende der Galut aus eigener Kraft herbeizuführen. Beide Sichtweisen teilen dabei die Auffassung der Galut als zu überwindender historischer Stufe; das historische Ziel ist die Rückkehr nach ‚Eretz Israel'. So bezeichnet Galut in der zionistischen Ideologie eine abzulösende historische Stufe – „the lack of authenticity of Jewish life in the diaspora"[266] –, woraus die Abwertung all dessen, was mit der Diaspora assoziiert wurde, als ‚galuti' (גלותי), exilhaft, abgeleitet wurde. Die Möglichkeit einer Rückkehr in die Diaspora erschien entweder als unvorstellbar, oder eine solche Vorstellung musste als Verrat empfunden werden. Dieser Vorstellung der Diaspora als Galut lässt sich die von der jüdischen Aufklärung, Haskala (השכלה), geprägte Vorstellung von Tfutzot (תפוצות) gegenüberstellen.

> By advocating the emancipation and integration of Jews into the societies they lived in, they radically departed from the traditional meaning of *Golah*. First, there was a demystification of the holy land as an object of redemption. Emancipated Jews were advised to regard the lands where they lived as their political homes, overcoming in this way any sense of alienation. [...] It is in the shift from Golah to T'futsoth that it was possible for emancipated Jews to find ways to integrate with the nation-states of residence and at the same time demand recognition for their specificity and way of life.[267]

In den beiden Stücken, die im Hintergrund ein nicht genauer fassbares Osteuropa am Ende des 19.Jahrhunderts aufscheinen lassen, *Alle wollen leben* und *Trauerfeier*, lässt sich eine Vorstellung von Tfutzot und zugleich ihre Unmöglichkeit finden. Es lässt sich nicht belegen, dass die Figuren osteuropäische Juden vorstellen. Doch rufen Namen, die osteuropäisch oder jiddisch klingen, ebenso wie manche kulturelle Attribute, so des Essens, der gesalzene Fisch, auf einer israelischen Bühne eine vergangene ostjüdische Welt auf, die dadurch im Hintergrund des Bühnengeschehens steht. Das so hergestellte ‚Bühnenosteuropa' erfährt keine Idealisierung als Ort,

---

266 Ephraim Nimni: From Galut to T'futsoth. Post-Zionism and the Dis><location of Jewish Diasporas, in: ders. (Ed.): *The Challenge of Post-Zionism. Alternatives to Israeli Fundamentalist Politics*, London and New York: Zed Books 2003, S. 117-152, hier S. 133.

267 Nimni: From Galut to T'futsoth, S. 133-34.

sondern bestimmt sich wie das Stadtviertel der Komödien durch andere, ferne vorgestellte Orte. Was den Figuren aus den Stadtviertelkomödien Amerika ist, ist den Figuren im ‚Bühnenosteuropa' Paris – die Stadt, die sich die Huren in *Trauerfeier* als herrlichen Arbeitsplatz erträumen, während sie ihren gesalzenen Fisch essen. Paris ist hier der Ort einer verheißungsvollen und bedrohlichen Sexualität, ein bisschen das Texas aus *Die Gummihändler*. Aus Paris kommt auch die fahrende Schauspielerin in *Alle wollen leben*, mit der zu schlafen den Grafen Pozna seine Männlichkeit kostet.

Der andere Bezugspunkt dieses ‚Bühnenosteuropa' ist Wien. Dorthin hat Gott in *Alle wollen leben* seinen Wohnsitz verlegt, ist Operettenliebhaber und nachgiebig geworden. Mit dem Ort Wien wird dessen Ambivalenz als Ort der versuchten Assimilation und des Antisemitismus, aber auch als Wohnsitz der Gründerväter von Zionismus und Psychoanalyse vermittelt.[268] Unentscheidbar ist, in welchem Wien Gott sich niedergelassen hat. Obwohl die Figuren die sie umgebende Gesellschaft als ihre Heimat anzusehen scheinen und so scheinbar die von Nimni benannte Entfremdung in der Diaspora überwinden, steht weiterhin das Wunschbild eines anderen Ortes zwischen der Figur und ihrer Umgebung, sei es Wien oder Paris. Der Zustand der Diaspora scheint für jeden Ort zu gelten, an dem sich die Figuren befinden, immer lässt sich ein Ort vorstellen, an dem es besser sein soll. So entsteht ein neues Bild von Tfutzot, einer Diaspora, in der die Orte, an denen die Figuren nicht sind, die sie sich aber vorstellen, austauschbar sind. Jeder andere Ort ist gut, solange es nicht das Hier ist, aus dem die Figur ausbrechen will; dies aber nur selten schaffen wird. Die Figuren scheinen in einer Diaspora zu sein, die sich in keine teleologische Erzählung, die ihr einen Sinn geben würde, einpassen lässt. Paris und Wien, die Mög-

---

268 Von Wien ließe sich über zionistische Ideen wieder eine Verbindung nach Tel Aviv herstellen und damit auch zu den Stadtteilkomödien. Zionistische Pioniere zu Anfang des 20. Jahrhunderts planten im damaligen Palästina Städte nach europäischem Vorbild zu errichten, worunter Tel Aviv als ‚Vienna on the Mediterranean' firmierte. „Beyond the written articles, they imagined Tel Aviv not as a farming village but as a city that emulated a variety of European models with which they were familiar. For some it was to be a Palestinian Odessa. For others it was to be Vienna on the Mediterranean. All envisioned a European city rising out of the desolate sand dunes on the shores of the Mediterranean." S. Ilan Troen: *Imagining Zion. Dreams, Designs, and Realities in a Century of Jewish Settlement*, New Haven & London: Yale University Press 2003, S. 91.

lichkeiten im ‚Bühnenosteuropa', das Diasporadasein an einen anderen Ort zu verschieben, werden in den ‚Komödien aus dem Stadtviertel' gegen Amerika ausgetauscht, dem Traumland des Kapitalismus, der sexuellen Erfüllung (so in *Die Gummihändler*), aber auch des Lebens in Freiheit.

In der als Besuch deklarierten Rückkehr Amatzias aus Amerika in *Die Kofferpacker* erweist sich die Unmöglichkeit der Wunscherfüllung auch an diesen Orten, die, wenn man dort ist, zum Hier werden, so dass sich die Vorstellungen und Wünsche einen neuen Ort suchen müssen.[269] Die Assoziationen, die die Orte mit sich tragen und die zu Vorstellungen eines Endes des Exils führen sollen, erhalten sich nur durch das Aufrufen der abwesenden Orte, nicht durch ihre Anwesenheit. Amerika kann zum Wunschort werden, wenn Israel selbst in dieser neuen Vorstellung von Tfutzot zu einem von vielen Orten jüdischen Lebens in einer nicht mehr auflösbaren Welt der Diaspora wird. In *Der Patriot* setzt Lahav 'Eshet sowohl auf die Möglichkeit, nach Amerika zu gehen und damit den zionistischen Traum zu verlassen, als auch darauf, diesen in sein

---

269 S. „Nacht. Bushaltestelle. Elḥanan kommt mit einem Koffer, von gegenüber erscheint Amatzia, auch er mit einem Koffer. / Amatzia: Shalom, Elḥanan. / Elḥanan: Amatzia? / Amatzia: Ja. / Elḥanan: Bist du nicht in Amerika? / Amatzia: Ich bin zu Besuch. Meine Eltern sind alt und ich will ihnen meine amerikanische Verlobte vorführen. / Elḥanan: Wo ist sie? / Amatzia: Sie kommt in einer Woche. Und du? / Elḥanan: Ich? / Amatzia: Das heißt, wohin? / Elḥanan: Einfach so, Luft schnappen. / Amatzias: Ausland? / Elḥanan: Warum nicht. Was ist deine Meinung über die Schweiz? / Amatzia: Was kann ich über die Schweiz sagen? Müsstest du nicht irgendwann mal heiraten? Mit einer Studentin? / Elḥanan: Sie ist in die Schweiz gefahren." (אלחנן נכנס .אוטובוסים תחנת .לילה"
עם מזוודה, ממולו מופיע אמציה, גם הוא עם מזוודה. \ אמציה: שלום, אלחנן. \ אלחנן: אמציה? \
אמציה: כן. \ אלחנן: אתה לא באמריקה? \ אמציה: באתי לביקור. הורי זקנים ואני רוצה להציג
בפניהם את ארוסתי האמריקאית. \ אלחנן: איפה היא? \ אמציה: תבוא בעוד שבוע. ואתה? \
אלחנן: אני? \ אמציה: זאת אומרת לאן? \ אלחנן: ככה, להתאוורר. \ אמציה: חוץ־לארץ? \
אלחנן: למה לא. מה דעתך על שווייץ? \ אמציה: מה אני יכול להגיד על שווייץ? אתה לא היית
צריך להתחתן פעם? עם סטודנטית? \ אלחנן: היא נסעה לשווייץ.") Hanoch Levin: אורזי
מזוודות [Die Kofferpacker], in: ders.: 2 מחזות [*Plays (II)*], S. 295-355, hier S. 305. Amatzias Verlobte wird nicht kommen, ebenso wie die Existenz der Schweizer Freundin Elḥanans fraglich ist, der es nicht schafft, in die Schweiz zu gehen. Oft sind die von Levins Figuren vorgestellten anderen Orte mit phantasierten Frauen verbunden.

neozionistisches Extrem[270] weiter zu treiben, indem er Land in den besetzten Gebieten erwirbt.[271] Durch diese Austauschbarkeit der Orte in einer Diaspora der Vorstellungen kommt dem Ort, an dem man ist oder der zu erreichen wäre – und der im Zionismus immer das Land Israel ist – keine besondere Bedeutung zu. Ein Ort hat in Levins Theater immer nur die Bedeutung, die die Figuren ihm geben, und keinen Wert als Land. Auch in den Komödien werden Ortsnamen als Bezeichnungen mystifizierter Vorstellungen bloßgelegt und nähern sich damit einer Geographie von Babylon und der Wüste.

Deutlich wird dies in *Warda'lehs Jugend*: Warda'leh nimmt die Geschichte ihrer Umgebung mit sich, indem sie nach Basel (zurück)reist. Basel, die Gründungsstadt der zionistischen Bewegung, wird zu einem Ort, der dem alltäglichen Leben der Figuren die Bedeutung zu rauben im Stande ist und ihnen ihre Hoffnung auf Erlösung entzieht, die in der Möglichkeit liegt, Warda'leh nahe zu sein. Warda'leh fährt nach Basel, um dort französisch zu lernen, als wäre dies die Sprache des kulturellen Europa. Die französische Sprache, die nicht nur in der Diaspora des ‚Bühnenosteuropa' erotische Erfüllung und Kultur verspricht, wird in *Warda'lehs Jugend* Instrument der Verführung, in die Diaspora (zurück)zugehen.

Die Diaspora, in der sich Levins Figuren bewegen, lässt sich weder als eine einfache Ablehnung der zionistischen Überwindung von Galut verstehen, noch als eine Aufnahme des Konzepts von Tfutzot,

---

270 ‚Neo-zionism' beschreibt Uri Ram folgendermaßen: „Neo-Zionism emerged in the 1970s. Its constituency consists largely of the Jewish settlers in the occupied territories and their many supporters in the so-called ‚national camp' throughout the country. It is represented by a variety of extreme right-wing parties, including core parts of the national-religious party (Mafdal) and Likud. This trend regards ‚the Biblical Land of Israel' (identified as all areas under Israeli military control) as more fundamental to Israeli identity than the state of Israel (a smaller territory defined by the 1948 ‚green-line' borders). The motherland is conceived as a superior end, the state as an instrument for its control. The culture of neo-Zionism is an admixture of Zionist and Jewish ingredients, where secular nationalism is conceived not as reflecting discord between the two, which characterized classical Zionism, but as a stage in an immanent religious revival." Uri Ram: From Nation-State to Nation-----State. Nation, History and Identity Struggles in Jewish Israel, in: Nimni (Ed.): *Challenge*, S. 20-41, hier S. 27-28.

271 S. Levin: הפטריוט [Der Patriot], S. 111-13 bzw. S. 122-23.

das eine Aufhebung der Diaspora durch geglückte Assimilation an die umgebende Gesellschaft verspricht. Alle Überwindung der Verlorenheit in und Unzufriedenheit mit der Gesellschaft, in der die Figuren ihren Alltag verbringen, erscheint nur möglich in der Illusion, die sich selbst als solche bloßlegt und der doch weiterhin angehangen wird, unter dem Zwang der vergeblichen Hoffnung. „Nicht, dass ich Illusionen in Bezug auf London hätte...", aber ich fahre trotzdem hin. Die Figuren erscheinen als Umherreisende zwischen Orten einer nie auflösbaren Diaspora, die beide Erlösungsvorstellungen durch Nationalstaaten entkräftet – sowohl die des Zionismus durch einen eigenen Nationalstaat, als auch die der Haskala durch das Aufgehen in den fremden Nationalstaaten. Die Vorstellung der Kollektivität und ihr Zwang bannt den einzelnen immer wieder ins Ghetto, sei es von außen durch die Zuschreibung einer kollektiven Zugehörigkeit, wie sie der Antisemitismus vornimmt, oder durch die angenommene Kollektivität der eigenen Nation, die auf einen Ort zu beschränken und zu verpflichten sucht. So heißt es im Lied ‚Mein Ghetto' aus *Königin des Badezimmers*:

[...]	[...]
אחרי שיצאתי לאוויר העולם	Nachdem ich hinauskam zur Luft der Welt,
אמרו לי שאפי שונה משל כולם,	sagte man mir, dass meine Nase anders
והיה זה הגטו שלי.	sei als die aller anderen,
[...]	und dies war mein Ghetto.
עברו שנים והיום כבר ברור:	[...]
אין לי זנב והאף בסדר גמור,	Jahre gingen vorüber und heute ist es bereits klar:
אך נשאר לי הגטו שלי.	ich habe keinen Schwanz und meine
[...]	Nase ist absolut in Ordnung,
כי אחרי זמן כה רב, אם להיות גלוי לב,	aber es blieb mir mein Ghetto.
את הגטו התחלתי כבר קצת לחבב,	[...]
הן היה זה הגטו שלי.	Denn nach einer so langen Zeit, um offenherzig zu sein,
	begann ich bereits, das Ghetto ein wenig lieb zu gewinnen,
גטו מר, גטו מתוק,	denn dies war mein Ghetto.
גטו שנוא, גטו אהוב,	
גטו ממנו יצאתי כדי לשוב.272	Bitteres Ghetto, süßes Ghetto,
	gehasstes Ghetto, geliebtes Ghetto,
וכאשר יום אחד יגיע יומי,	
לשכב פרקדן ודומם על גבי –	
אז אשוב על הגטו שלי. 273	

---

272 Dieser Refrain folgt auf jede der sieben Strophen des Liedes.
273 Levin: מלכת אמבטיה [Königin des Badezimmers], S. 73-74.

> Ghetto, aus dem ich hinauszog, um
> zurückzukehren.
>
> Und wenn eines Tages mein Tag
> kommen wird,
> ausgestreckt und stumm auf meinem
> Rücken zu liegen,
> dann werde ich zurückkehren zu
> meinem Ghetto.

Als Zeichen des vergeblichen Ausbruchs aus dem Ghetto dient der Koffer, das Abzeichen dessen, der noch unterwegs ist, noch nicht angekommen, noch nicht festgelegt, noch nicht wieder festgesetzt. Der Koffer birgt die Hoffnung, dass auf dem Weg noch etwas Besseres geschehen könnte, und wenn es nur die Fortsetzung des Aufschubs ist, wie für die drei Gehenden in *Die im Dunkeln gehen*. Die Hoffnung auf einen anderen, evtl. besseren, Ort ist diesem Diasporadasein eingeschrieben.[274] Leidental macht sich mit einem Koffer auf den Weg, der seine Illusion, aus seinem Ghetto der Einsamkeit auszubrechen, vergeblich bemänteln soll. In *Die Kofferpacker*

---

274 Die Satire *Der Patriot* endet mit einem Lied, das das Unterwegssein mit einem Koffer als historische Erfahrung der jüdischen Diaspora wie eine wesentliche, unveränderliche Eigenschaft ausstellt: „‚Gehe du' sagte Gott zu Abraham, / und wir gehen und gehen. / Heute sind wir hier, morgen sind wir dort, / und dazwischen, manchmal, ruhen wir ein wenig aus. // Oh, Juden, Juden mit Koffern, / das alte bekannte Bild: / ein kleines Bündel, eine Träne im Auge, / und ein Baby in den Armen, / und dieses endlose Stehen an der Wegkreuzung." (אלוהים אמר 'לְךָ' לאברהם, \ ואנחנו הולכים והולכים. \ היום אנו פה, מחר אנו שם, \ ובאמצע, לפעמים, קצת נחים. \\ הוי, יהודים, יהודים עם מזוודות, \ התמונה הישנה המוכרת: \ צרור קטן, דמעה בעין, \ ותינוק על הידיים, \ והעמידה הזאת בלי קץ על אם הדרך.", Levin: הפטריוט [Der Patriot], S. 136. Dieses Lied in einer Satire gegen Libanonkrieg und Besatzung von Westbank und Gaza greift die neozionistische Politik der Likud-Regierung Begins auch als Gefährdung des ursprünglichen zionistischen Ziels eines sicheren eigenen Staates an, die weiterhin ein Bedrohtsein und damit ein Unterwegssein mit dem Koffer provozieren könne. Die Problematik des Bedrohtseins auch in Eretz Israel auf Grund der Auseinandersetzungen mit den Arabern begleitet die Geschichte des Zionismus und des Staates Israel von den ersten Einwanderungen bis heute. „Es war für die Zionisten nicht leicht, sich selbst und anderen zu erklären, dass durch den Streit um das Land die jüdischen Einwohner Palästinas manchmal in Gefahr gerieten und ab und zu sogar größeren Risiken als in der Diaspora ausgesetzt waren." Segev: *Elvis*, S. 46.

verweist der Titel bereits auf die Bedeutung dieses Requisits für die Träume und Wünsche der Figuren, die sich zudem oft an der Bushaltestelle treffen, als wären sie dort schon fast an einem anderen Ort. Koffer kennzeichnen aber auch die Flüchtlinge in *Der Junge träumt*, die vergeblich versuchen, an einen anderen Ort zu gelangen, das eigene Leben dorthin zu retten. Auch Gott und der ‚Messias' sind umherziehende Gestalten mit Koffern, die wie alle anderen Figuren auf der Suche nach dem Ort zu sein scheinen, der ihren Vorstellungen entspricht. In Levins Theater findet keine Figur diesen Ort, doch weben ihre Vorstellungen ein Netz der imaginierten Orte, die gerade in ihrer Abwesenheit Bedeutung für das Bühnengeschehen erhalten und Handlungen in Gang setzen.

7.2 Zeit – Erinnerung daran, dass du für mich weinen wirst

So wie Levins Theater immer Orte präsentiert, die keine in der äußeren Wirklichkeit eindeutig bestimmbaren Orte abbilden sollen, so ist auch die Zeit des Bühnengeschehens vor allem Theaterzeit und nicht Abbild historischer Zeitabläufe. Levins Stücke scheinen nur die Gegenwart zu kennen. Oft bewegen sich die Figuren, als gebe es nur das Jetzt und eventuell noch die vage Hoffnung auf eine (bessere) Zukunft. Das Handeln der Figuren ist nicht vergangenheitsmotiviert. Es werden keine psychologischen Begründungen oder kollektive, familiäre und individuelle Geschichte vorgestellt, um gegenwärtiges Bühnengeschehen zu erklären. Das gegenwärtige Verhalten von Levins Figuren kann sich nur aus sich selbst, wenn überhaupt, und aus dem gegenwärtigen Verhalten der anderen Figuren erklären.

Dass keine Erinnerungen zur Erklärung, Begründung oder Sicherung der Gegenwart herangezogen werden, ließe sich als Ausbrechen aus dem traditionellen Selbstverständnis des Judentums und seiner Überlieferung auffassen, die Geschichte als Gut der Erinnerung für die Fortdauer der kollektiven Identität einen hohen Stellenwert einräumt.[275] Dies bedeutet aber nicht, dass Levins Theater

---

275 S. Yosef Hayim Yerushalmi: *Zachor: Erinnere Dich! Jüdische Geschichte und jüdisches Gedächtnis*, Berlin: Wagenbach 1996. Vielmehr wird in *Mord* der Sinn des Geschehens, Krieg oder Frieden, gerade mittels eines vorgestellten erinnernden Rückblicks durch zukünftige Generationen in Frage

frei sei von Erinnerungen an die jüdische und israelische Geschichte. Zum einen taucht diese im Assoziationsraum auf, den das Bühnengeschehen errichtet, zum anderen hat sich die Erinnerung an historische Erfahrungen in die Körper der Figuren eingeschrieben und beeinflusst so unausgesprochen deren Verhalten. Wird die historische oder gesellschaftliche Verortung einer Figur ausgesprochen, so verkommt sie zum Argument im dauernden Kampf um die eigene Stellung innerhalb der sozialen Hierarchie. Solche Begründungen klingen dann nicht nur hohl, sondern auch falsch, da sie das, was ihnen an verhaltensbegründendem Wert zugesprochen werden kann, in der Argumentation zur absoluten Position entwerten, in der die Erinnerung und damit das historische Geschehen – oder auch die familiäre Position – um ihrer selbst willen keinen Wert mehr haben.[276]

Levins Theater spielt immer in seiner eigenen Gegenwart und an diesem Ort, den das Bühnengeschehen errichtet. Während es jedoch in den Phantasien, meist der Männer, gelingt, andere Orte vorzustellen, werden selten andere Zeiten vorgestellt. Das phantasierte Geschehen an anderen Orten, wie die Villen in Texas (*Die Gummihändler*), läuft parallel zur Gegenwart des Bühnengeschehens ab, hat so immer nur Bestand als Teil dieser Gegenwart. In seiner aus-

---

gestellt: „Der Bote: Die Zeit des Mordes ist beendet. / Menschen blicken / auf die schlimmen Zeiten / und fragen: Wie konnten wir? / Wie war dies möglich? / Unsere Kinder werden nicht verstehen, / unsere Enkel werden lachen, / unsere Urenkel werden schon nicht mehr wissen / von was die Rede ist. / Sie werden Geschichte lernen / mit einem Achselzucken." (איך \ ושואלים \ הרעים הזמנים על \. מסתכלים אנשים \. תם הרצח זמן :השליח"
במה \ יָדעו לא כבר נינינו \, יצחקו נכדינו \, יבינו לא ילדינו \ ?אפשרי זה היה איך \ ?יכולנו
."כתף במשיכת \ היסטוריה ילמדו הם \),מדובר, Levin: רצח [Mord], S. 91. Am Ende des 3. Akts verkündet der Bote mit den gleichen Worten das Ende des Friedens: „Der Bote: Der Geist der Versöhnung verschwand, / Krieg steht im Tor! / Menschen blicken / auf die scheinbare Ruhe / und fragen: Wie konnten wir? [etc.]" (אנשים \ !בשער מלחמה \, נגוזו הפיוס רוחות :השליח"
"['וכו] ?יכולנו איך ושואלים \ המדומה השלווה על \ ,מסתכלים), Levin: רצח [Mord], S. 119.

276 S. „Yofila: Als Mutter von drei Kindern, von denen einer Soldat in einer Kampfeinheit ist, und als Tochter von Holocaustüberlebenden bin ich befugt zu sagen: Verletzt nicht den Araber, es gibt viele schmutzige Tassen in der Küche." (לניצולי וכבת קרבי חייל מהם שאחד ילדים לשלושה כאם :יופילה"
אומרת אני זאת .במטבח מלוכלכים ספלים הרבה יש ,בערבי תפגעו אל :להגיד מוסמכת אני שואה
."שואה לניצולי וכבת קרבי חייל מהם שאחד ילדים לשלושה כאם לכם) Levin: אמבטיה מלכת [Königin des Badezimmers], S. 81.

gesprochenen Irrealität lässt es sich nicht als Teil einer vorgestellten Zukunft lesen. Es werden über Erinnerungen oder Vorstellungen auch keine Figuren aus der Vergangenheit als bestimmend in die Gegenwart der Bühne eingebunden, keine Vater- oder Mutterfiguren vorgestellt, an denen sich die Figur in einer jetzigen Auseinandersetzung via Erinnerung messen zu müssen meint. Wenn Ṭeygalekh und Klamense'a versuchen, Ḥefetz an den Tod seiner Mutter zu erinnern, um ihn damit zu erniedrigen, müssen sie ihm dies vorspielen.[277] Dabei errichtet ihr Spiel zwar die Szene des Todes der Mutter, doch lässt es offen, ob die Mutter wirklich bereits gestorben ist. Es lässt sich nicht entscheiden, ob die Szene die Erinnerung an ein vergangenes Geschehen aus Ḥefetz' Leben oder die fiktive Möglichkeit eines solchen Geschehens abbilden soll. Als Shmu'el Sprol in *Die Gummihändler* in der Synagoge betet und im Gebet mit seinem Vater über die Erbschaft der 10.000 Päckchen Kondome hadert, ist unentscheidbar, ob Sprol zu seinem Vater spricht, so in der Erinnerung an ihn mit ihm ein Gespräch aufnimmt, oder ob nicht vor allem Gott als Vater der Adressat ist.[278] Gerade in *Die Gummihändler* werden die absolute Gegenwart von Levins Theater und die Beschränkung dieses Theaters auf die Bühne deutlich. Der zweite Teil des Stücks funktioniert als Wiederholung des ersten, so dass die Figuren immer wieder an das erinnern, was vor 20 Jahren – im ersten Teil – geschah, jedoch an nichts anderes, was etwa im Verlauf dieser 20 Jahre geschehen wäre. Es scheint, als wäre es den Figuren ebenso wie den Zuschauern nur möglich, sich an das zu erinnern, was sie im ersten Akt auf der Bühne zeigten bzw. sahen – so wie sich Bela Berlo an den einen Theaterabend mit Yoḥanan Tzingerbay 20 Jahre früher erinnert.

In diesem Theater der absoluten Gegenwart sind die Figuren vor allem mit ihrem gegenwärtigen Zustand und dessen Genuss oder Beklagen, seiner Bewahrung oder geringfügigen Verbesserung beschäftigt. Fogra geht es um das Genießen ihres jungen Lebens, und das müssen die anderen, vor allem ihr Verlobter Warshavi'aq, in der Gegenwart bezeugen. Am deutlichsten wird diese Gegenwartsbezogenheit an den Verfolgten und vom Tod Bedrohten; nicht nur die Flucht des einst träumenden Jungen orientiert sich immer an der Problematik der gerade aktuellen Situation, auch Gelbe Flecken

---

277 S. Levin: חפץ [Ḥefetz], S. 132-134.
278 S. Levin: סוחרי גומי [Die Gummihändler], S. 178 bzw. S. 206.

in *Hinrichtung* sieht sich immer auf seinen momentanen Zustand als seinen ‚natürlichen' Zustand verwiesen. Und Hiob, der eine Reise der Verluste durchmacht, ist ebenso immer mit der gegenwärtigen Station beschäftigt. Am Anfang philosophiert er noch darüber, was ein satter Mensch sei, da er gerade satt ist. Dann beginnen ihn die Verluste der Güter und der Kinder zu überrollen, ohne ihm noch die Zeit der Trauer, gerade für die einzelnen Kinder in ihrer Individualität zu lassen.[279] Die Not der Gegenwart schließt die Trauer um das Vergangene, das Verlorene aus. Kaum hat sich Hiob mit seinem mit Krätze befallenen Körper abgefunden, nimmt er unter dem Einfluss seiner Freunde den Standpunkt eines Gläubigen an. Daraufhin wird er auf einen Pfahl gespießt und in der Gegenwart der nun einsetzenden Schmerzen zum Tode findet alles Vergangene schon keine Erwähnung mehr, obwohl es auf dem Körper Hiobs bis zu seiner Hinrichtung seine Spuren hinterließ. Diese Spuren des einstigen Status eines reichen philosophierenden Mannes kennzeichnen sein Sprechen bis zum letzten Augenblick, als er in derselben Form wie in der ersten Szene sich fragt, was der Mensch sei.[280] Doch fragt Hiob jetzt nach dem Menschen auf einem Pfahl, da dies sein gegenwärtiger und damit der für ihn absolute Zustand ist, aus dessen Erfahrung er erkennen zu können meint, was ein Mensch sei. Die Frage ‚Was ist ein Mensch?' wird so zu der Frage ‚Was bin ich jetzt und hier?'.

Erinnern sich Levins Figuren an Vergangenes, das außerhalb des Bühnengeschehens liegt, so zumeist an ihre Kindheit, aber auch dies nur in den stereotypen Vorstellungen einer schönen Kindheit, in der die Mutter das Kind liebte und ihm die Welt versprach. Die

---

279 „Hiob: Deswegen, Sohn meines Alters, verschiebe ich von mir die Nachricht deines Todes / auf einen späteren Termin. Gebe Gott, dass ich würdig sein werde für den Tag, / an dem ich die Kraft haben werde für die zermürbende Mühe des Schmerzes auch über dich. / Jetzt sage ich nur dies: Gesegnet die da kommen. / Alle sind zurückgekehrt. Siehe, sie sind alle meine Kinder. / Meine Jungen, meine Mädchen, ihr seid nach Hause zurückgekehrt. / Und wieder ist das Haus voll wie einst. Gesegnet die da kommen." (איוב: לפיכך, בן-זקוני, אני דוחה מעלי את בשורת מותך \ למועד מאוחר יותר. מי יתן ואזכה ליום \ בו יהיה בי כוח למלאכת הצער המפרכת גם עליך. \\ עכשיו אומר רק זאת: ברוכים הבאים. \ כולם חזרו. הנה הם כל ילדי. \ ילדים שלי, ילדות שלי, חזרתם הביתה. \ ושוב מלא הבית כמו פעם. ברוכים הבאים." Levin: יסורי איוב [Hiobs Leiden], S. 74.

280 Beide Textstellen finden sich in Kap.5.2 „Das Sprechen der Figuren" zitiert.

Kinder, meistens Söhne, stehen nun dieser Welt gegenüber, die ihnen versprochen schien, und sind mit ihren eigenen Vorstellungen dieser anderen Welt, die so gar nicht das ihnen Versprochene an Glück, schönen Frauen, ‚Leben' erfüllt, ausgeliefert. Zu Beginn von *Hinrichtung* versucht eines der Opfer, Kalter Schweiß, seine Hinrichtung unter anderem mit dem Argument abzuwenden, dass er zu Hause bei seinen Eltern als etwas besonderes gegolten habe:

זיעה קרה: אתם לא יכולים לעשות לי את זה.	**Kalter Schweiß**: Ihr könnt mir das nicht antun.
למישהו אחר אולי כן, לא לי.	Jemand anderem vielleicht schon, nicht mir.
יש נימוקים כבדי מישקל:	Es gibt schwerwiegende Argumente:
ראשית, תבינו, אמי ילדה אותי במאמץ גדול.	Erstens, versteht, meine Mutter gebar mich mit großer Mühe.
חיי נחשבו מאוד בבית הורי.	Mein Leben galt sehr viel im Haus meiner Eltern.
פינקו אותי, ליטפו אותי, הייתי מלך קטן.[281]	Sie verwöhnten mich, sie streichelten mich, ich war ein kleiner König.

Weder die Erinnerung an die Eltern und ihr Verhalten gegenüber dem Kind hilft angesichts der Gewalt, noch können die Eltern selbst, wenn sie erscheinen, helfen. Das Bild der allmächtigen Mutter, welches die Welt der Erwachsenen den Kindern immer wieder zerbricht, zerfällt für Gelbe Flecken, als seine Eltern in *Hinrichtung* erscheinen und sich als machtlos erweisen, ihm in seiner Lage des Erniedrigten und zum Tode Verurteilten zu helfen.

האם: הוא לא האמין בהתחלה.	**Die Mutter**: Er hat es nicht geglaubt zu Anfang.
הוא חשב שאני מתלוצצת.	
הוא חשב שאני לא אתן למוות לקחת אותו.	Er dachte, dass ich scherze. Er dachte, dass ich nicht lassen werde den Tod, ihn zu holen.
הפתעה גדולה מאוד חיכתה לו.	Eine sehr große Überraschung erwartete ihn.
יש מוות! יש כאב! יש סבל ויש השפלה!	Es gibt Tod! Es gibt Schmerz! Es gibt Leiden und es gibt Erniedrigung!
ואמא לא עושה כלום!	Und Mutter tut nichts!
אמא לא נוקפת אצבע!	Mutter krümmt keinen Finger!
אמא חלושה, לאמא אין כוח,	Mutter ist schwach, Mutter hat keine Kraft,
לאמא אין שיניים, אמא פוחדת,	
אמא עומדת בצידו של המוות,	
נותנת לך לצנוח לתהום	
ומסתכלת בך בעיניים עששות	Mutter hat keine Zähne, Mutter hat

---

281 Levin: הוצאה להורג [Hinrichtung], S. 13.

כשאתה נופל תחתיה ונעלם. Angst,
כתמים צהובים: אמא...![282] Mutter steht an der Seite des Todes,
sie lässt dich in die Tiefe sinken
und blickt auf dich mit kranken Augen,
wenn du unter sie fällst und
                                verschwindest.
Gelbe Flecken: Mutter...!

Während die Anrufungen einer nicht individualisierten Kindheit die einzigen Bezüge der Figuren auf die Vergangenheit sind, gibt es kaum Ausblicke auf eine Zukunft. Alle Figuren, seien es Erwachsene oder Kinder, sind schon da und können sterben. Wird aber geheiratet in Levins Welt, so geschieht dies um des sozialen Prestiges willen und als vermeintliches Mittel gegen die Einsamkeit, wie in *Yaʻakobi und Leidental*, aber nicht um neue Kinder, eine weitere Generation in die Welt zu setzen. Nur Bigway gebiert einen Sohn, Iṭis, den sie aber selbst wieder töten lässt, um ihn als Instrument ihrer Rache dem Vater zum Mahl vorzusetzen. In Levins ‚grausamen Stücken' überleben die Kinder nicht. So scheinen Kinder, wie der Junge in *Der Junge träumt* oder der Straßenjunge am Ende von *Alle wollen leben*, zwar noch nicht solcherart in die Begierden und Machtkämpfe der Erwachsenen verstrickt, dass sie daran mit eigenen Einsätzen teilnehmen würden. Doch werden sie unweigerlich in sie verstrickt und so zu noch schutzloseren Opfern der Gewalt als die anderen Figuren.

Die Zeit von Levins Stücken erscheint als eine Zeit der ewigen Wiederkehr, die das Geschehen zu einem Ausschnitt werden lässt, der gestern aber auch morgen geschehen könnte. Dabei gliedern Hochzeiten und Beerdigungen die Zeit der Menschen aus dem Stadtviertel. Sie stellen wichtige Verbindungen des einzelnen mit der kollektiven Anteilnahme – insofern es eine solche gibt – an seinem Schicksal her. Diese festen Bezugspunkte geben der Zeit etwas Zyklisches und Zeremonielles. Sie sind Stationen, die es zu durchlaufen gilt und deren Durchlaufen einen bestimmten Status markiert. Die Hochzeit scheint einen höheren gesellschaftlichen Status zu sichern, während das Begraben der anderen einen selbst dessen versichert, noch am Leben, also noch auf der Flucht vor dem eigenen Begräbnis zu sein. Hochzeit und Beerdigung lassen sich als Jahreszeiten des Lebens der Figuren sehen, die diesem eine scheinbar

---

282 Levin: הוצאה להורג [Hinrichtung], S. 44-45.

natürliche Struktur geben, wie die Jahreszeiten dem Jahr. Die Abfolge der Jahreszeiten kann jedoch von den immer wiederkehrenden Kriegen, den Ausbrüchen der Gewalt durchbrochen werden, bis der Krieg selber Eingang in diese zyklische Zeit findet, wie in *Shitz*.

צ'רכס: מה ההתרגשות?	Tsharkhes: Was soll die Aufregung?
מלחמה פורצת לפעמים, לא?	Ein Krieg bricht manchmal aus, nicht?
אצלנו זה הרי הולך יחד עם עונות	Bei uns geht das eben zusammen mit
השנה:	den Jahreszeiten:
חורף, אביב, קיץ, מלחמה.[283]	Winter, Frühling, Sommer, Krieg.

Wenn die Hochzeit der Versicherung gegen die Einsamkeit dient, so auch einer Versicherung für die Zukunft. Das Vorhandensein von jemandem, einer Frau, die einen nach dem Tod beweint, soll einem einen Wert noch in der Zukunft zuerkennen. Levins Figuren aus dem Stadtviertel sind darum besorgt, dass jemand sie beweint, als könnten sie nur dann beruhigt sterben. Da diese Figuren aber immer allein sind, müssen sie sogar die Person, die sie beweinen soll, erkaufen. Eine Frau gefunden zu haben, die ihn nach dem Tod beweint, ist daher für Itamar Ya'akobi in seinem Versuch, sich in Rut Shaḥash zu verlieben und mit ihr sein Glück zu finden,[284] beinahe wichtiger, als mit ihr zusammenzuleben. Durch die Heirat glaubt er, sie auf eine Zukunft verpflichten zu können, deren Erfüllung er niemals wird überprüfen können, da sie nach seinem Tod liegen wird, den es zu beweinen gilt.

יעקובי: רוצים בי, רוצים בי. אני	Ya'akobi: Man will mich, man will mich.
נחוץ למישהו, אני נחשב, אני שייך.	Ich bin notwendig für jemanden, ich bin
למישהו איכפת שאני קיים. רוצים	beachtet, ich gehöre dazu. Jemanden
בי. יש מי שיבכה אחרי הארון שלי.	kümmert es, dass ich existiere. Man will
יש, יש בכי, רבותי. כבר אין לי	mich. Es gibt jemanden, der hinter
סבלנות לחכות, הלוואי שאמות שעה	meinem Sarg weinen wird. Es gibt, es
אחרי החתונה.[285]	gibt Weinen, meine Herren. Schon habe
	ich keine Geduld mehr zu warten; dass
	ich doch eine Stunde nach der Hochzeit

---

283 Levin: שיץ [Shitz], S. 332.
284 „Ya'akobi: Jetzt werde ich mich in Ruhe hinlegen und mich anstrengen, mich ein wenig in sie zu verlieben, und in ein, zwei Stunden werde ich bis über beide Ohren in sie verliebt sein." (יעקובי: עכשיו אשכב לי בשקט", ואתאמץ קצת להתאהב בה, ובעוד שעה שעתיים אהיה מאוהב בה עד למעלה ראש." Levin: יעקובי ולידנטל [Ya'akobi und Leidental], S. 198.
285 Levin: יעקובי ולידנטל [Ya'akobi und Leidental], S. 196.

sterben möge.

Dieses Beweinen des Toten wird in Levins Stücken von den Figuren immer wieder als Zeichen dafür genommen, dass sie jemandem etwas bedeuten, und dementsprechend ersehnt. Das Weinen des anderen als körperliches Zeichen der Erinnerung soll die Figur nach ihrem Tod durch die Zeit retten, ihr eine Gegenwart nach dem Vergehen ihrer Gegenwart sichern.

8. Levins politisches Schreiben

8.1 Strategien des Unterlaufens

Seinen Essay „Der grausamste König von allen Königen"[286] über Hanoch Levins Satiren und ihren politischen Gehalt in einer Lektüre im Rückblick von beinahe 30 Jahren eröffnet Yitzhak Laor mit der Feststellung, dass Levin sich nach den Satiren, also ab Anfang der 70er Jahre, von einem politischen Schreiben abgewandt habe:

> Wie ein Neo-Klassizist entwickelte Levin getrennte Modelle, die ihm zur besonderen Behandlung der verschiedenen Arten von Problemen passten. Die Politik ließ er für die Satire übrig. Die Politik, nach Meinung von Levin, gehört nicht wirklich zu den Leiden, die es wert sind, über sie ein ‚wirkliches Werk' zu schreiben, da sie nicht zum tiefen System der Gesetze gehört, das die Taten und Leiden der ‚ernsthaften' Figuren diktiert, in den Theaterstücken und in den Komödien.[287]

Nichtsdestotrotz verweist Laor wiederholt in seinem Essay auf Ähnlichkeiten zwischen einzelnen Szenen aus den Satiren und manchen Komödien wie Ḥefetz oder Shitz. Nicht nur diese Hinweise, sondern auch die Rezeption Levins im israelischen Theater und eine aufmerksame Lektüre seiner Stücke lassen danach fragen, ob Laors Verständnis des Politischen im Theater nicht zu kurz greift. Es ginge also nicht um eine direkte Auseinandersetzung über alltagspolitische Debatten auf der Bühne, verkürzbar auf die Frage ‚Hinausgehen aus den besetzten Gebieten oder nicht', sondern gerade um die Frage nach der Möglichkeit einer Unterbrechung dieser Debatten, also darum, einen Blick auf die sie formierenden gesellschaftlichen Strukturen, Macht- und Gewaltverhältnisse zu werfen. Hans-Thies Lehmann beschreibt das Politische am Post-

---

286 Yitzhak Laor: המלך האכזר מכל המלכים [Der grausamste König von allen Königen], in: ders.: אנו כותבים אותך מולדת. מסות על ספרות ישראלית [*Narratives with no Natives. [wörtl. Wir schreiben dich Heimat] Essays on Israeli Literature*], Tel Aviv: Ha-Kibbutz Ha-Me'uḥad 1995, S. 171-191.

287 "כמו ניאו-קלאסיציסט פיתח לוין מודלים נפרדים, שהתאימו לו לטיפול מיוחד בסוגים שונים של בעיות. את הפוליטיקה השאיר לסאטירה. הפוליטיקה, אליבא דלוין, לא באמת שייכת לייסורים שראוי לכתוב עליהם 'יצירה של ממש', כיוון שאינה שייכת למערכת החוקים העמוקה המכתיבה את מעשיהם וסבלם של דמויותיי ה'רציניות', במחזות ובקומדיות." Laor: המלך האכזר [Der grausamste König], S. 171.

dramatischen Theater als eine Praxis der Ausnahme und der Unterbrechung der Regelhaftigkeit und formuliert bezogen auf Sarah Kanes *Blasted*,

> dass gerade nicht in der öffentlichen Entrüstung über das Gezeigte und Gesagte oder, nachträglich betrachtet, in der öffentlichen Selbstentlarvung der Kritik, sondern im Wie der Darstellung des Stücks das Politische, die politische Wirkung, die politische Substanz zu suchen ist. Es wird, darauf kommt es an, der Ausnahmezustand, der Wahnsinn, die Überschreitung der seelischen ‚Fassung' als die verborgene Regel, das herrschende Maß des sozialen Verkehrs angezeigt. Der Schrecken ist unverdaulich, weil er nicht Extreme angreift, (‚Missstände'), sondern mit Hilfe des Extrems den Kern der Sozialität selbst bloßlegt. Die Unterbrechung des politisch Kalkulier- und Darstellbaren offenbart den Abgrund der politischen Rationalität und Diskursivität.[288]

Mit Hilfe des Extrems den Kern der Sozialität bloßzulegen, prägt auch Levins Theater, besonders die ‚grausamen Stücke'. Auch wenn Levin nicht dem postdramatischen Theater zuzuordnen ist, so scheint es doch sinnvoll, Lehmanns Definition, was politisch im Theater sein könne, auch auf Levins Schreiben anzuwenden. Im folgenden wird auf einige Aspekte des Politischen in Levins Theater eingegangen und untersucht, wie politische Konfliktstrukturen, die die israelische Gesellschaft und teils auch andere westliche Gesellschaften prägen, in Levins Stücken Form annehmen.

Wie im einleitenden Kapitel bereits dargelegt, zeichnet sich das israelische Theater durch eine enge Verknüpfung mit den historischen, gesellschaftlichen und politischen Debatten in Israel aus. Dementsprechend wurde von der journalistischen Kritik die Brauchbarkeit und Berechtigung des israelischen Theaters immer wieder an seiner Verarbeitung der gesellschaftlichen Probleme und Debatten gemessen. Als die beiden wichtigsten thematischen Komplexe des israelischen Theaters in der Auseinandersetzung über Politik und Gesellschaft erweisen sich die Bewusstsein und Verhalten prägenden Auswirkungen des Zionismus und der Shoah. Der Zionismus wird dabei sowohl als historische Erscheinung, als

---

288 Hans-Thies Lehmann: Wie politisch ist postdramatisches Theater?, in: ders.: *Das Politische Schreiben*, S. 11-21, hier S. 21.

auch in seinen ideologischen Auswirkungen, gerade in Folge einschneidender Ereignisse wie der Kriege von 1948 und 1967, behandelt. Wenn es um die Shoah im israelischen Theater geht, so immer auch um ihre jeweilige gesellschaftliche Rezeption, um das ‚Wie' des Erinnerns im politischen und im privaten Raum.[289]

Mit der israelischen satirischen Tradition von Qumqum bis Ephraim Kishon, die in einem Verhältnis der kritischen Solidarität mit dem Staat und seinem Establishment standen, brechen Levins Satiren, indem sie destruktiv die Strukturen von Krieg und Opfer freilegen. Der Bruch, den Levins ‚nach-satirisches' dramatisches Schreiben mit der Tradition des israelischen Theaters vollzieht, gestaltet sich jedoch anders. Gerade im Hinblick auf den Zionismus und die Shoah wendet sich Levin nicht opponierend gegen ihre bisherige Verhandlung auf dem Theater, sondern unterläuft diese. Sowohl die Auswirkungen der zionistischen Ideologie als auch des historischen Geschehens der Shoah sind in das Funktionieren von Levins theatraler Welt selbst eingegangen und werden nicht mehr explizit verhandelt.

Der maßgebliche Trend des israelischen Theaters besteht darin, anhand als beispielhaft repräsentierter Ereignisse die Probleme der Entwicklung der israelischen Gesellschaft und damit den Stand der Debatte über den Zionismus, die Shoah, die Entwicklung der israelischen Gesellschaft noch einmal auf der Bühne neu zu verhandeln. Als bedeutendstes Beispiel für dieses Theater sei hier Joshua Sobol kurz vorgestellt. In der Gegenüberstellung von Sobols und Levins Theater lassen sich die unterschiedlichen Vorstellungen der Möglichkeit des Politischen im Theater klarer machen. Charakteristisch für Sobols Stücke ist die Präsentation eines historischen Ereignisses aus der jüdischen Geschichte, das als repräsentativ vorgestellt wird, da es auf historischen Quellen basiert, die Sobol genau erforscht

---

289   Dabei spielten natürlich die Fragen des staatsoffiziellen Erinnerns, der selbstlegitimatorischen Vereinnahmung des Geschehens bei einer gleichzeitigen Missachtung der Überlebenden in den ersten Jahren des Staates, oder eine von manchen politischen Gruppierungen erfolgende spätere Entwertung des Geschehens für politische Auseinandersetzungen, so gegenüber den Palästinensern, eine Rolle; s. hierzu: Dan Diner: Individualität und Nationalität. Wandlungen im israelischen Geschichtsbewusstsein, in: *Babylon* 15 (1995), S. 5-27; Segev: *Die siebte Million*; bzw.: Moshe Zuckermann: *Zweierlei Holocaust. Der Holocaust in den politischen Kulturen Israels und Deutschlands*, Göttingen: Wallstein 1998.

hat. Seien es nun *Seele eines Juden - Die letzte Nacht des Otto Weininger* (נפש יהודי – הלילה האחרון של אוטו ויינינגר), die *Ghetto-Trilogie* (גטו, אדם, במרתף), *Die Palästinenserin* (הפלשתינאית) oder das Spinoza-Stück *Solo* (סולו).[290] Jedes dieser Stücke nimmt sich vor, ein Fragment aus der jüdischen Geschichte vorzustellen, anhand dessen es Probleme des Zionismus – verstanden als die die Geschichte der Juden im 20.Jahrhundert bestimmende Ideologie – repräsentativ und in Bezug auf den jeweiligen Stand der Debatte in Israel zu verhandeln sucht. Sobols Stücke dienen also einer indirekten Verhandlung der aktuellen gesellschaftlichen und politischen Probleme mittels einer als historisch beispielhaft ausgewiesenen Verortung an einem Knotenpunkt der jüdischen Geschichte. Diese Knotenpunkte werden als weiterhin maßgeblich für die gegenwärtigen Probleme und eben auch ihre Lösungsmöglichkeiten behauptet. Sobols Arbeiten sind zwar als teilweise heftige Kritik am Zionismus und an der israelischen Politik zu verstehen, doch beziehen sie sich konstruktiv auf das von ihnen angegriffene Gesellschaftssystem. Die Stücke setzen als Bedingung ihrer Äußerung einen problemlösenden gesellschaftlichen Diskurs voraus, an dem die Bühne als wichtige Stimme teilnimmt und so ihren Beitrag zum Diskurs leistet.

Während sich Sobols Theater konstruktiv-kritisch und direkt konfrontativ zur Gesellschaft verhält, verwenden Levins Texte Strategien des Unterlaufens der gängigen Oppositionen. Sie entgehen so der Falle der direkten Konfrontation und damit dem Gefangensein in den Grenzen, die die Selbstdarstellung des Abgelehnten setzt. Diese Strategie dient dem Versuch einer Dar- und Bloßlegung grundlegender gesellschaftlicher Strukturen. Sobols Theater stellt die Positionen im Diskurs und damit die Ausformulierungen der zionistischen Ideologie als verhandelbar vor. Die einzelnen Positionen werden zu diesem Zweck von bestimmten Figuren repräsentiert, die miteinander über die Probleme reden. Levins Figuren hingegen sind Ideologeme, die Macht, Gewalt und Begierde steuern, in die Körper eingeschrieben. Sie verkörpern sie. Die Figuren repräsentieren keine Position im Diskurs, sondern vermögen nur sich selbst im Spiel der Machtstrategien, Vorstellungen und Begierden zu präsentieren; aber sie (re)präsentieren gerade dadurch im-

---

290 Für genaue Analysen der einzelnen Stücke und ihres historischen Hintergrunds sowie ihrer Einordnung in den ‚zionistischen Mythos' s. Matthias Morgenstern: *Theater*, S. 155-300.

mer auch mehr als nur sich selbst, die jeweilige Figur. Um hierauf genauer eingehen zu können, bedarf es zunächst einiger Ausführungen zum kulturellen Hintergrund, aus dem heraus Levins Figuren leben, oder der sie (be)lebt, und der die Strukturen des kapitalistischen Alltags der zweiten Hälfte des 20. Jahrhunderts für die israelische Gesellschaft[291] vom Rest des Westens unterscheidet.

Daniel Boyarin versteht Theodor Herzls[292] Projekt des Zionismus als eine kollektive Assimilation an die europäische Idee der Nation des 19. Jahrhunderts.[293] Nachdem Theodor Herzl angesichts der Dreyfus-Affäre das Scheitern der individuellen Assimilation der säkularisierten westeuropäischen Juden deutlich wurde, begann er mit dem Projekt des Zionismus den Versuch einer kollektiven Assimilation an die Nationalideen Westeuropas. Herzl war sich mit den Antisemiten seiner Zeit einig in der Ablehnung des traditionellen osteuropäischen Judentums, das als Zeichen der Schwäche, des Weiblichen und des anderen zu überwinden war. Da ihm zugleich vorgeführt wurde, dass kein assimilierter Jude von den europäischen Mehrheitsgesellschaften je als gleichwertig angenommen werden würde, erschien ein Überwinden des eigenen ererbten Andersseins durch ein Aufgehen in der Mehrheitsgesellschaft als unmöglich. Herzl und andere Zionisten

---

291   Es sei daran erinnert, dass Levin aus dem kulturellen Hintergrund des ashkenazischen, vor allem osteuropäischen Judentums schreibt, dessen kulturelles Gedächtnis bis heute hegemonial für die Ausprägung des israelischen Bewusstseins ist. Seine Figuren sind also gewissermaßen als ‚ashkenazisch' zu bezeichnen.

292   Theodor Herzl (1860-1904), aus einer assimilierten jüdischen Familie, wuchs in Budapest auf. Ab seinem 18. Lebensjahr lebte Herzl in Wien, wo er als Journalist und Dramatiker (u.a. *Das Neue Ghetto*, 1894) arbeitete, die erste Zentrale der zionistischen Bewegung einrichtete und auch eine zionistische Zeitung herausgab. Er arbeite einige Zeit als Korrespondent in Paris, wo er Zeuge der Dreyfus-Affäre wurde. Herzl kann als Gründungsvater des ‚politischen Zionismus' gelten, der sich auf den zionistischen Kongressen zu einer Bewegung zusammenschloss. Der erste zionistische Kongress wurde auf Herzls Initiative und unter seiner Leitung 1897 in Basel abgehalten. Seine wichtigsten Schriften sind *Der Judenstaat* (1896) und der Roman *Altneuland* (1902).

293   Daniel Boyarin: *Unheroic Conduct. The Rise of Heterosexuality and the Invention of the Jewish Man,* Berkeley and Los Angeles, CA: University of California Press 1997, bes. S. 271-312, s. u.a.: „If the political project of Zionism was to be a nation like all other nations, on the level of reform of the Jewish psyche it was to be men like all other men." ebda. S. 277.

wandten sich dem Projekt der Erschaffung eines neuen Andersseins zu, das sich gerade durch seine Gleichheit auszeichnen sollte. Der Zionismus setzte sich angesichts des europäischen Antisemitismus als Aufgabe, aus dem ‚Material' eines zu überwindenden traditionellen Judentums ein neues nationales Kollektiv mit einem eigenen sicheren Staat zu schaffen. Diese neue Nation würde sich gerade dadurch auszeichnen, dass sie genauso wäre wie die anderen westeuropäischen Nationen, säkular, demokratisch, mit einem eigenen Staat, kapitalistisch und mit den westeuropäischen Geschlechterverhältnissen und Körperbildern. Besonderheit durch Gleichsein.

So verstanden, hätte sich mit der Staatsgründung 1948 das zionistische Anliegen erfüllt, auch wenn seine Existenz weiter bedroht war (und ist) und militärisch gesichert werden muss. So lässt sich die Kritik an der Siedlungs- und Besatzungspolitik von Westbank und Gaza nach 1967 durch große Teile der israelischen Linken als genuin am zionistischen Projekt der Sicherung eines eigenen Staates orientiert verstehen, der eben nicht auf dauernde Erweiterung oder Besatzung anderer Gebiete ausgerichtet wäre. Nach Sicht mancher postzionistischer Historiker und Soziologen, so Uri Ram, habe sich seit 1948 eine neue Nation gebildet, die der Israelis, die zwar als ein Bestandteil des weiter in der Diaspora verbliebenen jüdischen Volkes verstanden werden müsse und nicht als dessen Überwindung, die aber zugleich ein eigenes neues Kollektiv darstelle.[294] Über diese neue Nation der Israelis und ihre Gesellschaft schreibt nun Levin, vor allem in den Komödien. Levins ‚Israelis' erscheinen zwar als Bestandteil der weiteren jüdischen Geschichte und mitgeprägt von einem ‚kulturellen Diaspora-Gedächtnis'. Doch erscheinen in ihnen nicht selbstverständliche Repräsentationen für das Ganze des jüdi-

---

294   S. Ram: From Nation-State, z.B.: „The newly established nation of Israel, which was born out of Diaspora Judaism, had to re-imagine itself, re-invent a tradition, and re-narrate a historical identity." ebda. S. 30, bzw.: „A major thesis in this regard is that the cornerstone for the construction of a new ‚positive' Israeli identity in Eretz Israel was the contrast drawn between it and a contrived ‚negative' identity of diaspora Jews. In this view the major creed of Hebrew culture was the ‚negation of diaspora'. The pioneers who settled in Palestine and their Sabra (native-born) descendants were depicted as physically agile and spiritually brazen Biblical peasant-fighters, and diaspora Jews were depicted as the antithetical other of the Zionist self. Furthermore, the Jewish past was condensed into a single, linear meta-narrative of ‚from dispersal to redemption', in which Zionism emerged as the telos of all Jewish history." ebda. S. 34.

schen Volkes und so auch nicht die klassische zionistische Abhebung von und Abwertung der Diaspora. Zwar taucht der weitere kulturelle und geschichtliche Rahmen des Judentums im assoziativen Spielfeld von Levins Stücken auf und steht immer mit im Raum des Theaters, doch dient das Bühnengeschehen nie der Repräsentation von etwas anderem außerhalb seiner selbst. Verbindungen, sowohl zur Diaspora als auch zu den Israelis, werden nur durch Assoziationen geschaffen, die das Präsentierte anbietet.

In der Literatur werden Levins Stücke, vor allem ab den ‚grausamen Stücken', verschiedentlich als ‚universal' bezeichnet.[295] Offen bleibt dabei meist, was ‚universal' meint. Zunächst kann man natürlich davon ausgehen, dass ‚universal' meint: den westlichen, also von der euro-amerikanischen Kultur geprägten gesellschaftlichen Vorstellungen, Lebensweisen und Habitus entsprechend. ‚Universalität' könnte dann einen Gradmesser des Erfolgs des zionistischen Projekts bei der Angleichung an die westlichen Gesellschaften bezeichnen. Das Besondere der eigenen Gesellschaft würde ununterscheidbar in der Angleichung an die anderen westlichen Gesellschaften. Dies scheint, gerade was die grundlegenden politökonomischen und damit Gewaltverhältnisse betrifft, einleuchtend. Das Vorhandensein einer solchen ‚Universalität' erfordert jedoch ein umso genaueres Lesen der eben doch verbliebenen Differenz und ihrer Thematisierung in Levins Schreiben. So lässt die Klassifizierung ‚universal' auch ein von sich Fernhalten des Problematischen an den Levinschen Stücken, gerade in ihrer Grausamkeit, vermuten, da sie so nicht mehr gezwungenermaßen als auf die eigene Gesellschaft und damit auch den jeweiligen Alltag beziehbar erscheinen.

---

295 S. z. B.: „His [Levin's] plays are among the few since Aloni's to have transcended the here and now to provide a ‚universal' message which is derived from, and ultimately directed at, Israel of the past thirty years but which is no less applicable in any modern society." Abramson: *Drama and Ideology*, S. 227. Anders sieht Yoseph Milman im ‚Universalen' eine Ausweitung vom Politischen zu Metaphysik und Ästhetik: „The overall picture one gets from Levin's work is thus not only that of multi-dimensional alienation which dominates all spheres of life; it also attests to an expansion of the levels of alienation from the specific political or social dimension, through the psychological, to the universal dimension of metaphysics and aesthetics." Yoseph Milman: On Alienation in Hanoch Levin's Theatre of Protest, in: *Hebrew Studies* 35 (1994), S. 65-97, hier S. 72.

Dasjenige, was von der zionistischen Ideologie als das Besondere an Israel, auch in Abhebung vom Diasporajudentum, behauptet wird, und so z.B. in den Debatten der Figuren in Sobols *Seele eines Juden* thematisiert wird, findet in Levins Stücken nicht statt, auch nicht als Material der Kritik. Vielmehr unterläuft Levin diesen Diskurs, der das Besondere der israelischen Gesellschaft als Wert zu fassen und eventuell als Zustand zu fixieren sucht. Fragmente des zionistischen Diskurses und des kulturellen Gedächtnisses des ashkenazischen Judentums erscheinen als den Körpern von Levins Figuren eingeschrieben. Andere Bestandteile werden in einen nicht klar fassbaren Bereich der kulturellen Zuordnung durch Assoziation verwiesen. Die Unterscheidung der kleinbürgerlichen israelischen Gesellschaft, wie sie in Levins Komödien auftaucht, von anderen westlichen Gesellschaften vermittelt sich über kulturelle Symbole, deren Bedeutung zunehmend fraglich wird: Essen, der immer wieder auftauchende gesalzene Fisch, oder die Synagoge in *Die Gummihändler*. Diese lassen keinen grundsätzlichen Unterschied erkennen.

Es wäre zu untersuchen, ob die Besonderheit der in ihren meist abstrahiert präsentierten Macht- und Gewaltverhältnissen vorgestellten ‚Bühnen-Gesellschaft' nicht gerade in der Ausprägung dieser jeweiligen Verhältnisse und der Begierden der Figuren zu finden wäre, die diese Strukturen in Gang halten. Als ein Aspekt von Levins politischem Schreiben wäre dann der Einsatz bestimmter Bilder und Konstellationen zu verstehen, die mittels des Aufrufens historischer Assoziationen das ‚Universale' des Geschehens in einen historischen Raum vermitteln, in dem diese Assoziationen Bedeutung und Wirkung erzeugen können. Das eigene Kulturelle verwandelt sich so in Accessoires, in kulturelle Erinnerungszeichen, die zur Spezifizierung innerhalb eines größeren westlichen Kulturzusammenhangs und zu einer Verortung in diesem dienen mögen, aber keine besondere Abhebung von diesem als etwas anderem erlauben. Als die entscheidende Differenz erweist sich das markierte Besondere, das als historisch Kontingentes erscheint, aber dadurch um nichts seiner Wirkmächtigkeit beraubt wird.

Einige dieser Besetzungsfelder der Assoziationen sollen im folgenden genauer untersucht werden. Da in Levins Stücken die Körperlichkeit der Figuren, die Problematik der Geschlechterverhältnisse und der körperlichen Begierden ins Auge springt, sei damit begonnen. Die Körperbilder von starker Frau und fernem klugen Mädchen einerseits und schwachem auf den Körper zurückgeworfenen Mann andererseits, wie sie in Levins Stücken wiederholt auftauchen, lassen sich mit Körperbildern des traditionellen osteuropäischen Judentums verbinden, bzw. mit solchen, die eben gerade mit diesem und keinem anderen Teilbereich der westlichen Kultur assoziiert wurden und werden. Da gerade diese Körperbilder das traditionelle Judentum als das andere – gegenüber der westeuropäischen Nationalstaatenordnung und ihren Körperbildern – erscheinen ließen, schreibt ihre zersplitterte Transformation in die Welt Levins auch dieser eine entscheidende Differenz gegenüber dem ‚Universalen' ein. Um die Frage der Körperbilder und Geschlechterrollen bei Levin soll es im folgenden Unterkapitel gehen. Danach werden noch zwei weitere Linien des Politischen in Levins Theater aufgegriffen: Einmal die Verhandlung der Fragen von Macht über das Leben und Macht über den Tod als Grundlagen des Politischen, und in Zusammenhang damit die Spuren des Einflusses der Shoah in Levins Theater. Alle diese Ausführungen verstehen sich als Anrisse, die weder die Assoziationsräume noch das Politische an Levins Theater zu erschöpfen vermögen.

8.2 Geschlechterverhältnisse und Körperbilder

Als Itamar Ya'akobi Rut Shaḥash kennen lernt, findet er in ihr die Verkörperung des Kulturellen, des erstrebenswerten Geistigen und Künstlerischen, das aber immer nur als über den Körper des Anderen, der bei Levin immer eine Frau ist, erreichbar erscheint.

יעקובי: (לעצמו) אשה נפלאה. למה אני מתלהב? כי מצד אחד יש פה בשר כמו שצריך, ומצד שני יש פה אמנות. שילוב מאד פיקנטי. (לשחש) אפשר להזמין את הגברת, כולל ביג תוחס, לבית־קפה? שחש: (לעצמה) ההפרדה ביני לבין הישבן שלי הרשימה אותו עמוקות. (ליעקובי) תראה, אני – הראש שלי במוסיקה, אבל אלך אתך לבית־קפה רק מפני שאני נאלצת להוציא קצת את ביג תוחס לאוורור.	Ya'akobi: (zu sich selbst) Eine wunderbare Frau. Warum begeistere ich mich? Denn einerseits gibt es hier Fleisch, wie es sein soll, und andererseits gibt es hier Kunst. Eine sehr pikante Verbindung. (zu Shaḥash) Ist es möglich, die Dame, einschließlich Big Tuches, ins Café einzuladen? Shaḥash: (zu sich selbst) Die Unterscheidung zwischen mir und meinem Hintern hat ihn zutiefst beeindruckt. (zu Ya'akobi) Sieh, ich – mein Kopf ist bei der Musik, aber ich

---

296 Levin: יעקובי ולידנטל [Ya'akobi und Leidental], S. 183.

יעקובי: (לעצמו) האשה הזאת
מגרה אותי יותר ויותר. חומר ורוח
– ממש כמו בסיפורים.²⁹⁶

werde mit dir ins Café gehen, nur weil ich gezwungen bin, Big Tuches ein wenig zum Lüften auszuführen.
Ya'akobi: (zu sich selbst) Diese Frau reizt mich mehr und mehr. Materie und Geist – wirklich wie in den Geschichten.

Das kulturelle Vermögen Rut Shaḥashs erweist sich im Verlauf des Stücks als Illusion, deren Zustandekommen allein der Präsenz des Körpers geschuldet ist. Rut Shaḥash bezeichnet sich nämlich als Pianistin, seit sie sich einmal auf einem Klavier auszog.²⁹⁷ Der körperliche Kontakt mit dem Kunst versprechenden Klavier gibt die Berechtigung, den Titel einer Künstlerin, hier ‚Pianistin‘, zu führen.

Rut Shaḥash gehört zu einem bestimmten Typus Levinscher Frauenfiguren. Ihr ähnlich in der vermeintlichen Vermittlung des erstrebenswerten Kulturellen und Geistigen durch den weiblichen Körper sind Fogra und Bigway, die große Hure von Babylon, die in ihrem Titel schon das Verführerische und Verderbliche der ‚Hochkultur‘ als Verweis auf eine mythische Vorstellung trägt, und natürlich auch der Gedanke der neuesten französischen Philosophie, verkörpert in einer attraktiven jungen Frau in *Die im Dunkeln gehen*. Manche dieser Frauenfiguren, deren Körper etwas verborgenes Geistiges versprechen, sind in Levins Geographie Paris verbunden. Die fahrende Schauspielerin in *Alle wollen leben* spricht französisch und die Huren in *Trauerfeier* träumen in der Kutsche von Paris. Die Kultur des zurückgelassenen Europa symbolisiert sich also nicht nur in Wien,²⁹⁸ sondern auch in Paris und der französischen Sprache. Warda'leh, eine weitere dieser Frauenfiguren, bemüht sich, Französisch zu lernen, obwohl sie nach Basel, an den Gründungsort des Zionismus, fahren wird. Die Fähigkeit, sich die alte zurückgelassene und wieder einzuholende europäische Kultur anzueignen, wird zum kulturellen Vermögen, das Warda'lehs Attraktivität in den Augen ihres Liebhabers und der anderen sie umgebenden Dienstboten steigert. Doch verhilft ihrem Französischlehrer das-

---

297 S. ‚Lied des Klaviers‘ (שיר הפסנתר), Levin: יעקובי ולידנטל [Ya'akobi und Leidental], S. 208.

298 Wien ist der Wohnsitz des Operettenliebhabers Gott am Ende von *Alle wollen leben*. Zu den Orten in Levins Theater s. Kap.7.1 „Raum – Orte, hier in der Diaspora".

selbe kulturelle Vermögen nicht zu dem gleichen Stand des Begehrtwerdens. Er scheitert bei den diversen weiblichen Angestellten in Warda'lehs Haus. Nur Levins Männerfiguren verfallen dem Eros eines kulturellen Vermögens. Ihre Begierde wird durch diese Frauenfiguren bzw. die Vorstellungen, die sich ihre Umgebung von ihnen macht, erweckt. Die Frauen hingegen entdecken keine erotische Macht im kulturellen Vermögen eines Mannes, ist es denn einmal vorhanden.

Noam Yuran weist in einer Parallellektüre einiger Texte und Fotografien aus der Zeitschrift Ha-'Olam Ha-Ze (Diese Welt, העולם הזה)[299] aus den 50er Jahren und einiger Texte Levins auf die Präsentation israelischer Soldatinnen in dieser Zeitschrift hin.[300] Auf Fotografien und in dazugehörigen Texten werden diese Soldatinnen immer als Verkörperungen des ‚Israelischen' dargestellt. In ihrer Körperlichkeit und in den Posen der Aufnahmen ähneln sie nicht-israelischen Models; doch wird ein Unterschied ihres inneren Wertes, etwas Kulturelles behauptet, das aus Differenzen der Körperhaltungen ablesbar sein soll.

> Die Israelin und der [weibliche] Hollywoodstar sehen gleich aus, und trotz alldem sieht die Israelin anders aus: Es gibt in ihr ‚noch etwas', ein aalglattes Zeichen für eine innere nicht sichtbare Qualität. Nur, dass diese abstrakte Sache sehr körperlich ist und unmittelbar mit der Armee in Verbindung steht. In diesem Prozess empfängt das Körperliche und Konkrete eine transzendente Qualität.[301]

---

299 „Ha'olam Haseh war weit mehr als nur ein Magazin. Es vereinte seine Leserschaft zu einer elitären Peergroup und schmeichelte ihrem Selbstbild ungeheuer. Avneri gab seinen Lesern zu verstehen, allein schon die Tatsache, dass sie sein Magazin lasen, lasse sie zu den Guten und den Gerechten, zu den Intelligenten und den Wagemutigen zählen. Er bestärkte sie in ihrem Gefühl, den positiven Kräften der Zukunft anzugehören, die sich den dunklen Mächten der Vergangenheit entgegenstellen." Segev: Elvis, S. 49-50.

300 S. Yuran: המילה הארוטית [Erotic Word], S. 141-202. Zur repräsentativen Funktion der Soldatin für die und in der israelischen Armee s. auch: Uta Klein: Militär und Geschlecht in Israel, Frankfurt am Main, New York: Campus 2001, bes. S. 167-170.

301 "הישראלית וכוכבת הוליווד נראוות אותו דבר, ובכל זאת הישראלית נראית אחרת: יש בה 'עוד משהו', סימן חמקמק לאיכות פנימית בלתי נראית. אלא שהדבר המופשט הזה גשמי מאוד, ונקשר במידת לצבא. בתהליך הזה הגשמי והקונקרטי מקבל איכות טרנסצנדנטית." Yuran: המילה הארוטית [Erotic Word], S. 163.

Die Fotografien dieser Soldatinnen sind von den Lesern der Zeitschrift also ähnlich zu lesen, wie Levins Frauenfiguren von den Männerfiguren gelesen werden. Die sichtbare Körperlichkeit wird als Ausdruck eines darin verborgenen Kulturellen, einer nicht greifbaren Qualität, gewertet und der Körper damit zum Träger einer Illusion modelliert.

Diese Zuordnung sowohl der Körperlichkeit als auch des Geistig-Kulturellen lässt sich als Abweichung von den gängigen europäischen Körperbildern verstehen, in denen das Feld des Körpers den Ort der Weiblichkeit und das des Geistes und der Kultur als des Unkörperlichen den der Männlichkeit bezeichnet.[302] Während bei manchen Frauenfiguren Levins ihre Körperlichkeit auf ein unkörperliches Kulturelles verweist, sind viele Männerfiguren auf ihren Körper als dem einzigen, das ihnen zur Verfügung steht, zurückgeworfen, wie Ḥefetz oder Yaʻakobi. Oder sie sind, wenn sie nur noch Körper sind, anderen, oft Frauen, ausgeliefert, die über sie Macht und Gewalt ausüben; so ergeht es Gelbe Flecken.

Neben der Vereinigung von Körperlichkeit und Geistig-Kulturellem repräsentiert das Bild der jungen israelischen Soldatin auch das zionistische Ideologem der Stärke auf Grund von Schwäche. „Bei uns kämpfen auch Frauen, d.h. wir kämpfen, da wir keine Wahl haben, d.h. wir haben recht."[303] und:

---

302 S. „However, and quite paradoxically, it is also this very insistence on embodiedness that marks the male Jew as being female, for maleness in European culture has frequently carried a sense of not-being-a-body, while the body has been inscribed as feminine." Boyarin: *Unheroic Conduct*, S. 8.

303 "אצלנו גם נשים הן נלחמות, משמע אנחנו לוחמים בחוסר ברירה, משמע אנחנו צודקים", Yuran: המילה הארוטית [*Erotic Word*], S. 182. Dabei sollte natürlich nicht übersehen werden, dass es sich bei der kämpfenden israelischen Soldatin um ein Bild handelt, das sich ideologisch verwenden lässt. Es sagt weder etwas über die Alltagsrealität israelischer Soldatinnen in der Armee aus, die keineswegs ihren männlichen Kollegen gleich gestellt sind (s. hierzu Klein: *Militär und Geschlecht*), noch soll seine Kritik bedeuten, dass es keine historischen Bedrohungslagen des Staates Israel gebe, die eine Armee notwendig machen. Die Verwendung des Bildes der israelischen Soldatin sagt also weder etwas über Frauen in der israelischen Armee und Gesellschaft, noch etwas über die militärische Stärke und die Bedrohungslage des Staates Israel aus. Dementsprechend geht es hier auch um ideologische Verwendungen dieses Bildes in der israelischen Gesell-

> Sie [die israelische Soldatin] ist der wahre israelische Mann. In ihr findet sich das, was es im Kämpfer über ihn hinaus und im Gegensatz zu ihm gibt. Sie bezeichnet die besondere Sache, die es im Kämpfer gibt, Gerechtigkeit, Werte, Innerlichkeit, welches sie zu mehr als einem Kämpfer macht, sogar zum Gegenteil des Kämpfers, und das ihm ermöglicht, unsere Sehnsucht nach Frieden zu verkörpern. [...] Wir lieben die Armee nicht, weil sie siegt (wenn auch deswegen), sondern weil sie trotz ihrer scheinbaren Schwäche siegt.[304]

Das Bild der Soldatin wird so zu einem Emblem des von Feinden umgebenen jungen Staates, der stark ist und sich zu verteidigen weiß, obwohl er schwach ist. Dabei rechtfertigt gerade diese Schwäche wiederum die Notwendigkeit, militärisch stark und damit gewaltsam zu sein. Dieses Ideologem des ‚*stark obwohl/weil schwach (erscheinend)*' hat sich in die Körper von Levins Frauenfiguren, in die Wahrnehmung dieser Körper und in das Verhalten dieser Figuren eingeschrieben. Derart verkörperlicht bedarf ein dem Ideologem entsprechendes Verhalten keiner Begründung mehr. Ein Ideologem, ein Element der zionistischen Ideologie,[305] hätte so in manchen von Levins Frauenfiguren eine Gestalt angenommen, die einem Emblem des jungen Staates ähnelt. In Levins Bühnenwelt haben Fragmente der zionistischen Ideologie das ‚Seiende' (insofern man davon bei Theaterfiguren überhaupt sprechen kann) durchdrungen und wirken von ihrem ursprünglichen Entstehungs- und Begründungszusammenhang abgelöst weiter. Sie schaffen ihre ei-

---

schaft und Politik und deren Verhältnis zu und Niederschlag in Levins Stücken.

304 "היא הגבר הישראלי האמיתי. בה נמצא מה שיש בלוחם מעבר ובניגוד לעצמו. היא מסמנת את הדבר המיוחד שיש בלוחם, צדק, ערכים, פנימיות, שעושה אותו ליותר מלוחם, אפילו ההפך מלוחם, ושמאפשר לו לגלם את כמיהתנו לשלום. [...] אנחנו אוהבים את הצבא לא רק משום שהוא מנצח (אם כי גם בכלל זה), אלא משום שלמרות החולשה לכאורה שלו הוא מנצח." Yuran: המילה הארוטית [*Erotic Word*], S. 188.

305 Zur Ideologie sei hier mit Adorno angemerkt: „Von Ideologie läßt sich sinnvoll nur soweit reden, wie ein Geistiges selbständig, substantiell und mit eigenem Anspruch aus dem gesellschaftlichen Prozeß hervortritt. Ihre Unwahrheit ist stets der Preis eben dieser Ablösung, der Verleugnung des gesellschaftlichen Grundes. Aber auch ihr Wahrheitsmoment haftet an solcher Selbständigkeit, an einem Bewußtsein, das mehr ist als der bloße Abdruck des Seienden, und danach trachtet, das Seiende zu durchdringen." Theodor W. Adorno: Beitrag zur Ideologienlehre, in: ders.: *Soziologische Schriften I. Gesammelte Schriften Bd.8*, Frankfurt am Main: Suhrkamp 1997, S. 457-477, hier S. 474.

gene (Bühnen)wirklichkeit, die aber durch diese Verkörperungen auf die israelische Gesellschaft zurückverweist, ohne sie abzubilden.

Das zum körperlichen Faktum gewordene Ideologem führt zu einem nicht mehr aufhaltbaren, da durch keine Einforderung einer Erläuterung oder Begründung mehr behinderbaren Exzess der Gewalt. Bigway sucht in exzessiver Rache nach der durch Bro'dakh erfahrenen Schwäche in der Gewalt ihre Stärke zu behaupten. Auch in Fogra, deren Alter von 24 Jahren bei der Uraufführung von *Ḥefetz* 1972 dem Alter des jungen Staates entsprach, verkörpert sich das Ideologem des ‚*stark obwohl/weil schwach (erscheinend)*'. Ihre Jugend, Weiblichkeit und damit vermeintliche Schwäche machen sie zu *der* Figur, von der alle anderen abhängig sind und der alle zu gefallen suchen, so dass sie über diese Macht gewinnt und ihre Stärke in Form von Gewalt ausspielen kann. Nur ihr ist es möglich, Ḥefetz vom Dach zu stoßen. Dieser Akt des Tötens, weil ihr danach ist, lässt sich als übertriebene Präsentation und dadurch Kritik an der Inkorporierung der zionistischen Ideologie in das Verhalten der israelischen Gesellschaft lesen. Die Ideologie wirkt auch als Unausgesprochene und so scheinbar Abwesende noch, indem sie Verhalten implizit, als Gewohnheit, als beinahe natürliches Recht legitimiert. Dadurch, dass die Ideologie als Begründungszusammenhang abwesend bleibt, kann Fogras Recht, sich so zu verhalten, nicht in Frage gestellt werden. Warda'leh und Herbstlächeln nehmen ähnliche Positionen ein, in denen eine scheinbar schwache junge Frau über unhinterfragte Macht- und Gewaltpotentiale verfügt, um ihr Spiel mit ihren ‚Opfern' zu treiben.

Allerdings verhält es sich mit Herbstlächelns Position und Aktionsraum in *Hinrichtung* nicht so einfach wie mit den Abhängigkeitsbeziehungen der Angestellten zu Warda'leh in *Warda'lehs Jugend*. In *Hinrichtung* ist das Abhängigkeitsverhältnis in einem Dreieck zwischen dem Hinzurichtenden, Gelbe Flecken, dem Mörder, Tausend Augen, und der Beschmutzenden, Herbstlächeln, gestaltet. Dieses Dreieck installiert eine Vielheit von Verschiebungen der Begierde und der Macht. Gelbe Flecken dient als Figur der Steigerung für die Begierde von Tausend Augen nach dem Körper der Frau. Die Vorstellung der Erniedrigung des anderen Mannes im Angesicht der Frau, die in der letzten Erniedrigung unter ihrem Körper endet, steigert die Begierde von Tausend Augen und bringt zugleich seine Macht über diese Vorstellung zum Ausdruck. Diese Steigerung erfährt ihren Höhepunkt im Sex des Mörders mit Herbstlächeln, als für Gelbe Flecken keine Hoffnung mehr besteht, er schon kastriert ist, Arme und Beine verloren hat und nun auf seine Hinrichtung wartet. Der weibliche Körper wird zum Einsatz in der Auseinandersetzung der Männer und bestimmt deren Verlauf. Es wäre falsch, Herbstlächeln als eine Frauenfigur zu verstehen, die das Geschehen durch ihre Gewalt dominiert und lenkt. Es ist vielmehr nach der funktionellen Einbindung Herbstlächelns in die Machtstrukturen, die *Hinrichtung* präsentiert und die den Tod von Gelbe Flecken bedingen, zu fragen.[306] Herbstlächeln nimmt die Rolle der scheinbar schwachen Frau, die Gewalt ausübt und erniedrigt, also sich als stark gegenüber einem hoffnungslos unterlegenen Opfer erweist, als Rolle an.[307] In diese Rolle wird sie durch Tausend Au-

---

306 Haim Nagid versucht, die Auseinandersetzungen der Geschlechter in Hinrichtung auf das Verhältnis von Herbstlächeln und Gelbe Flecken zu fokussieren, was ihn unter Ausblendung der anderen männlichen Position, Tausend Augen, zu einer einfachen Gegenüberstellung der Geschlechter führt. „Die Handlungsachse des Stücks ist auf zwei Prozessen aufgebaut: der eine – De-Humanisierung des Mannes, und der zweite – Dämonisierung der Frau. Der Mann verliert im Verlauf der Handlung seine menschlichen Eigenschaften, bis zu seiner letzten Erniedrigung und seinem Tod. Parallel dazu wächst die Macht der Frau, die ihm gegenübersteht, und sie nimmt dämonische Ausmaße an, je mehr sie an seinen Vorschlägen hinzufügt und zurückweist. Desto mehr Zeit vergeht, umso teurer wird das Geschäft, und damit steigen ihre Forderungen, und von hier wächst auch der dämonische Charakter ihrer Persönlichkeit." (ציר העלילה של המחזה נבנה על שני תהליכים: האחד – דה-הומוניזציה"
של הגבר, והשני – דמוניזציה של האישה. הגבר ילך ויאבד את תכונותיו האנושיות במהלך
העלילה, עד להשפלתו הסופית ולמותו. ובמקביל, כוחה של האישה העומדת מולו ילך ויגבר, והיא
תקבל ממדים דמוניים ככל שתוסיף ותדחה את הצעותיו. ככל שהזמן עובר, העסקה נעשית יקרה
צחוק: Nagid ,(יותר, ועמה עולות דרישותיה, ומכאן שגם גובר האופי הדמוני של אישיותה."
[*Laughter*], S. 155. Nagid setzt seine Lektüre dann allerdings mit interessanten Überlegungen zum Masochismus, der in der Figur Gelbe Flecken zum Ausdruck kommt, fort, auf die hier nicht weiter eingegangen werden kann.

307 S. zu Herbstlächelns Instrumentalisierung durch Tausend Augen u.a.: „Herbstlächeln: Du wirst unter mir liegen, / geschlachtet, bedeckt mit meinen Ausscheidungen, / ich werde so tun, / als ob ich es genieße. / Eines Tages, wer weiß, / werde ich dies vielleicht wirklich genießen. / (zu Tausend Augen) / Ich habe gehört, dass dies eigentlich das ist, / was ihr, die Männer, alle wollt: / dass eine schöne Frau über euch sitzt / und euch auf das Gesicht scheißt. / Tausend Augen: Ja, wir haben ohne Zweifel einige schändliche Spiele, / bei denen ihr die Instrumente seid,

gen eingesetzt, der sich im Folgenden zum scheinbaren Erfüllungsgehilfen, dem Henker, einer Autorität macht, die er selbst zuvor eingesetzt hat.

אלף עיניים: הגיע הזמן לבחור את הנידון למוות.	**Tausend Augen**: Es ist die Zeit gekommen, den zum Tode Verurteilten auszuwählen.
והשמיים צחקו: לפי מה אתה מחליט מי יהיה האיש?	**Und Der Himmel Lachte**: Nach was entscheidest du, wer der Mann sein wird?
אלף עיניים: אני לא מחליט. האצבע מחליטה.	**Tausend Augen**: Ich entscheide nicht. Der Finger entscheidet.
היא תשוטט לה באוויר עד שתיעצר על מישהו ללא סיבה.	Er wird in der Luft umher treiben, bis er auf jemandem ohne Grund gestoppt werden wird.
והשמיים צחקו: כל־כך נעים להחליט מי ימות ומי לא. יופי של זכות יש לך באצבע. תן לי להחליט! אני עוד לא עשיתי כלום! תן לי!	**Und Der Himmel Lachte**: So angenehm, zu entscheiden, wer sterben wird und wer nicht. Ein großartiges Recht hast du im Finger. Lass mich entscheiden! Ich habe noch nichts getan! Lass mich!
אלף עיניים: (לחיוכי סתיו) את שותקת כל הזמן. את לא מבקשת. את תחליטי. אם את רוצה.	**Tausend Augen**: (zu Herbstlächeln) Du schweigst die ganze Zeit. Du bittest nicht. Du wirst entscheiden. Wenn du willst.
חיוכי סתיו: למה לא.	**Herbstlächeln**: Warum nicht.
אלף עיניים: מה שמך?	**Tausend Augen**: Wie heißt du?
חיוכי סתיו: חיוכי סתיו.	**Herbstlächeln**: Herbstlächeln.
אלף עיניים: חיוכי סתיו תבחר בקורבן לשחיטה ותעשה על פניו את צרכיה ברגע מותו.	**Tausend Augen**: Herbstlächeln wird das Opfer zur Schlachtung auswählen, und sie wird auf sein Gesicht ihre Bedürfnisse im Moment seines Todes verrichten.
והשמיים צחקו: יש בחורות מאושרות.[308]	**Und Der Himmel Lachte**: Es gibt glückliche Mädchen.

Auch wenn Tausend Augen behauptet, er würde nicht entscheiden, so setzt er doch die Regeln des Spiels – und sei es, die Wahl dem

---

"חיוכי סתיו: אתה תשכב תחתי, \ שחוט, מרוח בצואה) „die wir in Bewegung setzen." \ שלי, \ אני אעמיד פנים \ שאני נהנית. \ יום אחד, מי יודע, \ עוד אהבה מזה באמת. \ (לאלף עיניים) \ שמעתם שזהו בעצם, \ מה שכולכם, הגברים, רוצים: \ שאשה יפה תשב מעליכם \ ותחרבן לכם על הפרצוף. \ אלף עיניים: כן, יש לנו ללא ספק כמה משחקים נבזיים, \ בהן אתן תחרבנו עלינו, שאתם אנחנו מזיינים," (הכלים, Levin: הוצאה להורג [Hinrichtung], S. 51.

308   Levin: הוצאה להורג [Hinrichtung], S. 16.

,Zufall' des eigenen Fingers zu überlassen – und vor allem, dass jemand sterben muss. Er ist in der Lage, Herbstlächeln, der von ihm begehrten Frau, die Wahl des Opfers zum Geschenk zu machen und sie so kennen zu lernen. Zwei der Mörder, Bittersüßer Tod und Tausend Augen, verkünden in der ersten Szene des Stücks, wie die Opfer hingerichtet und durch die Frauen erniedrigt werden sollen. Sie weisen so allen ihre Aufgaben zu. Doch liegt es im Ermessen von Tausend Augen, eine Ausnahme von dieser Regel als möglich in Aussicht zu stellen, indem er Herbstlächeln gestattet, Gelbe Flecken zu begnadigen, wenn dieser ihr ein annehmbares Angebot für sein Leben unterbreitet.[309] Der Mörder Tausend Augen macht sowohl Herbstlächeln als auch Gelbe Flecken zu Instrumenten seines Handelns, deren Interagieren – das vergebliche Bitten des einen, die Machtdemonstrationen der anderen – nur der Steigerung seiner eigenen Begierde und dem Auskosten seiner Macht dient, nicht nur Gelbe Flecken zu töten, sondern dessen Leben bis zum Tod unter Kontrolle zu haben.

Diese Konstellation erinnert an die Spiele, die Ṭeygalekh mit Klamense'a und Ḥefetz veranstaltet. Ḥefetz wird in die erniedrigende Position des Zuschauers gezwungen, der ansehen muss, wie Ṭeygalekh ihn als Rolle spielt. Ṭeygalekh als Ḥefetz erniedrigt sich vor Klamense'a, um damit seine eigene Begierde nach Klamense'a über diesen einschließenden Ausschluss Ḥefetz' in der Rolle des erzwungenen Zuschauers zu steigern. Vergleichbar lässt Tausend Augen Gelbe Flecken an seiner Statt die Rolle des sich Erniedrigenden spielen und installiert ihn dafür in einem Spiel mit Herbstlächeln, dessen Regeln Tausend Augen diktiert. Die Zeremonie der Hinrichtung wird für Tausend Augens Vergnügen gespielt. Die beiden Frauenfiguren, Klamense'a und Herbstlächeln haben zwar Anteil an diesem Vergnügen, insofern auch sie sich in einer Machtposition gegenüber dem Erniedrigten befinden, aber dies nur um den Preis der Einnahme eines durch die männliche Phantasie zugewiesenen Platzes.

Die Macht Herbstlächelns erweist sich als abhängig von der Erfüllung einer zugewiesenen Rolle, die sich wiederum als die Verkörperung des oben beschriebenen Ideologems des *,stark obwohl/weil schwach (erscheinend)'* verstehen lässt. Es wird nun jedoch deutlich,

---

309 Diese vergeblichen Angebote finden sich zitiert in Kap.6.4 „Die Drohung mit dem Tod und der Wert des Todes".

dass sowohl die behauptete körperliche Schwäche, als auch die daraus abgeleitete Stärke und Gewaltlegitimierung geliehen, also von außen zugewiesen sind. Diese Zuweisung erfolgt von der Position des Mannes, der letztendlich tatsächlich die Macht innehat und die entsprechende Gewalt auch ausübt. In *Hinrichtung* befindet sich der Mörder Tausend Augen in dieser Position. Der Körper der Frau erweist sich als Ort der Verschiebung der Einsätze und Begierden innerhalb einer von Männern strukturierten Ordnung der Gewalt. Er dient so zugleich der Ablenkung des Blickes vom Ursprung der Gewalt – von Tausend Augen auf Herbstlächeln –, als auch der Ablenkung des Wunsches, sich vor dem Körper der begehrten Frau zu erniedrigen. Gelbe Flecken wird als Objekt eingesetzt, an dem die Erniedrigung vollzogen und beobachtet werden kann und mittels dessen die Begierde nach der Frau gesteigert wird. In der Figur Herbstlächeln nimmt der weibliche Körper die Gestalt des zionistischen Ideologems des ‚*stark obwohl/weil schwach (erscheinend)*' auf. Sie lenkt von den Machtstrukturen in einer Welt der Männer ab und ist damit ein Teil davon. Die Gewalt, die ihr durch das Gefüge der Macht zugesprochen wird, schreibt Herbstlächeln in die Körper der Unterlegenen, die sich als von ihr abhängig erweisen, ein.

Um von hier zu dem emblematischen Bild der jungen israelischen Soldatin zurückzukehren, bedarf es eines Schwenks zum Ende des 19. Jahrhunderts. Daniel Boyarin beschreibt in *Unheroic Conduct*, wie Zionismus und Psychoanalyse, oder besser Theodor Herzl und Sigmund Freud, in parallelen Bemühungen versuchten, sich von den traditionellen jüdischen Körper- und Geschlechterbildern frei zu schreiben.[310] Dies geschieht angesichts des sich als zunehmend ausschließend strukturierenden heterosexuellen Herrschaftsdiskurses und seines Männlichkeitsbildes in den europäischen Nationalstaaten.

> Preemancipation Jewishness in eastern Europe (and traditional Jewish identity in general) – it could be argued – was formed via an abjection of the *goy*, as Ivan, a creature stereotyped as violent, aggressive, coarse, drunk, and given to such nonsense as dueling, seeking honor in war, and falling in romantic ‚love' – all referred to as *goyim naches*. For those Jews, it was abjection of ‚manliness' – itself, of course, a stereotype – that produced their identity. In the colo-

---

310 S. Boyarin: *Unheroic Conduct*, bes. S. 189-312.

nial/postcolonial moment, the stereotyped other becomes
the object of desire, of introjection rather than abjection, and
it is the stereotyped self that is abjected. Freud and Herzl
imitated the discourse of colonization itself as a prop – in
both the theatrical and architectural senses – for their new
found Jewish masculinity: ‚If he is a boy he must be a stalwart Zionist.'[311]

Obwohl die Bedeutung von Freuds Arbeiten für Levins Schreiben sicher nicht zu unterschätzen ist, wird es hier vor allem um das Bemühen des ‚politischen Zionismus'[312] gehen, für den die Vorstellungen Herzls, aber auch Max Nordaus u.a. zionistischer Juden um die Jahrhundertwende maßgeblich wurden. Boyarin liest sowohl Herzls Projekt einer nationalen Assimilation des Judentums als auch Freuds Psychoanalyse als Versuche, die Körperbilder des Ostjudentums zu überwinden und sich trotz des eigenen Judentums in die als ‚normal' empfundenen – oder besser: normativ werdenden – heterosexuell codierten Geschlechterbilder Westeuropas am Ende des 19. Jahrhunderts einzuschreiben. Der traditionell lebende, dem Studium von Tora und Talmud verschriebene Ostjude

---

311 Boyarin: *Unheroic Conduct*, S. 304. Mit dem letzten Satz paraphrasiert Boyarin einen Brief Freuds an die schwangere Sabina Spielrein, zu dem er aber keine weiteren Angaben macht.

312 Die Verwendung dieses Begriffs geschieht hier in Abgrenzung vom sog. ‚Kulturzionismus', wie ihn Achad Ha'am oder Martin Buber vertraten. Achad Ha'am (1856-1927, eigtl. Ascher Ginzberg) ging es nicht darum, die traditionelle jüdische Diaspora zu ‚überwinden' und eine Nation wie alle anderen zu werden, sondern um eine unterschiedene neue jüdische Kultur, für die Ort und Äußerlichkeit weniger wichtig wären, als eine neue gemeinsame Tradition angesichts der Säkularisierung: ein jüdisches ‚selbst' ohne Religion. Einen solchen ‚kulturellen Zionismus' propagierte Achad Ha'am u.a. in seiner wichtigsten, 1889 erschienenen Schrift *Nicht dies ist der Weg* (לא זו הדרך). Vgl. „Statt Herzls Streben nach sofortiger politischer Lösung propagierte er [Achad Ha'am] als notwendige Vorstufe ein kulturelles Zentrum in Palästina, von dem aus die Erneuerung jüdischer Kultur in der Diaspora ausgehen werde. Im Gegensatz zu Herzl hielt es Achad Ha'am für praktisch nur durchführbar, dass ein kleiner Teil des jüdischen Volkes sich in Palästina ansiedelte. Alle anderen aber sollten von hier aus neue Inspiration erhalten. Denn für Achad Ha'am lag im möglichen Erfolg der Assimilation und der dadurch bedingten Auflösungstendenzen des Judentums die entscheidende Gefahr. Für Herzl dagegen stellte das Scheitern der Assimilation die größte Enttäuschung dar." Michael Brenner: *Geschichte des Zionismus*, München: Beck 2002, S. 46.

wurde als körperlich schwach und als in Auftreten und Erscheinung ‚feminin' abgelehnt. Ebenso wie Frauen werden Juden in nationalen Männlichkeits-Stereotypen als schwach, weiblich und damit bedrohlich und anders ausgegrenzt und für minderwertig erklärt. Um sich von diesen stereotypen Vorstellungen von ‚den (Ost)Juden' zu befreien, die zionistische Vordenker wie Herzl mit den Antisemiten der Zeit teilten, musste der Zionismus einen ‚neuen Juden' erschaffen, der dem westlichen Männlichkeitsbild der Stärke entsprach. Denn in diesem Punkt zogen die Zionisten natürlich andere Schlussfolgerungen aus den stereotypen Vorstellungen als die Antisemiten, die die ‚jüdische Schwäche' als ‚rassisch' bedingt und damit unüberwindbar ansahen. In den zionistischen Vorstellungen wurde diese ‚Schwäche' durch das Milieu, die traditionellen Lebensweisen des Ostjudentums bedingt.[313] Nicht nur in den Körperbildern definiert sich der Zionismus in Abgrenzung zur und Verwerfung der Diaspora.[314]

---

[313] „Diese zionistische Position einer umweltbedingten Begründung des jüdischen Erscheinungsbildes führte im weiteren zu einer Grenzziehung zwischen den Westjuden, d.h. weithin auch den Zionisten, welche von ihrer nichtjüdischen Umgebung selbst nicht unterscheidbar zu sein glaubten, und den Ostjuden, deren Bekleidung, Haartracht und Gebaren – und in den Augen der Zionisten auch deren Konstitution – sie auffallen ließ. [...] Mit der von den Zionisten herbeigeführten Distinktion zwischen ihnen und ihren aus den osteuropäischen Shtetln stammenden Glaubensbrüdern wurde das feindselige Judenbild, das in der Gesellschaft vorherrschte, gegen die verarmten Massen aus Galizien gewendet. Das *Fremde, Bedrohliche, Weibliche*, d.h. das nach allgemeinem Verständnis *‚Jüdische'*, das den gesellschaftlichen Ausschluß der Juden und auch der Zionisten bedingt hatte, wurde nunmehr *in die osteuropäischen Juden projiziert.*" Klaus Hödl: Das „Weibliche" im Ostjuden. Innerjüdische Differenzierungsstrategien der Zionisten, in: ders. (Hg.): *Der Umgang mit dem „Anderen". Juden, Frauen, Fremde...*, Wien: Böhlau 1996, S. 79-101, hier S. 90-91.

[314] S. z.B.: „Der Zionismus dieser Zeit [gemeint ist der politische Zionismus Herzls und Nordaus] war ein Aufstand gegen die Zustände, die in den Ländern herrschten, in denen die meisten Juden lebten, also vor allem gegen das zaristische Rußland, Rumänien und Osteuropa überhaupt, ein Aufstand gegen die Enge, die entwürdigende Lage vieler Juden, ihre marginale Stellung in der Wirtschaft und Gesellschaft, die kulturelle Verödung, die Tatsache, dass sie lediglich geduldet waren und dass viele sich damit abgefunden hatten. Der Zionismus war also auch eine kulturelle Revolution, unter anderem gegen die jiddische Sprache, den ‚Jargon', den die Zionisten nicht als vollwertige Sprache betrachteten.

Dem Bild des Ostjuden, der Gelehrsamkeit in einem schwachen, femininen Körper ausdrückt, steht in der zionistischen Ideologie das Bild des Pioniers (חלוץ) gegenüber, der mit der Kraft seines Körpers das altneue Land, Israel, urbar macht und aufbaut. Der ‚neue Jude' soll ein Männlichkeitsbild erfüllen, das ihn auf seine Körperlichkeit und Stärke konzentriert und so die Schwäche und Bedrohtheit[315] der Diaspora überwindet.[316] Der Sabre[317] wird nicht nur zum Idealbild des Kibbutzniks in der Landwirtschaft, sondern auch des israelischen Soldaten in der Armee des neuen Staates. Ihm zur Seite wird die israelische Pionierin oder Soldatin gestellt, so dass es dem mit dem Code vertrauten Betrachter keine Probleme macht, ihren fotografierten Körper als Verweis auf ihre eigenen inneren Werte sowie die der neuen Gesellschaft zu verstehen.[318]

[...] Der Zionismus, das war die Negation der Diaspora." Walter Laqueur: Zwischen zionistischer Utopie und israelischer Realität, in: Michael Brenner, Yfaat Weiss (Hrsg.): *Zionistische Utopie – Israelische Realität. Religion und Nation in Israel*, München: Beck 1999, S. 123- 137, hier S. 126-127.

315   Zur dialektischen Integration des Topos der Bedrohtheit in die Staatsideologie als überwundener Diasporazustand und zugleich als Legitimation der militärischen Stärke des neuen Staates s. Zuckermann: *Zweierlei Holocaust*, bes. S. 63 ff.

316   „In diesem Zusammenhang war häufig auch eher von Hebräern als von Juden die Rede. Der ‚neue Hebräer', das Gegenteil des Diaspora-Juden, sollte die zweitausend Jahre des Exils überspringen und eine Brücke zu den Helden der Bibel schlagen. Auf Postern und Fotos wurde der ‚neue Hebräer' als muskulöser, blonder und fröhlich lächelnder Jugendlicher präsentiert; ein Funktionär des jüdischen Erziehungssystems in Palästina behauptete sogar, der junge Israeli sei dem jungen Juden der Diaspora in jeder Hinsicht überlegen: ‚Er ist aufrecht, mutig, schön und hat einen gut entwickelten Körper. Er liebt die Arbeit, Sport und Spiel. Er ist frei in seinen Bewegungen und seinem Volk und väterlichen Erbgut treu ergeben.' Häufig wurde er als Landwirt dargestellt, denn die enge Bindung an den Boden, an die Erde, galt als wahrhaft zionistisch. Das Stadtleben hingegen und vielfach auch theoretische Studien, einschließlich der universitären Bildung, waren verpönt." Segev: *Elvis*, S.31-32.

317   Die Bezeichnung Sabre, eigentlich der Name der Kaktusfeige, funktioniert ähnlich wie die Fotografie der Soldatin. Die äußere stachelige Haut, die im Fall der Kaktusfeige ein weiches Inneres verbirgt, wird zur harten ‚männlichen' Schale des eingeborenen Israeli, die auf seine inneren Werte verweisen soll.

318   Dies natürlich vor allem in der Vorstellung: „The women among the first Zionist settlers in Palestine at the beginning of the twentieth-Cen-

Mit den Bildern der Pioniere und jungen Soldaten verbindet sich ein zionistischer Jugendkult, auf den Levin in seinen Satiren und Komödien wiederholt abzielt. Beispiele dafür sind das Verhalten Fogras gegenüber ihren Eltern oder die Selbstverliebtheit von Ḥulda und Boʿaz in *Königin des Badezimmers*.[319] In beiden Fällen zerstört die auftretende israelische Jugend das von ihr im zionistischen Diskurs geformte Idealbild der Aufopferung für die Gemeinschaft durch ihr egoistisches und selbstverliebtes Verhalten, welches sich aber gerade nur aus dieser Verklärung der Jugend und ihres besonderen Wertes legitimiert und ermöglicht. Die Ideologie erweist sich auch hier als in die Körper eingeschrieben und legitimiert, solchermaßen ‚naturalisiert' und unsichtbar geworden, von ihr bereits abgelöste Handlungen.

Es lässt sich also eine Vertauschung des zentralen Emblems der traditionellen jüdischen Diaspora, des gelehrten Rabbiners mit seinem ‚femininen' Körper, gegen das neue Emblem des jungen Staates Israel, die junge, das Land verteidigende Soldatin, feststellen. Das besetzte Modell bleibt in diesem Austausch jedoch erhalten. Ein scheinbar schwacher, ‚weiblicher' Körper verbirgt und enthüllt zugleich innere Werte, ein kulturelles Vermögen, das diesem Körper die notwendige Stärke gibt, sich zu behaupten. Der Unterschied besteht in der tatsächlichen Verfügungsgewalt des gelehrten Diasporajuden über sein kulturelles Vermögen, das in der traditionellen jüdischen Gesellschaft den Männern die Machtpositionen sicherte. Die Soldatin hingegen bleibt ein Bild, das sich durch diejenigen nutzbar machen lässt, die zu behaupten in der Position sind, was denn ihr verborgenes Kulturelles sei, die also die Machtposition des Wissens oder der beherrschenden Vorstellung innehaben, die im Diasporajudentum die Rabbiner innehatten.

Vor dem Problem, ihren Vorstellungen Wirkungsmacht zu verleihen oder eben daran zu scheitern, stehen Levins Männerfiguren. In diesen Figuren treffen sich Fragmente der unterschiedlichen Bilder und der Ansprüche, die sie repräsentieren, so dass die Figuren zwi-

---

tury were usually represented as equal to men in duties and position; a fact revealed to be totally untrue when one reads the diaries of the first women settlers. The role prescribed for women within the tsabar myth proved in total uniformity with that of the men: a crude, heroic warrior." Oz: Dried Dreams, S. 136.

319 S. Levin: מלכת אמבטיה [Königin des Badezimmers], S. 66-67.

schen Elementen, die entweder dem Zionismus oder der Diaspora zugeordnet werden könnten, verloren scheinen. Die Figuren verfangen sich in den Vorstellungen, die in ihre Körper eingeschrieben sind. So ist vielen Männerfiguren, wie in der Vorstellung dem Pionier, nur der Körper gegeben, kein kulturelles Vermögen. Gelbe Flecken verfügt nur über seinen Körper und scheitert daran, dessen Zerstörung aufzuhalten. Aus seiner Position der Schwäche kann er sich auch durch den Eintausch einiger Gliedmaßen nicht freikaufen. Vielmehr wird er kastriert und ruft so das Bild des ‚unmännlichen' Ostjuden auf,[320] ohne dessen kulturelles Vermögen als ein wirkliches anderes zu besitzen. Auch die Veränderung des Körpers von Männlichkeit zu Nicht-mehr-Männlichkeit – wie in einer ironischen Drehung des zionistischen, aber auch europäisch-nationalistischen und antisemitischen Wunsches nach mehr, am besten nur ‚Männlichkeit' – kann Gelbe Flecken aus der Position des grundlosen Opfers der Gewalt nicht befreien.

In *Die Gummihändler* beschäftigen sich die beiden Männer vor allem mit ihrem Körper und seinem Vermögen, den sie als ihr einziges Gut sehen, das einen gesellschaftlichen Tauschwert hat. Bela Berlo, die begehrte Frau in *Die Gummihändler*, erkennt jedoch den Wert dieses körperlichen Vermögens nicht als höchsten gesellschaftlichen Tauschwert an, sondern sucht materielle Güter, die in eine Ehe mit

---

[320] Die antisemitische Vorstellung der traditionellen Juden als kastriert, da beschnitten, versucht Freud nach Boyarin in der Gegenüberstellung von Phallus und Kastration zu verbergen und zu überkommen, da in der zweiten Hälfte des 19. Jhds. für manche assimilierte Juden diese ‚Unmännlichkeit' zum Problem geworden war: „It is at this moment for the Jewish colonial subject that circumcision suddenly takes on the aspect of a displaced castration. Freud looking into the mirror experiences his own circumcision as the ‚uncanny' and, hidden behind the white mask of the scientist, sets out to explain, almost to justify, antisemitism." Boyarin: *Unheroic Conduct*, S. 240-41; und: „Freud's universalized development theories, all of which centered on the phallus – the Oedipus complex, castration anxiety, and penis envy – function as an elaborate defense against the feminization of Jewish men, and his essentializing of misogyny is a way to appropriate the phallus for himself as a circumcised male. In other words, it allowed Freud to reassert that the ‚real' difference is not between the Jewish and gentile penis but between having a penis at all and having none. The binary opposition phallus/castration conceals the same third term that Freud conceals in his mystification of Little Hans's identity, namely, the circumcised penis." ebda. S. 242.

ihr eingebracht werden sollten. Yoḥanan Tzingerbay wird von ihr mit seinem Ungenügen, der ‚Schwäche' seines Körpers, konfrontiert, aus der er sich nicht zu befreien vermag. Bela erscheint als selbständige Frau, die mit ihrer Apotheke auch in der Lage wäre, eine Familie zu ernähren. Im traditionellen, religiösen Ostjudentum war es durchaus üblich, dass dies die Aufgabe der Frau war, während der Mann dem prestigeträchtigen Studium nachging, um das Gut der Gelehrsamkeit zu erwerben.[321] Man kann das Scheitern von Tzingerbays Versuch, das Geschäft der Heirat mit Bela Berlo zu schließen, darin sehen, dass sich in seinem Angebot zwei nicht vereinbare Bildfragmente mischen. Er übernimmt das traditionelle Modell, dass der Mann kein materielles Gut, sondern ein an seiner Person hängendes Prestige einzubringen hat, ersetzt jedoch die Gelehrsamkeit als prestigeträchtiges ‚Gut' der Diaspora durch den Körper, den die zionistische Ideologie in Abgrenzung von der Diaspora favorisiert. Bela hingegen folgt nicht den zionistischen Wertsetzungen, sondern ihre Handlungen sind von kapitalistischen Vorstellungen bestimmt. Es geht ihr darum, ihr finanzielles Vermögen zu vergrößern, wogegen sie das kleinbürgerliche Prestige- und Glücksversprechen der Ehe bietet. Die den Figuren in Die Gummihändler eingeschriebenen ideologischen Vorstellungen, die ihre Begierde nach dem, was Wert in der Gesellschaft habe, formen, lassen keine Verständigung zwischen ihnen zu. Sie scheinen nicht imstande zu sein, sich aus ihrem Zugerichtetsein zu befreien.

Auch Hiob in Hiobs Leiden wird nach dem Verlust alles ihm Äußerlichen, seines Besitzes und der Kinder, auf das Leiden des eigenen Körpers und dessen Schwäche in Anbetracht der Gewalt der Welt zurückgeworfen. Die Krätze lässt ihn sich nur noch mit seinem Körper beschäftigen, und das Aufspießen auf dem Pfahl intensi-

---

321 „Die Unterscheidung zwischen religiösem und säkularem Bereich im Sinne von männlicher und weiblicher Sphäre war zugegebenermaßen keine strenge, da auch auf letzterem Gebiet viele männliche Juden tätig waren, aber sie führte doch dazu, dass Jüdinnen eine größere Bereitschaft an den Tag legten bzw. legen mußten, die anfallenden Existenzprobleme zu lösen, und oftmals alleine die Familie unterhielten, während die Männer studierten. Frauen nahmen dabei auch Berufe an, welche – vor allem in Westeuropa – als zur Männersphäre gehörig bezeichnet worden wären." Hödl: Das „Weibliche", S. 96. Anzumerken ist, dass diese Rollenverteilung auch heute in ultraorthodoxen Kreisen weiterhin vorkommt.

viert die reine Körperlichkeit durch das Leiden. Durch das Leiden gewinnt die Körperlichkeit des schwachen Körpers Ausstellungswert und wird zum Spektakel, in dem das Ende des schwachen Körpers einen Marktwert bekommt. Der schwache Körper Hiobs wird als Zeichen eines inneren Wertes, seines Glaubens, gefoltert und hingerichtet. Wieder dient der Körper als Behältnis von etwas nicht Greifbarem, dessen Inhalt, der Glaube an einen Gott, zwar in den letzten Augenblicken des Stückes von Hiob noch widerrufen wird, doch bleibt die Möglichkeit dieses anderen, das der Körper birgt und verspricht, weiter bestehen. Diese Möglichkeit endet erst mit dem Körper, wie die Wiederaufnahme des Philosophierens in Hiobs letzten Worten nahe legt.

Das Spektakel vom Leiden des schwachen männlichen Körpers gewinnt seinen eigentlichen Wert erst durch eine Erotisierung von außen, nämlich durch die Selbstbefriedigung der Hure an dem Pfahl, auf den Hiob aufgespießt ist. Der schwache männliche Körper – oder vielleicht auch überhaupt der männliche Körper bei Levin – strahlt keine Erotik aus. Er bedarf einer Erotisierung durch einen als sexualisiert vorgestellten Körper. Diese Erotisierung geschieht in manchen von Levins Stücken durch Prostituierte oder durch phantasierte Frauengestalten, wie die texanischen Mädchen in den Phantasien Shmu'el Sprols in *Die Gummihändler* oder die Exfreundin des Wartenden in *Die im Dunkeln gehen*, von der der Leser/Zuschauer nicht weiß, ob es sie gibt. Und es gibt die Frauenfiguren, die von Männern mit Rollen oder Vorstellungen belegt werden und die damit bestimmte Aufgaben in deren (vorgestellter) Gesellschaftsordnung erfüllen sollen. Dies kann scheitern: Ya'akobi verlässt Rut Shaḥash schließlich wieder, da sie seine Phantasie von Kultur und Eheglück doch nicht erfüllen konnte. Bigway rächt sich an Bro'dakh, da er meint, sie wolle ihn verführen, und sie vergewaltigt; auch sein Traum von einer Familie erfüllt sich nicht. Oder es gelingt: Herbstlächeln erfüllt die Aufgabe, die Tausend Augen ihr zugedacht hat, sie erniedrigt Gelbe Flecken und schläft mit dessen Mörder.

Obwohl auch männliche Figuren in den Strukturen und Gewaltverhältnissen von Levins Welt gefangen scheinen und sich zu verfangen scheinen, sind es doch ihre Vorstellungen und Phantasien, die diese Gewalt fortschreiben, indem sie Drohungen aufstellen.[322] Bei aller Vervielfältigung der Körperbilder durch die unterschiedlichen positiv und negativ besetzten Bildfragmente aus der zionistischen Ideologie, die sich in Levinschen Figuren wiederfinden, verändert sich die strukturelle Ungleichheit der Geschlechter nicht. Da Levin mit dem kollektiven Gedächtnis seiner Gesellschaft arbeitet und diese über Assoziationen im Raum erscheinen lässt, wäre dies auch verwunderlich. Levin stellt mit den Körperbildern, die seine Figuren aufrufen, Probleme aus, ohne ihnen Alternativen beizufügen. So können auch Frauenfiguren, die ihnen eingeschriebene

---

322 Es ist die Hoffnung der männlichen Figuren auf einen Lust- und Machtgewinn aus der Erniedrigung – die zugleich auch den Erniedrigenden und den Erniedrigten miteinander verbindet –, welche immer wieder zu Gewalt bis hin zum Krieg (s. *Shitz*) führt. Eine Absage an diese libidinöse Gestalt der Gewalt lässt sich erst in *Die verlorenen Frauen von Troja* finden, wobei es sicher kein Zufall ist, dass gerade in diesem Stück die Klagen kriegsgefangener Frauen im Mittelpunkt stehen, welche keinerlei Hoffnung auf Lustgewinn aus ihrer Situation haben können, so dass sich das Stück in diesem Punkt grundlegend von den Komödien, aber auch den Stücken der Gewalt unterscheidet. Yoḥai Oppenheimer schreibt, dass dieser Unterschied *Die verlorenen Frauen von Troja* als Tragödie kennzeichne, auch dadurch, dass Levin in diesem Stück andere Abgrenzungen in Szene setzt: „Diese Erkenntnis wird dadurch ermöglicht, dass Levin eine andere Grenze überschreitet, die bis dahin in seinem Schreiben gegenwärtig war – die Grenze zwischen dem Ausgesprochenen und dem Verborgenen. Das Ausgesprochene war immer der Sprache der Macht zugehörig, während das Verborgene das Leiden war, der Schmerz des Opfers, das Negativ der Macht. Die Tragödie, was Levin betrifft, so ist ihre Auslegung eine Möglichkeit sich von einer Grenze zu befreien (im Sinne einer Befreiung von der Selbstzensur bezogen auf das Leiden), um eine absolut andere Grenze zu veranschaulichen – die Grenze, welche der Leidende im Angesicht der Machtspiele errichtet, im Angesicht der hedonistisch-imperialistischen Begierde und im Angesicht der Rhetorik. Von da ermöglicht es sich also, den Krieg und seine Desaster in einem anderen Licht zu sehen." ("הכרה זו
מתאפשרת משום שלוין חוצה גבול אחר שנוכח היה בכתיבתו עד כאן – הגבול שבין הנאמר לבין המוצנע. הנאמר היה שייך תמיד לשפת הכוח, ואילו המוצנע היה הסבל, כאבו של הקורבן, התשליל של הכוח. הטרגדיה לגבי לוין, פירושה הזדמנות להיפטר מגבול אחד (במשמעות של היפטרות מצנזורה עצמית ביחס לסבל) כדי להציג גבול אחר לחלוטין – הגבול שמציב הסובל בפני משחקי הכוח, בפני התשוקה ההדוניסטית-אימפריאליסטית ובפני הרטוריקה. מכאן מתאפשר אפוא ייצוג המלחמה אצל ", Yoḥai Oppenheimer: לראות את המלחמה ואסונותיה באור חדש."), חנוך לוין: סאטירה, קומדיה, טרגדיה [Darstellung des Krieges bei Hanoch Levin: Satire, Komödie, Tragödie], in: Yaari, Levy (Ed.): חנוך לוין [*Hanoch Levin*], S. 173-186, hier S. 184.

widersprechende Vorstellungen nicht aufgeben, wie Bela Berlo, keine Alternative sein.

8.3 Macht über Leben und Tod – Hoffnung

Levins Stücke ließen sich neben der im dritten Kapitel verwendeten Ordnung nach Genres auch nach ihren Politiken des Lebens und des Todes und den damit einhergehenden Auseinandersetzungen einzelner Figuren mit kollektiven Normierungen ordnen.[323] In den ‚Komödien aus dem Stadtviertel' richten die Figuren ihre Begierde und ihr Handeln auf einen Ort in der Gesellschaft, der Glück, Prestige, ‚Leben' verspricht. Die gesellschaftlichen Normen, deren Erfüllung Glück und ‚Leben' verspricht, bleiben dabei den Stücken vorgängig. Ihre Setzung geschieht außerhalb der Bühnenwelt und nur vermittelt durch die Figuren und deren Handeln werden sie sichtbar gemacht.

Ya'akobi eröffnet das Stück *Ya'akobi und Leidental* mit der Feststellung, seinen langjährigen Freund Leidental verlassen zu müssen, um das ihm zustehende Glück zu finden. Den Zuschauern vermittelt diese erste Szene einen plötzlichen Entschluss, der sie mit einer doppelten Setzung konfrontiert: Die bisherige Freundschaft zwischen Ya'akobi und Leidental wird ihnen als zu überwindender Zustand präsentiert, der jedoch nur in Ya'akobis gegenwärtiger Ablehnung erscheint. Und verbunden mit dieser Ablehnung wird

---

[323] Foucault unterscheidet eine Politik des Gesetzes und der Souveränität, die der Macht, mit dem Tod zu drohen bedarf, und eine Politik der Normen, die darauf abzielt, das Leben mit regulierenden Mechanismen zu ordnen, dessen Grenze der Tod bildet; s. „Eine andere Folge dieser Entwicklung der Bio-Macht ist die wachsende Bedeutung, die das Funktionieren der Norm auf Kosten des juridischen Systems des Gesetzes gewinnt. Das Gesetz kann nicht unbewaffnet sein, und seine hervorragendste Waffe ist der Tod. Denen, die es übertreten, antwortet es in letzter Instanz mit dieser absoluten Drohung. Hinter dem Gesetz steht immer das Schwert. Eine Macht aber, die das Leben zu sichern hat, bedarf fortlaufender, regulierender und korrigierender Mechanismen. Es geht nicht mehr darum, auf dem Feld der Souveränität den Tod auszuspielen, sondern das Lebende in einem Bereich von Wert und Nutzen zu organisieren. Eine solche Macht muß eher qualifizieren, messen, abschätzen, abstufen als sich in einem Ausbruch manifestieren." Michel Foucault: *Der Wille zum Wissen. Sexualität und Wahrheit 1*, Frankfurt am Main: Suhrkamp [14]2003, S. 139.

die Setzung eines anders bestimmten Zustands als normativ vorgestellt, der Menschen unterschiedlicher Art kennt, die sich ihrem gesellschaftlichen Ort bzw. ihrer ‚Natur' entsprechend verhalten sollen. Ya'akobi stellt fest, dass Leidental und er nicht von derselben Art seien.[324] Er erklärt, wie auch andere Levinsche Figuren, dass es Menschen gebe, die ein Anrecht darauf hätten, glücklich zu sein, und andere, deren Natur es sei, unglücklich zu sein. Die Unglücklichen dienen den Glücklichen als Versicherung ihres Glücks.[325] Die Figuren, die sich im Stand des ‚Glücklichseins' befinden verfügen im allgemeinen auch über die Macht, den Zustand der anderen als ‚natürlich' (טבעי), d.h. ihnen entsprechend und unveränderbar zu deklarieren. Man könnte davon sprechen, dass sie sich durch eine gesellschaftliche Etikettierung der anderen ihrer eigenen Etikettierung und damit ihres ‚Glücks' zu versichern suchen. Seltsam leer bleibt dabei, warum sie glücklich sind – außer, um nicht unglücklich zu sein. Diejenigen, die jemandes Zustand als ‚natürlich' bezeichnen, verfügen oft auch über die Macht, zu erniedrigen und zu töten. Herbstlächeln in *Hinrichtung* bezeichnet den Zustand körperlicher Amputation bei Gelbe Flecken als dessen ‚natürlichen' Zustand,[326] der so keiner Begründung mehr bedarf, ebensowenig wie

---

324 S. „Ya'akobi: [...] ich werde auf seine [Leidentals] Freundschaft treten und werde ihn allein zurücklassen, damit er lernen wird, zu wissen, wo er ist – und wo ich bin." ("יעקובי: אני אבעט בידידות שלו [לידנטל] ואשאיר אותו לבד ‏), Levin: יעקובי ולידנטל (כדי שילמד לדעת איפה הוא – ואיפה אני". [Ya'akobi und Leidental], S. 177. Die ganze Rede Ya'akobis findet sich in Kap.6.3 „Sozialer Wert – Körper" zitiert.

325 S. „Shuqra: [zu Ḥefetz] Nieder! Nieder! Nieder, unglücklicher Mann! Was stehst du mir hier auf der Terrasse wie ein Glücklicher aus der Familie der Glücklichen?! Was tut ihr so, ihr alle, als ob bei euch alles in Ordnung sei?! [...] ihr gebt den Glücklichen nicht das elementare Recht des glücklichen Menschen – den Unglücklichen unglücklich zu sehen." "שוקרא: [לחפץ] למטה! למטה! למטה, איש אומלל! \ מה אתה עומד לי פה על המרפסת כמו) מאושר ממשפחת המאושרים?! מה אתם מעמידים פנים, כולכם, שאצלכם הכל בסדר?! [...] לא נותנים למאושרים את הזכות האלמנטרית של אדם מאושר – לראות את האומלל אומלל." Levin: חפץ [Ḥefetz], S. 99.

326 S. „Herbstlächeln: [zu Gelbe Flecken] Vielleicht, weil es mir erscheint, / dass dort in die Kiste geworfen zu sein, / Hände und Füße amputiert, / dein natürlicher Zustand ist, / und auf jeden Fall nicht erschüttert, / und es gibt darin sogar etwas / von Routine." ("חיוכי סתיו: [לכתמים צהובים] אולי מפני שנדמה לי \ שלהיות מושלך שם בארגז, \ קטוע ידיים ורגליים, \ זה המצב הטבעי שלך, \ הוצאה להורג ‏, Levin: \) ועל כל פנים אינו מרעיש, \ ויש בו אפילו משהו \ מן השיגרה." [Hinrichtung], S. 45-46.

die Gewalt, die Gelbe Flecken in diesen neuen Zustand versetzte. Der jeweilige Zustand des Unterlegenen wird innerhalb der Strukturen der Macht zu dessen zweiter Natur.

Gerade in den Komödien versuchen Figuren diese gesellschaftlichen Normen, die ihnen einen festen Platz in der Hierarchie zuweisen, in Frage zu stellen. Sie rebellieren gegen die ihnen von außen zugesprochene Natur und scheitern. Ḥefetz versucht zu beweisen, dass auch er Glück empfinden könne und dass auch er etwas tun könne, was die anderen angeht, und sei es der Sprung vom Dach. Er will als der anerkannt sein, als der er sich selbst vorstellt, anstatt eine Rolle im Spiel der anderen zu spielen. Doch bleibt Ḥefetz in seiner Rebellion Bestandteil des Spiels und damit der gesetzten Ordnung, da er entsprechend den Regeln die Anerkennung der Mächtigeren, an ihrer Spitze Fogra, zu gewinnen sucht. Die Anerkennung wird Ḥefetz verweigert, da er kein Recht hat, Begierden zu äußern und Vergnügen zu empfinden. In *Ḥefetz* erscheinen bereits die beiden grundlegenden Probleme des einzelnen gegenüber einem Kollektiv, das sein Leben zu regulieren oder ihn auszuschließen sucht. Ḥefetz wird erst das eine, dann das andere Recht verweigert: zunächst das Recht auf eigene Vorstellungen und Wünsche und damit die Möglichkeit von Glück, dann das Recht zu leben und damit die Möglichkeit, überhaupt zu wünschen.

Der Kampf um die Rechte nährt sich aus der Hoffnung. Die Hoffnung verspricht immer eine spätere Erfüllung und, dieser vorausgehend, die oft verhängnisvolle Möglichkeit eines weiteren Aufschubs. Die Hoffnung veranlasst Ḥefetz zu seinen verzweifelten Versuchen nach Anerkennung als Mensch und nicht als Gegenstand oder Spielzeug.[327] Gelbe Flecken in *Hinrichtung* veranlasst sie zu seinen Angeboten an Herbstlächeln, Pozna in *Alle wollen leben* und den Jungen in *Der Junge träumt* zur Flucht vor dem Tod. Die Hoffnung erscheint als verbindendes Lebensprinzip der Levinschen Figuren, vor allem der Unglücklichen und Erniedrigten. Die Hoffnung und die ihr eingeschriebene Fortsetzung der Flucht vor dem Tod dient auch dem Fortgang der durch Drohungen in Gang gesetzten Handlungen in Levins Stücken.

---

327 Auf dieses Problem verweist bereits der Name Ḥefetz (חפץ), im Hebräischen ein Wort, das sowohl Gegenstand, Objekt als auch Erwünschtes, Begehrtes bedeutet.

Levins erniedrigte Figuren treibt die Hoffnung an, die Ausschlussmechanismen, die die Machtverhältnisse der Gesellschaft und ihr Funktionieren strukturieren, doch noch aufheben oder ihnen zumindest entgehen zu können. Doch die Integration des Kollektivs und die Setzung der für dieses gültigen Normen funktionieren auf der Grundlage des Ausschlusses einzelner und ihrer Körper. Der Ausschluss eines einzelnen – und bei Levin ist es meist ein einzelner – und seines Körpers aus der Ordnung der Macht, entlässt diesen jedoch nicht aus der Ordnung der Macht. Vielmehr wird er gerade in seinem Ausschluss eingeschlossen als die Grenze des Kollektivs, von der aus sich alle, die dazu gehören, zu definieren vermögen. Erst der Unglückliche dient dem Glücklichen als Indikator seines Glücklichseins. Die allmähliche Zerstörung des Körpers von Gelbe Flecken ermöglicht die Annäherung und Steigerung der körperlichen Begierde von Tausend Augen und Herbstlächeln. In *Mit offenem Mund* erhöht die Königin den Wert ihres unnahbaren und unsehbaren Körpers durch den Ausschluss des einen Wächters, der durch das Schlüsselloch gelinst, wenn auch nichts gesehen hat. Seine Blendung und Tötung nähert die anderen Wächter der Königin an und entfernt sie zugleich von ihrem Körper, macht diesen auch für die anderen Wächter unsichtbar. Diese Mechanismen von Integration und Ausschluss funktionieren immer durch eine im Hintergrund stehende, unausgesprochene Drohung. Diese Drohung nährt die Hoffnung der Bedrohten mit dem Versprechen, sie, die Drohung, werde sich nicht erfüllen, wenn der Ausgeschlossene in seinem Ausgeschlossensein die Rolle der Bestätigung der Macht von außerhalb ihrer mitspiele. Während die Bedrohten immer die Stimme des Versprechens hören, klingt schließlich doch die Stimme der Drohung lauter, und die Hoffnung erweist sich als Täuschung, die nur Stationen der Erniedrigung auf dem Weg produzierte. Die Hoffnung, dem Tod zu entgehen, lässt sowohl Gelbe Flecken als auch Pozna in die Verstümmelung ihrer Körper einwilligen. Bei keinem von beiden führt die Verstümmelung zu einer Aufhebung des Todesurteils.[328]

Der Mechanismus der Ausschließung und Tötung des einzelnen, da dieser der normativen Vorstellung des Kollektivs nicht entspricht,

---

[328] Dass Pozna dennoch dem Tod entgeht, in dem er einen Straßenjungen täuscht und ‚opfert', wurde bereits in Kap.6.6 „Aufschub und Tausch der Vorstellungen in der Sprache" erläutert.

wird in seiner Willkür in *Hiobs Leiden* ausgestellt. Ein römischer Offizier lässt Hiob hinrichten, da dieser nicht bereit ist, seinen Gott zu verleugnen. In dem Moment allerdings, als der Pfahl bereits in die Lungen stößt, widerruft Hiob Gottes Existenz und damit den Grund seines Sterbens.

איוב: אוויר... אין אלוהים... אני נשבע לכם שאין אלוהים!!! **קצין**: חבל. בעד אותו מחיר יכולת למות אדם עם עקרונות.[329]	**Hiob**: Luft... Es gibt keinen Gott... Ich schwöre euch, dass es keinen Gott gibt!!! **Offizier**: Schade. Für denselben Preis hättest du sterben können, ein Mensch mit Prinzipien.

Hiob tritt mit diesem Ausruf aus dem System aus, das ihn opfern will, um damit die Normen und Gesetze des Kollektivs aufrechtzuerhalten. Hiob hat keine Möglichkeit, durch seinen Widerruf in das Kollektiv zurückzukehren. Sein Tod ist nicht mehr aufzuhalten, so dass ein Widerruf jedes praktischen Sinns entbehrt. Durch die Leugnung Gottes kehrt Hiob scheinbar in das Kollektiv zurück und entzieht diesem damit den Ausgeschlossenen, an dessen Grenze es sich aufrichtet. Der zu tötende Gottgläubige ist nicht mehr da, Hiob wieder einer wie alle, und doch ist sein Körper nicht mehr wie die anderen, da schon dem Tod überschrieben. So verwandelt Hiob das Kollektiv, dem er gegenüber steht und das durch ihn als Grenze seine Integration herzustellen sucht, von einem spezifischen Kollektiv in das allgemeine der Menschen. Der Gottgläubige, durch dessen Hinrichtung der Beweis der eigenen Zugehörigkeit zum Kollektiv der Kaisergläubigen erbracht werden sollte, ersetzt sich durch den Sterbenden, dessen Tod als Grenze das Leben als einziges Gemeinsames der anderen Menschen, die ihm gegenüberstehen – oder als Zuschauer im Theater gegenübersitzen – aufweist. Hiobs Widerruf verbunden mit seinem Tod wird so zu einem Aussetzen der Möglichkeit und Politik eines Kollektivs, das sich durch den Ausschluss anderer zu verorten sucht.

Was bleibt ist nur die Hoffnung derer, die (noch) leben. Die letzte Szene des Stücks, die zunächst als Brechung des Spektakels der Hinrichtung wirkt, lässt sich als Fortsetzung der bereits durch Hiobs Widerruf vollzogenen Brechung lesen.

קבצן: כמו שכבר אמרתי: עם קצת אורך־רוח	**Bettler**: Wie ich bereits sagte: mit ein wenig Geduld

---

329 Levin: יסורי איוב [Hiobs Leiden], S. 99.

מִישֶׁהוּ הֲרֵי סוֹף־סוֹף מֵקִיא. כֵּן, wird doch jemand schließlich kotzen. Ja,
אֵיכְשֶׁהוּ חַיִּים. יֵשׁ אֱלֹהִים. irgendwie lebt man. Es gibt einen Gott.
פָּה־רָה־פִּים־פִּים־פִּים, Pa-Ra-Pim-Pim-Pim,
פָּה־רָה־פִּים־פִּים־פִּים.³³⁰ Pa-Ra-Pim-Pim-Pim.

Nur das Leben kann die Möglichkeit eines Gottes behaupten, oder negieren, nicht die (Nicht)Zugehörigkeit zu einem vorgestellten Kollektiv. Dann schließt der Chor der Toten das Stück mit dem hoffnungsfrohen und zugleich nostalgisch-desillusionierten Gesang ‚Wir werden noch ruhen' (ואנחנו עוד ננוח)³³¹ ab. Ironischerweise haben auch die Toten noch Hoffnung.³³²

Die Problematisierung der Opferung des einzelnen für den Erhalt des Kollektivs, verbunden mit der Frage nach der Behauptung einer ‚Individualität' gegenüber dem Kollektiv, zieht sich durch Levins Texte.³³³ Es leuchtet ein, dieses Problem als eine Spur des Politischen in Levins Schreiben zu lesen, die Assoziationen zur israelischen Gesellschaft aufruft. Yaron Ezrachi schreibt, dass sich die israelische Kultur durch einen Mangel an Individualität im politischen Verhalten, gerade gegenüber dem Staat und seinen Institutionen, auszeichne:³³⁴

---

330 Levin: יסורי איוב [Hiobs Leiden], S. 103.
331 Levin: יסורי איוב [Hiobs Leiden], S. 103.
332 Ein Versuch, die Hoffnung der Toten – auch der Toten Kinder in *Der Junge träumt* – mit Fragen der Erinnerung und Walter Benjamins Äußerung, dass der Feind auch die Toten bedrohe, zusammenzudenken, kann hier leider nicht mehr unternommen werden. Freddie Rokem sieht in dem Blick auf die Zerstörungsspuren in Levins Theater und wie dort Erinnerung geschieht Benjamins Engel der Geschichte aufscheinen. „Hanoch Levin's performance The Boy Dreams is filled with such angelic figures who are looking at the wreckages of the past: the dreaming boy himself, the other dead children, the lame poet, and, ironically, the figure of the Messiah. When the gaze of the spectators of such a performance, or the viewers of Klee's painting, meets the eyes of such angelic figures, their helplessness meets our hopes. This is a moment when the theatre can create a utopian dimension, a way of reading and performing the failures of the past through a possible completion of history." Rokem: *Performing History*, S. 97.
333 Zur Frage des Opfers für den Erhalt des Kollektivs in den Satiren s. Kap.2 „Satiren als Ausgangspunkt von Levins Schreiben für das Theater", bzw.: Naumann: Yiṣḥaqs rettende Stimme.
334 Inwieweit sie sich darin von anderen westlichen Demokratien unterscheidet und was diese Unterschiede bedingt, kann hier nicht dis-

Im modernen Israel kämpft das Individuum auf recht anachronistische Weise darum, die Integrität der eigenen Lebenszeit zu schützen – nicht nur vor den vereinten Heeren der Märtyrer und Heroen, sondern auch vor den Ansprüchen von Religion und Ideologie, die viele Jahre lang gemeinsam an der Überhöhung des individuellen Opfers für das Land gearbeitet haben. Als liberal eingestellter Individualist sah man sich mit starken nationalistischen und religiösen Kräften konfrontiert, die versuchten, den Staat von einem Instrument der Selbstregierung, das den Bedürfnissen von Individuum und Gemeinschaft dient, in ein Mittel zu verwandeln, das eine religiös oder ideologische begründete Vision von Einheit und Größe zu verwirklichen hilft.[335]

Und später:

Das moderne Israel ist geprägt von Auseinandersetzungen zwischen den Bürgern, die denken, das Land gehöre den Lebenden, und anderen, die meinen, dass die Lebenden dem Land gehören und es deshalb ihre Pflicht sei, Opfer zu bringen.[336]

Dieser gesellschaftliche Konflikt über Wert und Verwendung des einzelnen Lebens steht auch im Assoziationsraum, den Levins Stücke eröffnen. Jene Entwertung des Lebens durch die Berufung auf nationale oder religiöse Ideologeme wird vor allem in Levins ‚grausamen Stücken' ins Extrem gesteigert, zeigt aber auch in den anderen Stücken Wirkungen. Extrem wirkt die Entwertung des einzelnen Lebens bei Levin gerade durch die auf Grund ihrer Unausgesprochenheit scheinbare Abwesenheit jeglicher ideologischer Begründungen einer solchen Entwertung. Die Ideologeme müssen nicht mehr ausgesprochen werden, um, in die Figuren eingeschrieben, dennoch in deren Handeln wirksam zu werden. Diese ausgestellte Entwertung des Lebens rückt zugleich den möglichen Wert dieses Lebens in den Blick, der von keiner ideologischen Diskussion getrübt wird, die dazu zwänge, Partei zu ergreifen und damit zu legitimieren. Der einzelnen Figur scheint es nur durch ihr Leben möglich, sich von dem Kollektiv abzuheben, während sie durch dasselbe Leben den bestehenden und sich stets in den Begegnungen

---

kutiert werden, s. dazu: Yaron Ezrachi: *Gewalt und Gewissen. Israels langer Weg in die Moderne*, Berlin: Alexander Fest Verlag 1998.
335 Ezrachi: *Gewalt und Gewissen*, S. 64.
336 Ezrachi: *Gewalt und Gewissen*, S. 74.

der Figuren erneuernden Machtstrukturen unterworfen werden soll.

So erscheinen die Figuren immer zugleich individuell und kollektiv zu sein. Sie repräsentieren zwar nie bestimmte ideologische Positionen und erscheinen dadurch als ‚Individuen', doch vermögen sie nicht, sich von den ihnen in Körper und Verhalten eingeschriebenen Strukturen zu lösen, und vollziehen so immer auch kollektive Muster. Levins Texte machen es unmöglich die Figuren als Repräsentanten oder als Darstellung einer ‚Individualität' – insofern dies denn möglich sei – zu lesen. In der einzelnen Figur wird das Individuelle immer auf das Kollektive hin, das die Figur auch präsentiert, durchsichtig. Diese Verschränkung ermöglicht es auch, das Leben zum Einsatz zu machen und zu töten. Wenn die Figur nur noch als Element eines Kollektivs gesehen wird, verschwindet der Wert des einzelnen Lebens, und es kann als Element des eigenen Kollektivs für dessen Erhalt geopfert oder als Element eines anderen, feindlichen Kollektivs getötet werden.[337]

In *Mord* tragen die Figuren keine Namen, sondern nur Funktionsbezeichnungen innerhalb eines gesellschaftlichen Gefüges, in dem ethnische Zuschreibungen eine wichtige Rolle spielen. Mord und Gewalt werden ermöglicht, indem der andere nicht als Individuum, als einzelnes Leben mit Wert, sondern nur als Zeichen einer fremden Zugehörigkeit und damit als möglicher Feind gesehen wird. Im ersten Akt töten die Soldaten den arabischen jungen Mann als ‚Araber' und nicht als den ‚Sohn', den der Vater später betrauern und rächen wird. Dieser Vater wiederum kann den Bräutigam am Strand als Möglichkeit eines israelischen Soldaten töten – das Stück klärt nicht, ob er wirklich zu den drei Soldaten gehörte, die den Sohn töteten. Die Rache richtet sich gegen ein Element des feindlichen Kollektivs ironischerweise in dem Moment, als dieser das scheinbar persönlichste Fest seines Lebens, seine Hochzeit begeht. Die Braut vergewaltigt und tötet der arabische Vater als jüdische Frau, gegen die Gewalt für ihn möglich ist. Es entsteht eine Kette der Gewalt, die sich nur durch ein Schauen auf das Individuelle der

---

337 Wobei das hier wirksame Muster, des Übersehens der Menschen durch kollektive Zuschreibungen nun wirklich als universal gedacht werden kann, auch wenn es in *Mord* mit dem israelisch-palästinensischen Konflikt, oder in *Der Junge träumt* mit der Shoah verknüpft wird.

anderen Figur durchbrechen ließe. In *Der Junge träumt* begründet der Kapitän, dass er die Flüchtlinge nicht der Gewalt ausliefert so:

רב־החובל: לא טוב שיש למישהו פנים, לא טוב לפגוש את מבטו ליותר מהרף־עין. פתאום אתה מכיר אותו, לעזאזל, פתאום עומד מולך אדם.³³⁸	**Kapitän:** Es ist nicht gut, dass jemand ein Gesicht hat, es ist nicht gut, seinen Blick zu treffen für länger als einen Augenblick. Plötzlich kennst du ihn, zum Teufel, Plötzlich steht vor dir ein Mensch.

Eine Möglichkeit, diese Grundstruktur zu ändern, scheint in Levins Texten immer nur als radikal abwesend auf, behauptet aber gerade darin ihre Möglichkeit. Die Unbegreiflichkeit dessen, was in Levins Theater als zwangsläufig ablaufend präsentiert wird, fordert das Denken der Möglichkeiten eines anderen Verlaufs. Noch einmal Ezrachi:

---

338 Levin: הילד חולם [Der Junge träumt], S. 304. Dieses Vermögen des Gesichts, Menschlichkeit zu bewirken, erinnert an die zentrale Stellung des Gesichts (visage) in der Ethik Emmanuel Lévinas': „Cet infini, plus fort que le meurtre, nous résiste déjà dans son visage, et son visage, est l'*expression* originelle, est le premier mot : « tu ne commettras pas de meurtre ». […] Il y a là une relation non pas avec une résistance très grande, mais avec quelque chose d'absolument *Autre* : la résistance de ce qui n'a pas de résistance – la résistance éthique. […] Se manifester comme visage, c'est s'*imposer* par-delà la forme, manifestée et purement phénoménale, se présenter d'une façon, irréductible à la manifestation, comme la droiture même du face à face, sans intermédiaire d'aucune image dans sa nudité, c'est-à-dire dans sa misère et dans sa faim. […] L'être qui s'exprime s'impose, mais précisément en en appelant à moi de sa misère et de sa nudité – de sa faim – sans que je puisse être sourd à son appel. De sorte que, dans l'expression, l'être qui s'impose ne limite pas mais promeut ma liberté, en suscitant ma bonté. L'ordre de la responsabilité où la gravité de l'être inéluctable glace tout rire, est aussi l'ordre où la liberté est inéluctablement invoquée de sorte que le poids irrémissible de l'être fait surgir ma liberté. L'inéluctable n'a plus l'inhumanité du fatal, mais le sérieux sévère de la bonté. […] Le visage ouvre le discours originel dont le premier mot est obligation qu'aucune 'intériorité' ne permet d'éviter. Discours qui oblige à entrer dans le discours, commencement du discours que le rationalisme appelle de ses vœux, « force » qui convainc même « les gens qui ne veulent pas entendre » et fonde ainsi la vraie universalité de la raison." Emmanuel Lévinas: *Totalité et Infini. Essai sur l'extériorité*, Paris: Librairie générale française, 1990 [1961], S. 217-220.

> Wenn Menschen zu Trägern und Zeichen ideologischer Ideen herabgewürdigt werden, dann wird es leichter, sie zu töten: Es ist, als würde der Umstand, dass wir als sterbliche Menschen durch so etwas wie Solidarität grundlegend verbunden sind, von unseren kleinlichen, parteiischen Ansprüchen überdeckt.[339]

Genau an dieser Überdeckung des menschlichen Lebens durch ideologische Vorstellungen, Wünsche und ihre Auswirkungen setzt Levins politische und gesellschaftliche Kritik an. Es erscheint hier eine Linie, die die Satiren vom Ende der 60er Jahre mit *Mord*, uraufgeführt 1997, verbindet. Man könnte Levins politisches Schreiben von dem Motto ausgehend lesen, das er seiner ersten satirischen Revue, *Du und ich und der nächste Krieg*, vorangestellt hat:

| הרואה את המתים, אין לא מלים להגיד, | Der die Toten sieht, er hat keine Worte zu sagen, |
| הוא הולך הצידה וממשיך לחיות, כמי שהפסיד.[340] | Er geht zur Seite und fährt fort zu leben, wie einer, der verloren hat. |

8.4 Erinnerung der Shoah und die Figur des ‚Messias'

Das einzelne Leben, das so ununterscheidbar von den anderen scheint, erhält seinen Wert im Ausdruck seiner Nicht-Austauschbarkeit. Ein Wert, der in sich die Möglichkeit einer ganzen Welt birgt, wie Levins Theater, und den es zu erhalten gilt. Ezrachi schreibt:

> Damals [1956] stellte mir mein Klassenkamerad Isaac, ein ungarischer Waisenjunge, der den Zweiten Weltkrieg auf wundersame Weise überlebt hatte, in einer Pause eine ziemlich sarkastische Scherzfrage: ‚Was ist der Unterschied zwischen einer teilweisen und einer totalen Auslöschung?' Als er merkte, dass ich nur zögernd reagierte, sagte er triumphierend: ‚Teilweise Auslöschung ist, wenn alle sterben und ich der einzige Überlebende bin. Totale Auslöschung ist, wenn ich sterbe.' Wir lachten. Es war keine besonders düstere oder ernsthafte Unterhaltung, doch Isaacs Worte blieben mir im Gedächtnis haften. Enthielten sie nicht den Gedanken, dass für den einzelnen der eigene Tod das Ende

---

339 Ezrachi: *Gewalt und Gewissen*, S. 118.
340 Levin: את ואני והמלחמה הבאה [Du und ich und der nächste Krieg], S. 11.

von allem bedeutet? Im Israel jener Tage aber konnte der Gedanke an den persönlichen Tod, ausgedrückt in solch apokalyptischen Begriffen, bloß als ein subversiver, noch dazu schlechter Witz gelten.[341]

Das Problem des persönlichen Todes und die mit ihm verbundene Auslöschung von allem, die durch nichts zu rechtfertigende Auslöschung von Welten also,[342] ist ein entscheidendes Moment in Levins Stücken der vergeblichen Flucht vor dem Tod; einer Flucht, die immer angetrieben ist von der Hoffnung, die Möglichkeit einer Welt aufrechtzuerhalten, die nur das eigene Leben verspricht. In Stücken wie *Hinrichtung* oder *Hiobs Leiden* funktionieren die Machtstrukturen über den Ausschluss eines einzelnen, der gerade in diesem Ausschluss als Grenze dieser Machtstrukturen in sie eingeschlossen wird.[343] Ähnlich holen Levins Theaterstücke durch das assoziative Aufrufen eines bestimmten gesellschaftlichen oder historischen Zusammenhangs diesen in sich hinein und lassen ihn doch zugleich außerhalb des Bühnengeschehens verbleiben. Die Assoziation, gestützt auf das kulturelle Gedächtnis, funktioniert so als Schwelle zwischen Bühnengeschehen und historisch-gesellschaftlichem Raum. Auch die Shoah scheint als ein solch ‚Abwesend-Anwesendes' in Levins Theater auf, das jenseits der Schwelle liegt, aber sich von dort als ein historisches Außen erweist, das das Bühnengeschehen, vor allem in Levins ‚grausamen Stücken' und in *Der Junge träumt* mitbegründet. An verschiedenen Stellen in den

---

341 Ezrachi: *Gewalt und Gewissen*, S. 109. Zum Umgang mit der Erinnerung an die Shoah und mit den Überlebenden im Israel der 50er Jahre, auf den Ezrachi anspielt, s. Segev: *Die siebte Million*.

342 S. „Kalter Schweiß: Zweitens, ich bin Herr einer reichen inneren Welt, / ich habe Erinnerungen, Erfahrungen und Ambitionen, / mein Leben ist eine ganze Welt; wie ist es möglich, / plötzlich eine Welt zu zerstören?" ("זיעה קרה: שנית, אני בעל עולם פנימי עשיר, \ יש לי זכרונות, חוויות ושאיפות, \ חיי הם עולם \ שלם: איך אפשר \ להרוס פתאום עולם?"), Levin: הוצאה להורג [Hinrichtung], S. 13.

343 Das Alleinsein mit dem Tod angesichts der Bedrohung durch das Kollektiv der anderen findet wiederum einen körperlichen Ausdruck: „Gelbe Flecken: Ich. / Jetzt verstehe ich plötzlich / die wahre Bedeutung / des Wortes ‚Ich'. / ‚Ich' ist der zitternde Knochen [bzw. das zitternde Selbst, denn das hebr. *etzem* (עצם) bedeutet sowohl Knochen als auch Selbst], / der, als das Todesurteil auf ihn deutete, / um sich blickt, er sieht mit Erstaunen, / dass Nichts mit ihm zittert." ("כתמים צהובים: אני. \ כעת אני מבין לפתע \ את המשמעות האמיתית \ של המלה 'אני'. \ 'אני' הוא העצם הרועד, \ שבהצביע גזר-דין מוות לעברו, \ מביט סביב, רואה בתימהון \ ששום דבר אינו רועד איתו."), Levin: הוצאה להורג [Hinrichtung], S. 18-19.

Texten werden Assoziationen aufgerufen, die auf das Geschehen der Shoah verweisen, so mit dem Namen ‚Gelbe Flecken' oder durch das Herausreißen der Goldzähne in *Hiobs Leiden*.[344]

Im Text von *Die im Dunkeln gehen* und in Levins eigener Inszenierung von *Der Junge träumt* wird die Shoah über das Bild der Züge bzw. Gleise aufgerufen. Beide Male ist dieser Verweis mit dem Auftritt einer göttlichen Figur und ihrem Scheitern verbunden. In *Die im Dunkeln gehen* ist es Gott, dessen Rede zweimal durch den Lärm von Zügen übertönt und so unhörbar gemacht wird. Die Züge melden sich das erste Mal ‚zu Wort', als Gott versucht, die Existenz des Bösen zu begründen:

אלוהים: ושאלה שנייה, למה בראתי את הרוע. ועל כך אני משיב... (ממשיך לדבר, אך שאון רכבת עוברת מחריש את דבריו. השאון פג) המספר: כבודו, לא שמענו את התשובה לשאלה השנייה בגלל הרעש. אלוהים: לא אחזור על דברי. המספר: (לקהל, מורה על אלוהים) אלוהים, תאמינו? איש עם מזוודה, ברחוב, כאילו כלום, כאילו סתם, ובסוף – אלוהים. אם כי, כפי ששמעתם, הוכחה אין. – ותשובה לשאלה השנייה – גם כן לא שמענו. בגלל הרכבת. ואגב, אין כאן בעירנו שום מסילת ברזל; האם ייתכן שאלוהים עשה קסם וברא רכבת לחמש שניות רק על מנת שתחריש את תשובתו לשאלות מביכות? מכל מקום, רבותי – אלוהים.[345]	**Gott**: Und die zweite Frage, warum habe ich das Böse geschaffen. Und darauf erwidere ich... (Er fährt fort zu reden, aber das Getöse eines vorbeifahrenden Zuges macht seine Worte unhörbar. Das Getöse lässt nach.) **Der Erzähler**: Euer Wohlgeboren, wir hörten die Antwort auf die zweite Frage wegen des Lärms nicht. **Gott**: Ich werde meine Worte nicht wiederholen. **Der Erzähler**: (zum Publikum, zeigt auf Gott) Gott, glaubt ihr's? Ein Mann mit einem Koffer, auf der Straße, scheinbar nichts, scheinbar einfach so, und am Ende – Gott. Obwohl, wie ihr gehört habt, einen Beweis gibt es nicht. Und die Antwort auf die zweite Frage – die haben wir auch nicht gehört. Wegen des Zuges. Nebenbei, es gibt hier in unserer Stadt keine Gleise; kann es sein, dass Gott einen Zauber tat

---

344 Für eine Untersuchung dieser Szene s. Kap.6.1 „Das Funktionieren der Drohung bei Levin".

345 Levin: בחושך ההולכים [Die im Dunkeln gehen], S. 56.

        und einen Zug für fünf Sekunden
                erschuf, nur um
        seine Antwort auf die peinlichen Fragen
                unhörbar zu machen?
        Auf jeden Fall, meine Herren – Gott.

Das zweite Mal wird er übertönt, als er zu erklären versucht, warum er für die Toten zu ihren Lebzeiten nichts tat:

אלוהים: שששש!... די... די!...	**Gott**: Schschsch!… Genug… Genug!…
(המת הביישן חדל מבכיו)	(Der schüchterne Tote lässt ab von seinem Weinen.)
ואף־על־פי־כן, יש בכם משהו.	Und trotzdem, es gibt in euch etwas.
ואף־על־פי־כן, אהבתי את כולכם.	Und trotzdem, ich liebte euch alle.
נולדתם פעם טובים ופעורי־פה	Ihr wurdet einmal als Gute geboren und
מתימהון אין קץ לנוכח העולם,	mit offenem Mund
וכל־כך מצחיקים הייתם, וכל־כך	vor unendlichem Erstaunen angesichts der Welt,
פגיעים. אהבתי אתכם בעלבונכם.	und so sehr belustigend seid ihr gewesen, und so sehr verletzlich. Ich liebte euch in eurer Beschämtheit.
ואם אינני עושה למענכם דבר,	Und wenn ich für euch auch nicht eine Sache tue,
הרי זה רק מפני ש...	dann dies nur, weil…
(שאון רכבת עוברת מחריש את דבריו, וחולף)	(Das Getöse eines vorbeifahrenden Zuges macht seine Worte unhörbar, und geht vorüber.)
...ולפחות אזכור אתכם לטובה.	…und wenigstens werde ich euch zum Guten erinnern.
(פונה לצאת)[346]	(Er wendet sich zum Gehen.)

Gott erscheint als machtloser Zuschauer des Geschehens, der der Erläuterung des Erzählers bedarf. Der Lärm der Züge nach Auschwitz lässt jede letzte Begründung unsagbar werden und wird Ausdruck dessen, das nicht in Begriffen und nicht als verstehbar auszudrücken ist, sich der Sagbarkeit entzieht. Gott wird weiterziehen mit seinem Koffer, als wäre er ein vagabundierender Straßenhändler, der zwar alles wahrnehmen kann und die Menschen für ihre Verletzlichkeit liebt – was diese selbst nicht tun –, aber auf nichts einen Einfluss hat. Der Koffer, der sowohl die Ortlosigkeit

---

346 Levin: ההולכים בחושך [Die im Dunkeln gehen], S. 76.

einer unaufhebbaren Diaspora aufruft, als auch die Koffer der Ermordeten von Auschwitz, erscheint auch in den zwei Koffern voller Uhren, die der ‚Messias' im letzten Teil von *Der Junge träumt* mit sich trägt.

Die zweite Rede Gottes gibt einen Abriss des Lebens, wie es Levins Texte vorstellen. Ein Leben, das schön, traurig, lächerlich, hilflos und doch gerne zu betrachten ist. Und ein Leben, das seine Grundlosigkeit in seiner Tötbarkeit erfährt. Es ist, als betrachte die Figur ‚Gott' ‚ihre' Bühnenwelt, die Levins Texte bauen, wie die Zuschauer im Saal, während Gott im Dunkeln geht, eine Tätigkeit, die aus dem dunklen Saal zu betrachten für Levin eines der Wunder des Theaters ausmacht.[347]

Levins Texte entziehen sich im Umgang mit der Shoah jeglicher ideologischer Vereinnahmung, als wollten sie von der grundsätzlichen Bedrohungserfahrung der Shoah aus die Präsentation der Möglichkeit des vollkommenen Ausgeliefertseins an die Gewalt zu einem Gestus der Erinnerung des historischen Geschehens machen. So ließe sich die Bedeutung der Shoah für das Theater Levins mit den Worten Moshe Zuckermanns folgendermaßen erläutern:

> Den Holocaust – gerade in seiner historischen Einmaligkeit und Unvergleichbarkeit – kann man einzig als ein dichotomes Paradigma menschlicher Existenz, als eine die Symbolisierung der permanenten Bedrohung dieser Existenz widerspiegelnde Matrix und als eine sittliche Entscheidung erinnern. So besehen ist er grauenhaft einfach: Der Holocaust ist die objektivierte Essenz des Grundverhältnisses zwischen Mördern und Gemordeten, zwischen Verbrechern und ihren Opfern, er symbolisiert den Höhepunkt der von Menschen über Menschen in Gang gesetzten Repression, er verkörpert die permanente Möglichkeit totaler Zertretung des menschlichen Antlitzes und der menschlichen Würde, die Entmenschlichung durch den Menschen. Jeder, der mit diesem Wesen des Holocaust konfrontiert wird, sieht sich auch grundlegend und unentrinnbar vor eine dichotome Matrix der eigenen Identität gestellt: Er muß sich in seiner Selbstbesinnung zwischen der Identität des Mörders und der des Gemordeten entscheiden. Dies ist die (ob ihrer weitreichenden Folgen) schwerste und extremste moralische Entscheidung des Subjekts: Die Identität des Gemordeten

---

347 S. ausführlich Kap.9.2 „Epilog: Die zwei Wunder des Theaters".

enthält unweigerlich die elementare Position einer kategorischen *existentiellen Verpflichtung* gegenüber dem Leben, der Würde und der Freiheit des Menschen, eine Position, die das Leid der Opfer der Repression beweint, die Gemordeten – als solche! –, wo auch immer, betrauert.[348]

Levins Theater erinnert an diese existentielle Verpflichtung gegenüber dem Leben, der Würde und der Freiheit der Menschen, indem es ihre Bedrohtheit bis ins Extrem ausstellt und problematisiert.

Mit der Technik der Assoziation vermeidet Levin ein Verhandeln der Erinnerung an die Shoah und ihrer Bedeutung auf der Bühne. Die Erinnerung wird nicht in Worten beschworen, sondern fließt ein in eine Form, findet ihren Ort in einer Handlung, die auf das historische Geschehen als zu Erinnerndes und als Verpflichtendes verweist. Levins Texte unterlaufen einmal mehr die Oppositionen und Vereinnahmungen des offiziellen israelischen Diskurses. Der Bezugnahme auf die staatsbegründende, ideologische Vereinnahmung der Shoah entziehen sich Levins Texte, indem sie sie an die Schwelle setzen, von der die Welt, die in ihnen ersteht, ihren Ausgang hat. Die präsentierten gesellschaftlichen und politischen Strukturen und ihre Kritik werden so immer als ‚nach Auschwitz' gedacht, ohne dass die Shoah selbst diskutiert würde. Die Vernichtung in den Lagern steht als unhintergehbarer Ausgangs- und Extrempunkt hinter den Politiken der Körper, denen die Figuren gerade in den ‚grausamen Stücken' wie *Hinrichtung* oder *Hiobs Leiden* unterworfen sind.

Die auf ihre Körper und deren Verstümmelbarkeit und Tötbarkeit reduzierten Figuren, die sich auf der Flucht vor der Drohung von Tod und Gewalt befinden, lassen sich als Folge der wirkmächtig gewordenen Biopolitiken des 20.Jahrhunderts lesen. Die Körper der Figuren sind an die Drohung der Gewalt ausgeliefert, die das setzt, was Recht sein soll, und sie in dieser Setzung ausschließt. Die Figuren sind auf der Flucht vor diesem Gesetz, dessen Akzeptanz unmöglich ist, da es das eigene Leben (und damit die ganze Welt) auszulöschen droht. *Der Junge träumt* ließe sich als das ‚Stück der Flucht' schlechthin bezeichnen, das zugleich am stärksten mit Assoziationen an jüdische Flüchtlinge arbeitet, die versuchten, den Nationalsozialisten zu entgehen. Im Stück scheint die Flucht auch nach dem Tod noch weiterzugehen, im Land der Toten Kinder, wo

---

348 Zuckermann: *Zweierlei Holocaust*, S. 34.

in Levins Inszenierung die Gleise enden. Dort erscheint der Messias, dessen Bezeichnung die Regieanweisungen durchgängig in Anführungsstriche setzen: ‚Messias'. Die Möglichkeit, dass es ihn geben und er nicht scheitern könne, wird so schon in der Benennung in Zweifel gezogen. Das Scheitern des ‚Messias' behauptet auf sie verweisend ein Scheitern der teleologischen Geschichtsbilder, die im Raum stehen. Sowohl die religiöse Erzählung von der Galut[349] und dem Messias, der das jüdische Volk am Ende der Tage aus dieser Diaspora befreit, als auch die zionistische Erzählung von der Erlösung im Staat gehen mit einem Angebot der Erlösung nach dem Tod hausieren. Sei es die eigene individuelle Erlösung in einer kommenden Zeit oder sei es zumindest die Erlösung des Kollektivs, zu deren Zustandekommen der eigene Tod beitragen kann.[350] Beide Erlösungsversprechen werden in der Negation aufgerufen, die die fortdauernde Flucht im Land der Toten (Kinder) und der Tod des ‚Messias' dort aussprechen. Anstatt die Erlösung zu bringen, wird der ‚Messias', ein Hausierer wie Gott, erschossen.

Das Land der Toten Kinder ruft – es zugleich zynisch kommentierend – das messianische Zeitalter auf, das das Erscheinen des Messias mit sich bringen soll. Nach der Auffassung des mittelalterlichen jüdischen Philosophen Maimonides, dessen Schriften innerhalb der religiösen Überlieferung bis heute einen hohen Stellenwert innehaben, werden sich die Tage des Messias allein darin von der vorangehenden Zeit unterscheiden, dass das jüdische Volk dann von fremder Unterdrückung befreit sein werde und es so dann leichter sein werde, alle Gebote der Tora, also das religiöse Gesetz, zu erfüllen.[351] Während Levins Theaterwelt kein Ende einer Unterdrückung, die zu fliehen wäre, in Aussicht stellt, scheint es, als ließe sich das Gesetz der Gewalt, das diese Welt ordnet, in *Der Junge*

---

[349] Galut meint die Zerstreutheit des jüdischen Volks in der Diaspora, s. Kap.7.1 „Raum – Orte, hier in der Diaspora".

[350] Dies ist das typische Erlösungsversprechen des Kollektivs, das das Opfer des einzelnen rechtfertigen soll.

[351] S. Maimonides Kommentar zu m San 10,1. In der Übersetzung von Fred Rosner heißt es: „The great advantage of those days (of the Messiah) will be that we will be released from the servitude to wicked kingdoms which prevents us from fulfilling all the commandments." *Maimonides' Commentary on the Mishnah. Tractate Sanhedrin*, translated into English with Introduction and Notes by Fred Rosner, New York: Sepher-Hermon Press 1981, S. 148.

träumt im letzten Teil, nach dem Erscheinen des ‚Messias', tatsächlich leichter erfüllen als noch im ersten. Der Offizier erschießt den ‚Messias' mit einer Beiläufigkeit, die die Zur Liebe Geborene Frau bei der Erschießung des Vaters nicht aufbrachte. Die Gewalt wird Gewohnheit. Und trotzdem, es bleibt auch nach dem Tod des ‚Messias' die unerklärliche Hoffnung, dass der eigene Tod nicht sein könne, bestehen.

9. Zum Schluss: Theater

9.1 Theater im Theater

In einem abschließenden Kapitel sei versucht, die in den vorangegangenen Kapiteln unternommene Darstellung einiger Aspekte des Theaters Hanoch Levins auf das Theater, die Bühne, als Ort des Geschehens und so als Ausgangs- und Endpunkt der künstlerischen Arbeit Hanoch Levins, zurückzuführen. Das Theater dient Levin als Ort der Gemeinschaft, an dem ihre Geschichte oder ihr eine Geschichte, die die ihre werden kann, erzählt wird. Das Moment des Zuschauens, des reinen, oft (mit offenem Mund) erstaunten Betrachtens eines Geschehens verbindet an vielen Stellen in Levins Stücken die zuschauenden Figuren mit den Zuschauern im Theatersaal. Zwei zentrale Strategien stellen diese Verbindung her, die es dem Publikum nicht gestattet, sich des Bühnengeschehens zu entziehen. Die eine ist die der Ähnlichkeit in Positionen – sei es zu den ‚sichtbaren unsichtbaren Nachbarn' in den ‚Komödien aus dem Stadtviertel',[352] sei es als Betrachter des Geschehens –, die durch eine scheinbare Vertrautheit des Bühnengeschehens, das in seinem Extremismus zugleich fremd bleibt, wie in den ‚Stücken aus dem Stadtviertel', erreicht wird. Die andere ist die der Gewalt, gerade in den ‚grausamen Stücken', die die Zuschauer nicht nur als Betrachter, sondern auch als Zeugen ihres Geschehens zu Teilnehmenden an diesem macht.[353] Die Zuschauer werden so Zeugen einer Möglichkeit von Gewalt, die sie weder zu rechtfertigen in der Lage sind, noch sich ihrer zu entziehen vermögen.

Im folgenden wird es zunächst um die Thematisierungen des Theaters in Stücken Levins und ihre Funktionen gehen. Dies lässt sich als ein Abschluss der vorangegangenen Betrachtungen zu Levins Theater verstehen. Im folgenden Unterkapitel werden dann anhand

---

352   S. hierzu Kap.3.2 „Stücke aus dem Stadtviertel" und Kap.6.3 „Sozialer Wert – Körper".

353   „Die künstlerische Vergegenwärtigung dagegen verstrickt das Publikum an *seinem* Ort in eine *Imagination* der Gewalt. An einem Ort, an dem reale Gewalt abwesend ist, bringt sie eine Wirklichkeit der Gewalt zur Sprache, indem sie die Wahrnehmenden an den Prozeß ihrer *Darbietung* fesselt." Martin Seel: *Ästhetik des Erscheinens*, Frankfurt am Main: Suhrkamp 2003, S. 303.

eines kurzen Prosatextes Levins einige Überlegungen zur Beziehung von Gewalt und Theater bei Levin und ihrem gegenseitigen Bedingungs- und Ausschließungsverhältnis angestellt, die einen Epilog zu dieser Studie bilden.

Formen des ‚Theater im Theater' ziehen sich durch viele Stücke Levins. Die Figuren spielen Rollen und sind sich ihres Rollenspiels bewusst, wie Leidental, als er sich mit seinem Koffer auf den Weg macht, Yaʻakobi und Rut Shaḥash zu folgen. Oder sie spielen Spiele der gegenseitigen Erniedrigung, in denen einige der Figuren zu Zuschauern und zugleich zu Opfern werden, so Ḥefetz angesichts der Spiele von Ṭeygalekh und Klamenseʻa, die ihm seine Niedrigkeit darzustellen suchen. Auf der Bühne kann ein gespielter Zirkus erscheinen, wie in *Der Junge träumt*, oder die Bühne selbst wird zum Zirkus, in dem *Hiobs Leiden* ihr Ende in Hiobs als Spektakel verkaufter Hinrichtung finden. In *Hinrichtung* spielt die ganze Zeremonie des Stücks in einem Zirkus und stellt sich so in ihrer Theaterhaftigkeit aus.

Der Besuch des Theaters als einem Ort der Erwartungen und Träume – die sich nicht erfüllen – ist Thema in *Die Gummihändler*. Beide Teile des Stücks enden mit einer Rede Bela Berlos über das Theater und seine Faszination. Das erste Mal spricht sie zu sich selbst über das Theater an ihrem einzigen gemeinsamen Theaterabend mit Yoḥanan Tzingerbay:

ברלו: אה, הרגע הזה בתיאטרון, כשהאור בעולם כבר כבה והאור על המסך עוד לא נדלק, והקהל יושב בחושך ומחכה בדומיה, כל הציפיות, כל החלומות של אלף איש מרוכזים בנקודה אחת באפלה שממול; יש לי הרגשה שכל חיי אני חיה ברגע הזה, מחכה בחושך, ותיכף ייפתח המסך, הבמה תוצף באור מסנוור וחיים ססגוניים יתחילו לזרום מול פני. כן, תיכף יתחילו לזרום כאן חיים ססגוניים, חיים נפלאים מרהיבי עין, שכדוגמתם עוד לא ראינו מעולם.[354]	**Berlo**: Ah, dieser Moment im Theater, wenn das Licht im Saal bereits verloschen ist und das Licht auf dem Vorhang noch nicht entzündet, und das Publikum sitzt in der Dunkelheit und wartet schweigend, all die Erwartungen, all die Träume von tausend Menschen konzentriert auf einen Punkt in der Finsternis gegenüber; ich habe das Gefühl, dass ich mein ganzes Leben in diesem Moment lebe, wartend in der Dunkelheit, und in Kürze wird sich der Vorhang öffnen, die Bühne wird von blendendem Licht überflutet sein und buntes Leben wird meinem Gesicht gegenüber zu strömen beginnen. Ja, in

---

354 Levin: סוחרי גומי [Die Gummihändler], S. 200.

Kürze wird hier buntes Leben zu strahlen beginnen, wunderbares, die Augen entzückendes Leben, wie wir ihm Vergleichbares noch niemals sahen.

Zwanzig Jahre später dient ihr Monolog, der zugleich das Stück *Die Gummihändler* abschließt, der Erinnerung an diesen Abend, der voller Erwartungen war, nicht nur an das Geschehen auf der Bühne, sondern auch an ihr eigenes Leben und die Möglichkeit eines gemeinsamen Lebens mit Yoḥanan Tzingerbay. Die Art, wie Bela Berlo das Theater sieht, spiegelt ihre Hoffnungen für ihr eigenes Leben. Glänzend wird es imaginiert und nie Gesehenes versprechend, als sie mit einem Mann gemeinsam im Theater sitzt. In der Erinnerung ist das Theater jedoch so grau geworden wie das Leben. Es scheint, als wäre dort *Die Gummihändler* gegeben worden, und Bela Berlo erinnere sich an sich selbst als Zuschauerin ihrer eigenen Geschichte zu einer Zeit, als sie diese noch nicht ganz kannte und noch Hoffnungen auf die Möglichkeit anderer Geschichten und eines weiterführenden Wissens, zumindest im Theater, setzte.

ברלו: (לעצמה) כמו הרגע ההוא אז בקומדיה, לפני עשרים שנה, כשהאור בעולם כבר כבה והאור על המסך עוד לא נדלק, ואנחנו ישבנו בחושך וחיכינו בדומיה, כל הציפיות, כל החלומות מרוכזים בנקודה אחת באפלה שממול; ואז נפתח מסך ישן בחריקה, אור צהבהב־קלוש עלה על הבמה, ושלוש אנשים מיסכנים עמדו על הקרשים למעלה עם קרטון וסמרטוטים, וטחנו לנו שם משך שעתיים ארוכות את החיים שלנו, כאילו יש שם משהו שאנחנו לא יודעים.[355]	**Berlo**: (zu sich selbst) Wie dieser Moment damals in der Komödie, vor zwanzig Jahren, als das Licht im Saal bereits verloschen und das Licht auf dem Vorhang noch nicht entzündet war, und wir saßen in der Dunkelheit und warteten schweigend, all die Erwartungen, all die Träume konzentriert auf einen Punkt in der Finsternis gegenüber; und dann öffnete sich ein alter Vorhang knarrend, schwaches, gelbliches Licht ging auf der Bühne an, und drei armselige Menschen standen oben auf den Brettern mit Karton und Lumpen, sie zermahlten uns dort im Lauf von zwei langen Stunden unser Leben, als gäbe es dort etwas, das wir nicht wüssten.

In Levins Schreiben für das Theater beschäftigen sich verschiedene Stücke mit Fragen der theatralen Darstellbarkeit und mit der Aus-

---

355 Levin: סוחרי גומי [Die Gummihändler], S. 231.

stellung der Theatersituation auf der Bühne. *Die im Dunkeln gehen* ließe sich als Stück lesen, das sich nur mit der Situation der Bühne und ihren Möglichkeiten, etwas vorzustellen, beschäftigt. Auch das erst nach Levins Tod uraufgeführte *Die Weiner* stellt die Frage nach den Darstellungsmöglichkeiten im Theater, hier des Todes auf der Bühne, anhand des komisch und traurig zugleich wirkenden Versuchs einiger Ärzte, in einem Krankenhaus von Kalkutta drei todkranken Patienten in einem Bett die Tragödie vom Tode Agamemnons vorzuspielen. *Mit offenem Mund* ist sogar als Theatervorstellung innerhalb der Rahmenhandlung des Theaterbesuchs einer Mutter mit ihrem Sohn konstruiert, wobei sich vor allem in der letzten Szene die Grenzen zwischen der Rahmenhandlung der ‚Zuschauer' und der erzählten Geschichte über den Wächter Mit Offenem Mund und die Königin verwischen. Ein Mann, der einzige Zuschauer neben Mutter und Sohn in der Rahmenhandlung, betritt im Epilog die ‚Bühne' und sucht in das Geschehen auf der Bühne einzugreifen und es in seiner Grausamkeit anzugreifen und zu verwerfen.

איש: כי נמאס לנו ממוות ומחושך, ומאוסים עלינו הכאב והצער, וקדרות העולם נמאסה עד בלי די. לא ניתן, אחים, יהיה טוב, והעיקר – בעזרתכם, נהיה פה גם מחר.[356]	**Mann**: Denn wir haben genug von Tod und Dunkelheit, Und es reicht uns mit dem Schmerz und dem Leid, Und die Finsternis der Welt wird ohne Ende verabscheut. Wir werden es nicht zulassen, Brüder, es wird gut werden, und die Hauptsache – mit eurer Hilfe, werden wir hier auch morgen sein.

Dieser Eingriff erfolgt, nachdem der hingerichtete Mit Offenem Mund und ein anderer Wächter, der ebenfalls geblendet worden war, gesund und munter auf der Bühne erschienen waren, so scheinbar das Theater als Theater bloßlegend und die Vorstellung beendend. Wie einer, der die vorangegangene Vorstellung kritisiert – und in Worten, die an Kritiker erinnern, die das Theater Levins als sich selbst wiederholend und grausam bezeichneten –, spricht der Mann über das gerade Gesehene und versucht diesem eine Zu-

---

356 Hanoch Levin: פעורי פה [Mit offenem Mund], in: ders.: 5 מחזות [*Plays (V)*], Tel Aviv: Ha-Kibbutz Ha-Me'uḥad 1996 (3. Aufl. 1999), S. 177-218, hier S. 216-17.

kunft versprechende Losung entgegenzusetzen. Eine bessere Welt sei möglich und mit gemeinsamer Anstrengung werden ‚wir' auch morgen noch hier sein. Doch nach dem letzten Satz bricht der Mann zusammen und stirbt. Zumindest er wird morgen nicht mehr hier sein – es sei denn, es handle sich um Theater, so dass er die Möglichkeit der Wiederauferstehung hätte. Doch der Folterer stellt mit einem Blick auf den Mann fest: „Das Publikum ist tot."[357]

Die zitierten Zeilen des Mannes verbinden das klassische eschatologische Versprechen, die Dunkelheit und Grausamkeit der Welt durch eine strahlende Zukunft zu ersetzen, mit ihrer klassischen zionistischen Ausformulierung, dass es um einen gemeinsamen Kampf für die bessere Zukunft geht, die damit beginnt, auch morgen noch ‚hier' zu sein. Der unmittelbare Tod des Sprechers beraubt zumindest für ihn das Versprechen seiner Erfüllbarkeit und macht diese so für das behauptete und nicht weiter erklärte ‚wir' ebenso fraglich. Das Versprechen der Erlösung, das wer auch immer ausspricht, vermag auch ihn nicht vor der Drohung des Todes zu bewahren. Von der hier aufscheinenden politischen Kritik am ideologischen Versprechen der nationalen zionistischen Bewegung auf eine bessere Zukunft lässt sich zudem der Bogen zurückschlagen zu Levins dramaturgischer Technik der Drohung. In den ‚grausamen Stücken', aber auch in ‚Stücken aus dem Stadtviertel' wie Ḥefetz oder Mord, dient die Drohung der Errichtung einer Gemeinschaft unter Ausschluss eines anderen. Das ‚ich' wird so einem jeden ‚wir' dissoziiert, dessen Drohung oft nicht ausgesprochen oder erklärt, sondern nur in ihrer Wirklichkeit konstituierenden Gewalt und Macht erfahrbar ist. Dem Versprechen einer Gemeinschaft – wie es nicht nur eine nationale Ideologie, sondern auch die die Zuschauer zu einem Publikum versammelnde Situation des Theaters ausspricht – wird auf der Bühne dieses Theaters eine Drohung vorgeführt, die für die einen dieses Versprechen immer noch mit sich führt, zugleich aber den Preis und den Ausschluss einzelner, anderer, und die Grenzziehung mit zeigt. Die das Levinsche Theater prägende Form der Drohung lässt sich so nicht nur als Antwort auf die die israelische Gesellschaft begründende Ideologie des Zionis-

---

357 S. „Hängender Kopf: Ruft einen Arzt, das Publikum fühlt sich nicht gut. / Folterer: Zu spät. Das Publikum ist tot." (הקהל, הזעיקו רופא: שמוט־ראש" מת. הקהל מאוחר. מענה: \ !טוב לא מרגיש), Levin: פעורי פה [Mit offenem Mund], S. 217.

mus, sondern auch auf die traditionelle funktionelle Vereinnahmung des israelischen Theaters im Dienst der Gemeinschaft lesen.

Levins Theater wird so zu einem Gegenbild der äußeren Wirklichkeit. Es bildet diese nicht ab, auch wenn es historische und gesellschaftliche Zusammenhänge als seinen Hintergrund assoziativ aufruft. Es nimmt Fragmente und Ideologeme dieser äußeren Wirklichkeit auf und verwandelt sie in Elemente der Formgebung des Bühnengeschehens und der Figuren. So entsteht eine eigene Welt, die die äußere Wirklichkeit nicht repräsentiert, aber sich auch nicht von ihr lösen lässt, die sich selbst präsentiert, ohne sich als Alternative des Bestehenden anzubieten. Vielmehr unterbricht Levins Theater den Lauf des Bestehenden für einen Moment des Zuschauens, des Innehaltens, das angesichts des oft extrem Dargestellten nicht nur nach einem Warum für dieses suchen lässt, sondern auch für das, was mit ihm im Raum steht, auch für das Verhalten der Zuschauer.

9.2 Epilog: Die zwei Wunder des Theaters

Levins Theater benutzt Gewalt als Mittel des Ausdrucks und als Dargestelltes und erschafft so ein auf die Körper konzentriertes Theater, das über die Getroffenheit des Körpers der Figuren auch die Zuschauer in ihrer Körperlichkeit trifft, sie taktiert. Gewalt wird ihm so zum Mittel der Darstellung, zu einem Modus des Erscheinens einer ‚Bühnenwelt', die die Zuschauer trifft und betrifft. Die Gewaltsamkeit dessen, was auf der Bühne geschieht, dient der Erinnerung der Gewaltsamkeit dessen, was außerhalb dieser geschieht, und assoziativ im Raum der Theaterhandlung aufgerufen wird. Das Aufrufen der Gewalt, auch in Formen der Unerträglichkeit, lässt sich so als politisches Schreiben gegen herrschende gesellschaftliche Gewalt lesen.

> Denn die Kunst will nicht mit Gewalt, sondern nur durch die Erscheinung von Gewalt berühren; sie will Gewalt erfahrbar machen, ohne doch Gewalt erfahren zu machen; sie will Gewalt nicht ausüben, sie will an die in allen menschlichen Verhältnissen, wo nicht tätige so doch lauernde Gewalt erinnern. Ein Zwang liegt hierin durchaus. Die Kunst zwingt Betrachter, Leser und Hörer zu einer Begegnung mit Möglichkeiten der gewaltsamen menschlichen Begegnung. Die Quelle dieses Zwangs aber ist eine besondere Lust – die Lust daran, dass zu einem Spiel von Erscheinungen wird,

was sonst ein Kreislauf von Verletzungen ist. Kunst, ob sie es will oder nicht, spielt ihr Spiel mit der von ihr gezeigten Gewalt: sie stellt dort einen Spielraum der Wahrnehmung her, wo die Gewalt ihren Opfern jeden Spielraum nimmt.[358]

Diese Erinnerung an die lauernde Gewalt, von der Martin Seel spricht, erscheint auch in Levins Theater, gerade in den ‚grausamen Stücken'. Dort führt das Spiel der Erscheinungen der Gewalt zu einer Unterbrechung des gesellschaftlichen Alltags, indem es die Zuschauer innehalten lässt im Betrachten. In diesem Betrachten werden sich die Zuschauer sowohl der Unversehrtheit ihrer Körper angesichts der Gewalt gegen die Körper der Figuren, als auch dadurch ihrer eigenen Verletzlichkeit bewusst.[359] Sie vermögen, aus sicherem Abstand die Gefahr zu betrachten. Es ist, als zwinge der den Opfern auf der Bühne genommene Handlungsspielraum die Zuschauer in den frei gesetzten Raum der Handlung hinein, binde und beteilige sie an dieser Handlung, doch nur über ihren gefesselten Blick, und zwinge sie zugleich zum Innehalten und dazu, sich zu fragen, warum sie innehalten. Diese Frage könnte dann weiter führen zu der Frage, warum sie gerade jetzt und hier im Theater als institutionalisiertem Ort des Betrachtens innehalten, während es weder die Figuren in ihren Rollen tun, noch sie selber

---

358 Seel: Ästhetik des Erscheinens, S. 319.

359 Karl Heinz Bohrer weist in einer Lektüre von Kleist und Kafka darauf hin, dass die über Körperlichkeit vermittelte Gewalt ihrer Texte über entindividualisierte Figuren, ähnlich den Figuren der Commedia del'Arte, funktioniere, die sich Typen annähern: „[...] das Verschwinden der Individualität hinter dem Typus. Und die Situierung des Typus im körperlichen Detail. Gerade weil die Figuren Kleists und Kafkas nicht eigentlich als Charakter entwickelt sind – auch Michael Kohlhaas ist nicht als Charakter trotz allen Charakters geschildert –, sondern als Teilnehmer eines Bewegungsgeschehens von äußerster Rapidität, kann es zur Ausdifferenzierung der Gewalt als ästhetischem Akt kommen. Sie ist die Sache selbst, nicht eine Sache, über die dann noch einmal moralisch geurteilt wird." Karl Heinz Bohrer: Stil ist frappierend. Über Gewalt als ästhetisches Verfahren, in: Rolf Grimminger (Hg.): *Kunst – Macht – Gewalt. Der ästhetische Ort der Aggressivität*, München: Fink 2000, S. 25-42, hier S. 41-42. Ein diesem ähnliches Verharren auf der Grenze zwischen Individualität und Typus, wo nur der eigene Körper als allen Gleiches bleibt, kennzeichnet viele der Levinschen Figuren und ermöglicht so Gewalt gegen sie – s. dazu auch Kap.8.3 „Macht über Leben und Tod – Hoffnung" – und zugleich Gewalt als ästhetischen Akt, der Levins Theatersprache prägt.

außerhalb dieses Ortes. Diese Frage des Innehaltens in der Gewaltsamkeit gegenüber dem anderen (Zuschauer), wenn der Blick gebannt ist durch das Bühnengeschehen, reflektiert ein kurzer Prosatext Levins:

(שני פלאי התיאטרון)
שני פלאים הם בתיאטרון, האחד קטן, השני אדיר, גובל בנס. הפלא הקטן הוא בהיכנס שחקן עם נר דולק אל הבימה, והנר אינו כבה. והלוא ישנם משבי־רוח, ביחוד על בימה גדולה שחללה פתוח, ואף־על־פי־כן מתכופפת השלהבת, רגע נדמית כדועכת, ושבה ומזדקפת במלוא תפרחתה. פלא חמוד.
והפלא השני? – הנה הוא: קהל של אלף צופים, שורות שורות, איש לצד איש, איש מאחורי איש, ואנו בתוכם. לפנינו אדם מבוגר צמוק וקירח, כתר שיער דליל, פלומונֶת, עוטר את אחורי ראשו. עורף צר ומאורך. אח, עורף זה וקווּצות השיער הדליל כה נוגעים ללב, כה מעוררי חמלה! האיש מרכיב משקפי־קריאה ומעלעל בתוכניה. ראש ובתוכו מוח. האורות כבים, חושך. מסך נפתח, ומשהו מתחיל להתגלגל שם על הבימה. נכנס שחקן, עם נר או בלי נר, מדבר, צועק, לעיתים שר. בעל העורף המחורץ בוהה ניכחו – החליף משקפי־קריאה במשקפי־צפייה – קולט מה שרואה. עיניים ומאחוריהן מוח.
ואנו מה? אף אנו, מבטנו מפלס דרכו בין אפרכסת אוזנו של הצָמוּק לבין אפרכסת אוזנה של הקדורית שלצידו, וננעץ במתחולל על הבימה. משתוממים אנו על שאיננו חובטים פתאום בעורף המחורץ

(Die zwei Wunder des Theaters)
Zwei Wunder gibt es im Theater, das erste ist klein, das zweite gewaltig, es grenzt an ein Wunderzeichen.
Das kleine Wunder geschieht beim Auftreten eines Schauspielers mit einer brennenden Kerze auf die Bühne, und die Kerze verlöscht nicht. Und es gibt doch Windstöße, besonders auf einer großen Bühne, deren Raum offen ist, und obwohl sich die Flamme beugt, es einen Moment scheint, als werde sie ausgehen, kehrt sie doch zurück und richtet sich auf in ihrer vollen Blüte. Ein schönes Wunder.
Und das zweite Wunder? – Das sieht so aus: Ein Publikum von tausend Zuschauern, Reihe nach Reihe, Mensch neben Mensch, Mensch hinter Mensch, und wir unter ihnen. Vor uns ein erwachsener Mann, eingeschrumpft und kahlköpfig, eine dünne Haarkrone, ein bisschen Flaum, umgibt seinen Hinterkopf. Sein Nacken ist schmal und faltig. Ach, dieser Nacken und die Strähnen dünnen Haars gehen so zu Herzen, so Mitleid erweckend! Der Mensch setzt eine Lesebrille auf und blättert im Programmheft. Ein Kopf und darin ein Gehirn. Die Lichter verlöschen, Dunkelheit. Der Vorhang öffnet sich, und etwas beginnt sich dort auf der Bühne abzuspielen. Ein Schauspieler tritt auf, mit einer Kerze oder ohne eine Kerze, spricht, schreit, singt manchmal. Der Besitzer des faltigen Nackens schaut

---

360 Hanoch Levin: שני פלאי התיאטרון [Die zwei Wunder des Theaters], in: ders.: פרוזה 2 [Prose (II)], Tel Aviv: Ha-Kibbutz Ha-Me'uḥad 1999, S. 182-83.

בגב ידנו חבטה איומה בעלת נקישה אטומה. תאמרו: למה? מה עשה לנו? זאת שואלים אף אנו את עצמנו. שלא עשה לנו כלום, וְשָׁכוּחַ אדיר בתוכנו עלול לדחפנו לחבוט בו לפתע סתם – זו הבעיה. שכך סתם, שעל לא דבר, שנחוץ לפתע להכות גולגולת צמוקה יחד עם רצון חזק לבכות מרוב חמלה, והשד יודע למה! ועל־מנת שלא לחבוט בו נדרשת התאפקות גדולה.
אז איך זה שאיננו יושבים משך כל ההצגה, כל שרירינו מכווצים מחמת התאפקות, פנינו סמוקים בשל המחשבה הנאלחת, נוטפי זיעה, מרעידים בפרקי אצבעות מלבינים בניסיון לעצור את עצמנו? איך זה שמלה מכל הנאמר על הבימה מגיעה בכלל לתודעתנו? איך רואים בכלל הצגה?
אכן, פלא הוא בתיאטרון, הפלא השני, האדיר.[360]

unverständig zu ihm hin – vertauschte die Lesebrille mit einer Fernbrille – nimmt auf, was er sieht. Augen und hinter ihnen ein Gehirn.
Und was ist mit uns? Auch wir, unser Blick bahnt sich seinen Weg zwischen der Ohrmuschel des Ohrs des Eingeschrumpften und der Ohrmuschel des Ohrs der Kugelförmigen an seiner Seite und heftet sich auf das, was auf der Bühne geschieht. Wir sind erstaunt, dass wir nicht plötzlich mit unserem Handrücken in den faltigen Nacken schlagen, einen furchtbaren Schlag mit einem dumpfen Klopfen. Ihr werdet sagen: Warum? Was hat er uns getan? Dies fragen auch wir uns selbst. Dass er uns nichts getan hat, und dass eine gewaltige Kraft in unserem Inneren uns anstoßen kann, ihn plötzlich zu schlagen einfach so – das ist das Problem. Dass einfach so, dass für nichts, dass es plötzlich nötig ist, einen eingeschrumpften Schädel zu schlagen, zusammen mit einem starken Wunsch, vor lauter Mitleid zu weinen, und der Teufel weiß warum! Und, um ihn nicht zu schlagen, dafür ist eine große Selbstbeherrschung erforderlich.
Wie kommt es dann, dass wir nicht während der gesamten Vorstellung sitzen, all unsere Muskeln zusammengedrückt von der Wut der Selbstbeherrschung, unser Gesicht gerötet wegen des schmutzigen Gedankens, schweißtriefend, zitternd in den weiß werdenden Fingergliedern bei dem Versuch, uns selbst zu stoppen? Wie kommt es, dass überhaupt ein Wort von all dem, was auf der Bühne gesagt wird, unser Bewusstsein erreicht? Wie sehen wir überhaupt eine Vorstellung? Wahrlich, ein Wunder liegt im Theater,

das zweite Wunder, das gewaltige.

Das erste Wunder wäre, dass jemand mit einem Licht auf der Bühne ist und dieses Licht geht nicht aus, er trägt den Funken durch das Dunkel, andere sehen dies und erfahren es als Wunder: das reine Schauen der körperlichen Präsenz des Schauspielers und das Licht einer Kerze. Es fasziniert, dass das Licht nicht ausgeht, auch wenn der Raum groß ist, dass etwas geschieht, was sonst nur unter Schwierigkeiten gelingen würde. Die Bühne vermag also zu zeigen und damit zu bannen, was sonst im Saal nur schwer zu erreichen wäre. Beide Wunder schaffen eine Unterbrechung des Alltags, das erste, indem es auf ganz einfaches zurückgreift, das dennoch unmöglich und dadurch so faszinierend erscheint, also eine Unterbrechung der gängigen Wahrnehmung erzeugt. Das zweite erzeugt eine andere Wahrnehmung ebenso, nicht nur dessen, was auf der Bühne geschieht, sondern auch des Zuschauers vor ‚uns', des anderen Menschen, der mit in diesem Raum, nicht in dem anderen Raum der Bühne ist.

Dieser Vordermann wird in seiner Körperlichkeit beinahe mehr wahrgenommen als der Schauspieler. Der andere Zuschauer ist in seiner Körperlichkeit schutzlos ausgeliefert, wie die Figuren auf der Bühne, z.B. Gelbe Flecken, in ihrer Körperlichkeit den Henkern ausgeliefert sind, wodurch jeweils eine besondere Aufmerksamkeit auf die Körperlichkeit gelenkt wird. Das zweite Wunder erzeugt ein Unterbrechen des Verhaltens, es lässt innehalten. Obwohl nur auf den Nacken des Vordermanns, der gerade in seinem Mitleid erregenden Ausgeliefertsein Aggressionen hervorruft, geschaut werden könnte, wird doch wahrgenommen, was auf der Bühne geschieht. Die Bühne lenkt von dem ausgelieferten Vordermann ab und errichtet so eine Humanität des Unterlassens. Das Unterlassen, das in Levins Stücken auf der Bühne nicht stattfindet, wird im Zuschauerraum zwischen den Mitgliedern der dort gebildeten Gemeinschaft hervorgerufen.

Im Zuschauerraum entsteht eine Situation, die Gewalt gerade dadurch möglich macht, dass man das Gesicht des anderen nicht sieht.[361] Beschriebe Levins Text eine Vorstellung seines Theaters, so entstünde eine Situation der Doppelungen: Die Gewalt auf der

---

361 S. zu der Gewalt unterbindenden Kraft des Blicks in das Gesicht des anderen: Levin: הילד חולם [Der Junge träumt], S. 304, auf diese Stelle eingegangen wird in Kap.8.3 „Macht über Leben und Tod – Hoffnung".

Bühne erinnert an die Gewalt der äußeren Wirklichkeit und die Möglichkeit von Gewalt überhaupt, während die Situation des Zuschauers, der diese betrachtet, zugleich eine weitere Möglichkeit der Gewalt gegen den ausgelieferten Vordermann erzeugt – dies im Doppel der Beobachtung der Schauspieler auf der Bühne in ihrer Körperlichkeit und ihrem Sprechen und der Beobachtung des anderen Zuschauers in seiner Körperlichkeit und seinem Schauen. Das ganze Theater, auch die anderen Zuschauer, werden für den Zuschauer zur Bühne, zu Elementen einer Vorstellung. Levins Stücke erreichen durch Zuschauerpositionen und Strategien des Theaters im Theater wiederholt ein Zusammenschließen der Zuschauer auf der Bühne mit den Zuschauern im Saal, die so in ein gemeinsames Bündnis der Unterlassenden gezwungen werden.

Während dieses Unterlassen auf der Bühne jedoch ein Nichteingreifen in das grausame oder erniedrigende Geschehen ist, ist das Unterlassen im Zuschauerraum gerade das Aussetzen des grausamen Alltags, der zumindest metaphorisch immer dem gerade schutzlosen Vordermann in den Nacken schlagen würde und dafür einen Grund suchen würde, den Levin auch hier nicht zu geben bereit ist, außer dass sich eben gerade die Möglichkeit bot. Es fragt sich dann, ob das zweite Wunder die Unterbrechung der gesellschaftlichen Gewalt durch die Gewalt des Theaters ist, und, wenn dem so wäre, ob diese Unterbrechung mehr Auswirkungen hat und weiter reicht, als nur für Ort und Dauer ihrer Aufführung. Diese Sicht des Theaters ließe sich mit Levins ‚poetischer Geste' verbinden,[362] die in einem Setzen auf eine Geste der Hilflosigkeit ein Unterlassen der Gewalt einfordert. Das Theater Levins lässt sich dann als ein Ort der Unterbrechung lesen, die nichts anderes zu setzen bereit ist.

Das Theater erzeugt nach Levins Text eine Unterbrechung des gesellschaftlichen Geschehens – verstanden als einen Zusammenhang von Gewaltereignissen – zwischen den Zuschauern, wo der eine hilflos ist, weil er nicht weiß, wer ihm im Nacken sitzt, und der andere hilflos ist angesichts seines eigenen Mitleids und der damit verbundenen, auch ihm selbst nicht verständlichen Aggression. Läge das zweite Wunder dann in der unterbrechenden Verbindung von Mitleid und Aggression oder in der reinen Wahrnehmung, also darin, trotz der Beschäftigung damit, dem Vordermann nichts an-

---

[362] S. Kap.4. „Die ‚poetische Geste'".

zutun,[363] sondern ihn nur wahrzunehmen, auch etwas vom Bühnengeschehen wahrnehmen zu können? Dann wäre das ‚gewaltige' Wunder die Unterbrechung der gesellschaftlichen Routine des Schlagabtauschs, des Ausnutzens der Schwäche des anderen, zugunsten eines Zuschauens und Zuhörens, eines Wahrnehmens des anderen in seiner Körperlichkeit, ohne eine Stellungnahme oder Intervention zu unternehmen. Dieses ausschließliche Wahrnehmen dessen, was erscheint, zuzulassen, führt dann nicht nur zu einer Erfahrung dessen, was auf der Bühne geschieht, sondern auch zu einer Erfahrung von sich selbst.[364] Zwei Wunder des Theaters wären dann auch zwei Wunder, sich auszuliefern, sich auf Erfahrungen einzulassen. Es hieße, sich auf die Erfahrung einzulassen, zu schauen, was dort oben geschieht, und zugleich wahrzunehmen, was man nicht für möglich hielt und was einem von der Bühne – das lebendige Licht – und von den Mitzuschauern – deren lebendige Körper – nahe kommt. Dieses zu erfahren, ohne es abzuwehren, ohne den Schlag in den Nacken zu plazieren, und so auch zuzulassen, etwas über sich selbst zu erfahren, wäre das ‚gewaltige Wunder des Theaters' nach Hanoch Levin.

---

363 Hier wird natürlich eine Grundsituation des Theaters auf das Verhältnis zwischen den Zuschauern übertragen: denjenigen nämlich, die man wahrnimmt und in ihrer an den eigenen Blick ausgelieferten Körperlichkeit betrachtet, nichts anzutun und in ihre Handlungen nicht zu intervenieren, sondern das Geschehen zuzulassen.

364 Es ließe sich fragen, ob die Nichtreaktion während des Theaterabends eine diskursive Bearbeitung danach erzwingt, einen Diskurs, dessen Bewegung und Auswirkungen das ästhetische Verfahren der Gewalt in Levins Theater zu erregen sucht.

Anhang

Inhaltsangaben der verwendeten Stücke Levins

Im folgenden finden sich kurze Inhaltsangaben derjenigen Stücke Levins, auf die im Laufe dieser Studie Bezug genommen wurde. Keine Erwähnung finden hier die drei satirischen Stücke, da ihnen ein eigenes Kapitel gewidmet ist und sie sich andererseits kaum durch kurze Inhaltsangaben fassen ließen – noch weniger, als die hier aufgeführten Stücke.

1. Ḥefetz (חפץ)

Städtisches Theater Haifa 1972, Regie: Oded Kotler

Ḥefetz wohnt als geduldeter Untermieter bei seinen Verwandten, dem Ehepaar Ṭeygalekh und Klamense'a und ihrer Tochter Fogra, die von Ḥefetz verehrt wird. Ṭeygalekh und Klamense'a vertreiben sich ihre Zeit damit, Ḥefetz zu erniedrigen, um sich so ihr eigenes Glück zu beweisen. Ḥefetz sucht dagegen Unterstützung bei seinem Freund, dem ewigen Kranken Adash Bardash, der ihm jedoch keine Hilfe ist. Die Kellnerin Ḥana Tsherlitsh, die sich als einzige für Ḥefetz interessiert, erscheint ihm nicht gut genug, so dass sie sich schließlich mit Adash Bardash einlässt. Die Familie und auch die anderen Personen werden von Fogra dominiert, allen voran ihr Verlobter Warshavi'aq. Ḥefetz ist zornig, dass niemand daran dachte, ihn nach seiner Meinung über die Hochzeit zu fragen oder ihn einzuladen. Er beschließt, für denselben Nachmittag seinen Sprung vom Dach des Hauses anzukündigen, um so Aufmerksamkeit für seine Person zu erregen. Er plant diesen wie ein Fest mit Catering und keiner versucht, ihn aufzuhalten, alle erwarten freudig das Ereignis, vor allem Ṭeygalekh. Als Ḥefetz sich nicht getraut zu springen, wird er von Fogra vom Dach gestoßen.

2. Ya'akobi und Leidental (יעקובי ולידנטל)

Kameri-Theater 1972, Regie: Hanoch Levin

Das Stück beginnt mit der Ankündigung Itamar Ya'akobis, dass er seine langjährige Freundschaft mit David Leidental zerstören werde, um endlich zu leben und um diesem zu zeigen, wer Ya'akobi und wer Leidental sei. Ya'akobi verlässt Leidental, der nicht versteht, was plötzlich geschehen ist, und begegnet in der Stadt der angeblichen Pianistin Rut Shaḥash. Sie wandern vom Kaffeehaus zum Fluss und wieder zurück, bemüht, einander näher zu kommen und dabei den ihnen folgenden Leidental abzuschütteln. Ya'akobi und Rut Shaḥash beschließen zu heiraten. Am Tag der Hochzeit macht sich Leidental selbst zum Hochzeitsgeschenk und bietet damit Rut Shaḥash seine Dienste an. Ya'akobi erfährt, dass auch das Eheleben nur Alltag, Routine und Langeweile kennt, und beschließt seine Frau zu verlassen, um zu den alten Zeiten mit Leidental zurückzukehren. Doch dieser hat darauf nur gewartet, um nun seinerseits Rut Shaḥash ein Heiratsangebot zu machen. Das Stück endet mit der nicht mehr lösbaren Ineinanderverstrickung der drei in ihren gegenseitigen Abhängigkeiten durch Hoffnungen und Enttäuschungen.

3. Warda'lehs Jugend (נעורי ורדה'לה)

Kameri-Theater 1974, Regie: Hanoch Levin

Warda'leh ist die einzige Tochter reicher Eltern und der zentrale Bezugspunkt aller Figuren in diesem Stück, die nur in Abhängigkeit zu ihr definiert sind, also als Mutter, Liebhaber, Französischlehrer oder Chauffeur. Vor ihr erniedrigen sich die Angestellten und der Französischlehrer, um Beachtung zu finden, die ihnen nicht zuteil wird, da Warda'leh meistens schweigt. Parallel dazu hält die Mutter in ihrem Schlafzimmer Hof, wohin die Angestellten mit ihren Sorgen kommen und wo auch die Mutter des Liebhabers um Unterstützung für ihren Sohn bei Warda'leh nachsucht. Doch Warda'leh beschließt, alle zu verlassen, um nach Basel zu reisen und dort Französisch zu lernen. Mit ihrer Abreise nimmt sie den anderen Figuren den Mittelpunkt ihres Lebens, nimmt ihre Geschichte und Bedeutung mit sich.

4. Shitz (שיץ)

Städtisches Theater Haifa 1975, Regie: Hanoch Levin

Das Personal von *Shitz* bildet wiederum eine Familie, bestehend aus dem Vater, Fefekhtz Shitz, der Mutter, Tzesha Shitz, und der Tochter, Shprakhtzi Shitz. Dazu stößt der Schwiegersohn Tsharkhes Peltz. Die Familie und vor allem der Schwiegersohn, der sich die Heirat mit der Tochter teuer hat bezahlen lassen, sind vollkommen dem Materialismus ergeben und darum bekümmert, ihre Geschäfte zu machen, was im Krieg noch besser läuft als im Frieden. Im Krieg fällt schließlich der Schwiegersohn; doch er kehrt als Toter unter den Küchentisch ins Haus der Familie zurück. Die Küche und das Essen sind die zentralen Bezugspunkte dieser Figuren, bei denen sich alles um das Fleisch als Körper und als Nahrungsmittel dreht, als wollten sie einander verschlingen. Auch hier dominiert die Tochter ihre Eltern und versucht, ihrer Mutter Enkelkinder und eine neue Bekanntschaft mit einem Professor in Los Angeles schmackhaft zu machen, wenn sie gegen den Willen des Vaters mit ihnen auswandert.

5. Die Gummihändler (סוחרי גומי)

Kameri-Theater 1978, Regie: Hanoch Levin

Yoḥanan Tzingerbay betritt die Apotheke von Bela Berlo, um Kondome zu kaufen, doch dann kommt Shmu'el Sprol dazu, der Yoḥanan die Erbschaft seines Vaters, 10.000 Päckchen Kondome, zum Vorzugspreis anbietet. Das Geschäft kommt nicht zustande, da Bela Yoḥanan verspricht, er könne bei ihr die Kondome auch anwenden, wenn er sie bei ihr kaufe. Am Abend treffen sich die beiden, können sich aber nicht auf die Bedingungen einer Heirat verständigen. Ebensowenig gelingt dies Bela und Shmu'el in ihrem Treffen, das auf den Besuch Yoḥanans in Belas Wohnung folgt. Bela und Yoḥanan gehen einmal zusammen ins Theater, aber alles weitere scheitert, weil keiner der beiden bereit ist, etwas zu investieren. Der zweite Akt wiederholt in Variation die Handlung des ersten, nur 20 Jahre später. Die Protagonisten sind inzwischen über 60, haben aber immer noch dieselben Probleme. Wieder begegnen sie sich alle drei in der Apotheke, und am selben Abend besuchen nacheinander Yoḥanan und Shmu'el Bela Berlo, doch auch diesmal kann sich Bela mit keinem der Männer auf die Bedingungen einer Verbindung verständigen. So bleibt ihr am Ende nur die wehmütige Erinnerung an den einen Theaterabend vor zwanzig Jahren. Die beiden Männer ziehen sich in ihre Phantasien zurück. Der inzwischen erblindete Shmu'el malt Yoḥanan die Welt der attraktiven texanischen Mädchen aus, doch dessen Impotenzgefühl erlaubt es ihm nicht einmal in der Phantasie, sich von den Beschränkungen des Unglücklichseins, die ihm die Realität auferlegt, zu befreien.

6. Hinrichtung (הוצאה להורג)

Kameri-Theater 1979, Regie: Hanoch Levin

Hinrichtung führt eine Modellsituation vor, man könnte es als Lehrstück der Grausamkeit und der körperlichen Effekte der Macht lesen. Die Rollenaufteilung ist eindeutig: Es gibt drei Mörder, die als Henker der drei Opfer fungieren, sowie drei ‚Beschmutzerinnen', deren Aufgabe es ist, nach der Hinrichtung ihr Geschäft in die offenen Münder der Hingerichteten zu verrichten. Dieser routinierte Ablauf der Zeremonie wird am Anfang von den Mördern vorgestellt. Die Auswahl der Opfer, die in der Zeremonie getötet werden sollen, ist so willkürlich wie scheinbar natürlich gegeben, da gerade die zeremonielle und von jedem Begründungszusammenhang abgelöste Gestaltung ihr Schicksal als unveränderlich, eben als Schicksal erscheinen lässt. Eines der Opfer, Gelbe Flecken, versucht, sich dagegen aufzulehnen und um sein Leben zu feilschen. Der Bitte wird durch Tausend Augen nachgegeben, da eine Abwechselung von der Routine das Spektakel nicht nur für die Mörder und die Frauen, sondern eben auch für das Publikum im Theater erhöht. Dieses Publikum taucht auch unter den ‚dramatis personae' des Stücks auf. Gelbe Flecken hat drei Angebote frei, von denen die eine der Frauen, Herbstlächeln, eines annehmen muss, um ihn zu begnadigen. Im Laufe dieser Verhandlungen wird Gelbe Flecken kastriert und verliert Arme und Beine, während die beiden anderen Opfer zwischendurch ohne großes Aufsehen, sozusagen nach Plan, hingerichtet werden. Den erniedrigten Gelbe Flecken besuchen zwischendurch auch seine Eltern, sowie Frau und Kind, aber keiner kann ihm helfen, so dass er am Ende genauso hingerichtet wird, wie zu Beginn angekündigt

7. Hiobs Leiden (יסורי איוב)

Kameri-Theater 1981, Regie: Hanoch Levin

Hiobs Leiden geht zwar von dem biblischen Buch Hiob aus, doch bleibt die biblische Erzählung dem Levinschen Theatergeschehen in großen Teilen äußerlich. Die Rahmenhandlung des biblischen Buches, die Wette zwischen Gott und Satan über Hiobs Glaubensfestigkeit, taucht bei Levin nicht auf. Der Ort des Geschehens ist auch nicht mehr das sagenhafte Land 'Utz, sondern das spätrömische Reich. Zu Beginn hält der reiche Hiob ein Festmahl, dessen Reste sogar noch die Bettler ernähren. In das Mahl hinein erscheinen die

Boten, die vom Verlust der Güter und dann vom Tod der Kinder berichten. Die Gäste verlassen Hiob. Sein Körper wird als letztes, das ihm blieb, von der Krätze befallen. Hiobs drei Freunde erscheinen und versuchen, ihn von der Existenz Gottes zu überzeugen. Als Hiob endlich bereits ist, an Gott zu glauben, erscheint ein römischer Offizier, der im Namen des römischen Kaisers dessen Erhebung zum einzigen Gott verkündet. Die Freunde sind bereit, ihrem Glauben abzuschwören, nur der neubekehrte Hiob weigert sich. Er wird zum Tod auf dem Pfahl verurteilt und umgehend hingerichtet. Das Spektakel der Hinrichtung verkauft der Offizier an einen Zirkusdirektor, der dessen Attraktion noch durch eine Stripteasetänzerin erhöht, die am Pfahl des sterbenden Hiob tanzt. Kurz vor seinem Ende widerruft Hiob Gott, als es schon zu spät ist. In seinem im Tod Erbrochenen findet der armseligste der Bettler neue Nahrung.

8. Die große Hure von Babylon (הזונה הגדולה מבבל)

Kameri-Theater 1982, Regie: Hanoch Levin

Die beiden Alten, Bro'dakh und Ashima, wohnen in der Wüste. Bigway, die große Hure von Babylon, besucht ihre Schwester Ashima, die im Sterben liegt. Nach der Beerdigung beginnt sie, Bro'dakh zu verführen. Als sie die Verführung abbricht, vergewaltigt er sie. Schwanger kehrt Bigway nach Babylon zurück. Vor dem Tor ihres Schlosses wartet Bro'dakh, der sich eine goldene Zukunft mit ihr und dem gemeinsamen Sohn ausmalt. Doch der Sohn, Iṭis, wird nach der Geburt von Bigway an Bro'dakh gegeben, der mit ihm in die Wüste zurückkehrt. Nach dem Ablauf der mythischen sieben Jahre lädt Bigway die beiden zu sich nach Babylon ein. Bro'dakh hofft auf Versöhnung, doch es kommt anders. Bigway sieht den Moment der Rache gekommen. Ihr Schlachter tötet und kocht den Jungen, nachdem Bigway dem Schlachter ihren Körper als Belohnung angeboten hat. Das Mahl wird Bro'dakh vorgesetzt, der erst danach erfährt, um was es sich handelte, und nun vergeblich versucht, die verdauten Überreste seines Sohnes bei sich zu behalten. Dies gelingt natürlich nicht, und Bigway erfreut sich an Bro'dakhs vergeblicher Qual. Schließlich kehrt Bro'dakh mit einem Topf, der die Überreste von Iṭis enthält, in die Wüste zurück.

9. Die Kofferpacker (אורזי מזוודות)
Kameri-Theater 1983, Regie: Michael Alfreds

Dies Stück ist ein Gewimmel kurzer Szenen aus dem Leben mehrerer Familien in einem Stadtviertel, denen die Realität die Träume zerbricht. Ihr Leben ist bestimmt von den Fixpunkten Hochzeit und Beerdigung, die dem Geschehen Struktur zu geben scheinen. Das Stück ist als *Komödie mit acht Beerdigungen* (קומדיה עם שמונה לוויות) untertitelt. Während die Alten begraben werden, wollen die Jungen weggehen, vor allem Elḥanan, der davon spricht, seiner Freundin zu folgen, die er angeblich in der Schweiz hat. Doch gelingt es ihm nicht, das Stadtviertel zu verlassen. Amatzia hingegen kehrt zurück aus Amerika in das Haus seiner alten Eltern, das er nicht mehr verlassen wird.

10. Die verlorenen Frauen von Troja (הנשים האבודות מטרויה)
Kameri-Theater 1984, Regie: Hanoch Levin

Das Stück gliedert sich in die Klagen der gefangenen Frauen, angeführt von Hekuba, der einstigen Königin von Troja, die Schritt für Schritt erfahren bzw. beklagen, was mit ihnen selbst geschehen soll, sowie was mit denjenigen, die nicht da sind, geschah, nach dem Fall der Stadt. Der Text des Stückes setzt sich streckenweise aus langen Monologen zusammen, was ungewöhnlich für Levins Schreiben, aber der Anlehnung an die Vorlage des Euripides geschuldet ist. Nach den beiden ersten Kapiteln, ‚Das Klagelied' und ‚Die Aufteilung der Beute', kommen in den folgenden Kapiteln immer mehr die Frauen zu Wort, die das Schicksal der jeweiligen Person beklagen, auch wenn ihre Klage nichts zu verändern vermag: ‚Kassandra', ‚Polixena', ‚Andromache', ‚Astiankes', ‚Helena', ‚Hekuba', ‚Die Frauen'. Nur bei Helena fordert Hekuba Rache, als beklage sie in einer Umkehrung, dass Helenas Schicksal zu gut ausfiele, während all den anderen Frauen die Zukunft nur Leid und Tod verspricht. In der letzten Szene tritt an die Stelle der Klage über das Schicksal einzelner die Klage der Masse der anonymen Frauen, die als Chor sprechen.

11. Alle wollen leben (כולם רוצים לחיות)

Kameri-Theater 1985, Regie: Hanoch Levin

Graf Pozna erhält Besuch vom stellvertretenden Todesengel Gulgelevitsh, der ihn mit sich nehmen will. Doch auf Grund eines Abschreibfehlers auf der Liste - dort steht Potzna statt Pozna - erhält Pozna drei Tage Aufschub, um jemanden zu finden, der an seiner Statt sterben möchte. Pozna sucht also Ersatz, doch weder seine über die Last des Alters klagenden Eltern, noch sein schwarzer Sklave Bamba wollen für ihn sterben. Auf einem Fest scheint sich dann ganz in Anlehnung an *Alkestis* seine Frau, Poznabukha, anzubieten. Doch ihre Hauptsorge ist, dass Pozna sich nach ihrem Ableben mit anderen, jüngeren Frauen vergnügen wird. Damit beginnt Pozna noch zu ihren Lebzeiten. Er schläft mit einer fahrenden Schauspielerin und wird dabei von seiner Frau erwischt, die ihn vor die Wahl stellt: Kastration oder Tod. Pozna wählt die Kastration in der Hoffnung, so wenigstens das Leben zu retten. Der letzte Tag ist da, und am schon ausgehobenen Grab zeigt sich die Frau plötzlich doch nicht mehr willig, für ihren Mann zu sterben. Da es aber eines freiwilligen Einverständnisses bedarf, kann Pozna sie nicht zwingen. Ihm bleibt nur, ihr Säure ins Gesicht zu schütten, um die Möglichkeit zu zerstören, dass andere Männer nach seinem Tod ihren Körper begehren. Der Engel des Todes, Mawetzki, kommt, ihn in Erfüllung der bürokratischen Abläufe zu holen. Doch in letzter Minute gelingt es Pozna, einen Schuhputzjungen, der des Weges kommt, dazu zu bringen, sich dem Todesengel als Austausch für den Grafen anzubieten. Der Graf wird dem Jungen zur vermeintlichen Glücksfee, die ihm jedoch den Tod bringt. Die Komödie endet gut für den Grafen, der Junge stirbt, und Mann und Frau, die ältere Generation, bleiben mit zerstörten Körpern zurück.

12. Das Lebenswerk (מלאכת החיים)

Habima 1989, Regie: Michael Gurevich

Nach dem Ereignis der Hochzeit wird für Levins Figuren die Ehe zur Langeweile des Alltags, die sie irgendwann zu dem Eindruck führt, das Leben verpasst zu haben und dies nun unbedingt nachholen zu müssen. So ergeht es dem alten Yona Popokh, der kurz vor seinem Tod noch vergeblich versucht, seine Frau Leviva zu verlassen. Mit der Gestalt des einsamen Gunkel kehrt eine gealterte Hefetz-Figur bei einem gealterten Ehepaar ein. Gunkel dringt in das

Privatleben der Popokhs ein, um von dort sowohl etwas Wärme zu erhaschen, als auch zu sehen, dass auch die Verheirateten nicht glücklich sind. Damit gibt er dem alten Paar die Möglichkeit, sich wieder zusammenzuschließen gegen den äußeren ‚Feind', indem sie sich durch sein Unglück beweisen, dass sie eben doch glücklich sind. Die Figur Gunkels hängt so als lähmende Drohung über Yonas Unentschlossenheit, ob er seine Frau für die verführerische Illusion verlassen solle, das versäumte ‚Leben' nachzuholen. Yona kann sich nicht entschließen und stirbt.

13. Der Junge träumt (הילד חולם)
Habima 1993, Regie: Hanoch Levin

Im ersten der vier Teile des Stücks brechen Soldaten in die heil(ig)e Welt von Vater, Mutter und Kind ein, töten den Vater und schicken Mutter und Sohn mit anderen Flüchtlingen auf die Flucht vor dem Tod. Die Unvermitteltheit der Gewalt und die Probleme der Flüchtlinge, ein Schiff im zweiten Teil zu finden, das sie mitnimmt zu einer Insel, die sie im dritten Teil nicht aufnehmen wird, arbeitet mit Assoziationen an die nationalsozialistische Judenverfolgung, ohne sich historisch eindeutig dort zu verorten. Im zweiten Teil verliert der Sohn die Mutter, die sich dem Kapitän hingibt, um auf dem Schiff für die beiden Plätze zu bekommen. Im dritten Teil wäre der Gouverneur der Insel aus Öffentlichkeitswirksamkeit bereit, den Jungen aufzunehmen, doch der weigert sich, die Mutter zu verlassen. Er muss so mit den anderen Flüchtlingen zurückkehren zum Ort der Todesdrohung und wird von der Mutter im vierten Teil ins Land der Toten Kinder gebracht. Dort erscheint der mit dem Tod des letzten Kindes erwartete ‚Messias'. Er bringt aber nicht die Erlösung, sondern wird von den Soldaten erschossen, wie der Vater im ersten Teil. Die Toten Kinder hoffen weiter, dass die Erlösung doch noch kommen werde.

14. Mit offenem Mund (פעורי פה)
Kameri-Theater 1995, Regie: Robert Sturua

Eine Mutter geht mit ihrem Sohn ins Theater und sieht dort, wie der Wächter einer Königin geblendet wird, da er versuchte, sie in ihrem Zimmer durch das Schlüsselloch nackt zu sehen. Es ist zwar zu dunkel, so dass der Wächter Mit Offenem Mund nichts sehen kann; aber er wird erwischt, und die Königin ordnet an, ihn zu bestrafen.

Es scheint, als wären die anderen Wächter ihm verbunden und würden den Befehl in Abwesenheit der Königin nicht ausführen, doch diese kehrt zurück und der Wächter wird geblendet. Im zweiten Akt begegnet Mit Offenem Mund im Garten der Königin, die ihn küsst. Da er so ihren Körper berührte, und das wiederum bestraft werden muss, wird er hingerichtet. Unklar bleibt die Verwobenheit zwischen den Theaterzuschauern, der Mutter, die auch die Königin sein könnte, dem Sohn, der das Geschehen beobachtet, ohne es zu begreifen, und einem Mann, der erst stummer Zuschauer ist, aber im Epilog die Bühne als kommentierendes Publikum betritt.

15. Enthauptung (כריתת ראש)
Habima 1996, Regie: Hanoch Levin

Dies ist das einzige der ‚grausamen Stücke', in dem Levin eine Haupt- mit einer Nebenhandlung verknüpft. Im Mittelpunkt steht eine Eifersuchtsgeschichte zwischen dem alternden König und seiner Königin, deren vermeintlichen Liebhaber er foltern lässt. Zugleich begehrt er selbst aber die Tochter der Königin, die von ihm für ihre Gunst das Leben, also den Körper eben jenes vermeintlichen Liebhabers ihrer Mutter verlangt. Die Konstellation erinnert an die Geschichte von Herodes, Salome und Johannes dem Täufer, doch ist das Opfer hier kein Prophet, sondern der Gehilfe Des Kanalreinigers. Die Prinzessin hat nicht nur den Gehilfen Des Kanalreinigers als ihren Lohn in ihrer Gewalt, sondern verfügt durch ihn auch über den König und die Königin, als deren Spielball in ihren Auseinandersetzungen der Gehilfe und anderes Personal im Schloss dient. In der damit verbundenen Nebenhandlung suchen der Arzt und die Köchin des Schlosses vergeblich nach einem Ehemann für ihre bucklige Tochter. Doch jeder, den sie gerade erspäht hatten, gerät in die Mühlen der Begierden und Gewalt der königlichen Familie, so dass die Herrschenden immer unbeabsichtigt die familiäre Kontinuität der Dienerfamilie zerstören.

16. Mord (רצח)

Kameri-Theater 1997, Regie: Omri Nitzan

Im ersten Teil treten drei israelische Soldaten einen jungen Araber in dessen Haus zu Tode. Sie bezeichnen ihn als Terroristen. Als er schon tot ist, kommt sein Vater dazu, der nichts mehr tun kann. Ein überirdischer Bote verkündet, die Zeit des Mordens sei vorüber, es herrsche nun Frieden. Die Soldaten ziehen ab, etwas später kommt ein Offizier, der fragt, wer den Sohn getötet hat; doch der Vater gibt keine Auskunft. Es wird nicht klar, warum. Im zweiten Akt entfernt sich ein frisch vermähltes jüdisches Brautpaar von ihrer Hochzeitsfeier am Strand, um allein zu sein. Sie treffen auf den arabischen Vater, der den Bräutigam für einen der Soldaten hält, obwohl der seine Unschuld beteuert. Der Vater tötet den Bräutigam, vergewaltigt die Braut und tötet auch sie. Im dritten Akt spannen zwei arabische Bauarbeiter in die Villen eines reichen Vororts, um die erträumten Frauen zu sehen. Sie treffen auf Huren, die, enttäuscht darüber, dass sie ihnen nichts bezahlen wollen oder können, ihnen einen gerade im Viertel ausgebrochenen Brand anhängen und sie unter den Augen der Bewohner lynchen. Wieder erscheint der überirdische Bote und verkündet, dass die Zeit der Ruhe vorbei sei. Die Verbindung der drei anekdotisch wirkenden Teile sind Morde, die immer, überall und ohne Begründung geschehen.

17. Die im Dunkeln gehen (ההולכים בחושך)

Habima 1998, Regie: Hanoch Levin

Viele Figuren und Gedanken begegnen sich in diesem Stück in der Dunkelheit. Ihre Begegnungen und Bewegungen und die daraus entstehenden Erzählmöglichkeiten versucht ein Erzähler zu ordnen, der jedoch in der Mitte des Stücks, als die Toten und Gott auftauchen, damit in Schwierigkeiten gerät. Im Dunkeln geht der Gehende, er begegnet erst dem Wartenden und dann dem Entschlüpfenden. Ein Stück gehen sie gemeinsam, begegnen drei anderen Männern, und gegen morgen trennen sie sich wieder an ihren jeweiligen Häusern, bis der Gehende bei sich zu Hause alleine ankommt. Dem Bewegungsstrang dieser drei ist eine Folge von Begegnungen verschiedener Gedanken eingeflochten, die als Figuren auftreten und versuchen, miteinander Beziehungen zu knüpfen, die aber auch wieder auseinander gehen. Es entsteht so eine surrealistische Atmosphäre, die eigentlich nichts mehr zu erzählen scheint, sondern nur Möglichkeiten von Erzählungen und Begegnungen aufruft. Die mögliche Theaterhandlung ist auf das Minimum des Gehens auf der Bühne und des Sprechens der Figuren reduziert.

18. Trauerfeier (אשכבה)

Kameri-Theater 1999, Regie: Hanoch Levin

Ein alter Sargbauer und seine alte Frau leben in Pupqa, einem osteuropäischen Städtchen, welches sich auch als Shtetl verstehen ließe. Sie wird krank. Die beiden fahren ins nächste Dorf zu einem Sanitäter, der nicht helfen kann. Sie fahren zurück. Die alte Frau stirbt. Der Mann trifft eine junge Frau, die mit ihrem toten Kind ebenfalls auf dem Weg zu dem Sanitäter ist – sie erinnert an die zuvor erwähnte, im Kindesalter gestorbene Tochter der beiden Alten. Auch der Alte wird krank, macht die nutzlose Fahrt zu dem Sanitäter, kehrt zurück und stirbt. Ein Großteil der Szenen findet in der Kutsche statt, in der sich abwechselnd zwei Huren und zwei Männer über Männer und Huren unterhalten. Und der Kutscher versucht, jemandem zu erzählen, dass sein Sohn vor kurzem gestorben ist, plötzlich und unerklärlich; doch keiner hört ihm zu, so dass er sein Leid am Schluss des Stücks seinem Pferd erzählt. Die ineinander verflochtenen Geschichten folgen Erzählungen von Čechov.

19. Die Weiner (הבכיינים)

Kameri-Theater 2000, Regie: Ilan Ronen

Levins letztes Stück erzählt von Tod und Sterben auf der Bühne. In einem Krankenhaus in Kalkutta teilen sich drei todkranke Männer ein Bett. Das Krankenhauspersonal beschließt, den Patienten ihre verbleibende Zeit so angenehm wie möglich zu vertreiben. Sie spielen also Theater für die Patienten und führen ihnen die Tragödie ‚Leiden und Tod Agamemnons' vor. Diese erzählt von der Rückkehr Agamemnons nach Mykene, wo er und die kriegsgefangene Seherin Kassandra von seiner Frau Klytaimnestra und ihrem Liebhaber Aigisthos ermordet werden. Am Ende der Aufführung der Tragödie stirbt einer der Patienten und ein neuer nimmt seinen Platz im Bett ein. Den nun wieder drei Patienten spielt am Schluss des Stücks einer der Krankenhausangestellten noch den Bericht eines Pferdes über seinen Tod vor.

Umschrift und Abkürzungen

Umschrift

Konsonanten:

tz	צ	l	ל	z	ז	ʾ	א
(tsh)	('צ)	m	מ	(j)	('ז)	b	ב
q	ק	n	נ	ḥ	ח	(v)	(ב)
r	ר	s	ס	ṭ	ט	g	ג
s	שׂ	ʿ	ע	y	י	d	ד
sh	שׁ	p	פ	k	כ	h	ה
t	ת	(f)	(פ)	(kh)	(כ)	w	ו

Das Zeichen ʾ wird für א nur am Silbenanfang *innerhalb* eines Wortes gesetzt, für ע wird ʿ auch am Wortanfang und -ende gesetzt. ה am Wortende wird nicht wiedergegeben (außer ה mit mappiq).

Dagesh forte wird nach Präfixen (einschließlich Artikel) und bei sh nicht berücksichtigt, in allen anderen Fällen durch Verdoppelung des Konsonanten wiedergegeben.

Vokale: Es werden nur die fünf Grundvokale a, e, i, o, u angewandt ohne Längen- und Kürzenzeichen. *Shwa mobile* (*shwa naʿ*) kann wahlweise als e, hochgestelltes ᵉ oder auch gar nicht wiedergegeben werden.

Verwendete Abkürzungen für rabbinische Literatur:

m	Mishna
bT	babylonischer Talmud
b	mit folgender Traktatsangabe: Babylonischer Talmud
San	Traktat Sanhedrin

Verwendete Literatur

a. Texte Hanoch Levins

Originaltexte

Theaterstücke:

Levin, Hanoch.: אורזי מזוודות [Die Kofferpacker], in: ders.: 2 מחזות [*Plays (II)*], Tel Aviv: Ha-Kibbutz Ha-Me'uḥad 1988 (5. Aufl. 1999), S. 295-355.

ders.: אשכבה [Trauerfeier], in: ders.: 10 מחזות [*Plays (X)*], Tel Aviv: Ha-Kibbutz Ha-Me'uḥad 1999 (2. Aufl. 2000), S. 187-223.

ders.: את ואני והמלחמה הבאה [Du und ich und der nächste Krieg], in: ders.: 1 מערכונים ופזמונים [*Sketches and Songs (I)*], Tel Aviv: Ha-Kibbutz Ha-Me'uḥad 1987 (10. Aufl. 2000), S. 11-30.

ders.: הבכיינים [Die Weiner], in: ders.: 11 מחזות [*Plays (XI)*], Tel Aviv: Ha-Kibbutz Ha-Me'uḥad 1999, S. 147-190.

ders.: ההולכים בחושך [Die im Dunkeln gehen], in: ders.: 7 מחזות [*Plays (VII)*], Tel Aviv: Ha-Kibbutz Ha-Me'uḥad 1999 (2. Aufl. 1999), S. 7-80.

ders.: הוצאה להורג [Hinrichtung], in: ders.: 3 מחזות [*Plays (III)*], Tel Aviv: Ha-Kibbutz Ha-Me'uḥad 1988 (5. Aufl. 1999), S. 7-52.

ders.: הזונה הגדולה מבבל [Die große Hure von Babylon], in: ders.: 3 מחזות [*Plays (III)*], Tel Aviv: Ha-Kibbutz Ha-Me'uḥad 1988 (5. Aufl. 1999), S. 105-187.

ders.: חפץ [Ḥefetz], in: ders.: 1 מחזות [*Plays (I)*], Tel Aviv: Ha-Kibbutz Ha-Me'uḥad 1988 (9. Aufl. 2000), S. 87-171.

ders.: ילד חולם [Der Junge träumt], in: ders.: 4 מחזות [*Plays (IV)*], Tel Aviv: Ha-Kibbutz Ha-Me'uḥad 1991 (4. Aufl. 1999), S. 261-331.

ders.: יסורי איוב [Hiobs Leiden], in: ders.: 3 מחזות [*Plays (III)*], Tel Aviv: Ha-Kibbutz Ha-Me'uḥad 1988 (5. Aufl. 1999), S. 53-103.

ders.: יעקובי ולידנטל [Ya'akobi und Leidental], in: ders.: 1 מחזות [*Plays (I)*], Tel Aviv: Ha-Kibbutz Ha-Me'uḥad 1988 (9. Aufl. 2000), S. 173-228.

ders.: כולם רוצים לחיות [Alle wollen leben], in: ders.: 3 מחזות [*Plays (III)*], Tel Aviv: Ha-Kibbutz Ha-Me'uḥad 1988 (5. Aufl. 1999), S. 227-278.

ders.: כריתת ראש [Enthauptung], in: ders.: 6 מחזות [*Plays (VI)*], Tel Aviv: Ha-Kibbutz Ha-Me'uḥad 1997 (3. Aufl. 1999), S. 7-80.

ders.: מלאכת החיים [Das Lebenswerk], in: ders.: 4 מחזות [*Plays (IV)*], Tel Aviv: Ha-Kibbutz Ha-Me'uḥad 1991 (4. Aufl. 1999), S. 151-199.

ders.: מלכת אמבטיה [Königin des Badezimmers], in: ders.: 1 מערכונים ופזמונים [Sketches and Songs (I)], Tel Aviv: Ha-Kibbutz Ha-Me'uḥad 1987 (10. Aufl. 2000), S. 61-100.

ders.: נעורי ורדה'לה [Warda'lehs Jugend], in: ders.: 1 מחזות [Plays (I)], Tel Aviv: Ha-Kibbutz Ha-Me'uḥad 1988 (9. Aufl. 2000), S. 229-290.

ders.: הנשים האבודות מטרויה [Die verlorenen Frauen von Troja], in: ders.: 3 מחזות [Plays (III)], Tel Aviv: Ha-Kibbutz Ha-Me'uḥad 1988 (5. Aufl. 1999), S. 189-226.

ders.: סוחרי גומי [Die Gummihändler], in: ders.: 2 מחזות [Plays (II)], Tel Aviv: Ha-Kibbutz Ha-Me'uḥad 1988 (5. Aufl. 1999), S. 169-231.

ders.: הפטריוט [Der Patriot], in: ders.: 1 מערכונים ופזמונים [Sketches and Songs (I)], Tel Aviv: Ha-Kibbutz Ha-Me'uḥad 1987 (10. Aufl. 2000), S. 103-136.

ders.: פעורי פה [Mit offenem Mund], in: ders.: 5 מחזות [Plays (V)], Tel Aviv: Ha-Kibbutz Ha- Me'uḥad 1996 (3. Aufl. 1999), S. 177-218.

ders.: רצח [Mord], in: ders.: 7 מחזות [Plays (VII)], Tel Aviv: Ha-Kibbutz Ha-Me'uḥad 1999 (2. Aufl. 1999), S. 81-121.

ders.: שיץ [Shitz], in: ders.: 1 מחזות [Plays (I)], Tel Aviv: Ha-Kibbutz Ha-Me'uḥad 1988 (9. Aufl. 2000), S. 291-368.

Andere Texte:

Levin, Hanoch.: איש עומד מאחורי אשה יושבת [Ein Mann steht hinter einer sitzenden Frau], in: ders.: 2 פרוזה [Prose (II)], Tel Aviv: Ha-Kibbutz Ha-Me'uḥad 1992 (7. Aufl. 1999), S.7-8.

ders.: גילוי דעת [Meinungsäußerung], in: 1 מערכונים ופזמונים [Sketches and Songs (I)], Tel Aviv: Ha-Kibbutz Ha-Me'uḥad 1987 (10. Aufl. 2000), S.102.

ders.: כך הכרתי את בעלי [So lernte ich meinen Mann kennen], in: 1 מערכונים ופזמונים [Sketches and Songs (I)], Tel Aviv: Ha-Kibbutz Ha-Me'uḥad 1987 (10. Aufl. 2000), S.101.

ders.: שני פלאי התיאטרון [Die zwei Wunder des Theaters], in: ders.: 2 פרוזה [Prose (II)], Tel Aviv: Ha-Kibbutz Ha-Me'uḥad 1992 (7. Aufl. 1999), S. 182-83.

Übersetzungen

Theaterstücke:

Levin, Hanoch: *The Labor of Life. Selected Plays*, translated from the Hebrew by Barbara Harshav, with an Introduction by Freddie Rokem, Stanford, CA: Stanford University Press 2003, [enthält: The Rubber Barons, The Torments of Job, The Labor of Life, The Child Dreams, The Whore from Ohio, Murder, Requiem, The Crybabies].

Levin, Hanokh: *Théâtre choisi I, comédies*, traduit de l'hébreu par Laurence Sendrowicz, textes d'accompagnement de Nurit Yaari, Paris: Éditions théâtrales 2001, [enthält: Yaacobi et Leidental, Kroum l'ectoplasme, Une laborieuse entreprise].

Levin, Hanokh: *Théâtre choisi II, pièces mythologiques*, traduit de l'hébreu par Laurence Sendrowicz et Jacqueline Carnaud, textes d'accompagnement de Nurit Yaari, Paris: Éditions théâtrales 2001, [enthält: Les souffrances de Job, L'enfant rêve, Ceux qui marchent dans l'obscurité].

Levin, Hanokh: *Théâtre choisi III, pièces politiques*, traduit de l'hébreu par Laurence Sendrowicz et Jacqueline Carnaud, textes d'accompagnement de Nurit Yaari, Paris: Éditions théâtrales 2004, [enthält: Shitz, Les femmes de Troie, Meurtre, Satires (extraits)]

Erzählungen:

Levin, Hanoch: *Der Zufriedene, der Lüsterne und die Gelöste*, München und Wien: Hanser 1998, [enthält Erzählungen, u.a. Ein Mann steht hinter einer sitzenden Frau].

b. Weitere Literatur

Abramson, Glenda: *Modern Hebrew Drama*, New York: St. Martin's Press 1979.

dies.: *Drama and Ideology in Modern Israel*, Cambridge: Cambridge University Press 1998.

dies.: Charting the Israeli Unconscious. The theatre of Hanokh Levin, in: *The Jewish Quarterly* 46,4 (1999/2000), S. 31-34.

Agamben, Giorgio: Noten zur Geste, in: ders.: *Mittel ohne Zweck. Noten zur Politik*, Freiburg und Berlin: diaphanes 2001, S. 53-62.

ders.: *Homo Sacer. Die souveräne Macht und das nackte Leben*, Frankfurt am Main: Suhrkamp 2002.

Adorno, Theodor W.: Beitrag zur Ideologienlehre, in: ders.: *Soziologische Schriften I. Gesammelte Schriften Bd.8*, Frankfurt am Main: Suhrkamp 1997, S. 457-477.

ders.: Ist die Kunst heiter?, in: ders.: *Noten zur Literatur. Gesammelte Schriften Bd.11*, Frankfurt am Main: Suhrkamp 1997, S. 599-606.

Alexander, David: Political Satire in the Israeli Theatre. Another Outlook on Zionism, in: Avner Ziv (Ed.): *Jewish Humor*, Tel Aviv: Papyrus 1986, S. 165-171.

ders.: "לתת ללב פרפור של עונג מתועב" (חנוך לוין): הרהורים בשולי סאטירה פוליטית בישראל [„Dem Herzen das Schweben eines verabscheuten Vergnügens geben" (Hanoch Levin): Überlegungen zur politischen Satire in Israel], in: הקאמרי: תיאטרון של זמן ומקום [*The Cameri: A Theatre of Time and Place*], ed. by Gad Kaynar, Freddie Rokem, Eli Rozik, Tel Aviv: Tel Aviv University 1999, S. 99-102.

Artaud, Antonin: *Das Theater und sein Double*, Frankfurt am Main: Fischer Taschenbuch 1979.

Avigal, Shosh: Hanoch Levin – Enfant Terrible of the Israeli Theatre, in: *Ariel* 63 (1986), S. 38-57.

dies.: Patterns and Trends in Israeli Drama and Theater, 1948 to Present, in: Linda Ben-Zvi (Ed.): *Theater in Israel*, Ann Arbor: The University of Michigan Press 1996, S. 9-50.

Der Babylonische Talmud, ins Deutsche übersetzt von Lazarus Goldschmidt, 12 Bde., Darmstadt: Wissenschaftliche Buchgesellschaft 2002 [ursprgl. 1930-36].

Barthes, Roland: *Die Lust am Text*, Frankfurt am Main: Suhrkamp 1974.

Bataille, Georges: *Die Aufhebung der Ökonomie*, München: Matthes & Seitz 2001.

Baudrillard, Jean: *Der unmögliche Tausch*, Berlin: Merve 2000.

Bayerdörfer, Hans Peter (Hg.): *Theatralia Judaica (II). Nach der Shoah. Israelisch-deutsche Theaterbeziehungen seit 1949*, Tübingen: Niemeyer 1996.

Belkin, Ahuva and Gad Kaynar: Jewish Theatre, in: *The Oxford Handbook of Jewish Studies*, ed. by Martin Goodman, Oxford: Oxford University Press 2002, S. 870-910.

Ben-Zvi, Linda (Ed.): *Theater in Israel*, Ann Arbor: The University of Michigan Press 1996.

Bernstein, Reiner: *Geschichte des Staates Israel 2. Von der Gründung 1948 bis heute: Religiion und Moderne*, Schwalbach: Wochenschau Verlag / DIAK 1998.

Bohrer, Karl Heinz: Stil ist frappierend. Über Gewalt als ästhetisches Verfahren, in: Rolf Grimminger (Hg.): *Kunst – Macht – Gewalt. Der ästhetische Ort der Aggressivität*, München: Fink 2000, S. 25-42.

Boyarin, Daniel: *Unheroic Conduct. The Rise of Heterosexuality and the Invention of the Jewish Man*, Berkeley and Los Angeles, CA: University of California Press 1997.

Brecht, Bertolt: Kurze Beschreibung einer neuen Technik der Schauspielkunst, die einen Verfremdungseffekt hervorbringt, in: ders.: *Ausgewählte Werke in sechs Bänden. Bd.6*, Frankfurt am Main: Suhrkamp 1997, S. 467-486.

ders.: Kleines Organon für das Theater, in: ders.: *Ausgewählte Werke in sechs Bänden. Bd.6*, Frankfurt am Main: Suhrkamp 1997, S. 519-552.

Brenner, Michael, Yfaat Weiss (Hrsg.): *Zionistische Utopie – Israelische Realität. Religion und Nation in Israel*, München: Beck 1999.

Brenner, Michael: *Geschichte des Zionismus*, München: Beck 2002.

Brown, Erella: Cruelty and Affirmation in the Postmodern Theater: Antonin Artaud and Hanoch Levin, in: *Modern Drama* 35,4 (1992), S. 585-606.

dies.: Politics of Desire: Brechtian ‚Epic Theater' in Hanoch Levin's Postmodern Satire, in: Linda Ben-Zvi (Ed.): *Theater in Israel*, Ann Arbor: The University of Michigan Press 1996, S. 173-199.

dies.: Between Literature and Theatre: Hanoch Levin and the Author's Function, in: *Journal of Theatre and Drama* 5/6 (1999/2000), S. 23-57.

dies.: התיאטרון וכפילו: האכזריות במחזות של חנוך לוין [Das Theater und sein Double: Die Grausamkeit in den Theaterstücken Hanoch Levins], in: Nurit Yaari, Shimon Levy (Ed.): חנוך לוין. האיש עם המיתוס באמצע [*Hanoch Levin: The Man with the Myth in the Middle*], Tel Aviv: Ha-Kibbutz Ha-Me'uḥad 2004, S. 98-125

Butler, Judith: *Das Unbehagen der Geschlechter*, Frankfurt am Main: Suhrkamp 2003.

Caspi, Zehava: יקיצה וזיכרון ב'ילד חולם' מאת חנוך לוין [Erwachen und Erinnerung in ‚Der Junge träumt' von Hanoch Levin], in: *Jerusalem Studies in Hebrew Literature* 18 (2001), S. 309-19.

dies.: הילדותי והילדי בדרמה של לוין – מ"סלומון גריפ" ועד "אשכבה" [Das Kindische und das Kindliche im Drama Levins – Von *Salomon Grip* bis *Trauerfeier*], in: Nurit Yaari, Shimon Levy (Ed.): חנוך לוין. האיש עם המיתוס באמצע [*Hanoch Levin: The Man with the Myth in the Middle*], Tel Aviv: Ha-Kibbutz Ha-Me'uḥad 2004, S. 31-59,

Diner, Dan: Individualität und Nationalität. Wandlungen im israelischen Geschichtsbewußtsein, in: *Babylon* 15 (1995), S. 5-27.

ders.: Zeitemblematik der Zugehörigkeit – Über die Konstruktion von Rang und Geltung im israelischen Selbstverständnis, in: Michael Brenner, Yfaat Weiss (Hrsg.): *Zionistische Utopie – Israelische Realität. Religion und Nation in Israel*, München: Beck 1999, S. 173-190.

Enzyklopädie des Holocaust. Die Verfolgung und Ermordung der europäischen Juden, 4 Bde., dt. Ausgabe hrsg. v. Eberhard Jäckel, Peter Longerich, Julius H. Schoeps, München: Piper 1995.

Ezrachi, Yaron: *Gewalt und Gewissen. Israels langer Weg in die Moderne*, Berlin: Alexander Fest Verlag 1998.

Feinberg, Anat (Hg.): *Kultur in Israel. Eine Einführung*, Gerlingen: Bleicher 1993.

Feingold, Ben-Ami: Hebrew Holocaust Drama as a Modern Morality Play, in: Ben-Zvi, Linda (Ed.): *Theater in Israel*, Ann Arbor: The University of Michigan Press 1996, S. 269-283.

Feldman, Yael S.: Deconstructing the Biblical Sources in Israeli Theater: *Yisurei Iyov* by Hanoch Levin, in: *AJS Review* XII,2 (1987), S. 251-277.

Foucault, Michel: *Überwachen und Strafen*, Frankfurt am Main: Suhrkamp 1977.

ders.: Of Other Spaces, in: *Diacritics* 16,1 (1986), S. 22.-27.

ders.: *Der Wille zum Wissen. Sexualität und Wahrheit 1*, Frankfurt am Main: Suhrkamp ^{14}2003.

Goldberg, Sylvie Anne: The Myth of Life's Supremacy over Death: Was Judaism Always More Concerned with Life than with Death?, in: *Modern Jewish Mythologies*, ed. by Glenda Abramson, Cincinnati: Hebrew Union College Press 2000, S. 161-173.

Handelzalts, Michael: The Levin-Sobol Syndrome: Two Faces of Modern Israeli Drama, in: *Modern Hebrew Literature New Series* 1 (1988), S. 21-24.

ders.: Das Theater in Israel: Zwischen Vision und Wirklichkeit, in: Anat Feinberg (Hg.): *Kultur in Israel. Eine Einführung*, Gerlingen: Bleicher 1993, S. 88-126.

ders.: חנוך לוין על־פי דרכו [*The Theatre of Hanoch Levin*], Tel Aviv: Yedioth Ahronoth Books and Chemed Books 2001.

Heizner, Zmira H.: Old-New Drama in the Jewish Land: Identity and Place in the Israeli Theatre, in: *Journal of Theatre and Drama* 3 (1997), S. 115-127.

Heyd, David: "חלום שהתפורר לעפר. על האמנות שהכזיבה ב"הילד חולם" [Traum, der zu Asche zerfällt. Über die Kunst, die enttäuschte in „Der Junge träumt"], in: Nurit Yaari, Shimon Levy (Ed.): חנוך לוין. האיש עם המיתוס באמצע [*Hanoch Levin: The Man with the Myth in the Middle*], Tel Aviv: Ha-Kibbutz Ha-Me'uḥad 2004, S. 18-30.

Hödl, Klaus: Das „Weibliche" im Ostjuden. Innerjüdische Differenzierungsstrategien der Zionisten, in: ders. (Hg.): *Der Umgang mit dem „Anderen". Juden, Frauen, Fremde…*, Wien: Böhlau 1996, S. 79-101.

Institute of Israeli Drama, The (Ed.): *Hanoch Levin*, Tel Aviv: The Institute of Israeli Drama o.J.

Kaynar, Gad: „Get out of the Picture, Kid in a Cap": On the Interaction of the Israeli Drama and Reality Convention, in: Ben-Zvi, Linda (Ed.): *Theater in Israel*, Ann Arbor: The University of Michigan Press 1996, S. 285-301.

ders.: „What´s Wrong With The Usual Description of The Extermination?!": National Socialism and The Holocaust as a Self-Image Metaphor in Israeli Drama:

Aesthetic Conversion of a National Tragedy into Reality-Convention, in: Hans Peter Bayerdörfer (Hg.): *Theatralia Judaica (II). Nach der Shoah. Israelisch-deutsche Theaterbeziehungen seit 1949*, Tübingen: Niemeyer 1996, S. 200-216.

ders.: Murder as an Instant of Local Rhetoric in the Performance of Israeli Drama: A Phenomenological Strategy, in: *Hebrew Studies* 43 (2002), S. 187-199.

ders.: Das Gesamtkunstwerk und sein Widerhall bei Hanoch Levin und anderen, in: *Medien – Politik – Geschichte. Tel Aviver Jahrbuch für Deutsche Geschichte 2003*, hrsg. v. Moshe Zuckermann, S. 372-384.

ders.: עיון בשפת המשחק הלויניח – "אז מה זה אדם?" [„Was ist dann ein Mensch?" – Erörterung der Levinschen Schauspielsprache], in: Nurit Yaari, Shimon Levy (Ed.): חנוך לוין. האיש עם המיתוס באמצע [*Hanoch Levin: The Man with the Myth in the Middle*], Tel Aviv: Ha-Kibbutz Ha-Me'uhad 2004, S. 254-277.

Klein, Uta: *Militär und Geschlecht in Israel*, Frankfurt am Main, New York: Campus 2001.

Klossowski, Pierre: *Die lebende Münze*, Berlin: Kadmos 1998.

Kohansky, Mendel: *The Hebrew Theatre. Its First Fifty Years*, Jerusalem: Israel Universities Press 1969.

Külp, Bernhard: *Theorie der Drohung*, Köln: Kohlhammer 1965.

Laor, Yitzhak: המלך האכזר מכל המלכים [Der König ist der grausamste von allen Königen], in: ders.: אנו כותבים אותך מולדת. מסות על ספרות ישראלית [*Narratives with no Natives. [wörtl. Wir schreiben dich Heimat] Essays on Israeli Literature.*], Tel Aviv: Ha-Kibbutz Ha-Me'uhad 1995, S. 171-191.

ders.: התוחם פּילָה שֶׁל שְׁפָּרַכְצִי והבִּיג תוּחָם שֶׁל שָׁחָשׁ. יוצא מן הכלל מטאפורי והכלל המטונימי בקומדיה של חנוך לוין [Der Filet-Hintern von Sprakhtzi und der Big Tuches von Shahash. Metaphorische Ausnahme der Regel und die metonymische Regel in der Komödie Hanoch Levins], in: Nurit Yaari, Shimon Levy (Ed.): חנוך לוין. האיש עם המיתוס באמצע [*Hanoch Levin: The Man with the Myth in the Middle*], Tel Aviv: Ha-Kibbutz Ha-Me'uhad 2004, S. 126-142.

Laqueur, Walter: Zwischen zionistischer Utopie und israelischer Realität, in: Michael Brenner, Yfaat Weiss (Hrsg.): *Zionistische Utopie – Israelische Realität. Religion und Nation in Israel*, München: Beck 1999, S. 123-137.

Lehmann, Hans-Thies: Wie politisch ist postdramatisches Theater?, in: ders.: *Das Politische Schreiben. Essays zu Theatertexten*, Berlin: Theater der Zeit 2002, S. 11-21.

ders.: Fabel-Haft, in: ders.: *Das Politische Schreiben. Essays zu Theatertexten*, Berlin: Theater der Zeit 2002, S. 219-237.

Lev-Ari, Shimon: The Origins of Theater in Hellenic and Judaic Cultures, in: Asher Ovadiah (Ed.): *Hellenic and Jewish Arts. Interaction, Tradition and Renewal*, Tel Aviv: Tel Aviv University 1998, S. 385-391.

Lévinas, Emmanuel: *Totalité et Infini. Essai sur l'extériorité*, Paris: Librairie générale française, 1990 [1961].

ders.: Textes messianiques, in: ders.: *Difficile Liberté. Essais sur le judaïsme*, Paris: Albin Michel 1983, 3 éd. revue et corrigée, S. 89-139

Levy, Shimon: The Gospel According to Hanoch, in: *Theatre Research International* 13,2 (1988), S. 146-154.

ders.: Heroes of Their Consciousness: Self-Referential Elements in Contemporary Israeli Drama, in: Linda Ben Zvi (Ed.): *Theater in Israel*. Ann Arbor: The University of Michigan Press 1996, S. 311-19.

Levy, Shimon and Nurit Yaari: Theatrical Responses to Political Events: The Trojan War on the Israeli Stage during the Lebanon War, 1982-1984, in: *Journal of Theatre and Drama* 4 (1998), S. 99-123.

dies.: The Onstage Atrocities of Hanoch Levin. Israeli Metamorphoses of Greek Tragedies, in: *(Dis)Placing Classical Greek Theatre*, ed. by Savas Patsalidis and Elizabeth Sakellaridou, Thessaloniki: University Studio Press 1999, S. 133-144.

Shimon Levy (Ed.): אחר תיאטרון עכו לפסטיבל שנה 25 [*25 Jahre Akko-Festival des anderen Theaters*], Tel Aviv: Vilenski 2004.

Lyotard, Jean-François: Der Zahn, die Hand, in: ders.: *Essays zu einer affirmativen Ästhetik*, Berlin: Merve 1982, S. 11-23.

Maimonides' Commentary on the Mishnah. Tractate Sanhedrin, translated into English with Introduction and Notes by Fred Rosner, New York: Sepher-Hermon Press 1981.

Meier-Cronemeyer, Hermann: *Geschichte des Staates Israel 1. Entstehungsgeschichte: Die zionistische Bewegung*, Schwalbach: Wochenschau Verlag / DIAK 3., überarb. Aufl. 1997.

Meyer, Michael A.: *Jüdische Identität in der Moderne*, Frankfurt am Main: Jüdischer Verlag 1992.

Milman, Yoseph: On Alienation in Hanoch Levin's Theatre of Protest, in: *Hebrew Studies* 35 (1994), S. 65-97.

Morgenstern, Matthias: *Theater und zionistischer Mythos. Eine Studie zum zeitgenössischen hebräischen Drama unter besonderer Berücksichtigung des Werkes von Joshua Sobol*, Tübingen: Niemeyer 2002.

Mossinzon, Yigal: בערבות הנגב [*In den Steppen des Negev*], Tel Aviv: Or-Am 1989.

Nagid, Haim: לוין חנוך מחזות על. וצמרמורת צחוק [*Laughter and Trembling. Über die Theaterstücke Hanoch Levins*], Tel Aviv: Or-Am 1998.

Naumann, Matthias: Yiṣḥaqs rettende Stimme. Zu Hanoch Levins satirischer Fassung der 'Aqeda, in: *Frankfurter Judaistische Beiträge* 32 (2005), im Erscheinen.

Nimni, Ephraim (Ed.): *The Challenge of Post-Zionism. Alternatives to Israeli Fundamentalist Politics*, London and New York: Zed Books 2003.

ders.: From Galut to T'futsoth. Post-Zionism and the Dis><location of Jewish Diasporas, in: ders. (Ed.): *The Challenge of Post-Zionism. Alternatives to Israeli Fundamentalist Politics*, London and New York: Zed Books 2003, S. 117-152.

Ofrat, Gideon: הישראלית הדראמה [*Das israelische Drama*], Herzliya: Ḥavatzelet 1975.

Oppenheimer, Yoḥai: פואטיקה של כוח. על חנוך לוין [Poetik der Gewalt. Über Hanoch Levin], in: 20 סימן קריאה (1990), S. 204-216.

ders.: ייצוג המלחמה אצל חנוך לוין: סאטירה, קומדיה, טרגדיה [Darstellung des Krieges bei Hanoch Levin: Satire, Komödie, Tragödie], in: Nurit Yaari, Shimon Levy (Ed.): חנוך לוין. האיש עם המיתוס באמצע [Hanoch Levin: The Man with the Myth in the Middle], Tel Aviv: Ha-Kibbutz Ha-Me'uḥad 2004, S. 173-186.

Oz, Avraham: Chasing the Subject: The Tragic as Trope and Genre and the Politics of Israeli Drama, in: *Contemporary Theatre Review* 3,2 (1995), S. 135-155.

ders.: Dried Dreams and Bloody Subjects. Body Politics in the Theatre of Hanoch Levin, in: *JTD - Haifa University Studies in Jewish Theatre and Drama* [später: *Journal of Theatre and Drama*] 1 (1995), S. 109-146.

Pavis, Patrice: On Brecht's Notion of Gestus, in: ders.: *Languages of the Stage. Essays in the Semiology of the Theatre*, New York: Performing Arts Journal Publications 1993, S. 37-49.

Ram, Uri: From Nation-State to Nation-----State. Nation, History and Identity Struggles in Jewish Israel, in: Ephraim Nimni (Ed.): *The Challenge of Post-Zionism. Alternatives to Israeli Fundamentalist Politics*, London and New York: Zed Books 2003, S. 20-41.

Rokem, Freddie: Ideology and Archetypal Patterns in the Israeli Theatre, in: *Theatre Research International* 13,2 (1988), S. 122-131.

ders.: Hebrew Theater from 1889 to 1948, in: Linda Ben-Zvi (Ed.): *Theater in Israel*, Ann Arbor: The University of Michigan Press 1996, S. 51-84.

ders.: Cultural Transformations of Evil and Pain: Some recent changes in the Israeli perception of the Holocaust, in: Hans Peter Bayerdörfer (Hg.): *Theatralia Judaica (II). Nach der Shoah. Israelisch-deutsche Theaterbeziehungen seit 1949*, Tübingen: Niemeyer 1996, S. 217-238.

ders.: *Performing History. Theatrical Representations of the Past in Contemporary Theatre*, Iowa City: University of Iowa Press 2000.

ders.: Narratives of Armed Conflict and Terrorism in the Theatre: Tragedy and History in Hanoch Levin's *Murder*, in: *Theatre Journal* 54,4 (2002), S. 555-573.

ders.: Introduction, in: Hanoch Levin: *The Labor of Life. Selected Plays*. Translated by Barbara Harshav, Stanford, CA: Stanford University Press 2003, S. IX-XXXV.

Rozik, Eli: The Languages of the Jews and the Jewish Theatre, in: *Theatre Research International* 13,2 (1988), S. 79-88.

Rubinstein, Amnon: *Geschichte des Zionismus. Von Theodor Herzl bis heute*, München: dtv 2001.

Schweid, Eliezer: Judaism in Israeli Culture, in: *In Search of Identity. Jewish Aspects in Israeli Culture*, ed. by Dan Urian and Efraim Karsh, London and Portland, OR: Frank Cass 1999, S. 9-28.

Seel, Martin: *Ästhetik des Erscheinens*, Frankfurt am Main: Suhrkamp 2003.

Segev, Tom: *Die siebte Million. Der Holocaust und Israels Politik der Erinnerung*, Reinbek: Rowohlt 1995.

ders.: *Elvis in Jerusalem. Die moderne israelische Gesellschaft*, Berlin: Siedler 2003.

Shaked, Gershon: Jewish Tradition and the Israeli Theatre, in: *Ariel* 33-34 (1973), S. 208-218.

ders.: *Geschichte der modernen hebräischen Literatur. Prosa 1880 bis 1980,* Frankfurt am Main: Jüdischer Verlag 1996.

Shoham, Chaim: The Drama and Theater of Nissim Aloni, in: Linda Ben Zvi (Ed.): *Theater in Israel*, Ann Arbor: The University of Michigan Press 1996, S. 119-131.

Sofsky, Wolfgang: *Traktat über die Gewalt*, Frankfurt am Main: S. Fischer 1996.

Troen, S. Ilan: *Imagining Zion. Dreams, Designs, and Realities in a Century of Jewish Settlement*, New Haven & London: Yale University Press 2003.

Tumarkin, Yigal: הפסיון לפי חנוך לוין [Die Passion nach Hanoch Levin], in: מחברות לספרות חברה וביקורת 1 (1980), S. 48.

Urian, Dan: Zionism in the Israeli Theatre, in: *Israel Affairs* 8,1-2 (2002), S. 43-55.

Weitz, Shoshana: Theatre and Society in Israel, in: *Theatre Research International* 13,2 (1988), S. 105-121.

Yaari, Nurit: Life as a Lost Battle: The Theater of Hanoch Levin, in: Linda Ben-Zvi (Ed.): *Theater in Israel*, Ann Arbor: The University of Michigan Press 1996, S. 151-171.

dies.: Contemporary Israeli Drama in Search of Identity: Nissim Aloni and Hanoch Levin between Hellenism and Judaism, in: Asher Ovadiah (Ed.): *Hellenic and Jewish Arts. Interaction, Tradition and Renewal*, Tel Aviv: Tel Aviv University 1998, S. 231-245.

dies. und Shimon Levy (Ed.): חנוך לוין. האיש עם המיתוס באמצע [*Hanoch Levin: The Man with the Myth in the Middle*], Tel Aviv: Ha-Kibbutz Ha-Me'uḥad 2004.

Yerushalmi, Yosef Hayim: *Zachor: Erinnere Dich! Jüdische Geschichte und jüdisches Gedächtnis*, Berlin: Wagenbach 1996.

Yuran, Noam: המילה הארוטית. שלוש קריאות ביצירתו של חנוך לוין [*The Erotic Word. Three Readings in Hanoch Levin's Works*], Haifa: Haifa University Press 2002.

Zuckermann, Moshe: *Zweierlei Holocaust. Der Holocaust in den politischen Kulturen Israels und Deutschlands*, Göttingen: Wallstein 1998.

In der Schriftenreihe *Kleine Mainzer Schriften zur Theaterwissenschaft* sind bisher erschienen:

Becker, Kristin:
Chicago. Ein Mythos in seinen Inszenierungen.
(KMT, Band 1)
166 Seiten, 24,90 Euro, 2005
ISBN 3-8288-8929-8

Wiegmink, Pia:
Theatralität und öffentlicher Raum.
Die Situationistische Internationale am Schnittpunkt von Kunst und Politik.
(KMT, Band 2)
146 Seiten, 24,90 Euro, 2005
ISBN 3-8288-8935-2

Pfahl, Julia:
Québec inszenieren.
Identität, Alterität und Multikulturalität als Paradigmen im Theater von Robert Lepage.
(KMT, Band 3)
120 Seiten, 24,90 Euro, 2005
ISBN 3-8288-8948-4

Walkenhorst, Birgit:
Intermedialität und Wahrnehmung.
Untersuchungen zur Regiearbeit von John Jesurun und Robert Lepage.
(KMT, Band 4)
100 Seiten, 24,90 Euro, 2005
ISBN 3-8288-8949-2

Butte, Maren:
Das Absterben der Pose. Die Subversion des Melodramas in Cindy Shermans Fotoarbeiten.
(KMT, Band 5)
134 Seiten, 24,90 Euro, 2006
ISBN 3-8288-8969-7

Naumann, Matthias:
Dramaturgie der Drohung. Das Theater des israelischen Dramatikers und Regisseurs Hanoch Levin.
(KMT, Band 6)
268 Seiten, 24,90 Euro, 2006
ISBN 3-8288-8973-5

www.ingramcontent.com/pod-product-compliance
Lightning Source LLC
Chambersburg PA
CBHW030437300426
44112CB00009B/1042